古代巴比伦

〔英〕莱昂纳德·W·金——著
史孝文——译

从王权建立到波斯征服

北京理工大学出版社
BEIJING INSTITUTE OF TECHNOLOGY PRESS

巴比伦国王美罗达巴拉丹 II 赐予巴比伦总督贝勒阿克黑埃尔巴土地

前言

本卷描述了整个王朝时期巴比伦尼亚的历史走向，完整记述了南部王国的历史。去年秋天，由于战争，本卷不得不推迟出版。但是，应出版商的要求，我终于得以完成本卷并且看到了本书的出版。当英国军队占领了南部美索不达米亚时，一部关于其早期历史的著作的出现或许正恰逢其时。

得益于最近的考古发掘工作，巴比伦现在已经不再是一个抽象的概念，我们现在已经能够重新认识这一古代世界最著名的城市之一的主要特征。与亚述的首都阿舒尔和尼尼微的命运不同，巴比伦在波斯阿黑门尼德王朝的统治之下得以幸存，几乎没有多大改变。从希罗多德的时代开始我们对其较大的变动一直有所了解。最近的研究也在很大程度上证实了这一点。希罗多德对巴比伦面积范围的描述的确需要修正，但其他方面信息的准确度是可以肯定的。城堡墙上的狮子浮雕和伊什塔尔神门上的彩釉砖神兽都仿佛使我们感受到她散发的无穷魅力。据称巴比伦城中最著名的建筑是皇宫的空中花园；如果这是事实的话，很难说与其盛名相符。更加令人印象深刻的是高墙护卫着的巴别塔——巴比伦的梵蒂冈。

在巴比伦城发现的大部分建筑都是新巴比伦时期的，但是与整体巴比伦文明的典型风格保持了一致。在旧的基址上神庙一次又一次被重建，宗教保守主义使早期的泥砖墙和原始装饰得以保留。甚至那波坡拉萨尔的王宫也一定要保持与汉穆腊比宫殿类似的风格。而且从第一王朝开始城市的街道网络似乎都没有太大变化。这些最早的对城镇进行系统规划的尝试似乎也反映汉穆腊比在其国家的法制中引入的机制。巴比伦历史中最显著的特点就是贯穿其整个王朝始终的文化的延续性。而最主要变化则是在于土地占有制度方面，由原始的部落传统或集体所有制逐渐转变为西塞姆和加喜特征服者所鼓励的买卖和兼并政策之下的私人占有制。在当前的印度村庄社区中我们或许可以看到类似这种早期系统及其遗存。

与亚述的历史相反，巴比伦的历史不仅仅是一个族群的军事成果，而是与文明的发展和传播更为相关。其权力的巅峰时代早在最初的诸王便已经造就了；后期的对外政策仅仅是以其商业需求为导向。波伽兹考伊的信件与阿马尔那信件同样都显示了巴比伦更倾向于依靠外交而不是武力手段。与北部王国长期斗争的事实表明如果形势需要巴比伦完全不惧战斗，但是在后期其军队从未曾匹敌训练有素的亚述军团。那波坡拉萨尔与其子的强大帝国有可能在很大程度上归功于米底的防卫力量；尼布甲尼撒在卡尔凯美什的成功并不能证明巴比伦人突然改变了一贯政策。最近发现的一封信件表明尼布甲尼撒晚年的时候至少有部分军队的状态不尽如人意。这恰恰意味着为波斯人的占领提供便利的戈比亚斯（Gobryas）可能与同名的巴比伦将军是同一个人。可能是米底的崩溃让他对其本国反抗的前景丧失了信心。

巴比伦能够在不断的外来占领下幸存，并使其文明反而渗入征服者，这在很大程度上要依赖其土壤和亚热带气候带来的丰饶。他们的商队承载着文明远播海外。在其他国家遗留的著述中去追踪这些互动的影响是其历史中最令人着迷的问题之一。最近的许多研究都致力于这一主题，而这些研究结果的重大价值已经显现。有人提出观点认为巴比伦的影响主导了西亚以及欧洲宗教的发展。这种猜测背后的理论对该国家历史的假设性解读不容忽视。本书最后一章试图评估这种假设与历史研究的一致程度。

本卷书延迟出版却带来了整合最新的和有些尚未发表的发现成果可能性。A. T. 克雷教授有幸获得了耶鲁大学收集的一份完整的早期拉尔萨国王的名单和另外一些对巴比伦历史具有重要意义的文件。他在准备发表文献的同时，慷慨地将相关材料的誊抄稿送给我并许可全权使用。巴比伦第一王朝与其他王朝重叠的信息，使人们对巴比伦崛起的环境有了新认识。但是这些近来的发现普遍来说都没有涉及对整个年代学序列的重大改变。而且其所导致的局部重组在很大程度上是相互抵消的。在巴比伦后期王朝的统治下，其历史与亚述历史的关联之紧密使南部王国很难孤立存在。本书试图大致确定冲突的主要阶段以及巴比伦人本身利益受到影响的方式。为了避免不必要的重复，对这一时期的整体的分析将被放在后面。在本系列著作的第三卷中将对两个地区的文学和文明进行联合阐述。

我要借此机会感谢卢浮宫博物馆副馆长蒂罗丹根先生，感谢他去年允许我研究他掌管的尚未发表的历史材料。他提供给我的信息对我接下来在战争前不久在君士坦丁堡的奥斯曼博物馆的工作中的发现至关重要。前文已提到我对克雷教授的感激，是他不时向我提供其他未发表的材料。关于这些材料的信息细节说明将在书中给出。我同 C. F. 伯尼教授讨论了许多关于巴比伦对希伯来文学的影响的问题。我非常感谢 A. C. 黑德兰姆教授允许再版我 1912 年在《教会评论季刊》发表的文章关于该主题的部分。

我向 E. A. 沃利斯巴杰教授致以谢意，是他建议我应该写这部分历史，他的建议使我受益良多。我非常感激弗雷德里克·肯扬爵士和 D. G. 贺加斯先生允许我使用不列颠博物馆官方出版物中的插图。我还要感谢巴黎的欧内斯特拉鲁斯先生允许我重新编辑他在 J. 德·摩根先生编著的《波斯代表团的回忆》中发表的一些图片；以及圣经考古学会理事会和秘书借用了一本木刻版用来证明我为他们的会议论文集所写的一篇文章。大多数说明考古发掘的图片是来自现场拍摄的照片；文本中出现的平面图和图画来自 E. J. 兰伯特先生和 C. O. 沃特豪斯先生的工作，他们在确保准确性方面不遗余力。本卷封面的设计采用了巴比伦传统中两位最杰出的人物。封面上的图片中描绘了国家的英雄吉尔伽美什。其史诗反映了巴比伦的英雄主义典范。封面背面的图片是右手紧握曾斩杀混乱之龙的火焰剑的巴比伦城神马尔杜克的形象。*

L. W. 金

* 此处指伦敦加托 & 温达斯 1919 年出版的本书封面。——编者注。

目录

001 – 前　言

003 – 图片列表

006 – 文中插图

001 – 第一章
巴比伦在古代史中的地位

014 – 第二章
巴比伦城及其遗址：关于最近考古发掘的探讨

103 – 第三章
巴比伦的王朝：基于最新发现的年代学方案

142 – 第四章
西塞姆人与巴比伦第一王朝

198 – 第五章
汉穆腊比的时代及其对后期的影响

240 – 第六章
巴比伦第一王朝的灭亡与来自海洋国家的诸王

图片列表

001 – 巴比伦国王美罗达巴拉丹 II 赐予巴比伦总督贝勒阿克黑埃尔巴土地

017 – （i）波尔西帕的埃孜达塔庙（ii）卡施尔丘上的巴比伦狮子

040 – 巴比伦的尼布甲尼撒宫殿正殿，显示后墙中放置王座的凹陷

049 – 伊什塔尔门的东部塔楼，现存部分形成了最后大门的基础

062 – 围墙东面的地沟，显示巴比伦的神圣大道的一部分

074 – 两张尼尼卜神庙考古挖掘现场图

106 – 拉尔萨国王辛伊丁那姆的铭文砖，记载了在乌尔城开凿运河和修复月神庙

113 – 巴比伦国王汉穆腊比，来自不列颠博物馆藏的一幅浮雕，一个行省总督伊图尔阿什杜姆代表国王向西塞姆女神阿什腊图姆敬献

121 – 拉尔萨国王瓦腊德辛的铭文砖，记载了在乌尔城的建筑活动

150 – 卡尔凯美什丘城堡西北视角
166 – 汉穆腊比法典上部，雕刻场景表现国王从太阳神手中接过法律
175 – （i）青铜圆锥和献祭者雕像（ii）刻有拉尔萨国王瓦腊德辛献祭铭文的石圆柱
204 – 汉穆腊比法典文本部分，第 6—8 栏
214 – 一艘现代的古筏，石碑描绘和希罗多德描述的一种小圆舟
222 – （i）在巴格达的底格里斯河上的一艘小的凯莱克
（ii）在比雷吉克的幼发拉底河上的货船
231 – 巴比伦滚印的印痕，雕刻图案为神话主题
243 – 加喜特滚印的印痕
255 – 以力王辛旮西德的铭文砖，记载在该城中建造其宫殿
269 – 阿蒙霍特普 III 巨型雕像的头部
291 – 卡尔凯美什的赫梯象形文字铭文
298 – 加喜特的库杜如（界碑），美里西帕克 II 和那孜马如塔什统治时期设置
316 – 一个库杜如（界碑）上部的神的标志，碑上刻写了尼布甲尼撒 I 授予特权的许可
321 – 巴比伦国王那布阿坡鲁伊迪那的纪念泥板，记载着他对西帕尔的太阳神庙的修复
332 – 沙勒马奈塞尔 III 接受迦勒底人投降，来自不列颠博物馆藏的其大门的青铜护套

338 – 阿舒尔巴尼帕举着建筑者的篮子，作为巴比伦的马尔杜克神庙埃萨吉拉的修复者形象

348 – 来自波尔西帕的那布神庙埃孜达的青铜门踏，上面刻写着尼布甲尼撒 II 的名字和头衔

353 – （i）烘烤过的那波尼杜斯的地基泥圆柱，上面提到阿斯提亚格斯被居鲁士打败

（ii）烘烤过的居鲁士地基泥圆柱，记载着其进入巴比伦"没有对抗没有打斗"

358 – 新巴比伦和波斯滚印的印痕

368 – 尼姆如德的那布神石灰石雕像

380 – 一个羊肝的泥制模型的双视图，表面被分区并标记用来占卜

387 – 一块新巴比伦天文学专题泥板，刻写着的主要恒星和星座及其偕日升降和在南方顶点等等的分类列表

文中插图

009 – 图 1　图解巴比伦之政治重心

016 – 图 2　巴比伦和比尔斯尼姆如德附近地图

024 – 图 3　巴比伦废墟平面图

026 – 图 4　外墙部分平面图

029 – 图 5　南部城堡的推测恢复图

031 – 图 6　南部城堡平面图

033 – 图 7　南部城堡西北角的河堤墙和防御墙

034 – 图 8　南部城堡北边的码头岸墙与防御墙

043 – 图 9　尼布甲尼撒正殿和宫殿私人部分平面图

044 – 图 10　正殿表面的彩釉砖设计方案

046 – 图 11　宫殿东北角与拱顶建筑平面图

051 – 图 12　伊什塔尔门上的彩釉砖公牛

052 – 图 13　伊什塔尔门上的彩釉砖龙

053 – 图 14　伊什塔尔门平面图

054 – 图 15　伊什塔尔门的截面图

055 – 图 16　伊什塔尔门上的野兽排列图解

057 – 图 17 伊什塔尔门原位上的彩釉砖残片
058 – 图 18 城堡北面的后期防御工事平面图，可见带有狮子浮雕带的墙和伊什塔尔门
059 – 图 19 伊什塔尔门北面的神圣大道浮雕带上的狮子
065 – 图 20 埃马赫平面图
066 – 图 21 女神宁马赫神庙，埃马赫，想象恢复图
068 – 图 22 新巴比伦墓葬中发现的带有建筑图案的金板
069 – 图 23 尚未识别的名为“Z”的神庙平面图
070 – 图 24 尚未识别的名为“Z”的神庙想象恢复图
071 – 图 25 阿卡德的伊什塔尔神庙平面图
072 – 图 26 尼尼卜神庙的平面图
076 – 图 27 埃台门安基和埃萨吉拉平面图
077 – 图 28 埃台门安基和埃萨吉拉想象恢复图
080 – 图 29 波尔西帕的那布神的塔庙和埃孜达平面图
081 – 图 30 一块界石上的塔庙粗刻
085 – 图 31 美尔凯什丘平面图，显示了部分巴比伦的街道
146 – 图 32 公元前 7 世纪的阿拉伯人
147 – 图 33 公元前 7 世纪的阿拉伯人
159 – 图 34 来自阿舒尔的古代石灰岩头像
161 – 图 35, 36 来自阿舒尔和特略的古朴风格男性头部雕像
163 – 图 37—39 来自阿舒尔和特略的古朴风格雕像的例子，显示羊毛衣物制作方法上的相同传统

212 – 图 40 古巴比伦使用的犁的形式
215 – 图 41 底格里斯河上的亚述人凯莱克
216 – 图 42 亚述人的古筏（Gufa）原型
217 – 图 43 底格里斯河上的亚述人木筏
245 – 图 44 巴比伦尼亚南部，即海国的沼泽
247 – 图 45 海国的载布或瘤牛
273 – 图 46 埃赫那吞与他的王后和女儿们在王宫的阳台上
275 – 图 47, 48 埃及雕刻中的赫梯人代表
276 – 图 49 卡迭什战役中的赫梯步兵
278 – 图 50 拉美西斯 III 的俘虏，一个赫梯酋长
279 – 图 51 人像，可能是一个赫梯国王，来自哈梯的皇家大门
280 – 图 52 赫梯人的都城，哈梯的皇家大门，从外部视角
282 – 图 53 一个赫梯大门的想象恢复图，从内部视角
283 – 图 54 哈梯较低的西大门纵剖面
284 – 图 55 哈梯较低的西大门横剖面
288 – 图 56 埃及月神孔苏的两条圣船之一，他前往卡帕多西亚去驱赶占据赫梯公主身上的恶魔
289 – 图 57 拉美西斯 II 在孔苏出发前为其一艘船献香
319 – 图 58 表现那布穆金阿坡里批准土地财产转让的场景
323 – 图 59 马尔杜克扎基尔舒姆献祭品中的马尔杜克和他的龙

325 – 图 60　公元前 851 年，在迦勒底的亚述军队
326 – 图 61　公元前 9 世纪的迦勒底人城镇
327 – 图 62, 63　迦勒底人纳贡
329 – 图 64　苏黑和马瑞总督，沙马什雷什乌簇尔的地基浮雕
335 – 图 65　阿达德神，来自埃萨尔哈东在埃萨吉拉的献祭
370 – 图 66–68　天气神和两个女神，来自亚述的地基浮雕
372 – 图 69　神龛中的神像
374 – 图 70　苏美尔人的竖琴
375 – 图 71　东方天门的守护狮子
376 – 图 72　波斯波利斯的彩釉砖装饰带上的有翼怪兽

第一章

巴比伦在古代史中的地位

巴比伦之名意味着古代世界中影响其他族群的伟大文明 1
中心之一。事实上，有证据表明从公元前第 2 千纪开始巴比伦人的文化在西亚大部分地区逐渐扩散。仅举一个表明这种影响的例子，我们发现在公元前 15 世纪末之前巴比伦语已经成为东方外交的语言。那么埃及国王用巴比伦的语言和书写方法来与巴比伦本国或亚述的统治者进行通信也就不足为奇了。但值得一提的是，他还使用这种外国文字和语言向其叙利亚和巴勒斯坦属国的统治者发号施令，而且这些迦南官员也使用同样的书写媒介向他们的埃及主人发送报告。我们还发现，在同一时期美索不达米亚北部的米坦尼王国的雅利安统治者用楔形文字书写其所统治国家语言。几十年后，安纳托利亚的赫梯人除了纪念性的目的外已抛弃他们古老而笨拙的象形文字系统，借用同样的符号记录他们自己的语音，同时他们与埃及的条约是用巴比伦语订立的。公元前 9 世纪定居在凡湖周围亚美尼亚山区的强大的乌拉尔图种族采用亚述文字作为其国家的书写系统，而亚述文字又来自巴比伦。巴比伦最近的外国邻居埃兰在很早的时候就像后来的赫梯人一样，摒弃了他们粗鄙的象形文
2 字和老旧的巴比伦字符，后来根据这一书写系统发展出了自己的文字符号。最后，我们发现到公元前 6 世纪时阿黑门尼德国王们创造出一套楔形文字符号表来表达古波斯语，以便他们讲的话能够出现在他们的巴比伦和苏萨行省的皇家公告和纪念碑上。

巴比伦语对异族的影响的这些例证仅限于文化的一个方面——语言和书写系统——但是其却有着广泛的内涵。因为当一种异国语言被使用和书写时，其文学中的某些知识必然成为预设假定。而且由于所有的早期文学在很大程度上都具有宗教性质，所以对语言的研究必然伴随对其原来种族的传说、神话和宗教信仰的一定了解。因此，即使不考虑商业交流的明显作用，单是引用的例子也必然会对同时代的种族产生强烈的文化影响。

因此，这时可能会出现一种悖论，认为与巴比伦的名字相关的文明不是巴比伦人的。但事实是在这座城市成为一个伟大

的文化中心之前一千多年，由其传递出的文明便已经具备了所
有其后期形态的要素了。实际上，就艺术上的卓越性而言，当
时就已经达到了无法企及的高度，其标准从未被美索不达米亚
的后世超越。虽然巴比伦人可能有更完备的立法制度，更多的
文献，或许还有更烦琐的仪式和奢侈品，但其成就完全在早期
模型的控制之下。如果排除诗歌和道德规范等，巴比伦人和其
他地方的塞姆人一样，只能说是一个聪明的传承者，而不是创
造者。他是苏美尔文化的倡导者，只是保持并吸收了其政治上
所取代的种族的成就。因此，更为显著的是其个别城市本应有 3
却很缓慢的文化演进。然而，在那些动荡的巴比伦只不过是一
个省级城镇的数个世纪里，这种文化依然在这个微不足道的城
市里得以保留，漫长演进的结果在内部被慢慢吸收，并在后来
的时代作为其所独具的文化原始来源呈现出来。在深入探寻其
政治命运之前，不妨先简要了解一下其突然获得的地位得以保
留的原因。

事实上，在其西塞姆诸王的统治下，巴比伦成为首都级别的城市其本身并不意味着地位永享。早期苏美尔和阿卡德的历史中充满了类似的例子，城市突然崛起，接下来经过权力巅峰，又归于沉寂。政治重心不断从一个城市转移到另一个城市，然而我们必须弄清楚的问题是，为什么一旦落在巴比伦之后，便继续停留在那里。对于西方塞姆人来说，在 3 个世纪的政治存在之后，他们的城市似乎必将面临与其众多先辈一样的命运。

当赫梯袭击者洗劫了巴比伦并带走其守护神时，历史似乎注定
要重演。假以时日，国家凭借其丰饶的物产从暂时的低谷中得
以恢复，可能期待着在其他城市的支持下如前朝般再次争锋。
然而，在巴比伦的古墙内建立大本营的却是加喜特征服者；埃
及 18 王朝的法老和卡帕多西亚的赫梯王们纷纷向长期重建后再
4 次强大的巴比伦寄来外交信函。在亚述与南方王国的长期斗争
期间，巴比伦一直是主要角色，阿拉美亚人或迦勒底人部落的
突袭从来都没有成功取代其地位。在亚述的权力巅峰时代，巴
比伦依旧是其帝国扩张过程中的主要监控对象，而萨尔贡王朝
对待这座城市时摇摆不定的政策充分证明了其在政治上继续发
挥着主导作用。当尼尼微堕落时，正是巴比伦攫取了其在西亚
的大部分地区。

这种单个城市的持续优势与早期都城的短暂权威形成了鲜明对比，只能说其国家普遍状况可能发生了根本的变化。有一个事实是极为明显的：巴比伦得天独厚的地理位置必定赋予了其在这一时期战略和商业的重要性，从而能够在对其物质繁荣的破坏性冲击中生存下来。稍看一眼地图就知道该城市在巴比伦尼亚北部，正好位于下游两条大河汇合处的下方。最初该城建于幼发拉底河的左岸，河水可以保护其不受到沙漠部落突然袭击。与此同时，她与东南部广阔的运河交错的冲积平原直接相连。

但其位置的真正优势在于靠近陆上交通线。当从北方接近

巴格达时，美索不达米亚平原收缩至大约 35 英里的宽度，虽然到巴比伦的纬度时横向再次扩张，但该城恰在两条河流的触及范围内。因此，该城处于两条商业要道的交汇点。幼发拉底河一线将巴比伦尼亚与北叙利亚和地中海联系起来，同时也是其与埃及的天然连接线；这一线还从西里西亚山口通过陶鲁斯山脉，沿着后来的皇家大道的轨迹与卡帕多西亚相接。自西通过安纳托利亚的主干道进一步向北，从黑海的各支线汇合，在上 5
哈利斯河的锡瓦斯转向，越过群山中的幼发拉底河后，先在迪亚尔贝克（Diarbekr）抵达底格里斯河；然后离开底格里斯河进入平原，在尼尼微附近再次到达河边，然后再向南前往苏萨或巴比伦。巴比伦控制的第三条重要路线是向东通过扎格罗斯山口，这是穿越伊朗高原最容易的地方，也是北部埃兰的自然商业出口。因此，巴比伦位于国家间的交通枢纽，扼守入侵南部平原的必经之路。

巴比伦的重要性在于其战略位置，而不是其居民的任何特殊美德。这一点在后来的国家历史进程中显而易见。有人的确已经指出，地理条件注定了美索不达米亚的河流交汇处附近必然出现一个伟大的城市文明中心。巴比伦霸权时代过后都城从一个城市到另一个城市，这些都城的相对位置都充分证明了这一事实。塞琉西亚、泰西封和巴格达都聚集在美索不达米亚平原的狭窄部分,而只是在很短的一段非常规时期统治中心被转移到南部城市。
万变不离其宗，新都位置的选择总是在底格里斯河的旁边，有一 6

个明确的趋势是向左岸或东岸迁移。幼发拉底河应该以这种方式为其姊妹河让位是自然而然的事。因为后者拥有更深的沟渠和更好的水道，而且一旦考虑到海上交流的可能性其意义就更加重要了。

在巴比伦称霸的整个时期，波斯湾与一些山脉一样是国际交通的一个巨大的障碍，远远谈不上国际商业通道。但一定数量的地方海岸交通无疑总还是存在的。早期的阿卡德国王那腊姆辛（Narâm-Sin）以及稍晚时期拉旮什的古迪亚（Gudea）从马干带到巴比伦尼亚的沉重的闪长岩石块，肯定通过水路而不是陆路运来的。传统也将征服迪勒蒙岛（Dilmun，今巴林）归于阿卡德的萨尔贡；但这已经是巴比伦向南渗透的极限了，这一场所谓征服必然仅仅是对阿拉伯海岸的一系列袭击之后的临时占领。事实上，两千年后，亚述的萨尔贡记录了他收到迪勒蒙王乌培瑞（Upêri）的礼物单时，估计到离巴比伦的海岸线的距离遥远，这表明那时波斯湾水路依然不被作为一种交通手段。基于此假设，我们可以很容易地理解辛那赫瑞布（Sennacherib）在渡过海湾对阵埃兰的某些海岸城镇时遇到的困难以及为此建造特殊船只的必要性。

有证据表明，在新巴比伦时期，海湾运输的可能性已经开始引起人们的注意了。据说尼布甲尼撒 II 曾试图在三角洲口岸
7 的沼泽地带建造港口，[1] 但其动机必然仅限于鼓励沿海贸易。波斯湾和印度之间的海路极有可能是从亚历山大时期开始使用的，

在 5 世纪之前肯定没有。根据希罗多德的说法，[2] 希腊人卡利安达的西拉克斯（Scylax of Caryanda）从印度回来之后大流士开始开放海路进行考察探险行动，并以此为基础对其新领地进行评估。但是，虽然我们没有必要怀疑这次航行的历史特性，可是几乎没有什么证据显示西拉克斯曾在海岸迂回或甚进入过波斯湾。[3] 此外，在波斯帝国的有效组织下巴比伦的国际贸易获得了极大的推动，但受益很明显的是陆上路线。底格里斯河上妨碍吃水更深船只通行的突出岩石或障碍物直到亚历山大才被移除。此时巴比伦海上交通首次成为一个显著问题，也是亚历山大在其生命中最后几个月致力于解决的。毫无疑问，这也是塞琉古选择底格里斯河作为其新都地点的因素之一。[4]

但这并不是巴比伦被废弃的唯一原因。在被居鲁士征服之后，新的力量开始发挥作用促使其倾向于将都城向东部地区迁移。巴比伦的主要对手与宿敌在其历史早期就已经在她的东部边境一带活动。对早期的苏美尔城邦统治者来说，埃兰就曾经是“恐怖之山”。[5] 接下来的时期，苏美尔和阿卡德的城市永远无法知道一年中有哪个时期能够免于遭受侵袭。我们应该注意到，巴比伦的西塞姆人发现埃兰是其权威向南扩张的最主要障碍，而且在接下来的时期，只要出现内部虚弱或分歧的征兆便会遭到对方发动 8
的新一轮攻击。的确有一段时间亚述人的威胁将这些宿敌凝聚到了一起，但即使阿舒尔巴尼帕（Ashur-bani-pal）洗劫了苏萨也没有停止他们之间的商业对抗。

在这些时间里，人们也曾试图将都城转移到强大的邻国不易于展开攻击的地方，向东需要获取外国控制下的通行许可，这样通往北部美索不达米亚和地中海沿岸的幼发拉底河路线自然继续成为巴比伦商业的主要出路。但是，对波斯帝国的国内属地来说，所有阻碍东部贸易的危险都已不复存在。接下来的两个多世纪巴比伦继续成为亚洲的首都，这证明其在过去历史上发挥作用的重要性。居鲁士与亚历山大一样作为征服者进入了这座城市，却都被当作古代权利与特权的恢复者受到了民众和祭司们的欢迎。因此，试图进行激进创新的政策必将招致反对。除了夏季的几个月之外，阿黑门尼德王朝的国王们都把巴比伦作为其行政官邸，这必将提升该城市所享有的声望以及其神庙和宫殿之宏伟壮丽。接下来早春的时候，他们搬到气候凉爽宜人的波斯波利斯或埃克巴塔纳，他们也可能搬到苏萨的王庭，但他们始终将巴比伦作为他们真正的首都。事实上，当统治中心转移到毗邻的塞琉西亚时，巴比伦才失去了其重要地位。商人们起初可能是迫于无奈，后来便是自愿跟随其统治者来到了底格里斯河的西岸，巴比伦便被削弱了。随着官方政策的导向，塞琉西亚继之迅速崛起。在这一过程中我们可以明确地看到，对一座老城的影响力来说相对于新都位置的天然条件起到越来越重要的作用。

9 幼发拉底河和底格里斯河流域后来发生的事件进一步说明了巴比伦之所以伟大的秘密。泰西封在河的左岸崛起是东

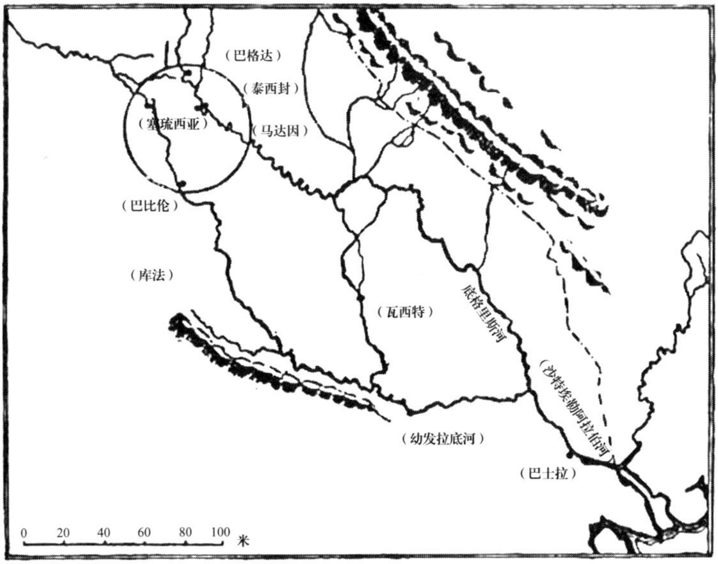

图1　图解巴比伦之政治重心

圆圈表明从第一王朝时期开始都城转移的界限。只有在穆斯林征服所产生的异常情况下，库法和巴士拉才成为“伊拉克”的五代双都；这个间隔与巴比伦兴起之前的早期历史十分相似。

部地区商业趋势推动的结果。但它就在塞琉西亚的对岸，并不表明政治重心的新变化。该城原本在塞琉古王朝统治者的统治下无足轻重，到了安息王朝（Arsacidæ）时期却成为主要城市。当帕提亚帝国被阿尔达希尔 I（Ardashir I）征服之后，继续作为该行省中的主要城市并成为萨珊王朝统治者的冬宫。公元 636 年，阿拉伯人在巴比伦城的废墟附近打败了波斯人，第二年又征服了泰西封。他们发现巴比伦和塞琉西亚的地理位置仍然像公元前 3 世纪时一样重要，将之统称为“马达因”城
10 （Al-Madâin）。而接下来的 125 年时间与早期的巴比伦历史尤其具有比较意义。

阿拉伯半岛的塞姆人大规模移民，仔细考察一下历史就可以了解这一迁徙的过程和对被推翻的原有文明的影响。我们在底格里斯河和幼发拉底河流域发现了与巴比伦兴起之前的时代及其相似的综合经济环境。阿拉伯人对美索不达米亚的军事占领使得横贯大陆的商贸通道暂时关闭。此时国家的政治已经不再由萨珊王朝的都城统一控制，而是分成了几个区域。在阿拉伯军队的永久营地附近出现了一些新城镇。继征服美索不达米亚之后，最南端的莎特 · 埃勒 – 阿腊卜河（Shatt el-Arab）岸旁建立了巴士拉城。638 年，库法在幼发拉底河的沙漠一侧的西北方被建立。65 年后又增加了第三大城镇瓦西特（Wasiṭ）。这是出现在国家的中部位于底格里斯河两岸，其水域正沿着现在的莎特 · 埃勒 – 哈伊河（Shatt el-Hai）的河床流过。马达因

在地方的确依旧有一定的重要性，但在倭马亚哈里发期间，库法和巴士拉是伊拉克的双都。[6]

因此，国际联系的废弛立刻导致了巴比伦北部和南部地区之间的权力分散。两个首都的确都在同一政权控制下，但从经济角度来看，我们很容易想到苏美尔和阿卡德的城邦时代。同样也没有外部因素来保持北方的重心。以力城（Erech）曾多 11
次获得了霸权，而最稳定的是后来南端的乌尔城。我们应该注意到，巴比伦作为苏美尔和阿卡德的唯一和永久的都城，其崛起可以追溯到西塞姆王朝建立后与叙利亚北部越来越密切的关系。[7]当阿拉伯占领美索不达米亚的第一阶段即将结束时统治中心转移到了巴格达。此时我们可能会看到历史重演。倭马亚王朝的垮台以及阿拔斯王朝首都从大马士革东迁，使得与叙利亚和西部的商业交往恢复了原有的基础。巴士拉和库法立即失去了应对变化的条件，一个新的行政中心呼之欲出。重要的是巴格达本应建在泰西封以北几英里的旧都圈内，[8]而且除了一个短暂的时期外，[9]该城应该一直是伊拉克的首都。因此，在哈里发统治下的美索不达米亚的历史对于研究与之类似的使得巴比伦在早前获得并保持巴比伦尼亚霸权的历史条件有很大启发。

从以上对历史事件的简要考察中可以看出，巴比伦至高无上的地位在其国家历史的中期开始衰落。在此期间，这一原本传承自其他族群的文明又被传播出去。随着她时代的终结，她所传递的文化也在美索不达米亚的土地上渐渐褪色。但是，她为我们

12 传递的信息在其他族群保留至今的古代遗存之中留下了印记。我们应当注意到，其影响力明显超出国土的范围主要分三个阶段。这些对外联系阶段中最早的是其西塞姆统治者治下的第一王朝，但其影响的最明显证据通常要过几个世纪才显现出来。第二个阶段是一个间接的过程，其文化因亚述的扩张而被带到了北方和西方。最后一个阶段适逢新巴比伦国王统治时期，得益于其自然资源，不仅国家恢复了独立，而且在短时间内建立了一个远远超过其早期疆域的帝国。虽然在波斯治下巴比伦迅速回归到了行省地位，其外国影响力的确也每况愈下，但到了希腊时期这种影响力依然存在。

最后一章将详细介绍巴比伦文明的某些特征及其对其他种族文化发展影响的程度。关于后者本书提出了一系列对待其国家历史任何方面都不容忽视的主张。最近对亚述学研究做出的一些最有价值的贡献无疑涉及思想的影响。早前的研究显示这些影响是源自巴比伦的。近年来，德国出现的一个学派强调巴比伦在西亚宗教发展中所起的作用，而影响欧洲宗教发展的程度较小。以色列和希腊主要提供了巴比伦思想在整个古代世界传播的可靠依据。据称，希伯来宗教和希腊神话中的许多特征只能被解释为是受到了巴比伦风格的影响，追根溯源来自巴比伦。因此，有必要对支撑有关此主题的近期推测的理论进行简要讨论，并尽可能确定其可信程度从而做出真正有价值的判断结论。

13 但显而易见的是，如果要全部或部分地接受该理论，必须使之依托于坚实的历史基础之上；反之亦然，对其可信度的质疑也都应该经过其国家历史的本身的检验。在详细确定了与其他种族实际接触的证据之后，才有可能对仅靠权衡可能性来解决的问题形成更自信的判断。因此，巴比伦对外影响的评估被放到本卷的最后一章。但在研究其朝代的历史顺序及其可能被归入的时期之前，最好先搞清这个曾经的巴比伦尼亚的永久之都的实际遗址上最新的考古发掘到底告诉了我们什么？

1　参阅下文，第九章，p.280.

2　IV., 44.

3　比较 Myres, “Geographical Journal,” VIII,180（5）, p. 623, and How and Wells, “Commentary on Herodotus,” Vol. I., p. 320.

4　参阅 Bevan, “House of Seleucus,” I., pp. 242ff., 253.

5　参见“Sum. and Akk.,” p. 149.

6　这两个城市被称为‘Al-‘Irâḳân, 或‘Al-‘Irâḳayn, 意思是“伊拉克的双都”, 参见 G. Le Strange, “The Lands of the Eastern Caliphate” p. 25.

7　参阅下文，第四章。阿卡德的其他城市也不时取得了领导权事实表明可以感觉到某种力量正在将巴比伦托上国家的主导城市地位。在如此严重的种族冲突期间缺乏持久稳定的内部管理，无疑是一场严峻的考验。

8　该城公元 762 年由阿拔斯王朝第二任哈里发建立。

9　大约有 56 年的时间（公元 336—392）哈里发被移至萨马腊。这一转变可能和哈伦阿尔拉希德死后爆发的内战有直接关系。参见 Le Strange, *op. cit.*, p. 32.

第二章

巴比伦城及其遗址：关于最近考古发掘的探讨

巴比伦的实际地点从未在大众传统中被遗忘。尽管在塞琉古和帕提亚统治下该城逐渐衰落，随后完全消失了，但其古老的声名足以在人们的记忆中不断回响。古老的塞姆语名字巴卜伊里（*Bâb-ilî*），“众神之门”，一直在当地流传；巴比勒（*Bâbil*）仍然是最北部的城市土丘的名字；民间的传说也一直将尼布甲尼撒主城和宫殿的裸露砖砌与他的名字联系起来；卡施尔（Kaṣr）意思是“宫殿”或“城堡”，是阿拉伯语对巴比伦的主要宫殿和城堡的称谓；公元 12 世纪图德拉的本杰明造访巴格达时，城市里的犹太人告诉他，在旁边希拉（Hilla）附近的废墟里，旅行者仍然可能瞧见尼布甲尼撒的宫殿，还有宫殿旁边的那个哈那尼亚赫（Hananiah）、米沙利（Mishael）和亚撒利雅（Azariah）曾被扔进去的火焰炉。给他提供消息的人提到那里寄生了很多毒蛇和蝎子，虽然他似乎并非因恐惧而止步，但看来这个喜欢冒险的拉比实际上并没有去过这个地方。[1]

在 16 世纪，一位英国商人旅行家约翰·埃尔德雷德（John Eldred）曾进行了三次从阿勒颇（Aleppo）沿着幼发拉底河前往巴格达的旅行，即他所谓的“新巴比伦”（New Babylon）。最后一次，他描述了他在法鲁加（Falûja）登陆，还有他在没有骆 15
驼的情况下用 100 头驴子将货物安全运抵巴格达。他告诉我们：“在这个我们刚刚通过的地方曾耸立着古老而强大的巴比伦城，白天可以看到很多古老的废墟。我——约翰·埃尔德雷德——在巴比伦的新城和阿勒颇之间曾三次穿越沙漠旅行，在闲暇时经常看到。”[2] 但是从他进一步的描述来看这个他“多次造访”的“巴别古塔”（the Olde Tower of Babell）可能实际上是阿卡尔库夫的废墟（the ruins of ‘Akarkûf），一个他前往巴格达的路上经常路过的地方。另一方面，图德拉的本杰明把比尔斯尼姆如德（Birs-Nimrud）当成了巴别塔，[3] 并且注意到巴比伦街道的遗迹如何依旧延伸了 30 英里。事实上，早期的旅行者自然而然地把他们看到的这些仍然耸立在通往巴格达路旁的复杂废墟看作是这座古老城市的一部分；就巴比勒（Babil）和埃勒比尔斯（El-Birs）的区域相关性而言，一些早期的考古发掘者有类似的错觉也就不足为奇了。[4] 希罗多德的著名记载以及其他经典作家留下

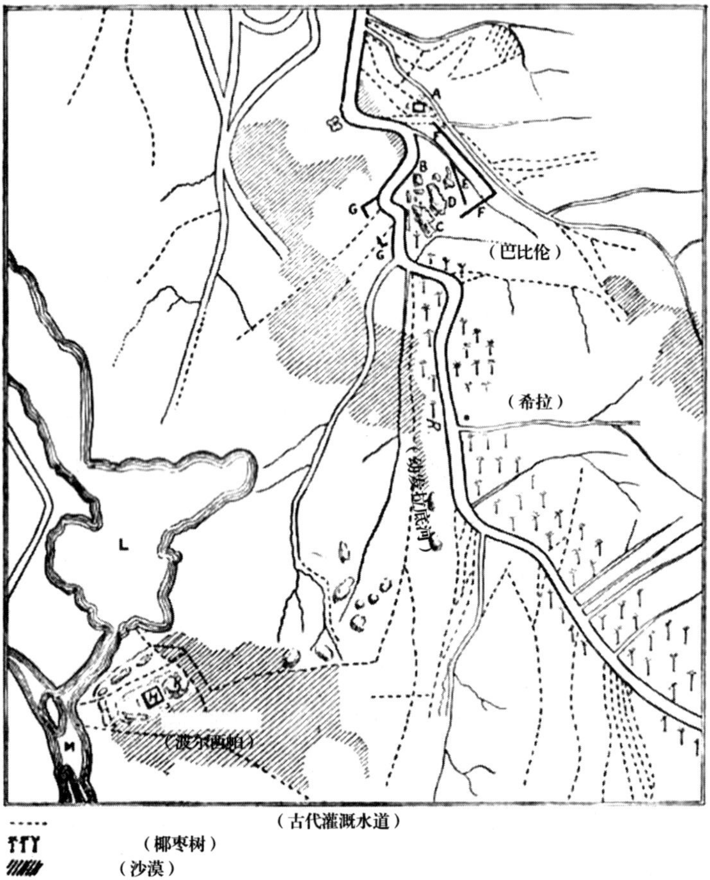

图 2　巴比伦和比尔斯尼姆如德附近地图

A：巴比勒丘；B：卡施尔丘；C：阿姆蓝伊卜尼阿里丘；D：默凯斯丘；E：巴比伦内城墙；F：巴比伦外城墙；G：西墙废墟；H：埃孜达塔庙；K：埃孜达废墟；L：马尔什（湿地）；M：印地亚运河

［根据印度官方地图］

（i）波尔西帕的埃孜达塔庙

（ii）卡施尔丘上的巴比伦狮子

的关于城市规模的记述也都倾向于这一认定。尽管巴比伦的中心位置被正确地识别出来了，但城市面积被极大地夸大了。巴比伦在人类身上施以魔咒，而人类用了 16 年的耐心和持续发掘来破除这种根深蒂固的观念。但是在这种观念萎缩的过程中，古老的
16 咒语再次显现，又有臆测逐渐取代了准确的知识。因此，可能有必要仔细考察一下遗址上近期的工作成果，从而弄清该城市的遗迹在多大程度上能反映其历史，同时又有哪些问题是还不能解决的。

近期工作中最引人注目的结果之一就是我们对巴比伦地形
17 知识的突飞猛进。早期对遗址极其有限的局部挖掘虽然并没有明确的目标但却颇为成功。这些考古学家分别是：1811 年，里奇；[5]1850 年，莱亚德（Layard）；[6]1852 年至 1854 年，奥伯特（Oppert）担任法国探险队的负责人；[7]1878 年至 1889 年，拉萨姆（Hormuzd Rassam），当时他受聘于不列颠博物馆负责考古挖掘工作。[8] 在此阶段的后期，大英博物馆从巴比伦获得了一系列珍贵的泥板，研究证实其中一些文本在文学和科学方面极具价值。1887 年，即 10 年之后，科尔德威博士（Robert Koldewey）访问了巴比伦的遗址，并在卡施尔（Kaṣr）东侧拾到了一些彩釉砖的碎片。后来他将其中一些碎片送到了柏林。其艺术和考古价值得到了当时的皇家博物馆馆长舒尼（Richard Schöne）博士的认可。德国东方学会于是在 1899 年 3 月底就开始在该遗址上发
18 掘以期能够取得迅速而惊人的发现。虽然研究过程中出现过艰难

与失望，但这一切并没有影响工作进程的稳步推进，这无疑对一个考古队的信誉而言是更重要的。

古城遗迹覆盖的地面范围，以及一些主要建筑物上大量碎片的堆积使得工作比预期的更加艰巨，最后结果的发布不得不延迟。从项目一开始运作，学会的确每隔几个月就通过信件和报告向专家汇报挖掘的普遍进展情况。[9] 但是经过 12 年的不间断挖掘后，直到 1911 年，成果的第一部分才作为科学出版物被发表出来。这部分仅包括城市的神庙，而且这是第一次在科学的基础上对巴比伦的宗教建筑的研究。[10] 在接下来的一年里，考古队长科尔德威博士在学会的压力下发表了第二卷以补充其第一卷。其中，他通过尽可能总结当时在遗址所有地方挖掘取得的结果，在一定程度上预防了未来在详细记录方面可能出现的问题。[11] 因而使当时已经被发现的部分城市遗址形成一个连贯的概念成为可能。当然，考古队在巴比伦的工作中采用的是现代方法，这与莱亚德和博塔（Botta）将亚述的有翅膀的公牛带到大英博物馆和卢浮宫的时代不可同日而语。事实上，这些早期考古学家们的非凡成功从未被超越。但现在人们意识到，只有通过细致的搜索和对考古层进行仔细分类，历史的遗迹才能充分揭示其秘密。保留精美的博物馆标准固然重要，但当它不再是一个孤立的产品并在其时期的历史细节中占据一席之地时，其重要价值才会充分发挥。

为了掌握新证据的特征和在巴比伦获得证据的方法，我们有必要牢记巴比伦建筑的一些一般特征以及建筑艺术受其国家的自然条件影响的方式。需要意识到重要的一点，与其他古代建筑者一样，所有时期的建筑者都是以防御为目的，不仅仅是防御人类敌人。他们最害怕的敌人是洪水。建筑师的想法是以防洪安全为出发点：他只关注高度和厚度。当一位国王要为自己建造一座宫殿或为他的神建造一座庙宇时，他不会有意识地将它变得优雅或美丽，却经常吹嘘自己所做的就是让它“像山一样”。他非常乐于提高其人工土墩或建筑平台的高度，现代考古挖掘很大程度上要感谢这种早期建筑结构遗址中的不断填充。其所掌握的材料也影响着这种旨在防御平原洪水的“像山一样”的建筑物的建造。

巴比伦土壤的冲积起源造成了其居民在建筑艺术发展中的一个重要因素——没有石头。但是与此同时却提供了一种非常有效的建筑材料，一种高黏性的黏土。在其整个历史过程中，巴比伦的建筑都在使用天然材料和窑中烧制的砖。新巴比伦时期，我们发现他们在这种材料中进行了有趣的技术实验。他们首次尝试在宽阔的区域内用拱顶进行建筑，还有通过某种膨胀节来抵消沉降的影响。同时我们还应看到，他们使用同样的材料达到了真正的设计之美。

泥砖也是亚述地区的主要建筑材料，因为他们的文化也源自幼发拉底河下游的谷地。[12] 但是，亚述北部有软石灰岩采石场，所以亚述人在泥砖墙上铺上刻有浅浮雕的色彩鲜明的石灰石板，把巨石雕像放在他们的宫殿入口。这种石材的使用，无论是墙衬还是墙基，都构成了巴比伦和亚述建筑设计风格的主要区别。顺便提一下，这也解释了为什么早期考古队在亚述的挖掘比巴比伦尼亚更成功的原因。在这两个地区，他们都在较大的土丘挖掘通道和地沟，但是当有这些墙上的石衬做引导的时候，他们便可以准确地确定通道位置和走向。但是，要辨识仅用未烧制的砖和用泥浆或泥土作为砂浆建造的建筑物的地面平面，需要更慢和更系统的检查过程。因为未烧制的砖块结成土块，几乎无法与周围的土壤区分开来，并且这种材料中的建筑物的线条只能等待完全挖掘后才能进行复原。

在发现埃萨吉拉（E-sagila）的工作过程中总是感到劳动力不足。埃萨吉拉是巴比伦的城市神马尔杜克的大神庙。这座寺庙位于废墟丘陵顶部下方至少 21 米处，而且两面巨大的泥砖墙以及邻近的路面部分都是用人力一卡车一卡车去除了极深的泥土才发现的。但在这里，甚至连德国人的耐心和彻底精神也遭受了前所未有的打击，最终采用了隧道来确定平面图的外部界限，其中大部分内部空间仍然未被挖掘。[13] 21

巴比伦现已被部分清理出来了，除了其中央部分可以追溯到第一王朝和汉穆腊比时期，其余部分主要是新巴比伦帝国的时候所建。那时尼布甲尼撒 II（Nebuchadnezzar II）以及最后一个巴比伦人国王那波尼杜斯（Nabonidus），把他们的首都提升到了前所未有的辉煌状态。在波斯的阿黑门尼德王朝国王统治期间，这座城市不仅幸存下来，而且在很大程度上得以保持。从希罗多德的时代开始，巴比伦就已在整个古代世界闻名遐迩。那时，亚述的首都阿舒尔和尼尼微已经不复存在，但巴比伦仍然在继续她的荣耀，古典作家的作品对这座城市的描述一直流传到如今。这个文学传统中的描述与实际的城市遗迹并不完全相符，许多问题令人大伤脑筋。例如，我们如何解释外墙现在的位置与希罗多德甚或克特西亚斯（Ctesias）所给出的对城市巨大面积的估计之间的矛盾？希罗多德应该亲自去过巴比伦，而克特西亚斯是阿尔塔薛西斯 II · 尼门（Artaxerxes II.Mnemon）的医生，据卡施尔的一座大理石建筑中的纪念碑记载他也曾经到过那里。

希罗多德估计，巴比伦的城墙延伸了 480 斯塔德（stade），其所包围的区域形成了一个精确的方形，每个方向都有 120 斯塔德。[14] 换句话说，他让我们脑海中显现出一个周长超过 53 英里的城市。克特西亚斯的估计并没有那么夸张，他估计的边长 65 斯塔德得出的周长相当于 40 英里多。[15] 有人建议，这些数字本身并非是不可能的。比如，科尔德威拿中国的长城来做比较，长
22 城的长度延伸超过 1500 英里，大约是希罗多德对巴比伦城墙长度估计的 29 倍。[16] 然而，巴比伦城墙不仅仅是边境防御工事，更是一个城市的围墙。更贴切的比较是中国最大的古代城址南京的城墙，一个甚至比巴比伦更大的古代帝国的工程。[17] 古南京的周长不超过 24 英里。因此，从普遍意义的可能性来讲，希罗多德的数字显然不太容易让人接受。奥伯特（Oppert）的确接受了

他们，但他发现只有将包括从巴比勒（Babil）到比尔斯尼姆如德（Birs-Nimrud）的整个区域都纳入到城市范围中，[18] 并且把所有中间无论什么时期的土丘中看到的城市及其城墙痕迹都加在一起，这种可能性才存在。

事实上，从新巴比伦时期开始围绕城市的长墙，其中的一部分至今依然幸存。并且仍然可以在土地的低洼地带或连续的土丘中识别出它们穿过平原到巴比勒丘东南部相当远的地方。[19] 来自巴格达的旅行者在通过一座桥穿过现在的尼勒运河（Nîl Canal）之后，[20] 穿过东北墙上的一个缺口后，就会看到在他的右边有一座孤零零的巴比勒丘，有卡施尔广阔复杂的遗迹，还有临近的阿姆蓝伊卜尼阿里丘（Tell ‘Amrân-ibn-’Ali）在前方延伸直到左边。[21] 沿着东北边的城墙的整个长度，仍然可以从这些低丘的位置判断出来，这说明城市的这一边范围不超过 2.75 英里。墙的东角也保留了下来，东南墙因又向幼发拉底河折回可能再延续 1.25 英里。这两面墙，与幼发拉底河一起，围绕着古城的仅有部分，在这上面所有重要的遗迹都依然存在。但是，根据希罗多德和其
他作家的说法，这座城市被西岸的两面相似的墙围住。这样说来， 23
它占据的区域必然形成一个大致的四边形，河流从对角流过。西
墙始终没有被发现任何蛛丝马迹，[22] 河对岸的所有建筑遗迹似乎 24
都完全消失了。但目前我们可以假设这座城市实际上在西岸占据了大约相等的空间，即便如此，它的整个周长也不会超过 11 英里，而这个数字远远小于希罗多德、克特西亚斯以及其他作家所给出。

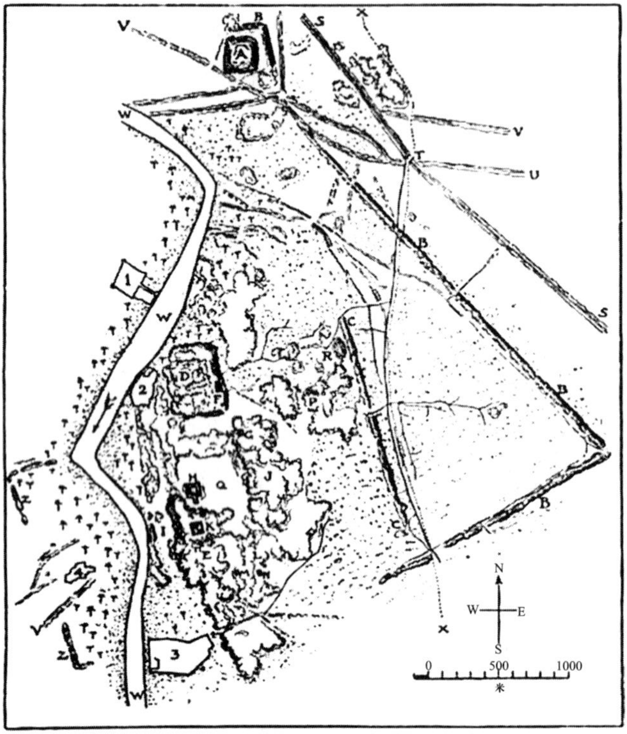

图 3　巴比伦废墟平面图

A：巴比勒丘。B：外城墙。C：内城墙。D：卡施尔丘。E：阿姆蓝伊卜尼阿里丘。F：埃马赫，宁马赫女神的神庙。G：阿卡德的伊什塔尔神庙。H：埃台门安基，巴比伦的塔。I：幼发拉底河古代河床。J：美尔凯斯。K：埃萨吉拉，马尔杜克的神庙。L：伊辛阿斯瓦德丘。M：叫作“Z”的未知神庙。N：埃帕图提拉，尼尼卜的神庙。P：希腊剧院。Q：萨赫恩，巴比伦塔周围的小范围平地。R：霍美腊丘。S：尼勒运河。T：尼勒运河上的桥。U：尼勒运河从前的河床。V：古运河。W：幼发拉底河。X：巴格达到希拉的道路。Z：覆盖城墙废墟的土丘。1：阿那那村。2：威瑞什村。3：詹姆詹马村。4：辛贾尔村。

［根据科尔德威和安德烈］

科尔德威博士认为，由于克特西亚斯的估计值接近正确测量值的四倍，因此有可能会是他误把周长的数字当成了正方形边长。但是即使这一解释勉强算合理，我们依然无法解释希罗多德给出的更大的数值。因此无论他们是否亲自到过城市，我们最好将所有对其尺寸估计的数值都考虑到，这些数值不能当作准确的测量的结果，而只是代表这些记录者头脑中产生的宏伟的印象。

发掘者们尚未对城墙进行过多关注，在进行更广泛的挖掘
之前，很难对防御系统形成非常详细的概念。但是已有的工作足
以证明外墙是一个非常庞大的结构，由两道独立的墙组成，中部
空间用碎石填充。外墙或表墙是以沥青为砂浆用烧结砖砌成的。 25
这种墙面沿着环绕城市的护城河拔地而起，可以承受任何攻击的
冲击。墙的厚度超过 7 米，地面以下的部分由一道附加的内墙进
一步保护以抵御护城河水，这面墙的厚度超过 3 米，同样是由烧
结砖砌筑以沥青做砂浆。在距离外墙后面大约 12 米的地方，是
第二层厚度几乎相同的墙。这面墙面向城市的内部不会被围攻者
直接攻击，因此由未经烘烤的泥砖建造，用黏土做砂浆。[23] 无法
准确断定泥砖墙的年代，但它肯定比尼布甲尼撒统治时期更早，
在其父亲的时代这可能是外城唯一的防护设施。[24] 烧结砖墙和它 26
前面的护城河内壁目前的形态是从尼布甲尼撒时代开始的。因为
这部分是用其特有的方砖建造的，砖上印有他平常用的印章，而
这枚印章的印文在整个巴比伦遗址都很常见。

沿着泥砖墙每间隔一定距离就有一座略微突出的塔楼。[25] 塔

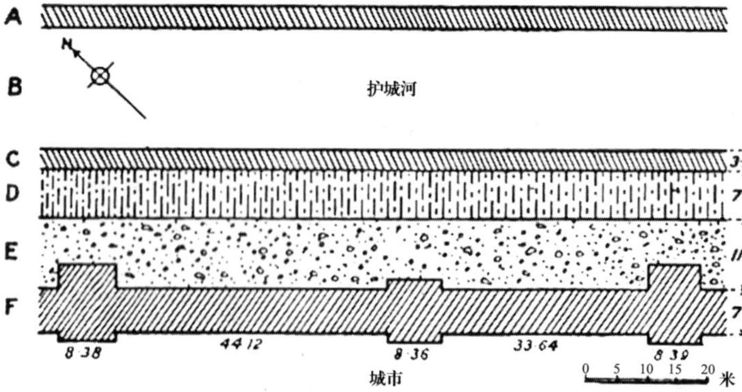

图 4　外墙部分平面图

A：烧结砖所砌的护城河外衬。B：护城河。C：烧结砖所砌的护城河内衬。D：烧结砖所砌的外墙。E：碎石充填物。F：泥砖所砌内墙，其上间隔一定距离建有塔楼。

平面图中测量所得的数字以米为单位。

［根据科尔德威和安德烈］

楼只有基部尚存，因此对上部结构的重建只能依靠纯粹的猜想。但是，由于碎石始终填充了烧结砖和泥砖的两面墙之间的空间，我们不妨假设填充物一直延伸到外壁的顶部。有可能将泥砖内壁升高到更高，并在每对塔楼之间形成墙幕。如果这样，其前方包括碎石填料和烧结砖墙的空间形成了宽近 20 米的宽阔道路，沿着城墙的顶部向右延伸。在这一点上，挖掘工作充分证实了希罗多德的说法。他说，“在墙的边缘，他们建造了两两相对的单间建筑物，其间留下了四马战车可以回旋的空间。”[26] 即便在外缘建造了较小的塔楼，也有足够的空间沿着墙壁驱动四马战车，而且在塔楼之间的间隔带，两辆这样的战车可以很容易交错通过。人们已经敏锐地注意到，这种墙的设计不仅因其高大而起到防御作用，而且还具有极大的战略价值。因为它使得在防御过程中能够以极快的速度将其兵力从一点转移到遭受到攻击的任何其他点。[27]

希罗多德对巴比伦城墙的描述只是在大小和范围上不够准 27
确，事实上，这些只是古代旅行者们不假思索地接受当地向导所描述的细节。他给出的城门总数也无疑是过分夸张了，[28] 但是他对墙身由烧结砖建造的描述与墙外表面的构造完全一致，而这一部分恰恰是每个人从其外部经过时能够看到的唯一部分。此外，墙壁中的一部分是由尼布甲尼撒重建，其内部和外部的一半似乎是由烧结砖砌成。这个小的矩形延伸是尼布甲尼撒为保护其后来的城堡而建，那个城堡就埋在如今的巴比勒丘之下。[29]

巴比勒丘是尼布甲尼撒对城堡防卫系统所做出的最后的扩建。越来越多的证据表明，其早于外墙线的建筑构造是尼布甲尼撒统治期间为了巩固都城以防止北方进攻而命人建造的。土丘虽然还没有完全被系统挖掘出来，但是目前的工作已经足够证明其用途和卡施尔的大城堡如出一辙，是用来保卫由许多房间和廊庑围绕着一个开放式庭院而构成的皇宫建筑。从这一事实可以清楚地看出，巴比伦的城堡并不仅仅是驻军用来保卫整个城市的堡垒，也是一座皇家宅院，如果城市外墙被攻破的话，君主及其朝臣们仍可以在其中坚守。即使在和平时期，国王也住在那里，皇家储藏室、金库，以及国家兵工厂和军火库，都在其无数的房间之中。与此同时，巴比伦南部堡垒的挖掘工作已经持续了 16 年，我们
28 发现它本身就是一个名副其实的城镇，一座城中之城，巴比伦城的精缩版。

南部城堡，即主城堡，建立在现在名为卡施尔的土丘上。城堡内有尼布甲尼撒建立的皇宫大殿。宫殿有一部分是以其父亲当时的建筑为基础的。皇宫和城堡占据了原来城市广场的位置。那里是巴比伦城的中心，在铭文中被称为伊尔席特 - 巴比里（*irṣit Bâbili*），意思是“巴比勒宫殿”。[30] 虽然这个堡垒的范围比尼布甲尼撒的堡垒小得多，我们依然相信巴比伦的首要防御要塞一直坐落在此地。并且城市的名称巴卜伊里（Bâb-ilî）“众神之门”，显然来源于其古代要塞的战略位置，扼守着前往著名的城
29 市神庙埃萨吉拉（E-sagila）的交通要道。[31] 巴比伦废墟中最早的

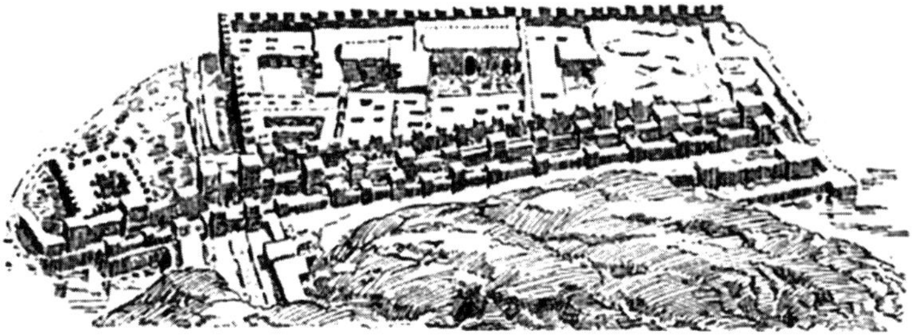

图 5 南部城堡的推测恢复图

恢复图的视角为北方，前面显著的覆盖中央城堡位置的土丘现在已被部分挖掘了。神圣大道沿宫殿东边经过伊什塔尔门；防御工事内再往东是宁马赫（Ninmakh）的小神庙；最里面的墙包围着有着四个露天庭院的尼布甲尼撒宫殿；从大院可见正殿，前面有三个入口。宫殿为平顶，中间或有较小的院落或天井。可对照图 6 平面图。

［根据安德烈］

年代来自汉穆腊比时代和西塞姆诸王的第一王朝，位于埃萨吉拉和巴比伦塔的东边的美尔凯斯（Merkes）土丘之下。[32] 这说明最早的城堡是围聚着城市之神的圣殿而建。这一城区的街道几乎没什么发展，主街道线从加喜特时期到新巴比伦乃至后来都没什么变化。[33] 因为最大的入侵威胁总是来自北方，所以即使在更早的时期，堡垒也自然而然应建在上游，即城市和神庙的北面。

前面说到的城市外墙到了新巴比伦时期才开始建造。随着那波坡拉萨尔与其子取得一系列胜利，早期的小城市不断繁荣并壮大。早期城市接近亚述的控制区的东部边缘，并没有超出内墙的范围。内墙是唯一的一道防御线，直接连着主城堡。内墙的痕迹通过其残存的墙脊或路堤是可以找到的，[34] 从霍美腊丘（Homera）东北的某处南北延伸约有 1700 米。[35] 它是一个由间距不低于 7 米的两面泥砖墙构成的双层防御工事。西边 6.5 米宽的墙较厚，其上建有朝向外部的大塔楼，向外深深地探出，并沿纵向与小塔楼交替排列。外侧墙或东墙每隔一定的距离就有一座小塔楼。现在，沿着主城堡，或说南城堡的北边有一对类似的也是由泥砖砌
30 成的墙，[36] 从堡垒继续向东延伸，直至前方的痕迹被波斯时期一次幼发拉底河改道毁灭殆尽。[37] 尼布甲尼撒时期 [38] 这些墙很可能
31 对内城墙和霍美腊丘北部起连接作用，并且在其朝着河岸向右转弯后继续延伸。这道防御线具有非凡的意义，因为这很可能代表着铭文中再三提及的著名的巴比伦防御双线。

巴比伦人赋予这些墙的两个名字表明他们对其卓越的“贝勒”（Bêl），即主人，城市神马尔杜克的感激与信任。他们把两个之中较厚的“杜如”（*dûru*）或内墙叫作伊姆古尔贝勒（*Imgur-Bêl*），意思是“贝勒是高尚的”；而沙勒胡（*Shalkhu*）或称外墙叫作尼米提贝勒（*Nimitti-Bêl*），意思可能是“贝勒的基础”或“贝勒是我的基础”。[39] 至少对霍美腊附近的泥砖墙名为尼米提贝勒的认定已经由阿舒尔巴尼帕（Ashur-bani-pal）的几枚基础泥圆柱确凿地证实了。这位著名的亚述王废黜了其兄弟沙马什舒姆乌金（Shamash-shum-ukîn）的巴比伦王位，并将巴比伦吞并为亚述帝国的一个行省。[40] 他在泥柱的铭文上声称伊姆古尔贝勒和尼米提贝勒已经倒塌，然后他记载了其对后者的修复

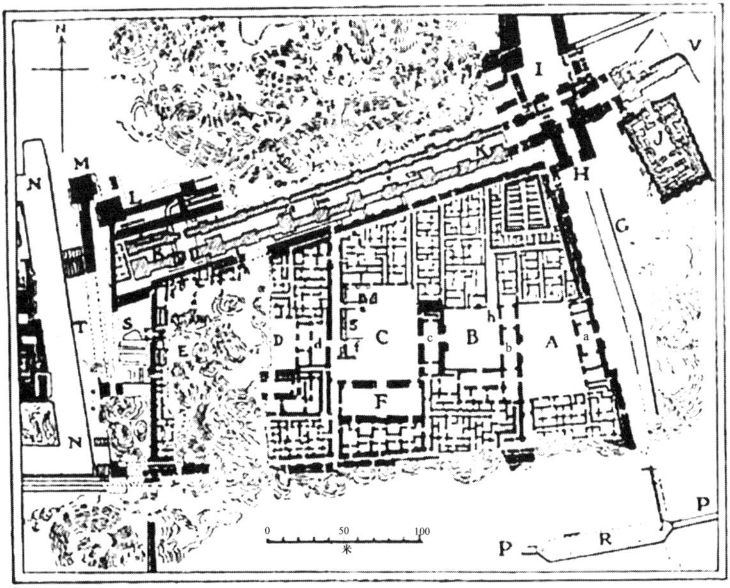

图 6　南部城堡平面图

A：尼布甲尼撒宫殿的东部庭院。B：中央庭院。C：大庭院。D：在早期尼布甲尼撒宫殿基础上建造宫殿私人部分。E：宫殿的西部延伸。F：尼布甲尼撒的正殿。G：被称为阿伊布尔沙布的神圣大道。H：伊什塔尔门。I：装饰有狮子浮雕带神圣大道延续。J：宁马赫神庙。K：两道泥砖防御墙之间的空间，两道墙可能分别是伊姆古尔贝勒（Imgur-Bêl）和尼米提贝勒（Mimittti-Bêl）。L：旧的护城河堤。M：后期的护城河堤。N：后期没入护城河床的防御工事。P：南部运河，可能是里比勒希旮拉（Libil-khegalla）的一部分。R：运河池塘。S：波斯时期的建筑。T：护城河，以前是幼发拉底河的左岸。V：波斯时期河畔的堤岸。a：东部庭院的大门。b：中央庭院的大门。c：大庭院的大门。d：宫殿私人部分的双层门。e，f：宫殿建造时的临时坡道。g：泥砖建造的临时墙壁。h：向北通向拱顶建筑的宽通道。

［根据科尔德威、卢瑟和维策尔］

并在其基础或墙体中嵌入了泥柱。不幸的是这些泥柱的发现地并不是在其所声称的地方，而是在两墙之间的碎石之中，所以现在还不能确定来自哪边的墙。如果它们曾被放置在厚的，也就是内墙，那么尼米提贝勒必然是一个双线的防御工事，而且是两道墙加在一起的名字。如果那样的话，我们就得到另外的地方寻找伊姆古尔贝勒。但是，它们来自窄一点的外墙也同样是可能的；如此一来，尼米提贝勒就成了外墙而伊姆古尔贝勒就成了宽的带有突出塔楼的内墙。这一点的确需要进一步的考古挖掘来解决，但是此时卡施尔的防御工事提供了似乎支持后一种理解的进一步证据。

32 旧城堡的防御工事发生了很大变化，尤其是在尼布甲尼撒长达 43 年的统治期间，结果使早期建筑不断被拆除，南北方区域得到扩建。这种情况在其西北角尤其明显。在这里，在后期防御墙下很深的地方发现了四道早期的墙。[41] 这一发现使巴比伦城该区域的地理变迁变得更加清晰。这四道墙都是古代的河堤墙，其北部和西部表面随着高度增加迅速向内倾斜。伴随着河堤逐步向北向西拓展，每一道墙都意味着一次河堤的重新建造。幸运的是在其建造中用了大量的印有印章和铭文的砖，所以使其重建的精确断代成为可能。

最早的河堤墙，也是卡施尔发现的最早建筑，是四道墙中
33 最厚的，[42] 其角上用突出的圆形垛加固。几块砖上的铭文中声称这是亚述的萨尔贡所建。[43] 在陈述其名字和头衔之后，他

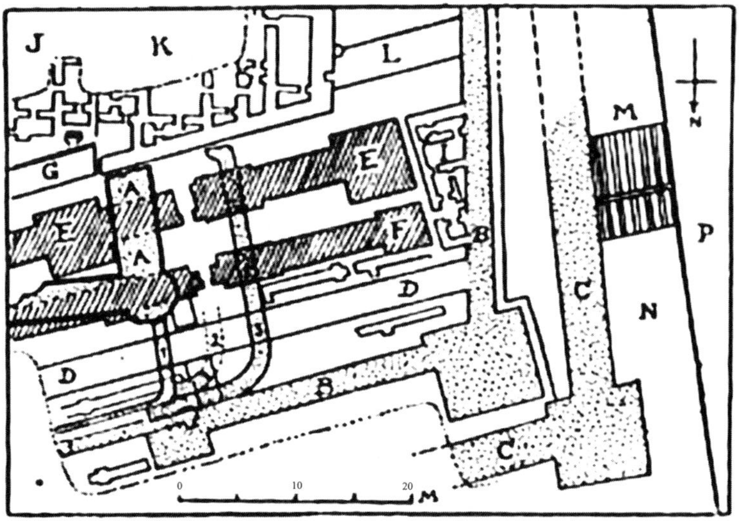

图 7　南部城堡西北角的河堤墙和防御墙

A：萨尔贡的码头岸墙。B：旧的护城河堤。C：尼布甲尼撒后期的护城河堤。D：连接墙。E：南部泥砖防御墙，可能是伊姆古尔贝勒。F：北部泥砖防御墙，可能是尼米提贝勒。G：南部城堡的北墙。I：建筑遗迹，可能是墙头的角。J：那波坡拉萨尔的宫殿。K：南部城堡的西部延伸。L：连接墙。M：后期的跨水渠的带有通水网格的墙。N：水，原为幼发拉底河左岸。P：尼布甲尼撒在幼发拉底河旧河床上的后期防御工事。1-3：那波坡拉萨尔的护城河堤。注意：河堤与护城河堤用点点来区分。

［根据科尔德威］

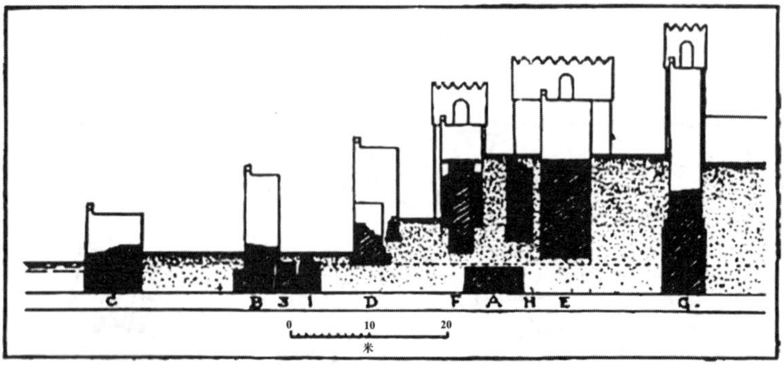

图 8　南部城堡北边的码头岸墙与防御墙

A：萨尔贡的码头岸墙。B：旧的护城河堤。C：尼布甲尼撒的后期护城河堤。D：连接墙。E：南部泥砖防御墙，可能是伊姆古尔贝勒。F：北部泥砖防御墙，可能是尼米提贝勒。G：南部城堡的北墙。H：旧的泥砖墙遗迹。

［根据安德烈］

宣称是他想要重建伊姆古尔贝勒；为此他使烧结砖开始流行并从伊什塔尔门旁边到幼发拉底河岸的深水处用树脂和沥青建造了河堤墙；他还说，他“建立了伊姆古尔贝勒和尼米提贝勒，在其上象高山般耸立。”[44]很显然，萨尔贡这里命名为伊姆古尔贝勒和尼米提贝勒的两道墙很可能是泥砖所建。毫无疑问，这两道墙必然已经损毁并被后来那波坡拉萨尔和尼布甲尼撒统治时期的建筑
34 所取代。但是，其位置一定与萨尔贡河堤上面的两道泥砖墙的位置相差无几，[45]都从旧的幼发拉底河河岸到伊什塔尔门，简言之，就是萨尔贡文献中所说的两点。这一证据强烈建议我们认为与内城墙有关的那些后期的泥砖墙是承袭先前的伊姆古尔贝勒和尼米

提贝勒而建，因此也必然继承其古代名字。

在萨尔贡之后的晚期码头岸墙中我们也找到了支持这一观点的证据。前面提到的三面窄墙是那波坡拉萨尔时期[46]河堤向西进入河床的三次连续拓建，其砖上刻写的铭文中称该河床为阿腊赫图（Arakhtu）。[47]但是，文献中并没有提及城墙。代表下一次拓建结构的护城河堤 B 中也根本没有发现任何铭文。河堤 B 与最晚期的码头岸墙（C）一样，并非以早期的圆形的方式收尾，而是在角上用厚实的方形垛堡来加固。只有在这种最晚期最坚实的码头岸墙中才发现有关伊姆古尔贝勒的进一步铭文。这些铭文证实此墙为尼布甲尼撒所建。他在铭文中提及那波坡拉萨尔对伊姆古尔贝勒的重建，并记录了他自己用沥青和烧结砖加高了河岸如高山般耸立。因此可以确认这就是伊姆古尔贝勒的码头岸墙。萨尔贡早期建造的方式也支持这一推断。从萨尔贡的早期材料来看，这些文献中未提到次要的尼米提贝勒也并不说明它一定在别的地方。

因此，我们不妨先把卡施尔北边[48]的两面泥砖墙当作巴比伦著名的防御工事的一部分，假设其向东经霍美腊一直延伸到内
城墙。其向西延伸跨过幼发拉底河的地方也只能靠推测。但是， 35
西墙的角大约与卡施尔的北边和霍美腊的内城墙端是一致的，可能依然能够在辛贾尔村北边的土丘下找到痕迹。[49]把这些西部的墙包括在内，早期的巴比伦的平面图应该是方形的，大约在右岸只有 1/4，在河东面的部分近似于方形。加喜特时期和第一王朝

的巴比伦一定依然比较小，只是覆盖了比三个主丘稍大一点的面积；虽然其部分街道网已经被发现了，但是几乎没有防御工事的痕迹幸存。

因为其涵盖了关于考古挖掘的主要议题，有关城墙和防御工事的所有证据都经过了充分总结。需要附带说明的是，科尔德威博士并不同意前述观点。他依据对南部城堡靠近东墙的碎石中发现的那波坡拉萨尔泥柱铭文的两个句子的解读，提出了对识别伊姆古尔贝勒的不同观点。铭文中那波坡拉萨尔记载了他自己对已然倾覆的伊姆古尔贝勒的修复，并且声称他“在原始的深渊中建立了它”，还有“我使巴比伦被其围绕朝向四风”。[50]科尔德威博士从深渊一词得出其基础深的结论，而且因此必然使用烧结砖，而非泥砖筑成；同时他也从第二句正确地推断出它必然是周边封闭的四边形。但是，正如我们所见，这恰恰就是我们囊括了河西岸的残墙后得到的平面图。众所周知，新巴比伦文献记录一贯倾向于夸张。鉴于此，我们当然不应把孤立的隐喻当成现代建
36 筑师的精确描述来看待。如果在修复中发现任何一处墙是用烧结砖为基础的构造，那么就足以验证皇家声明的正确性。

考古发掘还表明利用幼发拉底河的方式是提供防御和为城堡供水。萨尔贡铭文的发现也证明在他的时代河水是沿着码头岸墙的西面流过的；[51]那波坡拉萨尔的三道相继的码头岸墙中发现的砖上的铭文中声称，[52]他用它们来重建他称之为“阿腊赫图”的河道的堤岸，这里所用的名字与萨尔贡用来指代幼发拉底河的

方式恰恰相同。最简单的解释就是那波坡拉萨尔时期幼发拉底河流经城堡西边一段的名字就叫阿腊赫图，并且不管怎样，这段河道的使用包括沿其北面的城堡护城河，或运河，形成了一个直接对河流开放的池塘。[53] 因此，“阿腊赫图”可能是一个通用词语，不仅指这个池塘，而且指从城堡西北角到其南部的左岸某处的整个河滩。它可能继续延伸到包括巴比伦塔前方的河段，因为辛那赫瑞布（Sennacherib）摧毁该城的时候将此塔投入了阿腊赫图。顺水而来为宫廷和军队运送给养的船舶和凯莱克（*keleks*）在此水道内尤其是北部的码头停泊。实际上，阿腊赫图非常可能是古代巴比伦港口或码头的名字。

关于码头样貌大概可以从图 5 的恢复图的右边得到些印象。[54] 外部的码头岸墙似乎本是用来代替内部的码头岸墙的，可是图画中却都表现出来了。但因为城堡和城墙的高度不断抬升，这种组合也并非是不可能的。然而，尼布甲尼撒在其统治的后半 37
期完全改变了河边地带的外观。在码头岸墙的西面，河床中，他修建了一道坚固的防御工事，其厚重的墙壁有 20 ~ 25 米宽。[55] 全部是用烧结砖和沥青来建造。一篇来自西帕尔的铭文中提到，似乎他建造此工事的目的是为了防止河中形成沙滩，这在过去可能导致左岸埃萨吉拉上游发生洪水。[56] 在工事和旧的码头之间只留了一条狭窄的水道，[57] 河水通过栅栏继续流过。这无疑是城堡北部护城河的溢流，因为护城河分流进入环流皇宫供给运河，这条运河及至宫殿南端可能仍有迹可循。[58] 很可能这个巨大的河流

防御工事是导致幼发拉底河河道后来变化的部分原因。其厚重的
结构说明必然承受巨大的水压，也同样增加了其向东分流的倾向
性。然而，可以确定的是在波斯和塞琉古王朝时期有很长一段时
38 间河流向东绕过了卡施尔，可能在城堡的三面之下聚拢，向马尔
杜克神庙和巴比伦塔的北方再次汇入原来的河床。伊什塔尔门东
面的一段向外倾斜的晚期路堤就是其河道的标志，这段路堤的转
弯处支撑着较厚的泥砖墙。[59] 路堤之外只发现了淤泥与河流沉积
物。城堡南部的水道可能就是河流再次朝着其废弃的河道转弯的
地方。此处的挖掘探坑显示目前的土壤是由水流沉积泥沙构成的，
早期运河以外没有发现任何建筑的痕迹。已被考古挖掘证实的这
一河道中的临时变化解释了古典学传统中的另一个难题——巴比
伦主遗迹与河流的实际相对位置和波斯时期其被记录的位置有巨
大差异。比如，希罗多德 [60] 认为防御要塞与国王的宫殿（卡施尔
丘）在一起，在宙斯贝鲁斯（Zeus Belus）的圣区（埃台门安基，
巴比伦塔）对岸。但是我们现在掌握的证据表明他们当时分别在
幼发拉底河的两边，直到大约塞琉古王朝末期河水回到之前的也
是现在的河床。

南部城堡的大部分是巨大的宫殿建筑群。尼布甲尼撒在其统治的多年中对其耗费了极大的精力。登上巴比伦的王位后，他发现这座古老的堡垒并非他想要留给后世的巨型建筑。在其父亲生前他就生活在那里，但是那波坡拉萨尔满足于相对矮小的居所。当其子在入主埃及胜利的鼓舞下回到巴比伦接过贝勒（Bêl）

之权柄，他便开始谋划建造一个与其所掌控的帝国相称的宫殿。至于其先前不得不居住的那波坡拉萨尔的旧宫殿现在则已经几乎荡然无存了。剩下的只有宫殿区内尚有痕迹的最早建筑了。尼 39
布甲尼撒的描述说，在其建造活动之前旧宫殿从幼发拉底河向东直到神圣大道，旧的宫殿围墙无疑就在那里。在晚期宫殿的东边发现了旧的防御工事墙的痕迹，还有通往开放庭院的拱顶门厅，这些后来都被尼布甲尼撒填埋并在其上重建，因而得以完好保存。[61]

旧宫殿本身[62]并没有超过尼布甲尼撒大庭院的西边。[63]我们从《东印度公司铭文》（*East India House Inscription*）得知，[64]其上部的结构为泥砖所建，后期重建时被拆除了。但是那波坡拉萨尔是按照从汉穆腊比时代流传下来的传统，将泥砖墙建在烧结砖墙的地基之上。他的儿子只是对这些进行了简单加固，然后在其上建起新墙。因此新宫殿的这一部分在很大程度上保留了旧的地基平面图。这些墙的强度和规格都是非常惊人的。这可能部分要归因于早期建筑上部的泥砖结构，这样的墙自然需要一个宽阔的地基。

当尼布甲尼撒开始建造工程时他住在旧宫殿中，同时加固并抬高了庭院东面的墙壁用作建造他自己的宫殿的基础平台。[65]有一段时间新旧宫殿是两条由生砖筑起的坡道连接在一起的，[66]后来被填埋在大庭院的甬道之下。我们可以想象国王日常视察时命其建筑师提升坡道的情景。东部的新宫殿一旦建成他就搬进去，

巴比伦的尼布甲尼撒宫殿正殿，显示后墙中放置王座的凹陷

并将旧宫殿推倒，然后在其基础上建造他自己的墙壁，用泥土和 40
碎石将中间的空间填满直至将甬道抬升到和东部一样的高度。再后来，他继续在西边拓展建造。国王在关于宫殿建造的叙述中说到：“我打下坚实的地基并用沥青和烧结砖垒得像山一样高。我将高大的雪松横在上面做房顶。我在门口安置了雪松包铜的门扉、门槛和青铜门座。金银和宝石，所有能想象到的无价之宝，华美、壮丽、财富，所有令人向往的，我都将其堆在里边，我在那里贮满了皇室珍宝。”[67]

图 6 的宫殿平面图较好地体现了宫殿的最终状态。东边的大门是主入口，[68] 外侧有塔楼拱卫。这个门叫作巴卜贝勒提（Bâb-Bêlti），或“夫人门”。这一名称无疑是因为其位置靠近女神宁马赫（Ninmakh）的神庙。[69] 门楼包括一个入口大厅，大厅两边直通两个房间用于宫廷守卫。宫殿东面建造了三个南北方向的露天大庭院，[70] 彼此之间有类似宫殿大门的门厅隔开。[71] 值得注意的是，这里与欧洲院落的设置不同，大的房间通常在庭院的南边面向北方，因为在巴比伦尼亚的亚热带气候下夏天的烈日炙热难当，而这些房间应该整天都在阴凉之中。

一些大的套房包括内门厅，很可能是用来作为法庭的，因为自汉穆腊比时代以来司法审判通常都在皇家宫殿进行。 41
早期此类的诉讼是由国王亲自处理，[72] 后期也是在国王的监督下由法官来处理。所有贸易活动都是在宫廷管辖区进行，不仅有法律诉讼还包括所有需要法律公证的交易在那里都最为便捷。在巴比伦遗址发现了诸多的新巴比伦契约就是证明。这些契约来自阿勒比特沙尔巴比里（Al-Bît-shar-Bâbili），“巴比伦王宫之城”。这一名称肯定是泛指整个城堡和宫殿区的。所有的官方交易也是在此进行的，我们姑且不妨把最大的套房和宫殿中央庭院南部的毗连居所归于法庭高级大臣和官员们。[73] 至于一些更重要的服务于国王的将官们无疑也是住在这些房屋中的，在三个庭院北侧以及入口庭院南侧的类似的但是相对小些的房屋则应归给低级别的官员了。在宫殿外墙旁有一个房间的西南角发现了一个圆柱模芯，旁边还有大量雪花石膏罐，[74] 由此可见甚至宫廷作坊也是在宫殿中的。

从平面图中可以看出这些寓所由一些房间围绕着露天庭院或天井组成；大多数寓所彼此独立，与邻居隔开，门朝向较大的庭院或甬道。建筑物中没有发现任何窗户的痕迹，很可能设置得非常少。但是这并不意味着没有窗户，因为所有保留下来的宫殿
42 墙壁都不超过几英尺高，更大的部分则只有地基留存。但是，可以肯定的是该地现在的房子，所有的民居，甚或是宫殿都是平顶的。这些平顶是居民们一年中大部分时间的天然的床铺。太阳快要落山时，一天中最热的时候过去了，他们都登上房顶享受傍晚的微风；在白天如果有一扇窗户的话则仅仅是多了一个阳光的入口。前面的草图无疑准确地给出了宫殿的概貌。[75]

宫殿中最令人关注的套房可能是尼布甲尼撒的正殿。其房间在正南紧邻大庭院。[76] 这是宫殿中最大的房间，因为房间较长

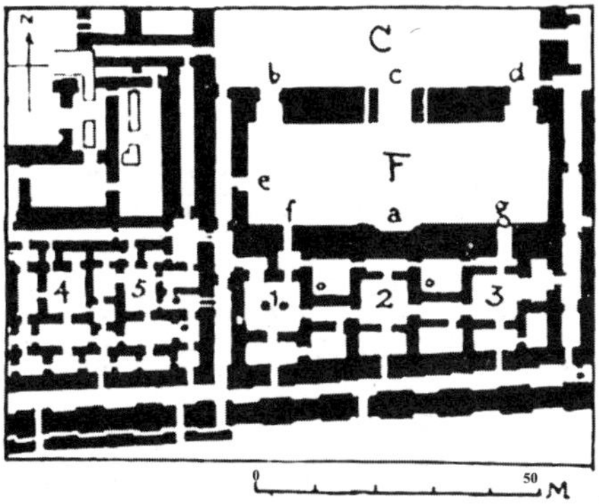

图9　尼布甲尼撒正殿和宫殿私人部分平面图

C：大庭院。F：正殿。a：后墙上放置王座的壁龛。b-d：从庭院进入正殿的入口。e-g：从侧面和后面进入的入口。1-3：露天庭院，被皇家侍从的房间环绕。4，5：东南角私人宫殿的露天庭院。
［根据科尔德威］

边的墙有6米厚，比两边的宽得多，所以可能支撑的是桶状穹顶。从大庭院进入这里有3个入口，[77] 正对着中间入口的墙上有一个宽阔的壁龛，深深地凹进墙体，我们猜测此处可能就是原来安置王座的所在。在精心安排的仪式庆典上你会看见国王端坐其上，不仅房间内的人，大庭院中部的人也都可以看到他。就在宫殿的这一部分发现了一些晚期巴比伦风格墙壁装饰的痕迹。正殿房间的内墙几乎都涂着白色的石膏灰泥，面对庭院的外表面砖墙则装饰着颜色明亮的彩釉。 43

虽然只发现了些许彩釉表面的碎片，但却足以恢复其装饰图案。一系列黄色圆柱带有浅蓝色柱头，边缘都用白色线条装饰，

图 10　正殿表面的彩釉砖设计方案

图画中浅蓝和深蓝色用轻重水平阴影表示；黄色用点状面表示。

从深蓝色背景中衬托出来。这一设计中最突出的特征是柱头。每 44
个柱头由两个双螺旋图案组成，一上一下，还有一个带黄色中心的白色圆形花饰从其上露出一部分来。柱子之间是叶鞘中的嫩芽，呈三叶草状，两边伸出略弯曲的浅蓝色的枝条连接两边柱头的螺旋。在墙上略高些两条黄色边线之间有一条颜色类似的双棕榈叶装饰带，在黄色边线的中间用方块装饰，颜色是黑色和黄色，黑色和白色，如此反复交替。庭院门口的装饰提高了这种正殿彩釉表面的华丽效果，其表面装饰着狮子形象。从东部庭院的门口发现的彩釉碎片来看那里也是这样，但是其余的院墙都没有装饰或者可能仅仅涂上了一层灰泥。同宫殿中的其他房间一样，正殿房间的内部没有任何发热发光的令人赏心悦目的装饰物，这是因为墙上没有窗户而刻意为之的。

从后墙上的两道门可以进入正殿后面的房间。[78] 这些房间围绕着三个露天庭院排列，显然是为了服务国王而设。其中两个紧挨着正殿后墙的房间的西南角各有一眼井，井的位置在平面图上用小的空心圆点表示。这些小房间的墙从地基一直下降直到
水平面位置，中部的空间在井的周围填满了碎石包。很明显， 45
这一设施肯定是用来保障王室餐饮供水的。但是，居住着女人和其他家眷的宫殿私人部分显然是再往西，建在早期的那波坡拉萨尔的寓所之上。从平面图上可以看出，这部分与宫殿的东部或官方部分颇不相同。一道厚墙和过道横贯整个宫殿区，将其与东部分开。门楼的特征至关重要，它是西部的主入口，对着大庭

院。[79]门口到官方庭院两旁完全没有塔楼，过道穿过两个相继的套房，第二个比第一个小一些且通向一个门房。国王专用的入口在过道的南半部分，就在正殿的侧门和过道上通向其后小庭院的另一道门之间。[80]在私人宫殿对着庭院5开门的两个房间中又有两眼圆形的井，上面用围墙保护，与正殿房间后面的井情况一样，这里房间的基础同样下探到水平面的高度并用碎砖石填埋。

在精心设计的排水系统中也发现了为保证供水清洁所采取

图11　宫殿东北角与拱顶建筑平面图

A：宫殿的东部庭院。B：中央庭院。H：伊什塔尔门。I：拱顶建筑。J：南部泥砖防御工事墙，可能是伊姆古尔贝勒。h：通往拱顶建筑的过道。m，n：拱顶建筑的入口。1-15：官员居住区的小露天庭院或天井。

［根据科尔德威］

的相同的措施。通过这种排水系统能够排出宫殿的平顶、露天庭
院和防御工事墙等上面的地表水。大的排水通道带有支撑和顶
盖；小点的构造简单而有效，用砖组成“V”字形并在顶部再
用砖铺平。城堡本身和内外城墙上的防御工事的顶部都是在塔 46
身内部用竖井或沟槽从塔顶引下来，在泥砖建筑中用烧结砖做
内衬。在某些全部由泥砖建造的神庙中也是采用这样的排水系
统的。[81]

宫殿里还有一座值得关注的建筑，因为它可能就是著名的
巴比伦空中花园遗迹。[82] 这座建筑通过一条宽阔的过道与中央庭
院[83] 的东北角相连，[84] 从过道向右转是另一条稍窄的过道，过
道的左边有两个入口。[85] 不得不承认第一眼谁都看不出这是个花
园，更别说是著名的古代奇迹了。可以看到建筑的中央核心部 47
分被坚固的围墙围绕，内部是 14 个小间，在中央通道两边各 7
间。[86] 每个小间上半圆的拱构成桶状穹隆，整个被一圈狭窄的围
廊环绕，北边和东边是宫殿的外墙。包括拱顶的小间和环廊在内，
这部分建筑的高度完全低于整个宫殿的其余部分。小房间与宫殿
平齐，有的像围绕中心西面和南面的拱顶一样又窄又长，从南面
的一个房间沿着阶梯可以到达地下部分。[87]

之所以认为这个建筑是空中花园是出于两个理由。首先，
从其废墟中发现了无数的碎片表明其建筑结构中使用了毛石。
除了神圣大道和幼发拉底河上的桥，巴比伦城中仅有一个地方
使用了大量毛石来建造，那就是卡施尔的北墙。目前所有关于

巴比伦的文学作品中，只提到有两个地方的建造中使用了石头，即城堡北墙和空中花园。而据记载空中花园的屋顶上面是土层，下面是石头建造。这些证据都显示拱顶建筑就是空中花园。[88]此外，伯若索斯明确提到空中花园是在尼布甲尼撒扩建的其父
48 亲的宫殿中；但是这一证据同样适用于尼布甲尼撒紧挨着主宫殿北面建造的后期中央城堡。在斯特拉博（Strabo）和狄奥多罗斯（Diodorus）的作品中该建筑的规模也远比拱顶建筑大得多，根据他们所说，四边形的边长接近后者边长的四倍。但是，就像城市外墙的例子一样，我们已经看到这种数据的差异是情有可原的，并不能构成有力的反证。[89]

支持这一推断的第二个理由是，在那些两边的外缘房间的西南角附近有些小房间，其中一间中有一口非常特别的井。该井由三个毗连的竖井组成，中间一口是方形的，两边是椭圆形的。这种设计是目前所知的古巴比伦遗迹中绝无仅有的。假设这里有一个由链泵原理制成的水力机械的供水设施就可以完美地解释这种设计。一些桶附在一个环链上，经由外边的一口井，升上来，越过上面安装的大轮子，接着将水注入其经过的水槽，然后下降到外边的另一口井，重新装水。中间方形的井，肯定是一个检查室，工作人员可以下来进行清理工作，移走障碍。此种巧妙机关在现在的巴比伦尼亚有时还在使用，用来将连续的水流提升到灌溉渠里，由马或其他动物绕圈转动绞盘来提供原动力。在拱顶建筑中几乎没有这样的空间，所以也很可能沉重的绞盘是由一群奴

伊什塔尔门的东部塔楼，现存部分形成了最后大门的基础

隶来推动的。此井的发现无疑支持这一认定。

49 人们对此建筑的上部结构重建提出了两种方案。其厚重的墙体必然要承受巨大的重量，很可能建筑核心部分建在地下拱形上，高出与宫殿一平的周围房间。这与现在对空中花园原理的理解不谋而合，因为由两边宫殿墙分界，从宫殿外望去定然可见其树木和花草。因为宫殿是建在丘地上的，从城中低处望去，花园的高度必然更加突出，很可能在其实际尺寸中添加了自然的想象成分。

从另一方面来说，在中央核心部分内发现了留存的半圆拱顶，这可能是直接支撑用来种植花园中树木的厚土层的。这样树木在宫殿层生长，宛如在花园中，周围可能环绕着柱廊，西面和南面的外围房间向其敞开。无论哪种方案，地下的拱顶都只能用作仓库或储藏间，因为它们里面完全没有光。事实上，在通往这些地方的楼梯间里发现了很多的泥板，因为泥板上的铭文很多与谷物有关，所以至少有一部分是用来做粮仓的。但是如果上面不是用灌溉泵不断浇水的花园的话，这是它们唯一可能的用途，因为湿气必然能够渗入拱顶。[90]

坦白说，不管我们采取以上哪一个说法，都不符合空中花园的盛名。如果说像科尔德威博士所相信的那样它们仅仅是一个花园院落的话，很难解释形容词 *κρεμαστός*（希腊语：悬挂）和 *pensiles*（拉丁语：悬挂）。因为地下的拱顶是完全看不见的，
50 而且即使知道是在地面以下，也不能说是一个奇迹或说成是悬在

空中的。人们禁不住怀疑这拱顶建筑其实仅仅就是宫殿的粮仓而已，还有那口三眼的井也只是住宅用的供水设施之一。至少目前我们还能期待对中央城堡的进一步发掘能够发现一个更有说服力的名副其实的“空中花园”。

在 1901 年秋天，本书的作者在巴比伦待了一段时间，驻足于科尔德威博士坚固的考古大厅。这个考古大厅是他们用来自尼布甲尼撒宫殿的烧结砖而建。那时候他已经发掘了宫殿的大部分，甚至可能已经能够描绘出正殿的墙壁的位置，也注意到了曾经安置王座的凹陷。但是，除了彩釉墙面之外几乎没发现什么其他有

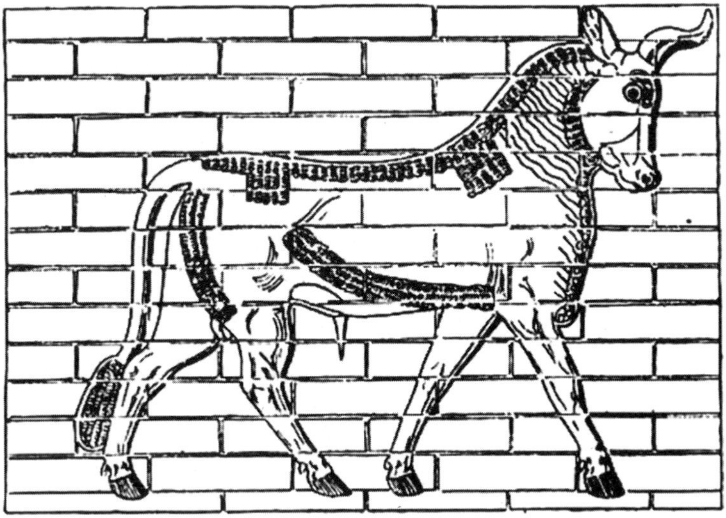

图 12　伊什塔尔门上的彩釉砖公牛

艺术价值的东西,而且遗址的其他部分的发掘结果也更令人沮丧。他们已经深入挖掘了埃萨吉拉，对女神宁马赫神庙的发掘已经完
51 成，正集中精力全面发掘尼尼卜神庙。所有发现的都是由生砖建造，[91] 墙上的主要修饰就是薄的石灰涂层。他们的发现让人不禁怀疑巴比伦的辉煌成就是编造的神话。

但是，第二年春天他的发现却是整个发掘工作中最为令人振奋的成就，从而为这个古老的城市的荣耀正名。那就是伟大的伊什塔尔门。神门跨越巴比伦的神圣大道，其上装饰的公牛和龙证实巴比伦尼亚后期的雕刻艺术已经臻于完美。神门矗立在由神圣大道进入城市的入口。事实上，它是城堡北面的两面泥砖墙上

图 13　伊什塔尔门上的彩釉砖龙

的主入口。我们有理由相信这两面墙就是著名防御工事，伊姆古尔贝勒和尼米提贝勒。[92]

尼布甲尼撒重建此门时对其结构是经过精心设计的。[93] 这是 52
一个由两栋门楼构成的双层门，[94] 每栋门楼都有一道外门和一道内门。[95] 之所以这样设计是因为这是一个双层防御工事，每道墙都有各自的门。但是整个神门构成了由短墙联结成的整体结构，
围成了一个门院。[96] 科尔德威博士认为这个院落可能有顶，用来 53

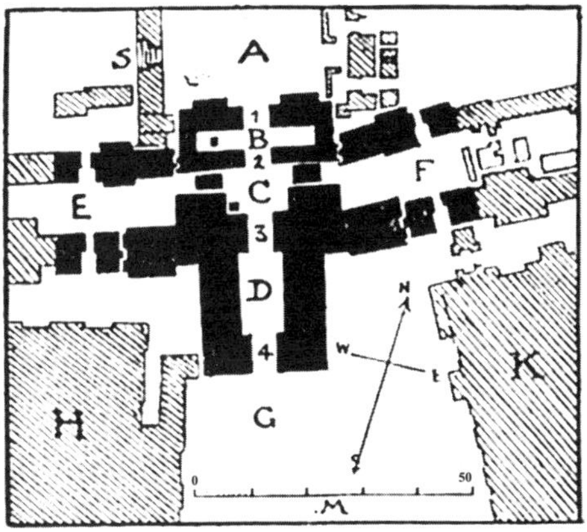

图 14　伊什塔尔门平面图

门的平面图用黑色表示；其他的墙和建筑用阴影表示。
A：神圣大道至门北侧。B：外墙的门。C：门院。D：内墙的门。E：西翼之间的空间。F：东翼之间的空间。G：神圣大道至门南侧。H：宫殿东北角。K：女神宁马赫的神庙。S：从神圣大道向下的阶梯。1，2：外门楼的门口。3，4：内门楼的门口。

［根据科尔德威］

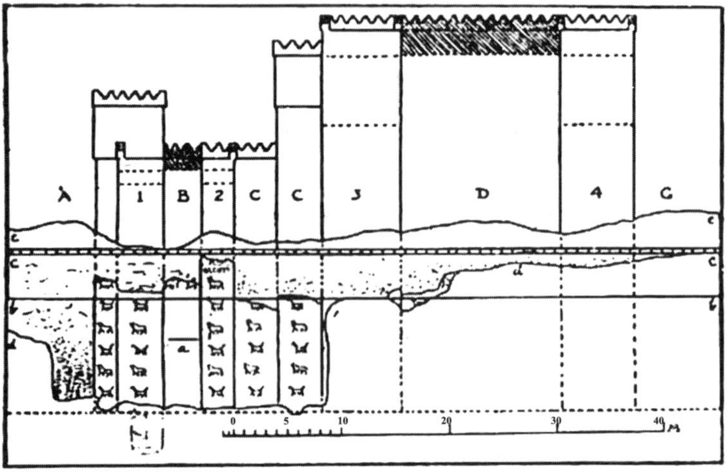

图 15　伊什塔尔门的截面图

这是截面的从西向东看的想象恢复图，大写字母和数字所示与图 14 中相同。

A：神圣大道至门北侧。B：外墙的门。C：门院。D：内墙的门。G：神圣大道至门南侧。1，2：外门楼的门口。3，4：内门楼的门口。a：甬道的痕迹。b：第二甬道的高度。c：最后甬道的高度。d：现在地面的高度。e：考古发掘欠地面的高度。需要注意的是大门遗留部分全部都在最后甬道的高度之下。

［根据科尔德威］

保护一对向内开的大门不受天气的影响。但是，如果这样的话，整个门户的房顶势必在同样低的高度；然而，正如截面图[97]和城堡恢复图[98]中所显示的那样，从内门楼的厚墙来看墙和拱顶应该比外门楼高。所以似乎两个门楼之间的院落更可能是露天的，两个内墙的拱顶[99]比外墙的拱顶应该高得多。另外还有别的理由，露天的庭院可以进入更多的光线，从而能够看清门楼内墙上的精美装饰。

需要注意的是，平面图中中央的道路并非通过大门的唯一 54
入口；在两栋中央门楼的每一边各自伸出一条侧翼，加起来共四

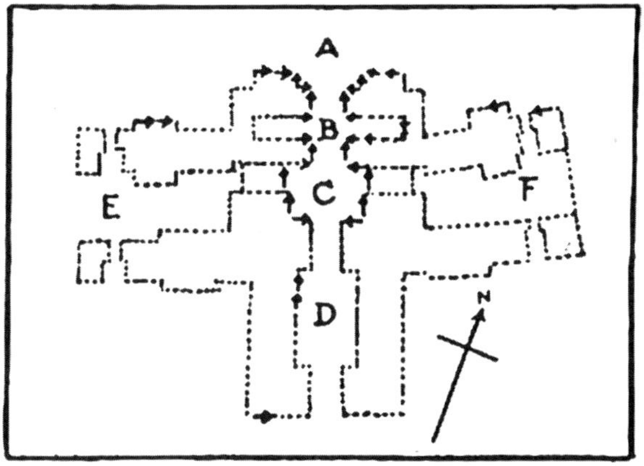

图 16　伊什塔尔门上的野兽排列图解

上图显示大门的平面图的轮廓，箭头表示在墙上依然保存有公牛或龙的位置。每个箭头的方向表示野兽头的方向。在没有野兽留存的地方，其构造的地基用虚线表示。图中字母所示与图 14 中相同。
［根据科尔德威］

翼。这些结构也都是由烧结砖建造的，用来把大门和两面生砖防御墙连接起来。每个侧翼中再加一道门，通往两墙之间的空间。因此，整个大门共有 3 个独立的入口，至少 8 道门，4 道沿中央大路排列，然后每个侧翼再各有两道门。

北部大门的所有墙面，包括中央塔楼和侧翼，都用砖交替装饰着一排排的公牛和龙的浮雕，各排在墙面和塔楼表面上下排列。在中央门的整个内表面都有这样的装饰，可能沿着内门楼的南沿也都存在。野兽图案的这种排列方式将使每个进入城堡的人
55 都有兽群向其走来的感觉。在给出的大门轮廓图表中，[100] 箭头显示了在墙上依然存在有公牛或龙的位置。每个箭头的方向表示野兽头朝向的方向。需要注意的是，几乎所有南北方向的墙上的野兽的头都朝向北方，而在横向的墙上它们的头都向内朝向中间。在房间 B 尽头留存的一堵墙上，因为对称的原因，两个动物的脸是相对的，从相对的方向走来。据统计大门的墙和塔楼上至少有 575 只这样的生物。有些装饰着一排排的野兽的墙依然耸立高达 12 米。外门楼的两个东部塔楼保存最为完好，即使是在目前的状态下也依然可以感受到这座建筑往日的富丽堂皇。

在大部分尚存的建筑结构中，很明显修砌工作完成得很粗糙，作为灰泥的沥青在砖缝间溢出来，也没有处理。对此的解释是大门现在依然树立的部分只是建筑的地基，实际上是埋在地下的。可以确定的是在大门的建造过程中，路的高度在不断抬升，还有两段临时甬道的痕迹，[101] 后来当道路达到最后高度 [102] 的时

图 17　伊什塔尔门原位上的彩釉砖残片

大门保留的最高部分的遗迹来自外门楼的第二道门东边；参见图 14 和图 15。这段地基就在最终的路面之下，只有上部是挂彩釉的。

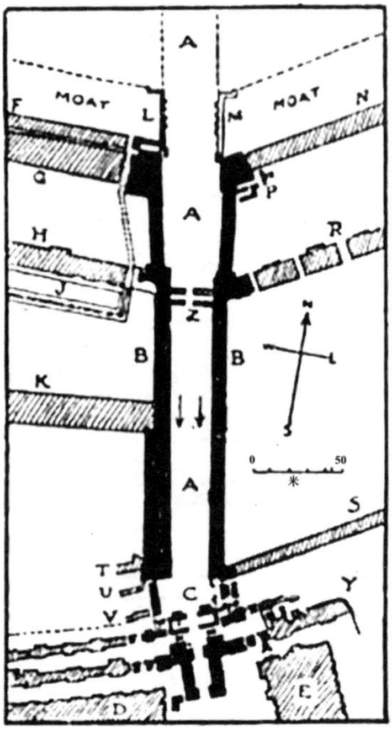

图 18　城堡北面的后期防御工事平面图，可见带有狮子浮雕带的墙和伊什塔尔门

A：神圣大道。B，B：神圣大道旁带有狮子浮雕带的墙。C：伊什塔尔门。D：宫殿东边角。E：宁马赫神庙。F：北部城堡的外墙。G：北部城堡的北墙。H：主城堡的北墙。J：从幼发拉底河获得水源为主城堡供水的宽运河。K：主城堡的旧城墙。L，M：大道下面支撑堤坝的护城河堤，东边的部分尚未发掘。N：北部城堡北墙向东的延伸。P：升至大道的楼梯或坡道。R：主城堡墙的东部延伸。S：东部外垒的南墙。T，U，V：主城堡中的横向墙。Y：波斯时期的河边路堤。Z：埋在后期路面下的作为临时门的泥砖墙。注意：两个箭头表示狮子在浮雕带上行进的方向。

图 19　伊什塔尔门北面的神圣大道浮雕带上的狮子

候便被掩埋了。[103] 在道路之上的可见部分已经完全被破坏了，但是在其废墟中发现了数千个这两种动物的彩釉碎片，色彩富丽堂皇，蓝色的背景上衬托着白色和黄色。有些碎片在德国被精 56
心地拼在一起，样本目前展出于凯泽弗雷德里希博物馆（Kaiser Friedrich Museum）和君士坦丁堡的奥斯曼帝国博物馆（Imperial Ottoman Museum）。只有一段彩釉砖墙在其原来的位置上保存完好，[104] 其位置低于最后的路面。图案中显示出了公牛的腿部，下面是黄心花团的装饰带。[105]

地基样本中的雕像造型有一定程度的模糊，但是可见部分 57
的彩釉雕像则完全看不到任何瑕疵。对彩釉砖的研究发现这些砖是分别模制的，在挂釉之前先经过了常规烧制。然后用一种玻璃膏描摹出雕像的黑色轮廓，再用彩色的液体釉充填表面。黑色的轮廓膏线和彩釉显然具有相同的熔点，因为当他们被烧制时通常彼此相融，产生柔和悦目的色调变化从而形成最终的样子。[106] 另外，彩釉兽和其他的平面砖差不多，只是浅浮雕，都是用同样的模具制作的。

在新巴比伦时期之前伊什塔尔门作为城市的北部入口，很
58 可能是由生砖建造的厚重的结构，没有任何外部修饰。但是，建
造了城市的外墙后，它成了第二道防御线。而且因为尼布甲尼撒
在北部拓展了城堡的防御工事，其战略意义就更不那么重要了。
因为位置在内部，于是便成了宜于发挥装饰艺术的地方。经过这
些 7 米厚的坚固墙壁形成的外部防御，整个道路从大门向北延伸
到最外边的城墙和护城河。[107] 这种布局的防御力必然非常强大。
如果敌人穿过了外城墙，则将不得不在卫戍部队的火力覆盖下通
过中间的道路，才能到达城堡大门。但是正如大门本身一样，这
些都是次级，或说内部防御，所以才会被如此地精心装饰起来。
每面墙朝向路的一面都装饰着长长的浮雕带，上面光彩夺目的彩
釉浅浮雕狮子宛如正在朝着南面的伊什塔尔门阔步向前。每面墙
59 有数个略微突出的塔楼将墙面分成了数个板块，每个板块可能包
括两头狮子，狮子浮雕墙下面的基座装饰着花团。大约每面墙上
共有 60 头狮子。有的狮子是白色带有黄色的鬃毛，其余的是黄
色狮子带有红色的鬃毛，[108] 在浅蓝或深蓝的背景上呼之欲出。
就像大门上的公牛和龙一样，从某种程度上我们可以想见这对首
次进入巴比伦内城的外来者所产生的效果。

如此一个陌生人，走过伊什塔尔门内时定然会被宽阔的游

行大道的奇景所震撼，[109] 长长的游行大道由北向南笔直地穿过整座城市，高大的神庙矗立两旁。其用烧结砖所建，表面覆盖沥青的路基依然存在。在大门南边的路基上铺着一条由巨大石板构成的甬道，中间是精制的硬石灰岩，两边是带有白色纹理的红色角砾岩。这些石板上原本盖着柏油灰浆，尼布甲尼撒在石板边缘的铭文中夸耀说，他为伟大的主神马尔杜克的游行仪式铺就了巴比伦的街道以祈求永生。[110] 这些石板被用硬物抛光，但是与庞贝的街道不同，我们并没有发现预期看到的可能后来战车所留的凹痕或压痕。鉴于其神圣性，除非国王与其仪仗队从这里穿过城市，否则很可能这条路只是限于步行的人和驮兽通过的。无论如何，如果不算战争和王宫用的车，在巴比伦尼亚可能任何时候都 60
极少有车辆通行。

过了城堡，大道通过一个缓坡降到平地的高度，宽度保持不变，经过供奉阿卡德的伊什塔尔的神庙右侧。[111] 大道继续向南延伸，东边不远是私人住宅间的街道，在美尔凯斯丘发现了这些住宅的地基；[112] 在其西侧是巴比伦塔庙埃台门安基的高大围墙。[113] 埃台门安基大门 [114] 的地基为烧结砖铺就，上面铺的都是角砾岩。石板上的铭文与城堡对面的角砾岩路石上的铭文相同，但是这些石板明显是从以前辛那赫瑞布（Sennacherib）铺的路上搬过来再次使用的，有些石板的背面还留有他的名字。这条巴比伦神圣大道的早期建设定然是这位君主在调整对南方王国的政策之前所为。在围墙的东南角，大道转向右，从围墙和城市之神的伟

围墙东面的地沟，显示巴比伦的神圣大道的一部分

大庙宇埃萨吉拉之间穿过，穿过河堤墙上的那波尼杜斯所建的大门，跨过幼发拉底河上的桥，然后再次向南转向波尔西帕方向。[115]巴比伦塔庙和埃萨吉拉[116]之间的这条支路肯定是游行大道的继续，不光是因为这条路通往马尔杜克神庙，而且也是经过考古挖掘确认的。但是，神圣大道的前半部分由北向南穿过城市，从
分叉点开始无疑继续笔直向前。如此一来，就形成了一条通往南 61
部城墙主门的交通要道，在尼尼卜神庙和另一座不知名的神庙之间穿过。[117]

除了王宫之外，巴比伦城内的主要建筑还有五座神庙。对这些神庙考古挖掘工作使我们对整个国家的宗教建筑的认识耳目一新。其中四座神庙的地基平面图目前已经完全确定了，我们在进行最终总结，以弄清此类建筑的布局所依循的一些普遍原则。最先被发掘的是供奉宁马赫女神的小神庙埃马赫。我们看到这座神庙是建在城堡中的，坐落在伊什塔尔门南边空地的东北角。其正面朝向西北方，因为伊什塔尔门的东部入口正对着神庙的西北角，神庙和防御工事之间的过道上横着一堵有门的墙。[118]神庙唯一的入口在其前面中央，前面紧邻的过道中有一座小的泥砖祭坛，周围铺设着烧结砖。[119]这一现象很值得关注，目前在巴比伦发现的祭坛另外仅有一座，也是泥砖所建而且位置也一样，也是在神庙外面主入口的正前方。[120]在另外一座神庙中，虽然并没有发现祭坛本身，但是仍然可见其周围铺砖的区域。[121]因此，我们或许可以得出结论，这就是巴比伦宗教传

统中祭坛的常规位置。这与希罗多德的描述完全一致，其神庙外有两座贝鲁斯（Belus）祭坛。[122] 他说，其中一座是纯金的，
62 上面只允许献祭乳兽；另一座是普通的但很大的祭坛（无疑是泥砖所建），上面可以献祭成年动物。迦勒底人（Chaldeans）就是在这座祭坛上燃烧乳香的，据希罗多德说，每年在神的庆典上要烧掉上千塔兰特的乳香。

需要进一步指出的是，这种外置祭坛与希伯来人的做法一致。据希伯来人的传统主祭坛设置在神庙前面的庭院中。所罗门的铜祭坛就是竖立在神庙前面的，[123] 该祭坛是在腓尼基人的影响下从早期泥土或粗石的祭坛演变而来。[124] 希伯来人神庙内的祭坛是雪松木所制，[125] 以西结（Ezekiel）提到的是“木制”的“桌子”，[126] 这显然不是固定在地面上的长久性的结构。祭坛更可能是一张摆放祭品的供桌，由此可以推断早期的祭坛就是一张摆在雅赫维前用来放置陈设饼的桌子。[127] 在巴比伦的神庙中完全找不到任何永久性祭坛的痕迹，这也只能理解为类似的行为习惯传统。圣殿内的祭坛或供桌定然是轻的木质结构，当神庙被摧毁时被抬走或烧掉了。当然也并不一定意味着这种相似性来自直接的文化影响或借用。但是我们无疑可以得出结论，这是塞姆人的两个族群的宗教仪式相似的一个例子。苏美尔人在这方面的传统我们还不得而知，但是就这种宗教细节而言，塞姆巴比伦人完全有可能因其所承袭之地的其他人群的传统习惯而改变自己的做法。

宁马赫神庙本身与巴比伦的其他神庙一样由泥砖所建，其

墙上只不过覆盖着一层薄薄的灰泥或石灰，只有极其朴素而简单 63
的黑白装饰。[128] 当窑炉烧制和彩釉的砖在宫殿中已经大量使用的时候，用泥砖来进行建筑的习惯依然继续保持，这或许可以解释为一种宗教保守主义的结果。普通建筑设计与军事建筑的设计并没有什么本质上的不同。我们看到埃马赫长外墙模仿了防御工事墙，墙外表面被略微突出的塔楼分成数段而内部是正常的。[129] 较大的方形塔楼在门口两侧，在其两侧又有一道小些或许

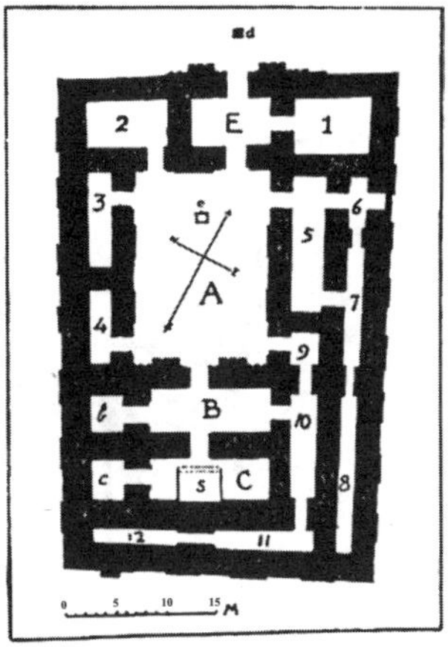

图 20　埃马赫平面图

A：露天庭院。B：圣殿前厅。C：圣殿。E：神庙的门厅或门廊。b：前厅的服务室。c：圣殿的服务室。d：泥砖祭坛。e：井。s：放置宁马赫雕像的平台或基座。1：守门人的房间。2-4：祭司的住房或储藏间。5,6,9,10：进入窄过道的房间。7,8,11,12：窄过道，可能包含通往房顶的楼梯或斜坡。

［根据安德烈］

也矮些的塔楼。从上到下纵观塔面的垂直凹槽构成了神庙特有的装饰形式，这在世俗建筑中从未发现过。这或许是方形的凹槽，也可能部分看起来是更常见的阶梯状。[130]

在神庙的所有重要的门都放置了奠基埋藏物，藏在路面以下由 6 块砖拼成的小壁龛或盒子中。发现的埋藏物一般是经过烘烤的泥件，最常见的是帕普苏卡勒神的小雕像。宁马赫神庙中的一个埋藏物为一个鸟形雕像，无疑是献给女神的祭品。有证据明确显示在入口埋藏这些物品是为了确保入口安全，既包括精神层

图 21　女神宁马赫神庙，埃马赫，想象恢复图

图中为从北方的视角。从地面到墙和塔楼的顶部是根据一种重建理论。为了使画面简洁，神庙与伊什塔尔门东翼被略去。

［根据安德烈］

面也包括实际的人类敌人。除了这种魔法的保护，入口的安全还有双层门作为保障，门轴用青铜来包裹并且在坚固的石窝上转动。这样的门除了用门闩这种常规方法外，还用一根柱子上端顶着门，下端抵在地面上的窝里。因为神庙是在城堡的防御工事内部的， 64
所以可以预见到它有时不得不与其旁边的世俗建筑一样防御可能的攻击。

埃马赫的门廊旁边的门可以进入神庙守护人所用的服务间。经过了门廊便进入了一个大的露天庭院，庭院周围是进入祭司住房和储藏间和圣殿的门。圣殿在东南边，对着进入庭院的入口，像神 65
庙的主门一样，圣殿的前脸与其门口的塔楼都装饰着阶梯状凹槽。进入圣殿须得经过一个前厅，前厅和圣殿各自的左侧各有一个专属的服务间。正对着圣殿入口，紧挨着后墙，树立着女神的雕像，从露天庭院即可见到。神像早已不在了，但是其基座还在原地。

起初认为圣殿后面的长长的过道是为祭司的某种神秘目的所设。有人说那里可能有通往女神像后的圣殿后墙上的秘密开口，从那里可能会宣布其威严的神谕。但是沿着东北的墙也有非常类似的通道，我们由此可能倾向于接受更平淡无奇的解释，即这里面可能是通往平顶的阶梯或坡道，但我们还是无法解释为什么在神庙的一端需要两个。[131] 其他与庭院相通房间的准确用途还不 66
能确定，因为里面几乎没发现什么东西能说明到底是祭司的住房还是神庙的小储物间。除了一些献祭的陶偶，没发现其他的宗教物品。但是围绕女神像的基座、庭院中汲取圣泉的井和神庙入口

图 22　新巴比伦墓葬中发现的带有建筑图案的金板

金板上的图案显示了一座城门，带有侧塔和阶梯状城垛。
[根据科尔德威所摄照片放大]

前的泥砖小祭坛，我们要凭想象描绘出某些巴比伦宗教文献中提到的仪式也是可能的。

如我们所知的宫殿建筑的情况一样，所有神庙的上部结构都完全破坏了，所以现在无法确定墙和塔楼的顶端是什么样子。在宁马赫神庙的想象恢复图中，上部完全是平的。这是依据一种重建理论。但是，也很可能墙的上端建有军事建筑的阶梯状城垛。在对亚述人建筑的恢复中，无论是世俗的还是宗教的，都从宫殿墙上的浅浮雕中得到了很多帮助。因为这些浮雕的画面中体现了很多建筑物，再加上适当考虑其所采用的传统，如此一来，描绘那些只保留了墙基的建筑物的外观便可以有相当程度的把握。

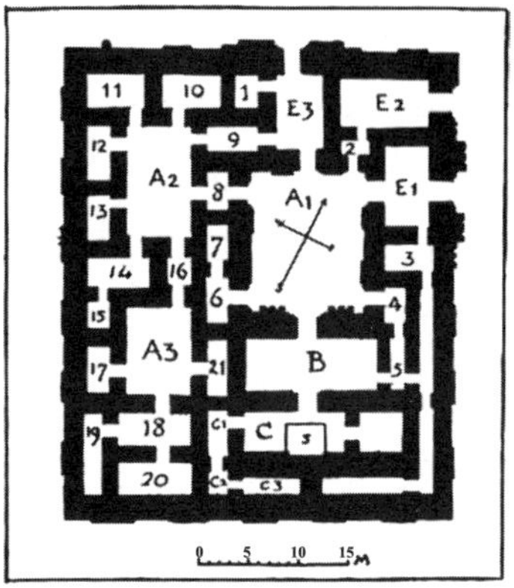

图 23　尚未识别的名为“Z”的神庙平面图

A1：神庙的主庭院。A2，A3：附属庭院。B：圣殿前厅。C：圣殿。E1，E2，E3：进入神庙的门廊。C1，C2，C3：圣殿的服务间。s：放置神像的地台或基座。1-3：守门人的房间。4，5：连接窄过道的房间，可能有通往房顶的阶梯或坡道。6，7：祭司的住房或储藏间。8，9：居住区的门廊。10-15：西北庭院周围的神职人员居住区。16：内庭院的门廊。17-21：内庭院周围的神职人员居住区。

［根据安德烈］

巴比伦尼亚缺少石材，因而没有浮雕，这样我们对南部的王国便无从获得这样的信息源。那波坡拉萨尔宫殿的一座豪华的墓葬中发现了一块方形小金板。这块即将发表的印有的图案的金板是目前这方面的唯一的直接证据，一起发现的还有一些碎金块和珠宝。[132] 墓葬的时期是确定的，因为墓葬中发现了巨大的陶棺，墓口被尼布甲尼撒用砖封闭，后来他又在前面建了加固墙。所以，这座坟墓必然来自其统治的早期，科尔德威博士认为这可能就是那波坡拉萨尔本人的墓葬。[133] 这座坟墓当然是新巴比伦早期的，金板上的建筑图案便是当时建筑样式的绝佳证据。

金板是一条手链上的主要装饰物，四角的孔里穿着小环连接手链的主体。珠宝工匠在上面用图案描绘了一道带有拱门的大门，两旁侧立着高于主建筑墙的塔楼。每座塔楼上部都有突起的结构，上面点缀着小圆点，塔楼和墙的顶端都带有三角形的城垛。城垛显然是试图弄成阶梯状的，因为在如此微小的图案里雕刻者根本没有足够的空间去刻画这样的细节。这很可能是一道防御城门的轮廓，这证明借鉴同时期军事建筑重建中的阶梯状城垛是完全正确的。在神庙建筑中是不是会单纯地出于装饰目的而采取这种方式？我们还不得而知。根据这种假设复原了的一座叫作“Z”

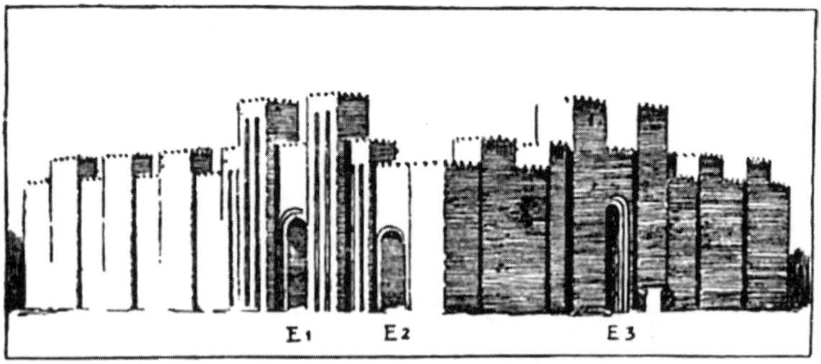

图 24　尚未识别的名为“Z”的神庙想象恢复图

视角是从神庙北角正对面的一点。墙上和塔楼上的阶梯状城垛借鉴了军事建筑，与重建的理论保持一致。

［根据安德烈和科尔德威］

的未识别神庙的外观，从图 24 中的正面图或许可窥一斑。

重要的是目前至少有四座神庙的平面图得以恢复，我们在对宁马赫神庙的研究中就已经注意到，其主要特征通常是一样的。[134] 在每座神庙中建筑物通常是围绕一个露天庭院而建，庭院有一个或多个入口联通其他门廊。进入神庙和圣殿的门两侧有带凹槽的塔楼，从庭院即可看到圣殿内部立在地台上的神像。然而，除了这些普遍的相似性，所有的神庙也都有其自己的特征。比如，“Z”神庙的平面图是方正的矩形，分成两个不同的区，

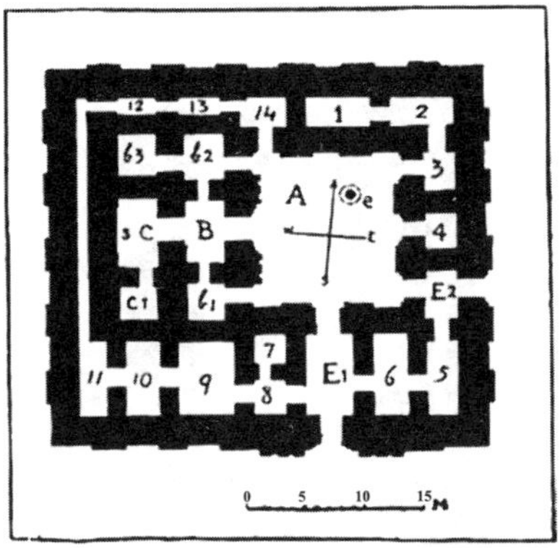

图 25　阿卡德的伊什塔尔神庙平面图

A：露天庭院。B：圣殿前厅。C：圣殿。E1，E2：进入神庙的门廊。b1，b2，b3：前厅的服务间。c1：圣殿的服务间。e：井。s：圣殿后墙里壁龛前，地台或基座上的伊什塔尔神像的位置，1-4：祭司居住间或储藏间。5-7：守门人的房间。8：进入内庭院的门厅。9：小露天庭院，里面有两个圆形的储藏室或粮仓。10-14：可能作为储藏室的房间，连接着可能有通向房顶的阶梯或坡道的窄通道。

［根据卢瑟］

这样设计的目的似乎很容易猜到。东部大的部分，连通大庭院，
69 显然是为了服务于神的。南边是圣殿及其前厅，紧挨着南墙是放置神像的基座。西面部分是围绕着两个小一点的庭院而建，因为这里的安排和私人民居很相似，我们认为这里是神职人员居住的地方。其他值得注意的地方还有圣殿的三个服务间和神庙的三个独立入口，每个入口都有其各自的门廊和守门人房间。但是，只有一条狭窄的通道延伸到圣殿后面，可能通过阶梯或坡道通向房顶。如恢复图中所示，北部大门前面很可能有一个

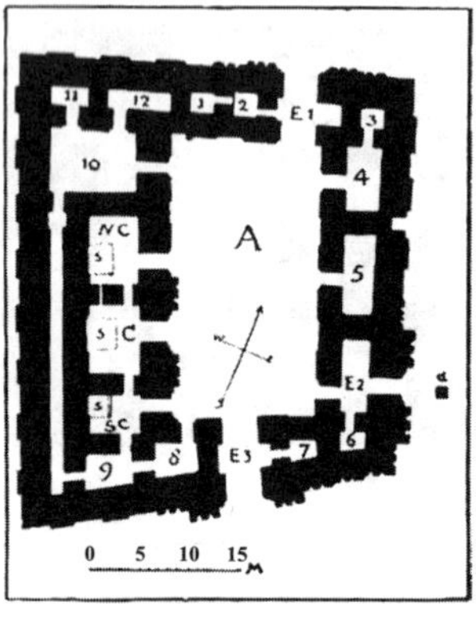

图 26　尼尼卜神庙的平面图

A: 露天庭院。C：尼尼卜神的圣殿。NC，SC: 供奉其他神的附属圣殿。s，s，s: 入口正对面紧靠墙上的壁龛的尼尼卜神和其他神像的基座。E1，E2，E3: 进入神庙的门廊。d：泥砖祭坛。1，2，6，7: 守门人的房间。3-5，11，12: 祭司的房间或储藏间。10: 小露天庭院。8，9: 通往圣殿后面的窄过道的房间，可能内有通往房顶的楼梯和坡道。

［根据安德烈］

祭坛，但是现场留存的只剩下祭坛下面铺设的区域。

在供奉阿卡德的伊什塔尔神和供奉尼尼卜神的神庙中，圣殿是在大庭院的西方，而不是像上面研究过的神庙中那样在南方。因此，圣殿似乎不要求特别的位置，神庙本身通常四角近乎指向基本方位。[135]在伊什塔尔神庙中发现了一个简单的壁饰的明确痕迹，似乎在巴比伦的所有神庙中都使用了这样的壁饰。墙壁通常都用薄薄的石膏浆涂成全白色，某些更显著的部分，比如主入口、进入圣殿的门口和女神像后面的壁龛等，采用涂抹黑色的沥青的方法，每面涂黑的墙面都装饰着白色条或边线。这种以黑白装饰为代表的强烈色彩对比的装饰方法一定效果非常醒目，和泥砖材料的建筑一样，无疑是传承自较早的时期并且因其传统上的宗教意义而得以保留。

在尼尼卜神庙中，在主圣殿两侧各有一座附属圣殿，每座圣殿都有其独立的入口和神像基台或基座。很可能旁边的圣殿是
用来供奉与尼尼卜有某种关联的次级神祇的，而整个神庙则是专 71
门用来供奉尼尼卜神。我们从圣殿的路面下埋藏的那波坡拉萨尔的地基泥柱铭文中得知，在其阻止了亚述人对阿卡德的入侵并卸下了沉重的枷锁之后，为了纪念这件事在早期的地基上建起了这座建筑。[136]他以此方式向战争之神表达他的崇敬之情的确合情合理。

巴比伦意义最为重大的神庙自然是为供奉城市之神而建的，也就是著名的埃萨吉拉。这座神庙的大部分依然还深埋在阿姆蓝

两张尼尼卜神庙考古挖掘现场图

丘地表之下约 21 米的地方。[137] 其主要部分，位于西部，平面图 72
几乎是正方形，和城市中小些的神庙一样，由一些房间围绕一个露天广场构成，但是其布局更加匀称。[138] 每一面的中间都有一个大门，奈瑞格里萨尔的时期那里有八条青铜巨蛇，每道大门两旁各有一对。[139] 东部的大门显然是主门，因为由这道门经过一个大的门廊或门厅可以进入内庭院，与北面和南面的小门廊相比形成鲜明反差，只有经过旁边的走廊才能从小门廊进入庭院。[140] 在大庭院周围，神庙的门和塔楼呈对称分布。从其前脸和高耸的入口来判断，马尔杜克的圣殿应该在其西侧。这就是铭文中的埃库瓦（E-kua），尼布甲尼撒宣称他使其如太阳般闪耀，用石膏浆为它的墙披上金装。这一词语让人联想到用泥和石膏粉刷神庙。他说，“为了建造埃库瓦的屋顶，【马尔杜克的】尊贵房间，我精挑细选，从黎巴嫩——高尚的森林——运来最好的雪松，为了建造埃库瓦的屋顶，我将坚实的雪松覆上闪光的金子。”[141] 希罗多德也提到了神庙装饰中金子的大肆使用，他说这“较低的庙宇”中，[142] 有宙斯坐着的雕像，雕像和王座、基台以及它前面的供桌一样，都是黄金打造，这些金属加起来重达 800 塔兰特。[143]

神庙的识别得益于尼布甲尼撒所修的道路之下一些早期铭 73
文砖的发现。阿舒尔巴尼帕所铺的两条道路的砖上印着的铭文中记载了这位亚述王制造了“埃萨吉拉和埃台门安基的砖”，但有一块被重复使用的旧砖上面印着埃萨尔哈东的名字，明确提到这块砖是埃萨吉拉的道路上的。[144] 在对阿姆蓝丘的启动挖掘工作中发现了这些路面，长约 40 余米。光是移除这些路面上的泥土就花了 8 个多月的时间，据估计工程期间运走的土方量多达 3 万立方米。毫不意外，庭院西边的房间包括马尔杜克的圣殿都还在土丘之下埋着。在庭院的北边发现了一座附属圣殿，科尔德威博士认为是供奉埃阿神（Ea）的，果真如此的

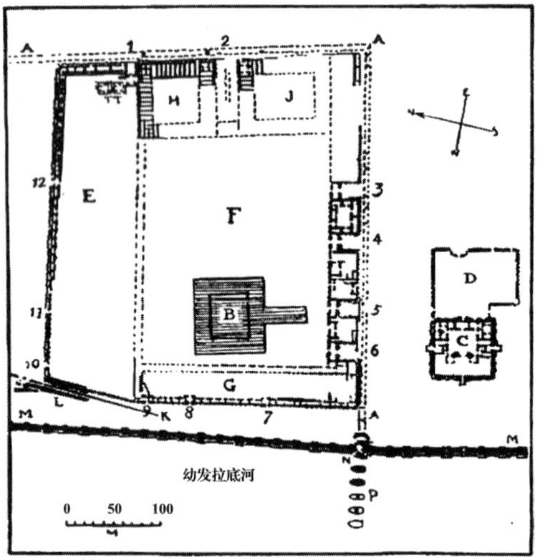

图 27　埃台门安基和埃萨吉拉平面图

A：神圣大道，或游行大道。B：埃台门安基，巴比伦塔庙或金字塔。C：埃萨吉拉，马尔杜克神庙。D：埃萨吉拉东面的附属建筑。E：圣区北部庭院。F：主庭院。G：西部庭院。H，J：神庙仓库。K：阿腊赫图墙。L：尼布甲尼撒城墙。M：那波尼杜斯的河堤。N：河堤中的大门。P：幼发拉底河上的桥的桥墩。1-12：进入围墙的入口，标有数字 2 的是主入口。

话将是极其有价值的。因为希腊化时期认为埃阿就是塞拉皮斯（Serapis），如果这里真是其圣殿的话，那么这里就是亚历山大患病期间他的将军们曾经修葺过的地方，当时他们向神问询是否该把他搬到这里来治疗。[145]

在马尔杜克神庙的北边建起了它的金字塔，巴别塔。所有时代的巴比伦人都称之为埃台门安基，“天地基石之庙宇”。这座塔庙耸立在其圣区之内。那里现在是一片平地，阿拉伯人称之为萨赫恩，“盘”。塔庙圣区被点缀着数个带有凹槽的塔楼的围

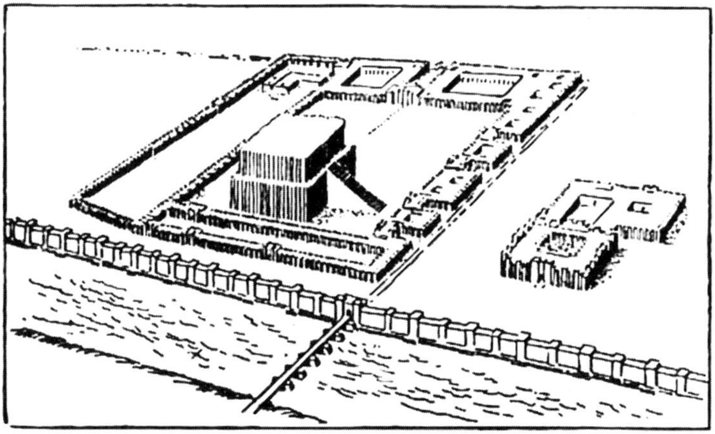

图 28　埃台门安基和埃萨吉拉想象恢复图

围墙内塔庙的外形是根据科尔德威博士的理论恢复的，是一层的建筑，上面是马尔杜克神庙。根据希罗多德的描述提出的另一种理解，上部神庙应该是由八层逐级减小的塔台构成。需要注意的是最近在塔南侧发现的两侧阶梯并没有在图中显示出来。

［根据安德烈］

墙所环绕，其东边和南边仍可见神圣大道的痕迹。[146] 沿着围墙
74 内部建有大量敬献给城市之神宗教的房屋，用发现者的话来说，
是一个名副其实的巴比伦的梵蒂冈。[147]

围墙围起来的区域近似一个正方形，同时里边的墙将整个
75 区域分成三个面积不等的独立部分。在最大的院落 [148] 内耸立
着塔庙，[149] 其核心部分是生砖建成的但表面包着一层烧结砖。[150]
在恢复图中一条阶梯从南边伸出，通往塔的第一层。但是后期发现在南边有 3 条阶梯，两条外侧的阶梯分别抵着东南和西南角，外部支撑着阶梯状墙壁，形成一个实心的防护墙对拾阶而上的人起保护作用。[151]

76 围墙内的建筑显然不是神庙，因为这些建筑并不具备神庙的特征，比如圣殿，或塔楼外立面，关于其用途的解释就只能靠单纯的想象了。单从平面图来看，似乎东边的两个大的建筑物，[152] 围绕着中间的露天庭院有一长列狭窄的房间，可能是仓库或储藏室。南边的建筑物很像是住房，很可能是祭司们的居住区；其巨大的规模应该还算符合这些掌控都城主庙之人的特权和尊贵地位。沿着北部庭院 [153] 和狭窄的西部庭院院墙的小房间，可能正好给成群结队地到巴比伦的中心圣殿来朝圣的数以千计的朝圣者们居住。进入圣区的门至少有 12 个，主入口被设置在东面，正对着塔庙的东侧。在神庙仓库之间，沿着开口区域或深凹陷的中间，神圣大道的角砾岩路面延伸到圣区内。大门可能横跨至此凹陷的西端，从而补全了主庭院的这条边线。[154]

埃台门安基的最突出特征当然是塔庙本身，它在周围的建筑物中拔地而起，必然在城市的每个角落甚至城墙外很远的距离都能看到。关于其确切形态一直以来都是争论的主题。根据希罗多德的描述，[155] 它是一座由八层构成的阶梯形塔庙，环绕四周升至顶端。科尔德威博士对目前的这种观点持反对意见。的确，考古
发掘显示的显然并非如此，通往第一层的通道实际上是塔一侧的 77
3 条阶梯；[156] 但是，目前只能找到建筑的地面层，所以没有任何能显示上层结构的证据。科尔德威博士认为现在的证据并不足以说明巴比伦尼亚存在阶梯塔楼，而且他似乎认为人们过于轻信了希罗多德的话。希罗多德既没提到阶梯，也没说每一层比下面一层小。所以他倾向于重建塔庙为表面装饰着彩带的单层建筑，3 条阶梯直接通向上端凸起来的神庙。图 28 中的图显示了这一重建理念，但该作者认为尚不能完全确定，还需等待目前保存最完整的塔庙波尔西帕的金字塔发掘完毕才能定论。

和在巴比伦一样，我们在波尔西帕发现了一座神庙和一座独立的塔庙，但是他们都建在同一座院落或圣区内，沿着围墙内部建有无数的小房间像埃台门安基的一样。沿着围墙的西北边有一条街道，[157] 圣区有两个大门 [158] 向其敞开。进入圣区和神庙的主入口很可能位于东北边。[159] 需要注意的是这座神庙的平面图，[160] 与巴比伦的也很相似。它是由围绕着一座大庭院和数座小庭院的一系列复杂建筑构成的。那布神的圣殿在大庭院内的西南侧，高耸的正面显示出通往其外门廊的入口。神庙本身和围墙

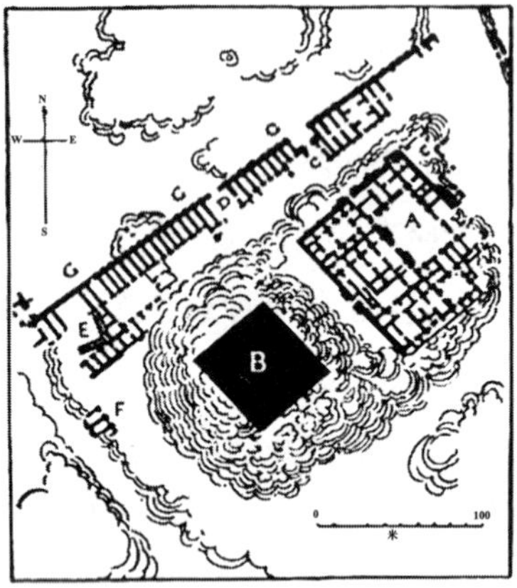

图 29　波尔西帕的那布神的塔庙和埃孜达平面图

A：埃孜达神庙。B：那布神的塔庙。C，D：围墙上向沿圣区该侧的街道开的门。E：后期建筑的遗迹。F：围墙西南侧的房间。G，G：沿着西北围墙外面的街道。

［根据科尔德威］

的发掘取得了很大的进展，但是塔庙[161]的发掘还没有开始。它
78 依然比周围的地面高出至少 47 米，但是如此一片巨大的废墟掩盖在其基础之上，对其进行彻底清理无疑需要大量的人力。土层不仅掩埋了塔庙周围的露天庭院，还越过了围墙西北边的小房间的内部线。神庙及其周围的建筑都毁于大火却使塔身的上部结构陶化从而有利于其遗迹的保存。砖都烧结在一起成为一大块，无法再将其分开了，所以便失去了被作为建筑材料再次利用的价值，因而逃过了如埃台门安基般的劫数。

很可能当那布神的塔庙被发掘完毕后会极大地促进我们对

图 30 一块界石上的塔庙粗刻

这块界石是马尔杜克阿坡鲁伊迪那，或称美罗达巴拉丹 I 时期的。刻痕表示塔庙，其前面是一只龙，背上驮着那布神的标志——一个竖立的木楔。塔庙被描绘成分层而建或逐级而上的阶梯状塔台。

［来自 Brit. Mus., No. 90850.］

这些巨大的建筑物上部结构的认识。就目前而言，我们掌握着一份无法忽视的证据。在美罗达巴拉丹 I 时期的一块界石上刻着一些神的标志物。马尔杜克神和那布神相互挨着坐在第二排。马 79
尔杜克神的标志物为圣矛枪头，驮在他的龙背上；那布神的标志物为木楔或芦苇笔，也是由一只有角的龙驮着。其他的标志物呈浅浮雕刻在石头背景上，但是那布神的标志物却是刻在塔庙上的。[162] 需要注意的是这样做升高了层数，同时也缩小了轮廓，使图像叠加。外面的粗略挖痕可能正好就是美罗达巴拉丹 I 时期波尔西帕的那布塔庙的外形。无论如何，界石上的标志物和神庙关联

80 在一起，那么这个建筑物所要表达的必然是塔庙无疑。这确凿地证明此类建筑的构造是分层的建筑，随着升高的级数越高面积越小。

塞琉古王朝时期的泥板文献有进一步证据可以推断出这其实也是巴比伦塔的实际构造。一块泥板上给出了埃萨吉拉及其塔庙尺寸的详细描述。乔治·史密斯（George Smith）[163]在其启程去往东方之前出版了对这篇文献及其内容的简短描述，从那以后这块泥板便音信全无了。但是大概 3 年前，有人在巴黎发现了它，现在完全可供研究了。[164]必须得承认现在实际上已发掘的埃萨吉拉和围墙的遗迹几乎还无法完全印证泥板上的描述。泥板提到的圣区中最大最重要的部分，“大平台”和“伊什塔尔和扎马马的平台”，依然没有完全识别出来。科尔德威博士倾向于认为前者就是围墙里包括周围建筑物的大庭院，[165]而后者是围墙的北部庭院；[166]而他认为第三大部分可能是大庭院的内部空间，这一牵强的解释导致必须重复计算空间。马塞尔·迪厄拉富瓦（M. Marcel Dieulafoy）的重建也不见得更有道理，他认为两个主要的区域或“平台”延伸到神圣大道的东边，但考古发掘显示那边的地面上建的是城镇的房屋所以位于圣区之外。很可能这种不一致是由于新巴比伦和塞琉古王朝时期对围墙大规模重建。但
81 是，不管采用哪种说法，如果假设这座塔庙是逐级缩小的平台的话，泥板上给出的一系列详细的尺寸就能够获得完美的解释。因此可以说这块泥板为当前对巴比伦塔的概念提供了更多支持依

据，没有理由反对基于希罗多德对塔的著名描述的已被广为接受的解释。[167]

巴比伦还有一个值得一提的建筑结构——幼发拉底河上的桥，因为它是有史以来有记载的最早的固定桥遗迹。从埃台门安基的平面图[168]上我们注意到游行大道转过围墙的角通往河堤墙上的一个巨大的门户，守卫在一座桥头，这座桥通过石墩，横跨幼发拉底河。河水此处有123米宽。桥墩建为船型，船头指向上游，这种形状无疑是仿照早期的船墩桥而建。像现在两河流域的舟桥一样，桥面横跨船墩，而且路面的宽度必然要比船墩本身的长度窄许多。希罗多德[169]和狄奥多罗斯[170]都提到此桥是那波坡拉萨尔所建，我们从东印度公司铭文得知，尼布甲尼撒声称其父“为了跨越幼发拉底河建造了烧结砖的桥墩”。[171]希罗多德提到的其构造中的石头无疑是在这些砖制的桥墩之上的，用以支撑上面的木质桥身。后期的河堤为那波尼杜斯所建，表明河岸向西
逐渐拓展，究其原因可能要追溯到尼布甲尼撒在南部城堡西侧的 82
河床中修建防御工事。[172]早期的河堤墙是左岸旧河堤线的标志，就在围墙西北角的下方发现了这些痕迹。[173]河岸的这种扩建方式无疑是为了保护围墙和埃萨吉拉不受洪水的侵袭。

上述的建筑全都来自晚期亚述和新巴比伦时期，考古发掘者们在巴比伦最初几年的工作中没发现什么可以归到该城早期历史阶段的。人们由此推测辛那赫瑞布将巴比伦毁灭得太彻底了，所以几乎没有任何早期城市的遗迹幸存下来。但是后来人们意识

到早期巴比伦城市的遗迹在水平面以下很深的地方。河床中的淤泥不断沉积渐渐抬升，发掘遗址的时候水就会流过来。第一王朝时期城市的高度显然要比后期低很多。近年来流经幼发拉底河床的水量相对较小,为在美尔凯斯丘发掘古城的街区提供了可能性。在那儿曾向下挖到 12 米深，便到达了水位线，于是即使下面有建筑遗迹也不可能继续挖了。

从下面给出的平面图中可以看出道路网络覆盖了很大一片区域。整个土丘都是由私有民宅构成，层层叠加，从水位以下直到土壤的表层。最上层属于帕提亚时期，房屋分散，间有大面积的花园或荒地。希腊、波斯和新巴比伦时期的街道则与此稀疏的
83 遗迹分布形成鲜明对比。这些时期的房屋都聚集在一起，曾有一
84 段时期有作为开放空间的庭院或花园，但后来也被建筑师改作他
用了。我们有明确的证据证明巴比伦城市繁荣时期房产的价值。再往土丘深处有一层属于 12 到 13 世纪，因为在该层的房子里发现的泥板来自美罗达巴拉丹 I、美里西帕克 II 和恩利勒那丁舒姆时期。在土丘北部最低的考古层一部分在水位之上，另一部分在水位之下。在这一层里发现了第一王朝的合约泥板，日期标为叁苏伊鲁那（Samsu-iluna）、阿米迪塔那（Ammiditana）和叁苏迪塔那（Samsu-ditana）统治时期。此处房屋的泥砖墙虽然不太厚，但都建在烧结砖基础之上。正如我们所见，[174] 此种建筑方法在新巴比伦时期仍在沿用。这是目前发现的该城市的最早遗迹，其上所覆盖的厚厚的灰烬层表明它毁于一场大火。这座城市无疑是

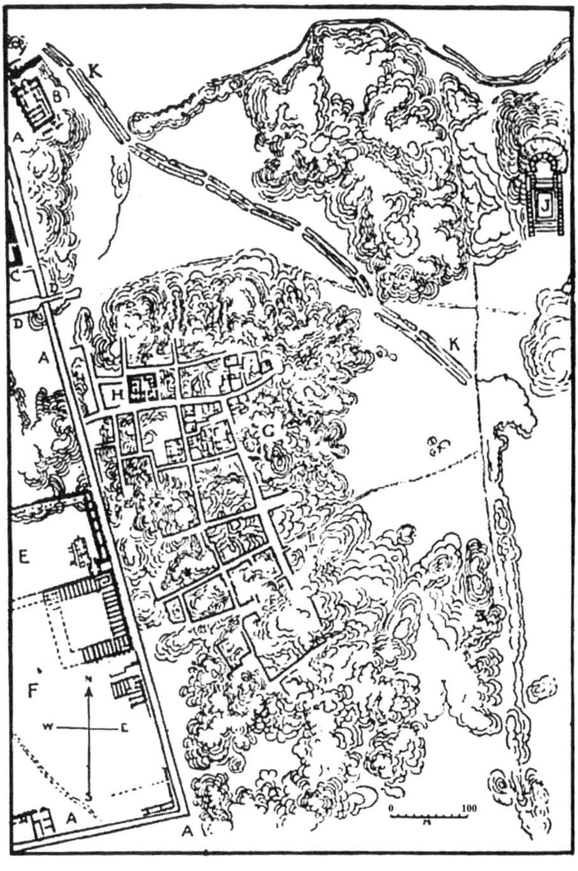

图 31　美尔凯什丘平面图，显示了部分巴比伦的街道

A：巴比伦神圣大道或游行大道。B：埃马赫，宁马赫神庙。C：南部城堡的东南角以及尼布甲尼撒宫殿。D：运河与池塘。E：埃台门安基围墙的北部庭院。F：围墙的主庭院。G：美尔凯什丘。H：阿卡德的伊什塔尔神庙。J：希腊剧院。K：古运河。

［根据科尔德威］

毁于汉穆腊比及其后继者时期，因为在原封未动的灰烬层中发现了标有日期的泥板。此外，我们还有进一步证据说明巴比伦第一王朝终结于一场灾难。很可能导致该城市毁灭的大火是已知发生在叁苏迪塔那统治时期的赫梯入侵者所为。

城市的这部分区域似乎都是居住区，因为这里根本没有类似市场之类的开放空间。即使是神庙前面也没有空地，在这方面和现在城市里的教堂很像。需要注意的是美尔凯斯丘北面的阿卡德的伊什塔尔神庙除了其南面的街道稍宽些外，其他每一面都挨着私人房宅。伊辛阿斯瓦德丘的尼尼卜神庙和未知名的所谓“Z”神庙也更封闭。[175] 在土丘上的考古发掘发现了巴比伦的泥砖房
85 屋遗迹，和美尔凯斯丘上一样不同时期的遗迹一层叠着一层，都围绕着神庙四面而建。在卡施尔和阿姆蓝丘之间有一排低矮的土丘。那里是在巴比伦发现仅存的街道和私人房宅在同一层的地方之一。那里的房屋似乎建得比较粗劣，让人想起城镇中的贫民区。只有在高一些的地面才获得了一些令人满意的结果，因为在平地区域早期的考古层都在水位线以下。很可能进一步挖掘会发现古巴比伦城的纯商业区，可能会有市场和作为古代世界物资集散中心之一的巴扎。

至此，在美尔凯斯丘获得的证据已经足够对城市建造的轮廓形成一个大致结论。平面图中显示的街道网络主要属于新巴比伦时期，但是无论早期的考古层到底在哪儿，需要注意的是旧的街道与后来的路线只有极少的不同。主干道大致是南北走向，与神

圣大道平行，其他的道路与这些干道呈直角相交。[176] 排除没有商业区的事实，看起来这个城市的建造经过了系统的精心设计，而这种设计的最初思想可能要追溯到第一王朝时期。街道的确并非完全规则，但是主干道都是贯穿整个城市的，而且中间的区域都接近矩形。我们尽可能地把这种成就归功于塞姆人口的因素，因为在发现私人房宅的两个苏美尔人城市中并没有发现城市规划的迹象。在早期苏美尔城市舒如帕克（Shurupak）和基苏腊（Kisurra）的遗址，法拉（Fâra）和阿布哈塔卜（Abû Hatab），发现的街道弯弯曲曲，远没有巴比伦城的街道规则。我们早就知道汉穆腊比在制定国家律法和提高行政效率方面建树颇丰。现在看来，当时 86
在民间的实际生活中也已实行了类似的系统和方法。

因此说巴比伦的考古发掘为我们了解该城市成为都城伊始时的状况提供了直接的证据。比亚述帝国晚期更早的皇室或神庙建筑的确没有发现，并且作为大规模重建的结果，神庙、宫殿和城墙的废墟主要都来自新巴比伦时期。但是该时期与其前代之间的延续性并没有大的断层，因此如果在后期的建筑中发现某种新模式的话，或许也可以将其视作巴比伦文明整体的一部分。我们看到巴比伦城的街道网络在整个王朝时期都没有太大变化，而且其建筑的发展也明确显示出类似的保守主义特征。神庙在同一遗址上一次又一次重建，甚至在新巴比伦时期他们还保留着泥砖墙及其远祖的原始装饰方式。实际上，巴比伦尼亚的生活环境决定了其不太可能产生急剧变化。烧结砖在皇宫建筑上部结构中越来越多的使用为新巴比伦工匠们发明光彩夺目的彩釉技术提供了可能。但是，即使是到了那波坡拉萨尔统治期间，国王居所也总是模仿汉穆腊比时期使用厚泥砖墙来建造：早期宫殿和城市与后期王朝时期的区别主要在于规模的大小。如果考察该地后续时期的历史，我们就会发现在国家生活的主要特征方面保守传统的影响同样强大。巴比伦国家在其最初的王朝时期就已经形成了一套适应其农业和商业活动的严密的社会组织系统；而这种系统能够在外族统治的冲击下得以幸存并传扬后世不得不说是其建立者们的卓越贡献。

1 罗杰斯指出，这个拉比对巴比伦的描述似乎缺乏生动性。他将其与同一旅行者对摩苏尔和巴格达的描述进行了比较，发现这不符合亲眼见证的特征。到目前为止，早期探险家对巴比伦尼亚最好和最全面的描述是罗杰斯在他的《巴比伦和亚述历史》中给出的。Rogers, “History of Babylonia and Assyria,” Vol. I., pp. 84.

2 参阅 Hakluvt, “The Principal navigations voyages and discoveries of the English nation,” ed. 1589, p. 232; ed. Goldsmid, Vol. X., “Asia” Pt. III.（1889）, p. 63.

3 他记述道，“击中塔楼的天火将其撕碎，夷为平地”，这一描述完全符合埃勒比尔斯（El-Birs）的波尔西帕（Borsippa）塔庙的现状；参阅 plate II 中的照片。其他旅行者，比如 1599 年或 1600 年的安东尼·雪莉（Anthony Shirley），似乎也这样认为。几年后，魏莱（Pietro della Valle）更接近地认为巴比勒丘就是巴别塔。他把一些印有尼布甲尼撒印章的砖块带回了罗马，这可能是第一批到达欧洲的巴比伦文物（参见 Rogers, *op. cit.*, p. 98.）

4 参阅 p. 16, 图 2.

5 除了他的不完整方案（参见 C. J. Rich, " Narrative of a Journey to the site of Babylon in 1811," edited by his widow, London, 1839; opposite p. 43），以及梅杰·瑞内特（Major Rennet）在其基础上的小规模方案（published originally in "Archaeologia," Vol. 18, and reprinted with Rich' s memoir），我们还有一个在某些细节上更准确计划草案。由罗伯特·克尔·波特爵士（Robert Ker Porter）（参见"Travels in Georgia, Persia, Armenia, Ancient Babylonia, etc., during the years 1817, 1818, 1819, and 1820," Vol II., 1822, opposite p. 349）。对巴比伦的较大区域的准确的调查由印度海军的乔纳斯（J. Felix Jones）船长进行，他在尼尼微及其附近所做的工作极其出色（参阅 his "Memoirs," issued as a volume in "Bombay Government Records," No. XLIII., New Series, Bombay, 185; and for the Nineveh survey, cf. "Journ. Roy. Asiat. Soc," Vol. XV., 1853, pp. 352 ff.）。乔纳斯在巴比伦尼亚收集的材料被收入皇家印度办公厅地图，该地图由桑德斯（Trelawney Saunders）根据 1860—1865 年印度海军塞尔比指挥官（W. Beaumont Selby）、科林伍德上尉（W. Collingwood）和比舍上尉（J. B. Bewsher）进行的调查编制而成。该地图于 1885 年发布，标题为"Surveys of Ancient Babylon and the surrounding ruins with part of the rivers Tigris and Euphrates, the Hindiyeh Canal, the Sea of Nejf and the Shat Atshar," etc., London, 1885。该图收录了从巴格达到莎特阿特沙尔（Shatt Atshar）与幼发拉底河交汇处的地区，是当时最好的巴比伦及其附近地区的也是唯一的大范围地图。当然，所有涵盖城市废墟的土丘的平面图都被后来德国探险队发布的所取代了。

6 参阅"Nineveh and Babylon," London, 1853.

7 该探险队的考察结果分两卷发表，题目为"Expedition scientifique en

Mesopotamie," Paris, 1863.

8 参见"Asshur and the Land of Nimrod," New York, 1897.

9 "Mitteilungen der Deutschen Orient-Gesellschaft zu Berlin," Nos. 1-54（March, 1899-June, 1914）.

10 参阅 Koldewey, "Die Tempel von Babylon und Borsippa," Leipzig, 1911.

11 参见"Das wieder erstehende Babylon," Leipzig, 1912. 该卷的英文翻译由约翰夫人（Mrs. Johns,）执笔："The Excavations at Babylon," London, 1914.

12 筛尔旮特（Shergât）最近的发现证明苏美尔人对阿舒尔的占领比塞姆亚述人的第一次定居要早。在第一座伊什塔尔神庙（目前已经发现最早的亚述神庙，其年代接近公元前三千纪末）的地下，发现的几座苏美尔雕塑可作为例证，这些雕塑显然与来自特略（Tello）和比斯马亚（Bismâya）的最早期的苏美尔工艺有着密切关联。这种代表南方种族类型的雕塑显示苏美尔人在塞姆人出现之前便已占据了亚述地区。他们退出阿舒尔也可能并非出于塞姆人对亚述征服的结果，而是与北部美索不达米亚的类似于米坦尼人的另一个非塞姆族群有关（关于此问题，请进一步参阅第四章，p. 72 f.）。但是，塞姆人至少是苏美尔居民的间接继承者，他们的文化部分地来源于苏美尔人；而且随着与南方的交往越来越多，这些后天获得文明因素又不断受到滋养。有关阿舒尔新发现的概要，请参阅《德国东方学会信息》["*Mitteilungen der Deutschen Orient Gesellschaft*," No. 54（June, 1914）]。

13 参阅下文，p. 72 f.

14 I., 178.

15 关于其他评估的资料，参阅 Howaad Wells, "Commeutarv on Herodotus," *sub I.*, 178.

16 参见“Das wieder erstehende Babylon,” p. 5.

17 参见“Haverfield, Ancient Town Planning,” p. 22.

18 参阅前文，p. 16, 图 2.

19 参阅巴比伦综合平面图，p. 23, 图 3, B.

20 图 3, T.

21 平面图上的 A、D 和 E。

22 在辛贾尔（Sinjar）的村庄附近仍然留有一些墙壁痕迹（参阅图 3，4），维斯巴赫（Weissbach）试图用它们来重建城市平面图。按照他的研究结果这个城市的西部要比东部小得多。他的西北墙在卡斯尔对面与幼发拉底河相连，并且连接着精心修建的南城堡北部的防卫墙；参见“Das Stadtbild von Babylon” in “Der alte Orient,” V., Heft 4. 这种布局是比较可能的。我们应当认识到，西墙的这些遗迹可能可以追溯到更早的时期，可能是为了防御早期西部区域的扩张（见下文，p. 35）。但即便如此，他们可能依然保留西岸唯一的防御工事，因为那边对东方的扩张趋势本已显露。此举可为其主要城堡提供更多的防御可能性。尼布甲尼撒的北部城堡也应该建在左岸，这事实上也是基于同一出发点。但这个问题只能等待考古挖掘检验出西墙的痕迹并确定其与东部防御工事的关联时才能得到明确答案。

23 现在标记在城墙的位置的较为奇怪的线是以泥砖部分为核心确定的，泥砖墙仍然位于周围的土壤层之上。更坚固的外墙已完全消失，因为其精美烧结砖对寻找建筑材料的人来说极具诱惑。只有在考古挖掘后如果其基础的下部仍在原位的话才能被探知。所以即使现在地面上没有留下痕迹，更深挖掘也有可能能够确定整个墙壁的位置。

24 此推断是由于发现了其前面紧挨着的一个壕沟或护城河的些许痕迹得出的。当尼布甲尼撒拓宽其烧结砖墙加强整个防御工事时，旧壕沟就被填满了。

25 据估计，沿着城市的东北墙有 90 多座塔楼，但其中只有 15 座塔楼被完全挖掘出来了。

26 I., 179.

27 参见 Koldewey,“Babylon,” p. 2.

28 他告诉我们，在四周的墙上有 100 个黄铜门梁和侧柱的门栅；参阅 I., 179。到目前为止，考古挖掘还没能确定外墙上任何门的位置：但是现藏于大英博物馆的在波尔西帕（Borsippa）的那布（Nabû）神庙埃孜达（E-zida）出土的青铜门梁或台阶说明当时已经使用青铜对门进行加固和装饰。Cf. Plate XXVI., opposite p. 278, and see further, p. 77, n. 4.

29 参阅图 3, A.

30 参见“East India House Inscription”Col. VII., 1. 40（Rawlinson,“Gun. Inscr. West. Asia,” Vol. I., pl. 57, and Langdon,“Die neubabylonischen Königsinschriften,” p. 136 f.）.

31 参阅下文，pp. 71 ff. 在城堡东南角深层挖掘的填埋物中发现了有着许多陶器（未发表）的非常古老的聚落痕迹；参见 Koldewey,“Babylon,” p. 82. 在其他地方还发现了一些燧石和石器。这都证明在更古的史前时代，这里便有人居住了。

32 参阅上文，p. 23, 图 3, J.

33 参阅下文，pp. 82 ff.

34 参阅图 3, C.

35 图 3, R.

36 参阅下文，p. 30, 图 6，其中泥砖墙之间的空间标记为 K. K。墙壁用阴影线标出以区别于宫殿的烧结砖结构。当尼布甲尼撒建造伊什塔尔门（H）时，北面的墙两面都用碎砖和着泥浆和沥青铺饰了表面，用加粗线围绕表示出来，但最初这面墙也是泥砖构成的。

37 图 6, V；进一步参阅，p. 58, n. 1.

38 现存卡施尔的泥砖墙防御工事起源于他或他父亲的统治时期。

39 *nimitti* 的意思不太确定。

40 公元前 648 年；进一步参阅，第八章。

41 图 7 和 8，A 和 1-3。图 7 给出了堡垒的这个角的平面图。在图 8 中的码头岸墙和防御墙在北边，坐西朝东。在图 8 中码头岸墙“2”不能被看到，因为它是“1”向西的延伸。

42 A.

43 它是萨尔贡在其统治的最后 5 年建造的，在公元前 710 年，其打败了美罗达巴拉丹（Merodach-baladan）以后，将巴比伦尼亚作为亚述的行省纳入统治。虽然他宣称自己为“苏美尔和阿卡德之王”，但他并没有登上王位，而只是赋予自己“巴比伦统治者（shakkanaku）”之名。进一步参阅，第八章。

44 参见戴利奇（Delitzsch）的译文在 Koldewey, “Babylon,” p. 139; Engl. ed. p. 138. 其他见与伊姆古尔贝勒和尼米提贝勒有关的伊什塔尔门命名建筑铭文。

45 图 7 和 8 中的 E 和 F。在图 7 中可见两面墙西端以及在两墙与码头岸墙 B 之间的建筑遗迹（I）。这可能是墙头的角。

46 Nos. l-3 in 图 7.

47 关于名字的意思，参阅下文，p. 36.

48 图 7 和 8 中的 E 和 F。

49 参阅上文，p. 23, 图 3, Z；亦可参见 p. 24, n. 1。

50 参见，戴利奇的译文，“Babylon,” p. 135 f.

51 参阅上文，p. 33.

52 参阅上文，p. 34.

53 其定符 *nâru*，“河”或“运河”的使用从严格意义上来讲并不能证明指的就是运河。根据文献中提供的解释，它应该是河的一部分，该部分包括一个开放的池塘而且可能还有一条运河。早期可能只是一条从河的这个地方开始的运河。

54 参阅上文，p. 28.

55 参阅上文，p. 30.

56 现存于不列颠博物馆的一个来自西帕尔的地基泥圆柱（No. 91114; A. H. 82-7-14, 1042）上，尼布甲尼撒写道："为了保护埃萨吉拉和巴比伦，幼发拉底河的河床上不应形成沙滩（*pa-ri-im*），我命人在河中建造了巨大的防御工事，我置其底于深渊，我让其顶如山高"；参见 Ball, "Proc. Soc. Bibl. Arch.", X., May 1888, Pl. IV., Col. ii., ll. 19-24, and Langdon, "Neubabylonischen Königsinschriften," p. 106 f.

57 参阅 p. 30, 图 6, T, 和 p. 32, 图 7, N.

58 图 6, P, R. 它在接近城堡墙下再次汇入河中。在那波尼杜斯（Nabonidus）的后期河岸中发现了出口。可能就是铭文中称为这条运河为里比勒希旮拉（Libil-khegalla），"愿它带来丰饶"。从平面图可见运河的遗迹至东南成了一条狭窄的水道（P），不到 3 米宽，但是到神圣大道西边加宽进入一个宽阔的池塘（R）。这代表可能是奈瑞格里萨尔时期的一次重建，为通过运河建造了一座桥。以前通过运河的路是用围墙的堤坝，其痕迹已在运河堤岸下被发现。在堤坝之下可能有像尼布甲尼撒的河水防御工事和城堡之间的狭窄水道上一样通水栅栏。

59 参阅上文，p. 30，并参见图 6, V.

60 I., 181.

61 如果不算伊什塔尔门的地基，这个门是巴比伦遗址唯一发现的让我们对地上建筑的样貌有所了解的建筑结构。其他地方平面图就是我们唯一的参考了。

62 参阅 p. 30, 图 6, D.

63 图 6, C.

64 Col. vii., 1. 34.

65 图 6, A—C.

66 图 6, e and f. 他们中间用阴影线标出的墙（g）是一段临时的封闭墙，也是由泥砖建造。

67 East India House Inscription, Col. vii., 1. 61—Col. viii., 1. 18；　参见 Rawlinson, “Cun. Inscr. West. Asia,” Vol. I., pl. 57，　和 Langdon, “Neubabylonischen Königsinschriften,” p. 136 f.

68 图 6, a.

69 图 6, J.

70 A, B and C.

71 平面图上标有 b 和 c。

72 参阅下文，第五章。

73 图 6, B.

74 这种的雪花石膏罐极受青睐。毫不意外，皇家作坊不仅为国王自己所用，也制作大型的器皿当作礼品。据我们所知波斯时期薛西斯曾在其上刻写他自己的名字和头衔作为皇家礼品送到埃及和小亚西岸。

75 参阅上文，p. 28, 图 5.

76 参阅，图 6, F；宫殿平面图中这部分的放大图见图 9。

77 图 9, b, c and d.

78 图 9, f and g. 宫殿中其余地方的庭院（平面图上 1-3）是正方形的，像小院子或天井，这些院子露天开放明显是为了让光和空气进入周围的房间。在波斯时期，其中之一（No. 1）被全部或部分地加上的房顶，因为在那里发现了两个棕榈树干形状的柱子的基座，它们显然是用来支撑房梁的。这些在平面图上用实心圆点表示。

79 参阅上文，p. 30, 图 6, d.

80 图 9, 1. 这个就是波斯时期被加顶的庭院（参阅 p. 44, n. 1），显然是从正殿或邻近的房间前往宫殿私人区域时为了保护国王的第二条加顶的过道。

81 参阅下文，p. 62 f.

82 图 11, I.

83 图 6 和 11 中的 B。

84 平面图中标为 h。

85 图 11, m and n.

86 在图 11 中，字母 I 表示整个建筑，沿中央过道都做了标记。

87 平面图上标出，位于入口 m 和建筑东南角之间。

88 伯若索斯的 κρεμαστὸς παράδεισος，克特西亚斯和斯特拉博的 κρεμαστὸς κῆπος，科尔提乌斯・茹福斯的 pensiles horti；科尔德威大段地引用了他们的描述，“Babylon,” pp. 95 ff., Engl., ed., pp. 96 ff.

89 科尔德威认为是建筑的总周长与边长的混淆，这一解释并不合理。古代作家在这种事情上总倾向于夸张，尤其是在转述他人描述的尺寸的时候。

90 在我看来，这一反面例证比拱顶建筑的建造结构与科尔提乌斯・茹福斯和狄奥多罗斯文献之间任何细节关联都有价值。

91 在神庙建筑里采用这种方式的原因，参阅下文，p. 63。

92 参阅上文，pp. 31 ff.

93 尼布甲尼撒留下了对神门的建造过程的描述，“East India House Inscription,” Col. v., l. 55-Col. vi., l. 21（参阅 Rawlinson, “Cun. Inscr. West. Asia,” I., pl. 56, and of. Langdon, “Neubab. Königsinschriften,” p. 132 f.）。他记载了他如何用彩釉砖的野牛和龙的图案装饰建筑，用雪松为顶，装门于其内，用铜包裹门扉，搭配青铜的门槛与合页。

他还在入口旁放置了青铜的牛和龙，发掘人员在那里发现了它们的部分基座。

94 图 14，B 和 D。在平面图中，烧结砖所建的门的构造用黑色表示。毗连的防御墙用生砖建造，用阴影表示，图中包括的宁马赫神庙和宫殿部分亦是如此。

95 外门楼（B）包括门 1 和 2；内门楼（D）包括门 3 和 4。

96 C.

97 图 15.

98 参阅上文，p. 28, 图 5.

99 图 14 和 15，Nos. 3 和 4。

100 图 16.

101 图 15，a 和 b。

102 图 15, c.

103 大门地基的装饰与其上部结构一样也有浮雕，可以部分地解释为在建造期间临时用来拱卫道路的作用。但是宗教建筑的装饰并不只是出于美观的目的。而是有着更深的重要意义，相信神圣符码的使用能保护他们的守护神。这也能完美地解释为什么天气神的公牛和马尔杜克神的龙会出现在建筑地基的墙上，而狮子，伊什塔尔自己的作为战争女神特征的象征，被装饰在通向其大门的两面墙上（参见，p. 58）。

104 参阅图 15。其位置在外门楼的南门口（2）。因为这里比其他部分高，所以是最先被发现的。

105 参阅图 17.

106 大门北边的狮子浮雕中也经过同样的过程。参阅下文，p. 59。

107 参阅图 18, B, B. 道路西边的防御区目前仍在发掘当中，这里是尼布甲尼撒建造的南部城堡的北部延伸。它们被称为卡施尔的“主城堡”

和“北部城堡”。已经发现的最有意思的构造是主城堡宫殿区的北侧有一条宽阔的运河（图 18, J），很明显上面并没有遮盖物，其必然是通过西墙上的网口从幼发拉底河获取供水的。道路东面的防御路线与后期两座城堡的防御线相一致。其东墙的地基几乎与道路平行，但是整个区域在幼发拉底河改道时都被河水冲毁了，现在只有在沉积的淤泥下才有主防御墙的痕迹。

108 红色的彩釉已经分解了，现在变成了绿色。所有的狮子和伊什塔尔门上的彩釉兽一样都被发现成了碎片。

109 比较 p. 30, 图 6 的平面图，穿过城堡的游行大道标为字母 G。

110 参见 Koldewey, “Die Pflastersteine von Aiburschabu in Babylon,” pp. 4 ff. 石灰岩被称为 *shadû*（沙杜）或“山上的石头”，科尔德威认为这些石头是从旁边的幼发拉底河上的西特（Hît）采来的。但是，获取这些图尔米那班达（*turmina-banda*），或角砾岩的石矿还依然没有找到。

111 游行大道的路线可见于 p. 83, 图 31，标为 A。阿卡德的伊什塔尔神庙标为字母 H。

112 图 31, G（译者注：原文为图 30, G.）。

113 图 31, E, F（译者注：原文为图 30, E, F.）。亦可比较 p. 74, 图 27 中相同字母标志。

114 图 27，标为数字 2 的门。

115 参阅图 27，大道的路线标为字母 A，与图 31（译者注：原文为图 30）中相同。

116 图 27，B 和 C。

117 参阅上文，p. 23, 图 3，图中两座神庙的位置标为字母 N 和 M。南边的城墙的线标为字母 B。

118 关于神庙的位置与伊什塔尔门之间的关系，参阅上文 p. 30, 图 6，其中神庙标为字母 J，伊什塔尔门标为 H。

119 参阅 p. 64, 图 20, d. 亦可比较图 21 中的恢复图。

120 参阅下文，p. 71。

121 参阅下文，p. 69。

122 I., 183.

123 参见 I. Kings, viii., 64.

124 参见 Exodus, xx., 24-26.

125 参阅 I. Kings, vi., 20.

126 Ezekiel, xli., 22.

127 参见 I. Samuel, 6 [7]. 关于希伯来人传统的证据的讨论，特别参阅 W. E. Addis, “Altar,” in “Encyclopaedia Biblica,” I., Cols. 123 ff.

128 参阅下文，p. 69 f.

129 参阅 p. 65, 图 21.

130 在某些神庙中，比如埃孜达，波尔西帕的那布神庙，还有最早的埃萨吉拉废墟（参阅下文，pp. 71 ff.），凹槽的位置是半圆形的凹陷。

131 这些空间非常窄，很难用作储藏间。

132 坟墓的外墙是坚厚的砖墙，位于宫殿的最西北角。

133 参见 “Babylon,” p. 118 f.; Engl, ed., p. 110 f.

134 这里重现的平面图中，对主要特征一致的建筑使用了相同的字母。

135 需要注意，这种指向至少在埃萨吉拉（参阅下文，p. 74, 图 27）和阿卡德的伊什塔尔神庙（图 25）中比较明显。

136 参见 Weissbach, “Babylonische Miscellen,” p. 20 f., 11. 17-21.

137 参阅上文，p. 23, 图 3, E.

138 参阅 p. 74, 图 27, C.

139 参阅 Rawlinson, “Cun. Inscr. West. Asia,” I., pl. 67, Col. I., 11. 21 ff., 并参见 Bezold in Schrader’s “Keilins. Bibl.,” III., ii., p. 72 f., 和 Langdon, “Neubab. Königsinscbriften,” p. 210 f.

140 通过东面的门廊（图 27, D）进入神庙的主入口，门廊的外墙只是经过了隧道探查，而内部遗迹还未经勘查。需要注意在平面图中进入门廊的主入口也是在东边，标记为围墙上的凹陷，几乎正对着神庙的主入口。进入门廊的途径无疑是通过游行大道正对着围墙上的 4 号入口分出的一条支路（参阅图 27）。

141 参见“East India House Inscr.,” Col. II., 11. 43 ff., and Col. III., 11. 21 ff.

142 Κάτω νηός，区别于塔庙。

143 I., 183.

144 参见 Koldewey,“Babylon,” p. 202 f.; Engl. ed., p. 207.

145 参见 Koldewey,“Die Tempel von Babylon und Borsippa,” p. 43.

146 图 27 中标为 A，A，A。

147 参见 Koldewey,“Babylon,” p. 185; Engl, ed., p. 190. 关于围墙的外观的想法见图 28 恢复图。

148 图 27, F.

149 图 27, B.

150 最近对塔庙的发掘期间其北边的烧结砖表层被打开了，可见 12 个类似塔楼的突出装饰。在西边也发现了大量的碎片；塔庙外部边长已经确定为 91 米。泥砖核心的北边大约长 61 米。参阅“Mitteil. der Deutsch. Orient-Gesellschaft,” No. 53（April, 1914）, p. 18.

151 外部阶梯为 8 米宽，西南角仍保留有 16 层阶梯。参见“Mitteil. d. Deutsch. Or.-Gesells.,” No. 53, p. 19.

152 图 27，H 和 J。

153 图 27, E.

154 此布局见图 28.

155 I., 181.

156 参阅上文 p. 75.

157 参阅图 29, G.

158 C 和 D.

159 现存于不列颠博物馆的尼布甲尼撒的青铜台阶（参阅上文 p. 27, n. 1），可能原本放在神庙西南面的入口，面对着塔庙。

160 图 29, A.

161 图 29, B.

162 在雕刻中，为了使木楔和龙的形象在浮雕中突出，其周围的石头表面被挖掉了。这使得塔庙的最底层看起来里边好像有一个拱形的开口。这一层当然和塔庙其他层一样是实心的，像是开口的地方只是雕刻师的权宜处理而已。参阅 "Boundary-Stones and Memorial-Tablets in the British Museum," p. 25, n. 1. 石头这部分的一个照片见 *ap. cit.*, Pl. xli.

163 "Athenaeum," Feb. 12th, 1876.

164 参阅 Scheil, "Esagil ou le temple de Bêl-Marduk," in the "Mémoires de l'Académie des Inscriptions et Belles-lettres," vol. xxxix.（1914）, pp. 293 ff.；并且比较 "Étude arithmétique et architectonique du texte," by Dieulafoy, *ibid.,* pp. 309 ff.

165 参阅上文 p. 74, 图 27, F.

166 图 27, E.

167 根据迪厄拉富瓦的理论，塔本身是五层平台，建在一个巨大的地基（kigallu）上，这个地基又建在了一个占据了神庙庭院的绝大部分的平台上；因此算上塔顶的神庙，希罗多德所谓的 8 层就可以解释了。

168 参阅上文，p. 74, 图 27，并比较图 28。

169 I., 186.

170 II., 8.

171 Col. IV., 1. 66—Col. V., 1. 4.

172 参阅上文，p. 37。

173 参阅 p. 74, 图 27, K 和 L。

174 参阅上文 p. 39.

175 参阅上文，p. 68 ff.

176 这完全证实了希罗多德的记述（I., 180）巴比伦的街道是直的，尤其是直角相交的和通向河的。他还进一步提到房屋有三四层高，但是因为房屋地基以上的部分所保留的极少，所以就无法确知了。

第三章
巴比伦的王朝：基于最新发现的年代学方案

人们常说年代学是历史的框架，很显然年代学方案中的任何一点瑕疵都必然会影响我们对于历史事件的顺序及相互关系的概念。或许巴比伦年代学有史以来最严重的问题就是在巴比伦诸王朝和其他城市早期统治的时间线之间我们完全不掌握任何确凿的关联点。一方面来说，基于巴比伦王表，我们能够建立一个巴比伦王朝历代统治者本身的框架体系。另一方面，尼普尔王表被发现后，建立其与早期的乌尔和尼辛王朝的延续性，并且推测其与更早的阿卡德以及南北其他城市的统治者们的关系成为可能。两边的框架都能够各自完美衔接，但是要想把他们连接起来我们依然缺失几个关键点。毋庸讳言，填补这些间隙的理论极度匮乏。但是每个框架本身都有其各自的难题；对于稳妥的研究者来说最好还是对早期年代学问题的细节避而不谈。除了尼普尔王表上的几处有明确可能外，他们已经意识到所有想弄清早期断代
88 的尝试都必然误入歧途。多数人宁愿等待新材料的出现，而目前选择分开考察。[1]

令人欣喜的是现在似乎可以宣布我们期待已久的连接点就在前不久已经建立了。因为我们现在已经掌握了必要的材料在可靠的基础上重建年代学并回溯至公元前三千纪中期。目前就严格年代学来看，新发现的早期与晚期历史的连接点的影响对前者来说自然更重要。[2] 但是由于新王朝与巴比伦的西塞姆王朝重叠，由此提供的信息使我们对巴比伦崛起的背景的认识焕然一新。我们原本只知道该都城早期是一个不断在敌人的统治下挣扎的依附城邦，这一历史形象从此不再如此朦胧，我们现在能够明了其命运跌宕起伏的轨迹直至其巅峰时代——汉穆腊比的统治时期。下一章我们会以此为主题专门探讨，但是由于这些新的历史证据正在不断被公之于世，有必要先备述其概要而后再评估其对年代学方案产生的影响。

很久以来，人们认为巴比伦尼亚南部现在叫作森凯腊丘（the mounds of Senkera）的拉尔萨城有某些王与巴比伦第一王朝属于同一时代。其中最伟大的王就是与汉穆腊比同时的瑞姆辛（Rîm-Sin），一个有埃兰血统的统治者。汉穆腊比统治的第 31 年的年名中记载，这一年巴比伦击败了他。[3] 事实上，这一胜利是汉穆

腊比统治期间的头等大事，甚至曾被认为是巴比伦从其强大的敌人统治下完全赢得自由的标志。但是早期巴比伦王编年史的发现，不仅证实了汉穆腊比的胜利，同时还给出了信息显示其 89
后发生的事件是征服乌尔和拉尔萨，这说明瑞姆辛生存到了汉穆腊比的儿子叁苏伊鲁那（Samsu-iluna）统治时期并最终被其所败。[4] 拉尔萨的另一个王，瓦腊德辛（Warad-Sin），从前以为与瑞姆辛为同一个人，现在正确地识别出来了，是瑞姆辛的哥哥。他们都是埃兰人库杜尔马布克之子，相继为该城之王。[5] 我们从献祭文献和地基铭文又可以得知其他统治者的名字。这些信息我们都可以并入衮古奴姆（Gungunum）王朝。可能有苏穆伊鲁姆（Sumu-ilum）（一个乌尔的王）、奴尔阿达德（Nûr-Adad）或奴尔伊美尔（Nûr-Immer）和他的儿子辛伊丁那姆（Sin-idinnam）。收到汉穆腊比信件的辛伊丁那姆实际上只是跟拉尔萨的国王同名的人。[6] 目前可以暂且认定这四个国王在瓦腊德辛之后相继继承了王位。[7]

耶鲁大学的克雷教授（A. T. Clay）已经恢复了完整的拉尔萨王表，目前正在准备文献的发表工作。该王朝包括十六位王，在王名的另一端标明该王的统治年限。泥板的表面有很多破损的地方，有三个王名对应的数字未知。但是这并没有太大影响，因为书吏附上了王表中涉及的总年数，为 289 年。[8] 王表上最重要 90
的一点是王朝最后的两个王是汉穆腊比和叁苏伊鲁那。我们知道他们是巴比伦第一王朝的第六和第七王。的确，汉穆腊比是三个

拉尔萨国王辛伊丁那姆的铭文砖，记载了在乌尔城开凿运河和修复月神庙

未知统治年限的王之一，但我们已经知道是他在其第 31 年征服了拉尔萨，[9] 由此我们可以确信他在其统治的最后 12 年间为该城的王。剩下的两个统治年限破损的王是辛伊丁那姆和辛伊基沙姆（Sin-ikîsham），这两位王的在位年限加在一起是 13 年，他们之间只相隔统治了 2 年的辛伊瑞巴姆（Sin-iribam），所以该数字的缺失实际上无关紧要。这样我们就掌握了在早期巴比伦诸王和拉尔萨诸王之间建立密切关联的手段。

但是跟所有的新发现一样，我们也遇到了伴随而来的新问题。我们早已猜测瑞姆辛是一个长寿的王，而且在这里我们发现他统治了 61 年。但是这一情况与他活到叁苏伊鲁那第 10 年的信息冲突，根据新发现的王表上的数字，该年是其登上王位第 83 年。瑞姆辛活到了叁苏伊鲁那时期这一论断实际上已经基本可以确定，此推断最先是从晚期编年史中的一个破损段落得出的，因为只有如此假设才能完美地解释其中的两个年名。[10] 因此，如果 91
他登上拉尔萨的王位时只是个 15 岁的小孩子的话，根据新数据我们不得不推断他在 98 岁的时候领导了一次反抗叁苏伊鲁那的叛乱。这种情况只在理论上存在可能性，但实际上几乎不可能或无法令人相信。目前还有另一个证据让我们看到有一个相对简单的并且可能的解决这一难题的方案。

需要注意，新的拉尔萨王表无疑对该时期的历史具有重大意义，但其本身并没有提供期盼已久的巴比伦尼亚早期和晚期年代学之间的链接。就目前的新王表而言，第一王朝与尼辛王朝 [11]

的关系还是和以前一样不能确定。早先对尼辛王朝与巴比伦第一王朝可能相互重叠的预见，[12] 已被巴比伦王表中的第一王朝部分所证实，我们对拉尔萨和巴比伦诸王朝的猜测也一样充满信心。根据尼普尔发现的一些尼辛王朝时期的契约泥板推断，两个王朝之间相隔不久。这些泥板从格式、材料、书写，到术语都与巴比伦第一王朝的契约泥板具有极其相似的特征。[13] 而如果假设这两个王朝不仅仅是前后相继而且是有部分时期重叠的话，则可以更好地解释这种相似性。果真如此的话，那么不仅早期的巴比伦王
92 还有拉尔萨诸王，都应该同时也都是尼辛后期的王。实际上，当时的巴比伦尼亚依旧分为数个小王国，相互争夺霸权，并在其疆界内保持相对独立的统治。完全可以看出这种环境是造成尼辛后期继承混乱的原因，我们对该时期匮乏的认知则可以与巴比伦第一王朝的全部信息资料结合起来。[14]

既然没有任何确切的像我们所掌握的确定早期巴比伦王朝相互关系那样的同步年谱，我们只能尝试采用其他手段来建立关联点。在采弗尔丘和尼普尔发现的泥板上的年名中记载了瑞姆辛征服尼辛的事件。这一具有重大意义的事件构成了该地区标有日期的泥板中的一个标志性变化，显然为我们带来了希望。因此，合理的假设是瑞姆辛征服尼辛可能就是尼辛王朝的终结；如此便能够为计算年代出现标志性变化提供充足的理由。现在在巴比伦第一王朝年名中记载了两次对尼辛的占领，较早的一次是在辛穆巴里特第 17 年，晚的一次是在汉穆腊比第 7 年。两者哪个才是

对应瑞姆辛征服尼辛的日期，从而成为期望已久的关联点呢？实际上持这两种观点的学者都大有人在。[15] 但是这两种观点都有明显的漏洞，瑞姆辛的胜利怎么可能被他最大的敌人放在年名里庆祝呢？而且想要证明巴比伦当时是拉尔萨的属国的观点也并不能 93
令人信服。此外，如果我们选择较早的日期，就又出现了新的问题，即汉穆腊比对尼辛的征服竟然未曾干扰尼辛的纪元。两种观点都有缺陷，如此我们又回到了开始时的不确定状况。

最近的新研究向前迈出了更可靠的一步。经过对尼普尔契约泥板上记载的人名进行细致的研究，有人注意到尼辛和拉尔萨王朝的文献中有些人名与巴比伦第一王朝时期尼普尔泥板上出现的人名一样。[16] 从这些名字后面所缀的父名来看可以确信在很多情况下其代表的是相同个体。这两套文件系统不仅发现地点是尼普尔，显然也是在那里书写的，因为这些泥板的外观、风格和摆放都极为相似。同样的证人在其中反复出现，还有些属于不同王朝的泥板是同一个书吏所写。通过对人名的研究甚至发现有可能追溯一个家族三代的历史，在这段时间内尼普尔的这个家族生活在属于尼辛、拉尔萨和巴比伦王朝的不同统治者的统治之下；其中的一支很可能从未离开过尼普尔城，因为其成员代代相传在宁利勒神庙中执掌“帕西舒”（pashishu）之职位，即涂油祭司。[17]

关于这方面的证据，现举两例足以说明。因为这是支持瑞姆辛征服尼辛终结了该城当时王朝这一假设的直接证据。我们从两个文件中得知有个叫孜阿图姆（Zîatum）的书吏，既在尼辛 94

的最后一个王达米克伊里舒（Damik-ilishu）统治下任职，也曾在拉尔萨的瑞姆辛统治下继续其职位。[18] 这一事实无疑说明尼普尔曾经在一代人时间内被这两位王所统治。另一个证据则更有启发性。我们早就知道汉穆腊比与瑞姆辛处于同一时代，从新王表中我们又得到了进一步信息他在瑞姆辛之后登上拉尔萨王位。现在有另外两个尼普尔文献证明，宁利勒女神的帕西舒，即“涂油祭司”，伊卜库舒（Ibkushu）在达米克伊里舒统治时期还有汉穆腊比统治的第 31 年都生活在尼普尔。[19] 这一事实不仅确认了我们前面的推断，同时还使我们更相信达米克伊里舒统治的下限必然在瑞姆辛统治时期内。因此，我们可以确定就是瑞姆辛征服尼辛这一对巴比伦尼亚中部和南部年代计算具有划时代意义的事件，终结了达米克伊里舒统治的尼辛王朝，而达米克伊里舒就是尼辛王朝的最后一个王。因此，要想把巴比伦与拉尔萨的年代学系统联系起来，只需要确认拉尔萨王瑞姆辛征服尼辛发生在其统治的什么时期即可。

在这一方面克雷教授的进一步发现为我们的推断提供了数据支撑。在耶鲁巴比伦收藏馆所藏的泥板中，他发现了几份瑞姆辛统治时期的带有双重年名的文献。所有这些文献中双重年名的前半部分都与尼辛纪元的第二年一般格式相同。其中有两份文献年名的后一半等同于某个其他纪元的第 18 年，但还有两份文献
95 中该年则等同于第 19 年。[20] 很显然，这里是书吏将文献根据另一个纪元标记日期，并解释在新纪元中该年相当于其所熟悉的纪

元的第 18（或 19）年，而且新的纪年方法将要取而代之。现在我们知道在尼辛被征服之前，瑞姆辛统治下的城市中的书吏通常习惯于用其统治期间的大事件来记年，正如早期的巴比伦王们那样。[21] 但是，这种习惯在征服尼辛后被放弃，至少在该事件后 31 年的时间内尼辛的纪年方式是通行的。[22] 在该纪元的第 2 年，记年的新方法刚刚开始实行，书吏自然在后边附加了注释说明新的纪元与旧的纪元之间的关系。但是，因为要改旧年名并没有继续使用，所以只能计算瑞姆辛的在位年数来平衡。因此，我们可以比较自信地得出结论，双重年名的第二个数字所指的是对应尼辛纪元第 2 年的瑞姆辛的在位年数。

看起来似乎有点奇怪的是，在某些双重年名的文献中第二 96
个数字是 18，而另一些中是 19。这种不一致可以从多方面来解释。如果我们假设征服尼辛是在将近瑞姆辛第 17 年，在接下来的两年当中使用两种方法来计算是可能的，有的书吏可能将第 17 年的年尾作为新纪元的第 1 年，而有的则把接下来的尼辛王朝的第 1 天作为新计算方法的开端。但是，这一解释很难令人信服，因为当时对征服事件极为重视，以该事件纪念新纪元的昭告必然比一般的庆典传播更广，其所采用的日期必然会传达到每个书吏。更为可能的是在句式中的第二个数字中去寻求解释，这种差异是由瑞姆辛的统治年数的计算方法的变换所致。我们依然假设征服发生在瑞姆辛的第 17 年，采用其第 1 种格式计算的书吏就会把新纪元的第 2 年等同于他统治的第 18 年。但是，其他的书吏可能是把瑞姆辛登上王座的年数加在一起，而根据已经废除的计算系统这样就会导致同一年被当作第 19 年。[23] 这看来是两种解释中比较合理的一个，但是需要注意的是，不管选择哪一个解释，我们都必须把尼辛纪元的第 1 年对应瑞姆辛第 17 年。

另一点需要解决的是，尼辛纪元与城市被实际征服之间的关系。被征服的那一年就是纪元的开始吗？还是说其第 1 年是从
97 接下来的尼辛王朝的第 1 天开始？在第五章中会提到早期巴比伦的时间计算方法，我们会看到在该时期的年名中关于某些事件的纪念就出现了完全一样的问题。[24] 虽然相对而言该系统的特征还不确定，但已经有证据表明在有些情况下较大的历史事件会对当前的年名产生影响，尤其是具有临时性的事件，会被记在事件发生当年的最终年名中。依此类推，我们可以认为尼辛纪元的开始与城市被征服那一年吻合。在这一特定的事件中，证据尤其支持这种观点，因为拉尔萨国王这次胜利的重要性极其突出。因此，我们可以把尼辛国王达米克伊里舒的最后一年对应拉尔萨王瑞姆辛 17 年。因为瑞姆辛与汉穆腊比之间的关系已经通过新的拉尔萨王表确定了，我们由此获得了缺失的把尼普尔王表中的王朝与巴比伦的王朝联系起来的同步王表。

现在我们回到新拉尔萨王表带来的问题。前面提到，从中得知瑞姆辛的长期统治必然延续到了汉穆腊比统治巴比伦的第 32 年。根据不久之后发表的编年史残篇推断瑞姆辛活到了叁苏伊鲁那统治时期，[25] 一种可能的解释认为那指的并非是瑞姆辛本

巴比伦国王汉穆腊比，来自不列颠博物馆藏的一幅浮雕，一个行省总督伊图尔阿什杜姆代表国王向西塞姆女神阿什腊图姆敬献

人而是他的一个儿子。[26]但是，有人指出所说的可能指代“儿子”
98 的符号在当时的编年史中从来没有用于表达这个意思，[27]这样我们就必须继续认为该段文字所指的还是瑞姆辛。我们进一步注意到在采弗尔丘发现的两件契约泥板上面记载了有关同一个交易的契约，其中一个的日期写的是瑞姆辛时期，而另一个则标明叁苏伊鲁那第 10 年。[28]这两个契约中交易双方和交易内容都相同，而且虽然上面标示的交易价格不一样，但两个泥板上列出的证人相同，而且日期所示还在同一个月。对于这两个文件的最合理解释可能是当被记录的交易发生的时候现在采弗尔丘所在的城镇被瑞姆辛和叁苏伊鲁那相继占据。第一份契约签订不久，城镇可能遭到了易手，为了确认交易的有效性他们又写了一个新契约，用新统治者为年名取代了不再通行年名。[29]但是，无论采取哪个解释，文件上变更的年名，再加上编年史上的记载，明确显示瑞姆辛至少活到了叁苏伊鲁那第 9 年，甚至可能是其统治的第 10 年。

如果我们接受新拉尔萨王表给出的数字的表面值，就遇到了前面提到的问题，瑞姆辛登上王位之后作为巴比伦尼亚的政治力量大约活跃了有 83 年之久。假设他继承其兄的王位时只是个 15 岁的孩子的话，他从叁苏伊鲁那手中攫取土地之时则已经是 98 岁了。[30]但是，他绝不像是在如此年幼之时继承王位的，鉴于
99 这种不可能性，我们不如再仔细筛查拉尔萨王表中的数字，从而确认这些数字是否还有其他解释的可能性。

有人注意到拉尔萨王表是一个共时性文件，因为书吏只在

最后一个名字，叁苏伊鲁那，后面加上了“王”的称号。这表明他就是该文献书写时实施统治的王。因此，似乎不像是个别统治者的统治年限上有任何错误，这些统治者的年名和他们的统治记录对编辑者来说都很容易查到。瑞姆辛长达 61 年的统治应该被认为是可信的，因为这并非是出自新巴比伦文献中的并入的传统，而是一个书吏在瑞姆辛统治内的两年间所写，当时瑞姆辛不仅活着而且还在率领军队与巴比伦军队战斗。事实上，我们问题的解决方案可能就是瑞姆辛在整个汉穆腊比统治拉尔萨期间和叁苏伊鲁那统治的前 10 年都活着。

如果汉穆腊比征服拉尔萨之时瑞姆辛并没有被夺取王位，而是仅被削减了权力作为属国之君臣服于巴比伦，其 61 年的统治期不就是包含此依附期吗？如果这样的话，他作为独立的拉尔萨王可能只统治了 39 年，而接下来的 22 年则相继臣服于汉穆腊比和叁苏伊鲁那，直到后者的第 10 年他起兵反叛并曾一度从巴比伦手中夺取土地。的确，按照克雷教授对王表上缺失数字的恢复，王朝所持续的总年数可能与这一解释相悖；289 年的总数是将瑞姆辛在其整个统治期间都当作汉穆腊比征服扩张的对手而得出的。关于这一数字有两种可能性。一方面，或许辛伊丁那姆和辛伊基沙姆（Sin-iḳîsham）当前所归于的 13 年统治期，可能实际上是 35 年的统治。果真如此的话，书吏的总数就应该比各数之和少 22 年，而且这种不一致性只能通过这种重叠才能说得 100
通。但是，更为可能的则是这些数字的恢复是正确的，而且书吏的总数与名单中的各数之和是相符的。基于这种假设，他把所有数字机械地加在一起，置于这些王名对面，而没有从总数中减去瑞姆辛的附属统治年数。

这种解释似乎是最不容置疑的，因为它不必要改变重要的数字，而仅仅是假定编者有一个小小疏忽。将汉穆腊比和叁苏伊鲁那在王表之中置于瑞姆辛之后而非旁边，这可能与巴比伦王表异曲同工。在巴比伦王表上第二王朝虽然与第一和第三王朝各有一部分重叠，也是置于两者之间计算。在这个例子中，书吏就是将每个王朝的年数加起来，对重叠的时期未做任何标示。当然，这两个例子中都是古巴比伦书吏并没有形成现代的对同时期统治者的柱状平行排列的观念系统。此外，我们还有证据说明至少有另一个王表的编者在合计总年数的时候犯了粗心的毛病；从他的一个错误中来看，他似乎把 3 个月的时间当成了 3 年，而在其另一个王朝中一个类似的 3 个月似乎被既当作月又当作年数了两遍。[31] 的确该王表是一个晚期的且并非同时期文件，但是这至少使我们相信前面所说的拉尔萨王表中编者疏忽的这种可能性。

我们迄今为止所考察的将巴比伦对拉尔萨的头 22 年统治与瑞姆辛统治的后半部分等同的唯一原因是，就概率而言这位君主
101 的寿命应该没那么长。如果这是假设的唯一依据的话，未免会被认为或多或少是有问题的。但是前面提到的尼普尔的契约泥板和法律文书 [32] 为我们分别提供了许多独立的证据支持这一假设。这些泥板记载了一些尼普尔的官员和个人，他们都生活在尼辛的最

后一位国王达米克伊里舒、拉尔萨的瑞姆辛以及巴比伦的汉穆腊比和叁苏伊鲁那统治时期。瑞姆辛时期的大多数泥板都是用尼辛的纪元标写日期，并且由于汉穆腊比和叁苏伊鲁那统治时期所写的那些泥板的日期可以通过他们的年名明确地认定，从而有可能评估其时间间隔所代表的是同一个人还是这个人和他的儿子。值得注意的是，如果说把瑞姆辛整个61年的统治时期都置于汉穆腊比征服尼辛之前，那么在某些情况下时间间隔就会显得过长。另一方面，如果我们把瑞姆辛在拉尔萨统治的最后22年里看作是巴比伦的附庸，那么时间间隔就会回归到正常的比例。因为这一点对于年代学来说至关重要，所以最好举一两个类似证据的例子，以供读者明辨其要旨。

我们要考察的第一个例子是关于宁利勒神的涂油祭司，伊卜库舒。前文提到此人在达米克伊里舒时期还有汉穆腊比第31年都生活在尼普尔；[33] 需要注意的是两方面材料都记载他在尼普尔执掌祭司职位。现在，如果我们接受拉尔萨王表中数字的表面值，那么两份材料的时间之间就产生了至少44年的间隔甚至更多。[34] 通过对列表中的数字所给出的建议解释，间隔将减
少22年。还有一个非常类似的例子是乌尔金伽拉，在尼辛纪元 102
的第11年和叁苏伊鲁那第4年的两份文件中分别都提到了这个人。[35] 在前一种情况下两份材料中间的间隔为50年，但在另一种情况下间隔就缩短到28年。如果我们考察关于父亲们和他们的儿子的材料也能得出非常类似的结果。比如，在达米克伊里舒

时期某个阿达德腊比（Adad-rabi）生活在尼普尔，而他的两个儿子马尔伊尔采提姆（Mâr-irsitim）和穆图姆伊鲁（Mutum-ilu）在叁苏伊鲁那统治的第 11 年被提到。[36] 在第一种情况下我们必然得出父子之间至少有 67 年的间隔，或许更多；在另一种情况下间隔就是 45 年。这样的例子不必再举更多了，以上所列已经足够证明这一点。值得注意的是，未缩减间隔在每个案例中都不成立。但其产生的累积效应却令人惊讶。因此，这些私人文件与契约的独立证据都指向同一个方向，与瑞姆辛寿命的数据有关。所以我们获得的几个数字表明，从它们的表面值来看，拉尔萨王表中的统治年份的总数长了一代之多。因此，这些证据强烈支持瑞姆辛在拉尔萨继续进行统治的解释方法。

因此，我们姑且把瑞姆辛在拉尔萨统治的第 61 年置于叁苏伊鲁那第 10 年，我们猜测就在该年他反叛并从其宗主国手中攫取土地。就在那一年采弗尔丘经历了一次易手。但是，可能有一个重要的事实是，在该区域叁苏伊鲁那统治时期第 12 年之后的文件一个都没有被发现。实际上，我们应该有理由相信，尽管叁苏伊鲁那得以继续控制尼普尔几年之久，但巴比伦不久便失去了
103 对整个巴比伦尼亚南部的控制。同时，值得注意的是，我们主张的事件顺序与年名列表中的其他材料非常吻合。长期以来汉穆腊比和他父亲辛穆巴里特（Sin-muballit）两次打败尼辛一直是一个争议的主题，但现在已不再构成障碍了。我们看到，两者都发生在瑞姆辛征服尼辛之前，[37] 而且只是暂时的成功，对尼辛王朝的

延续并没有构成影响。正是瑞姆辛在其第 17 年中的胜利进军终结了尼辛王朝，而彼时尼辛纪元的计算方式正在制定当中。汉穆腊比在征服拉尔萨之后大约 8 年时间内应该是允许长期使用某纪元的城市将其纪元继续连同他自己的年名一起使用的，这充分地解释了我们的假设，瑞姆辛没有被废黜，而是被作为巴比伦的附庸留在自己的都城之中。人们自然不愿意放弃一个已经确立的纪元，尤其是对早期的附属国，巴比伦的权威在其作为宗主国统治的初年尚未得到巩固。[38]

根据耶鲁泥板提供的新信息我们得知尼辛王朝与巴比伦王朝有 111 年的时间重叠，这只是进一步推进了若干年前就引起注意的关于巴比伦王表前三个王朝的认识进程。在早年间王表刚被发现的时候，学者们关于王表上第二王朝在巴比伦尼亚独立统治的年数（如果有的话）存在相当大的意见分歧。当时的考古学证据似乎表明，海国王朝从来没有统治过巴比伦尼亚，
而且第三王朝，即加喜特王朝，紧随着第一王朝，其间并没有 104
任何重大的中断。[39] 还有一些人在努力运用和调整后期文献中出现的早期统治者的年代学材料之时，分别假定了第二王朝有一段从 168 年到 80 年不等的独立时期。[40] 彼时第一王朝的断限尚未独立确定，而关于第二王朝的共时证据的完全缺失就导致了极大的意见分歧。

就目前的考古学证据而言，我们仍然没有发现足以证明巴比伦海国王朝统治的大批量文献。但是，在尼普尔收藏中发现了

两块泥板，其年代可追溯到第二王朝的创始人伊鲁马伊鲁姆的第2年。[41] 这一非常重要的事实说明无论如何他在这两年期间控制了巴比伦的大部分地区。在尼普尔发现的汉穆腊比和叁苏伊鲁那统治时期的众多文献中，尽管能够确定日期几乎是连续的，但没有一篇比叁苏伊鲁那统治的第29年晚的。这样看来，叁苏伊鲁那第29年后，巴比伦失去了对尼普尔的控制权。而几乎无可辩驳的是推动其向北方移动的力量就是海国王朝。正如我们从巴比伦晚期编年史中所了解到的，海国王朝的创始人伊鲁马伊鲁姆对叁苏伊鲁那和他的儿子阿比埃舒发动了成功的军事行动。[42] 还有一个可能同样重要的事实，在来自拉尔萨及其周边的泥板中，有
105 很多属于叁苏伊鲁那早期统治时期，但第12年之后的一块都没有发现。因此，我们可以假定，他在拉尔萨统治了12年，被列入新拉尔萨王表[43] 后不久，这座城市就脱离了巴比伦的控制。同样，很难驳斥海国是入侵者的这一结论。从叁苏伊鲁那自己的年名中我们得知，在他统治的第12年，“所有的土地都起义”反叛他。[44] 因此，我们认为伊鲁马伊鲁姆的起义极有可能就发生在那一年，紧接着他在南方建立了一个独立王国。[45] 他很可能控制了拉尔萨，并逐步向北推进，直到在叁苏伊鲁那的第29或第30年占领了尼普尔。

就目前我们掌握的新证据来看这一事件过程似乎是最有可能发生的。而且，由于它明确地证明了王表中第二王朝的开创者曾经一度建立了对巴比伦南部和中部的有效控制，因此我们更倾

拉尔萨国王瓦腊德辛的铭文砖，记载了在乌尔城的建筑活动

向于相信海国国王们将其势力范围进一步扩展到更北的地方。事实上巴比伦王表的编纂者把海国的统治者列入王表中就已经构成了他们中的某些人曾经在巴比伦尼亚建立统治的一个强有力的论据；要想将该王朝完全从年代学框架中排除，只有把一些统治
106 者的统治年数大幅减少才具备可能性。例如，据称该王朝的创始人统治了 60 年，另外两个统治者统治了 55 年，第四个统治者统治了 50 年。但该王朝的统治时间比同样有 11 位国王的第一王朝只多了 6 年的时间。而且，鉴于新发现的拉尔萨王表中瑞姆辛的统治年限被记为 61 年，且该文献是当时的文件而不是后来的汇编，因此我们可以认为关于该王朝长度传统说法可能是大致正确的。[46] 此外，在王表可以通过共时文献印证的所有其他部分中，其数字的一般精度都得到了充分的证实。因此，平衡诸方面的证据似乎倾向于认为编纂者对第二王朝持续时间的评估也建立在可靠的传统之上。

因此，要想得出包括前期与后期的详细年表，整个年代学方案中唯一剩下的亟待解决的问题就是精确地定位第一王朝的时间断限。迄今为止，在没有其他方法的情况下，必须依靠从伯若索斯的历史作品中传下来的传统，或者依靠在后来的历史文本中出现的对早期统治者的年代学材料。3 年前，荷兰天文学家库格勒（Kugler）博士在研究有关巴比伦天文学的历史和成就的已发表文献的过程中，发现了一种完全独立于这些信息来源而探究第一王朝时期的新方法。[47] 在大英博物馆的库云

吉克收藏（Kouyunjik Collection）中有两块莱亚德爵士（Sir Henry Layard）在尼尼微发现的泥板。其中之一早已发表，并且其内容已经被正确地识别出来，记载的是一系列对金星观察的天文预兆。[48] 据文献内容可知这篇亚述语文献肯定是早期巴 107
比伦文献的副本。已经证实这两块铭文中的第二块与第一块有一部分重复。[49] 库格勒（Kugler）博士通过将两块铭文结合对照，能够相当肯定地恢复出原文。[50] 但更为重要的发现是，他成功地确定了原文起草的确切时期和所记录的天文观测。他注意到，在他所复原文本的第 8 栏中有一个年代注释，将该栏用古巴比伦第一王朝第十任国王阿米扎杜旮（Ammi-zaduga）第 8 年的年名来确定年代。因为这一文献总共包含 21 栏，所以他得出了一个合理的推论，该文献记载的是在阿米扎杜旮统治的 21 年里一系列对金星的逐年观察。[51]

这些得出预兆的观测包括金星偕日同升同降的时间。观察了该行星首次在东方可见的时间，注意到了它消失的时间，以及它消失期的持续时间；然后观察了它第一次在西方作为昏星出现的时间，之后又和前边一样观察它消失的时间和隐形期。当然，早期巴比伦人进行这样的观测并不意味着他们有任何精密的天文知识。这颗美丽的行星必然是除月球外第一个引起注意并进行系统观测的，这要得益于其近乎圆形的轨道，观测无须滴漏和测量角度的仪器。那个时期的占星家自然会在黎明的微光中观察到这 108
颗行星的第一次出现，以便他们能从中读出其所象征的伟大女神的谕旨。他们会注意到她的逐渐上升、下降和消失，然后数着她离开的日子，直到日落时她再次出现，并重复她的上升和下降的运行过程。这些日期，以及由此带来的国运，构成了阿米扎杜旮统治时期所写的文献中所载的观察。

很显然，金星运行的周期性本身并不足以为使我们确定所观测的时期。但是，如果我们利用我们的信息进一步确定太阳和月亮的相对位置，就能获得额外的数据。一方面，金星的升起和下降自然与金星和太阳的固定关系紧密相连；另一方面，从一系列日期中给出的月中的天数我们能够得知月球相对于太阳在该日期时的相对位置。如果没有第二个标准，第一个将会没什么用处。但是，综合起来，太阳、金星和月亮的组合，对于在100年或更久的某一时期内确定观测所涵盖的一组年份的位置是极具价值的。现在，如果我们把第二王朝完全从巴比伦王表上去除，那么可以肯定的是，阿米扎杜旮的统治不会比公元前1800年晚很多；另一方面，鉴于第一王朝与第二王朝重叠的最低限度已经确定，也同样肯定不可能早于公元前2060年。因此，必须在这些日期之间的间隔内锁定他的统治时期。但是，为了安全起见，库格勒博士拓展了将要考察的两端的界限；他将其研究的界限设置在公元前2080年至1740年期间。一开始他对阿米扎杜旮的第6年进
109 行两次观测，给出了金星在西方下降和在东方升起的日期。他利用该月中的天数来确定月亮的相对位置，发现在他研究的整个时期内，这种特定的组合发生了三次。[52] 然后他用同样的方法继续

考察其余的观测记录，根据两个泥板上面的日期对其进行详细的计算从而在三个可能日期中找到最可能的那个，他的观点得到了证实，这些观测的确包括 21 年的连续时期。为了获得验证其数字正确性的独立证据，他开始研究同时期的法律文献上可能与秋收时间直接或间接相关的日期。根据他对历法的理解，他可以通过这些日期检验他的观察结果，即通过估值的高低从尼辛人的月份中将秋收的时间区分出来，并排除不合理的秋收月份。

必须承认，论证的最后部分与第一部分的类别全然不同，并不像天文学问题那样单纯。实际上，它仅仅构成了对天文学证据解释的一种附带的检验方法，而由天文学证据得出的日期与当时的耕作契约完全互不影响。那么，如果我们认为第二王朝王表上的数字大致准确的话，从三个可选的日期来看中间的日期无疑是对应阿米扎杜旮统治时期唯一可能的选项，因为其他两个中的任何一个对于第三王朝王表来说都不是太高就是太低。因此，我们可以将公元前 1977 年作为阿米扎杜旮登上王位的日期，从而获得一个确定巴比伦第一王朝年代的固定点，继而确定部分重叠
的拉尔萨王朝、尼辛王朝以及更早的乌尔王朝的年代。同时，这 110
恰好有助于将加喜特征服时期和随后的巴比伦王朝限定在相对狭窄的范围内。[53] 以此数字为基础，结合前面讨论的信息，可以得出尼辛王朝建立于公元前 2339 年，而拉尔萨王朝则是 4 年后公元前 2335 年建立，巴比伦第一王朝又向后隔了 110 年建立于公元前 2225 年。[54]

可以看到，所建议的年代学体系的确定是根据完全独立于早期统治者的来自后期的亚述和巴比伦国王的铭文中的信息。迄今为止，判断巴比伦早期历史时期的年代都一直依赖其所提供的这些重要的出发点。在目前的情况下，有必要重新审视并确定在有跟没有这些起点的帮助下得到的方案到底相差几何。如果我们发现他们非常相符，那么我们可以更加有理由相信我们在正确的轨道上。不过分依赖古巴比伦本地书吏的计算，协调这些相关信息带来的可能性至少使问题变得少了些，是选择忽略还是解释清楚都应该源出有据。

也许引起最大争议的一个年代学信息就是那波尼杜斯提到汉穆腊比统治时期的描述。那波尼杜斯在他的一个地基泥圆柱中声称，汉穆腊比重建了埃巴巴尔（E-babbar），拉尔萨的太阳神庙宇，
111 在布尔那布瑞阿什（Burna-Buriash）之前 700 年。[55] 当学者们还没有意识到第一王朝和第二王朝的时间部分重叠的时候，大多数人选择了忽略王表中的数字与那波尼杜斯的陈述之间明显的不一致。另一些人则试图通过修正王表中的数字和其他巧妙的建议来回避这个问题，因为人们认为，不给出一个解释就对这种差异视而不见则意味着任何基于此框架的方案都有可能出现错误。[56] 那么下面看看根据我们的方案汉穆腊比的统治时间与那波尼杜斯的估计是否符合。从阿马尔那丘（Tell el-Amarna）的信件中我们知道布尔那布瑞阿什是与阿蒙霍特普 IV（Amen-hetep IV）是同时代的人，大多数埃及的历史学家现在都认为后者是在

公元前 14 世纪早期的某个时候登上王位的。[57] 根据主流的埃及年代学方案，我们或许可以将阿蒙霍特普 IV 登上王位的时间置于公元前 1380 年。根据那波尼杜斯的证据，我们在此日期上再加上 700 年的时间，就得到了汉穆腊比的时期约为公元前 2080 年。根据我们的方案，汉穆腊比统治的最后一年为公元前 2081 年，因为那波尼杜斯的 700 年显然是一个整数，大体上与该方案非常接近。[58]

因此，就目前的证据来看，那波尼杜斯的编年信息就其证
据而言倾向于确认第一王朝的日期的总体准确性。在第二王朝的 112
例子中，我们研究了后期统治者记载的关于其某个国王统治时期的唯一可用的文献，我们得到了同样惊人的肯定答案。这段文字来自宾夕法尼亚大学博物馆所存的一块界碑上，涉及的是恩利勒那丁阿坡里第 4 年发生的事件。[59] 界碑上的铭文中宣称从尼布甲尼撒 I，恩利勒那丁阿坡里的前一任巴比伦王，到古勒基沙尔（第二王朝的第六王）为 696 年。现在我们从“同步历史”中得知，尼布甲尼撒 I 与阿舒尔雷什伊西（Ashur-rêsh-ishi），提格拉特皮莱塞尔 I 之父，是同时代的。如果我们能独立地确定阿舒尔雷什伊西登上王位的日期，我们就能得到尼布甲尼撒和古勒基沙尔的大致日期。

辛那赫瑞布在其巴维亚的岩石上的铭文告诉我们，从马尔杜克那丁阿克希打败提格拉特皮莱塞尔 I 到公元前 689 年他本人征服巴比伦，中间有 418 年的时间。[60] 因此提格拉特皮莱塞尔 I

在公元前 1107 年统治，从他的圆柱铭文我们又知道这一年不是他统治的最初 5 年。据此，他的统治大约开始于公元前 1120 年。因此尼布甲尼撒 I，也就是提格拉特皮莱塞尔 I 的父亲的同时代的人，可能在公元前 1140 年左右登上王位。在这个数字基础上再前推 696 年，我们得到了大约公元前 1836 年是第二王朝的古勒基沙尔统治时期。这一日期的推算与王表一致，根据王表上提供的数字，古勒基沙尔的统治时间大约在公元前 1876 年至 1822 年。但是必须指出的是，界碑上的 696 年虽然看起来非常精确，实际上可能是一个来自一个概数；因为这块界碑提到恩利勒那丁
113 阿坡里的第 4 年发生的事件，而数字 696 可能是基于将恩利勒那丁阿坡里与古勒基沙尔的统治时间相差 700 年的估计。因此，这种说法很可能仅仅是粗略地表明古勒基沙尔统治的一部分在公元前 19 世纪后半叶这一大致印象。但是，即使不乐观地估计这个数字准确程度，其与我们的方案的一致性也是惊人的。

我们要考察的另一个年代学文献是来自阿舒尔巴尼帕记录。该记录中描述了他在公元前 647 年占领苏萨时的情况，提到他夺回了 1635 年前埃兰王库杜尔南混迪抢走的女神南那（Nanâ）的雕像。[61] 这一数字说明库杜尔南混迪的入侵大约发生在公元前 2282 年。因为我们对这个早期埃兰国王的名字没有任何其他的文献和记录，所以不存在这一数字与其统治时期的其他年代学材料冲突的问题。我们所能做的就是根据我们的年代学方案，确定公元前 2282 年前后的时期是否有一个埃兰国王可能入侵了巴

比伦尼亚南部并袭击了以力（Erech）。经过这样的检验，阿舒尔巴尼帕给出的数字与年代学非常符合。库杜尔南混迪入侵巴比伦尼亚，应该发生在一次类似的埃兰人入侵并终结了乌尔的王朝57年之后，并由此给了尼辛巩固其霸权的机会。[62]公元前2143年，库杜尔—马布克的入侵使得他的儿子瓦腊德辛登上了拉尔萨的王位，这充分证明了埃兰仍然是巴比伦尼亚的威胁。应当指出的是，阿舒尔巴尼帕所给的数字将库杜尔南混迪对以力的袭击置于两次最著名的埃兰对巴比伦尼亚南部的入侵之间，对这两次入侵有独立证据我们可以证实。

我们所建议的年代学方案的另一个优点是，至少就其年代学编年系统中的历史时期而言，它使我们能够弄清一些伯若索斯的诸王朝出现的困惑。在后世的巴比伦史家中，我们自然会期望找到该都城中的第一王朝统治者开始的时期，但是就现有证据而言似乎还没有一个日期可以符合他的系统。或许值得一提的是，根据新方案所确定的巴比伦王朝崛起的时期与伯若索斯作品中推定的该历史时期的开始是大致符合的。根据伯若索斯的描述大洪水后的第一王朝包括86个王，统治了34 090年之久，[63]关于其后的5个历史王朝的记载只见于亚美尼亚版本的《尤西比乌斯编年史》中，[64]该五个王朝如下： 114

第二王朝，8个米底人（Median）篡位者，统治224年；[65]

第三王朝，11位王，统治时期长度未知；[66]

第四王朝，49位迦勒底王，统治458年；

第五王朝，9 位阿拉伯王，统治 245 年；

第六王朝，45 位王，统治 526 年。

目前还不清楚伯若索斯的第六个王朝延伸到国家历史的哪个阶段；[67] 而且不管怎样，其第三王朝的时间长度的数字未知，这
115 样总持续时间就无法确定。但是，尽管这些缺点显而易见，基于非数字的考量人们已经就其历史阶段开始的日期达成了广泛一致。冯·古驰米德（A. von Gutschmid）认为伯若索斯将洪水后的国王以 10 萨尔（sars），即 36000 年，为一个循环进行分组，[68] 这为解决这一问题提供了钥匙。因为，如果从总数中减去第一王朝，剩余的年数就是历史王朝的总长度。因此，如果我们把第一王朝的长度看成是 34090 年，那么历史王朝的持续时间就是 1910 年。现在，尤西比乌斯声称其援引阿比戴奴斯（Abydenus）的观点，大意为迦勒底人认为他们的国王是从阿洛若斯（Alorus）到亚历山大，[69] 于是有人建议 1910 年的时间是意图把亚历山大大帝的统治时期（公元前 331—323 年）包含在内。因此，如果从公元前 322 年向前追溯 1910 年，我们得到的数字就是公元前 2232 年，作为伯若索斯的第二王朝的开端。需要补充的是，如果将 34080 年作为其第一王朝的时间长度，[70] 并且将 1920 年的历史时期延伸到公元前 312 年，即塞琉西时代的开端，便能够得到同样的结果。

我们注意到，这个日期与一些手稿页边代表伯若索斯的第三王朝的长度数字相符。人们通常认为，他的第六王朝以那波那萨尔的前任登上巴比伦王位而告终，随后的第七王朝开始于

公元前 747 年。但是有人指出，尤西比乌斯在历数了第二至第六王朝之后，所说的这些统治者是一个名字叫弗鲁斯（Phulus）的迦勒底国王，[71] 这表明伯若索斯的第六王朝与巴比伦第九王朝都 116
终结于相同的时间点——公元前 732 年，也就是与提格拉特皮莱塞尔 IV 同时代的那布舒姆乌金（Nabû-shum-ukîn）统治时期。那布舒姆乌金在巴比伦王表中的原名为普鲁（Pulu）。因此，伯若索斯的第七王朝应该是从篡位者乌金载尔（Ukîn-zêr）的统治开始计算的，他也是提格拉特皮莱塞尔同时代的人。[72] 在这个假设下，出现在某些亚美尼亚版的尤西比乌斯手稿页边的“48”这个数字 [73] 可能就是伯若索斯所指的第三王朝的统治年数。[74] 在一份来自波非瑞乌斯（Porphyrius）的声明中发现了进一步确认为伯若索斯的历史时期开端于公元前 2232 年的证据。大意是，根据卡利斯提尼斯的说法，巴比伦的天文观测记录涵盖了 1903 年的时期，直到马其顿的亚历山大时代。[75] 假设 1903 这个读法是正确的，那么这些观测结果可以追溯到公元前 2233 年，这一日期与伯若索斯的历史王朝的开端相差仅仅一年。

因此，有充分的理由认为公元前 2232 年在伯若苏斯的年代系统中代表历史时期的开始；[76] 我们已经注意到，对于一个希腊化时代进行写作的晚期巴比伦史学家，从更严格的意义上说，我们应该预期其历史的开端是从第一个有历史记载的巴比伦王朝开始，而不是其他和更早的城邦统治者。我们看到，这个日期与库格勒博士从天文学证据上获得的巴比伦第一王朝的兴起时间相差

117 仅 7 年。现在，天文学上的证明只涉及第一王朝第十任国王阿米扎杜旮的统治；要想得到苏穆阿布姆（Sumu-abum）登上王位的日期为公元前 2225 年，人们自然要依靠由当时的年表提供的中间统治时期的数字。但是，巴比伦王表给出的数字是新巴比伦时期通行的，将其放在同代的记录中，我们得到苏穆阿布姆登上王位的时间为公元前 2229 年，这与从伯若索斯的材料推断的日期相差仅 3 年。我们发现在后期的编年史中至少有一个版本与王表有些许不一致，这显然说明在后期编纂记录的本地史家们在他们不得不依赖的年代学材料中发现了一些细微不同。虽然对较晚的年代学的大致框架已经达成了基本一致，但在某些具体王朝和统治期限的长度上不同的文献记载之间可能相差数年。因此，我们可以得出结论，目前通过对其他作品中留存的相关要点进行的重构显示伯若索斯的证据能够与通过其他途径获得的巴比伦第一王朝的时间相吻合。

本章所讨论的新信息使我们能够比以往更有效地进行年代学的重建，而且我们终于能够将巴比伦国家的早期历史与巴比伦崛起之后的时代联系起来。一方面，我们掌握了接下来的王朝与巴比伦的西塞姆王朝重叠的确切证据。另一方面，由于新的证据表明一些海国国王可能在巴比伦独立统治一段时间，因此时间长
118 度的缩减要比新证据导致的补偿多。这些新发现并没有带来颠覆性的改变。相反，我们发现其所导致的局部重新排列在相当大的程度上在整个年代学框架内相互抵消了。也许这次重组最有价值

的结果是，我们掌握了有关巴比伦逐步崛起的更加详细的资料。我们看到，西塞姆人的到来影响了巴比伦以外的其他城市，侵略者的胜利仅仅标志着长期而复杂的斗争局面的终结。

1　参见“Sumer and Akkad,” p. 64.

2　通常来说，新发现并没有给原本被接受的年代学方案带来重大的改变，因为有些位置的重置在很大程度上可以相互抵消。参阅下文，p. 117 f.

3　参见“Letters of Hammurabi,” III., pp. Ixviii, 23G f.

4　参阅“Chronicles concerning Early Babylonian Kings,” I., p. 68 f.; II., p. 17 f.

5　参见 Thureau-Dangin, “Inscriptions de Sumer et d' Akkad,” p. 300, n. 3; 和“Sum. und Akkad. Königsinschriften,” p. 210 f., note k.

6　参见“Letters of Hammurabi,” III., pp. xxvi ff.

7　他们的献祭铭文收录于 Thureau-Dangin, “Königsinschriften,” pp. 206 ff.

8　克雷教授得知我正在从事本卷历史的写作并且可能要早于他的作品发表，慷慨地将他的拉尔萨王表手稿寄给我并许可我全权使用。为了使读者能够明了该王朝及其年代学，下面给出文献的拉丁化：“21 MU Na-ap-hi-nu-um | 28 MU E-mi-ṣu 35 MU Sa-mu-um 9 mu Za-ba-aia | 27 MU Gu-un-gu-nu-um | 11 MU A-bi-sa-ri-e 29 MU Su-mu-ilum | 16 MU Nu-ur-（ilu）Adad | 7（?）MU（ilu）Sin-idin-nam | 2 MU（ilu）Sin-i-ri-ba-am | 6（?）MU（ilu）Sin-i-ki-sha-am 1 MU Ṣili（li）-（ilu）Adad | 12 MU Warad-（ilu）Sin | 61 MU（ilu）Ri-im-（ilu）Sin | 12（?）MU（ilu）Ha-am-mu-ra-bi | 12 MU Sa-am-su-i-lu-na sharru | 289 MU-BI.”在接下来的的译文中，每行用分号隔开：“21 年，那坡腊奴姆；28 年，埃米簇；35 年，萨穆姆；9 年，扎巴亚；27 年，衮古奴姆；

11年，阿比萨雷；29年苏穆伊鲁姆；16年，奴尔阿达德；7（？）年，辛伊丁那姆；2年，辛伊瑞巴姆；6（？）年，辛伊基沙姆；1年，采里阿达德；12年，瓦腊德辛；61年，瑞姆辛；12（？）年，汉穆腊比；12年，叁苏伊鲁那，王；以上共289年。”从叁苏伊鲁那的名字后面插入的词语Sharru，“王”，我们似乎可以推断该王表是叁苏伊鲁那第12年所写。另一点值得关注的是，书吏在瑞姆辛和汉穆腊比的名字前面写下了代表神的定符，但是叁苏伊鲁那的名字前面却没有。后面带问号的数字是克雷教授对三处破损的建议；需要注意的是将所有数值加起来，书吏给出的数是289年。

9 参阅上文，p. 88.

10 参阅下文，p. 98.

11 应该注意这个巴比伦人城市的名字现在通常称之为伊辛（Isin），实际上正确读法应该是“尼辛”（Nîsin）。克雷教授告知我，在耶鲁巴比伦收藏馆有两块泥板，No. 5415和5417，上面该名字有两种形式；在泥板上的日期中，该城的名字写为Ni-i-si-in（KI）和Ni-i-si-in-na（KI）。首字母n后来脱落了；参见p. 254, n. 2.

12 参见“Chronicles,”I., p. 168, n. 1.

13 参见Hilprecht,“Mathematical, Metrological and Chronological Tablets”（in“Bab. Exped.,”Ser. A., Vol. X., i.）, p. 55, n. 1.

14 参见“Sumer and Akkad,”pp. 63, 313 f.

15 最先把瑞姆辛征服尼辛的时间与辛穆巴里特第17年对应的是“Letters of Hammurabi,”III., p. 228, n. 39，然后这一观点在年代学中被广泛采用Hilprecht,“Math., Met., and Chron. Tabl.,”p. 50, note; Meyer,“Geschichte,”I., ii., pp. 345, 556; Ungnad,“Orient. Lit.-Zeit.,”1908, Col. 66;“Z.D.M.G.,”LVI., p. 714等等。兰登（Langdon, S.）最近认为瑞姆辛的征服对应的是汉穆腊比第7年；参阅“The

Expositor," 1910, p. 131; "Babyloniaca," 1914, p. 41，并参见 Chiera, "Legal and Administrative Documents," p. 24 f . 关于基耶拉（Chiera）本人对此的研究，参阅下文，p. 93 f.

16 参见 Edward Chiera, "Legal and Administrative Documents from Nippur chiefly from the Dynasties of Isin and Larsa"（在"University of Pennsylvania Museum Publications, Babylonian Section," Vol. VIII., No. 1），pp. 19 ff.

17 *Op. cit.*, p. 22.

18 参见 Chiera, *op. cit.*, pl. ix., No. 15, II. 27 ff.; pl. xxiii., No. 35, II. 20 ff.; and p. 21, No. 26.

19 *Op. cit.*, pl. vii., No. 12, II. 29, 35 f.; pl. xxxv., No. 81, II. 2, 23 ff.; and p. 20, No. 6.

20 克雷教授写信告知我，在 Y.B.C., Nos. 4229 和 4270 这两块泥板中，尼辛纪元第二年的一般格式为后面词汇为 *shag mu ki* XVIII-*kam*，意思可能是"在第 18 年中"，也就是说等于第 18 年。有一块泥板上在常规日期之后为 *shag mu ki* XVIII-*kam in-ag*（?），但是克雷教授对符号 *ag* 的读法不太肯定，他写道"因为泥板是有封套的，所以扭曲严重。"如果这个读法是正确的话则十分重要，因为这样后缀便可以理解为"在（即，对应）他统治的第 18 年"，词语 *in-ag* 在苏美尔王表中通常作为表明统治年数的动词使用。另外两个表示同一年的长日期格式如下（泥板 Y.B.C., Nos. 4307 和 4481）：*mu ki II dim*（*?*）*mu ki XIX giš-ku-makh Ana*（*dingir*）*En-lil*（*dingir*）*En-ki*，等等。这里，符号 dim 的读法不能完全确定，但假设正确的话，句子的意思为"瑞姆辛用安努、恩利勒和埃阿的高贵武器征服尼辛第 2 年（对应第 19 年）。"可以看出，克雷教授根据句子中的两个不确定的符号所给出的解读非常合乎逻辑，如果正确的话，就能够确凿地证明等式中第二个数字是依据瑞姆辛的统治年数而来。但是，即使我们觉得那两个符号不太确定，也不影响对双重日期的大致解读，除此之外其他的假设都很难说得通。

21 一些其早期的日期格式已经得到了恢复；参阅下文，p. 155。

22 多年来所发现的最晚的尼辛纪元日期为 30 多年；参阅 Scheil, "Recueil de travaux," XXI.（1899）, p. 125 和参见 "Letters of Hammurabi," III., p. 229。克雷教授告诉我耶鲁巴比伦收藏馆的泥板中有一个为尼辛陷落之后第 31 年。

23 事实上，当时通常是用年名而不是国王统治的年数来记年，这足以解释关于开头的一年是否应该被计算在内的这种不确定性。因此，从目前看来这种双重日期的不一致，从一开始对文献解释的质疑，实际上却提供了更多的证据和支撑。

24 参阅下文，p. 190。

25 参阅 "Chronicles concerning early Babylonian Kings," II., p. 18.

26 参见 Winckler, "Orient. Lit.-Zeit.," 1907, Col. 585 f., 和 Hrozný, "Wiener Zeitschrift," Bd. 21（1908）, p. 382.

27 参见 "Sumer and Akkad," p. 317, n. 2. 编年史的破损部分如下：[.........]-*zu-na-a*（m）*Rîm-*（*ilu*）*Sinana* [.........] *illik*（*ik*），"【……】…瑞姆辛…进军……" 温克勒（Winckler）和赫若兹奈（Hrozný）给出的建议是"……朱那，瑞姆辛之子，进军……"，但是他们的翻译忽略了一个事实，在晚期的编年史中总是用符号 TUR（*mâru*）来表达"儿子"这个意思，而从来不用 A（*aplu*）。

28 参见 Ungnad, "Zeits. für Assyr.," XXIII., pp. 73 ff.，和 Thureau-Dangin, "Journal Asiatique," xiv., 1909, pp. 335 ff.

29 不同的价格可能是政治变动的迹象，局势的改变可能使一方获得了对另一方的明确优势。

30 参阅上文，p. 90 f.

31 参见“Chronicles concerning Early Babylonian Kings,” I., p. 184 f.

32 参阅上文，p. 93 f.

33 参阅上文，p. 94, n. 2.

34 如果伊卜库舒在达米克伊里舒的最后一年被任命为祭司，时间间隔正好是 44 年；但是由于达米克伊里舒统治了 23 年，伊卜库舒很可能是数年前被任命的。

35 参阅 Poebel, “Babylonian Legal and Business Documents,” pl. 3, No. 6, II. 25, 30 ff., and pl. 11, No. 23, II. 33, 36 ff.；并参见 Chiera, “Legal and Administrative Documents from Nippur,” p. 21, No. 24.

36 参见 Chiera, *op. cit.*, p. 22. 鉴于拉尔萨王表，基耶拉本人通过人名的推论（pp. 29ff.）当然需要修正，但是他的数据是有用的。

37 根据关于拉尔萨王表的假设，瑞姆辛对尼辛的征服发生在汉穆腊比袭击该城两年之后。但是，如果我们拒绝这一假设，那么尼辛的纪元从辛穆巴里特的第 7 年就应该开始了。

38 参阅，pp. 142 ff. 在拉尔萨初为属国之时尼辛纪元得以保留，这一假设似乎要比瑞姆辛的 61 年独立统治然后接下来是 21 或 22 年的政治上的默默无闻，再然后突然出现并帅军开疆拓土要更为合理。而且，就算把瑞姆辛不可思议的生命长度的问题放在一边，辛穆巴里特和汉穆腊比对该城的征服导致的尼辛纪元的中断的问题仍然存在（参阅上文，p. 92 f.）。

39 这是我提出的观点，参见“Chronicles concerning Early Babylonian Kings,” I., pp. 96 ff., 并且该观点被迈耶引用，Meyer, “Geschichte des Altertums,” Bd. I., Hft, ii., p. 340 f.

40 参见“Sumer and Akkad,” p. 63, n. 2.

41 参阅 Poebel, “Business Documents,” pl. 40, No. 68, 和 Chiera, “Legal and Administrative Documents,” pi. xl., No. 89.

42 参见“Chronicles,”II., pp. 19 ff. 从伊鲁马伊鲁姆的名字被列入编年史或许可以看出海国王朝当时是巴比伦最强大的敌手。他显然被认为是当时最值得注意的入侵者的领袖。

43 参阅上文，p. 90, 注释。

44 参阅 Schorr,“Urkunden des altbab. Ziv. und Prozessrechts,”p. 595.

45 我们知道伊鲁马伊鲁姆与阿比埃舒和叁苏伊鲁那是同时期的。由于王表上记载他统治了 60 年，如果我们接受这一数字，那么有可能他在攻打拉尔萨之前几年就已在海国建立了王朝。有学者认为其早在汉穆腊比第 26 年便登上王位了。（参见 Thureau-Dangin,“Zeits. für Assyr.,”XXI., pp. 176 ff.）虽然还是这位学者，将其在第三王朝和第二王朝的时间缩写了 20 年，从而得出他在叁苏伊鲁那第 4 年获得了王位（op. cit., p. 185 f.）。因为我们没有证据表明伊鲁马伊鲁姆与汉穆腊比是同时代的人，所以将其登上王位的时间置于叁苏伊鲁那统治时期是比较安全的做法；那样的话，从第 12 年的年名来看该年似乎就是其发动反叛的最可能的时间。

46 其数字可能并不完全精确；参阅下文，p. 299, n. 1.

47 参阅他的“Sternkunde und Sterndienst in Babel,”1907–1913.

48 这份重要的文件号码为 K. 160，其文献被乔治·史密斯（George Smith）发表于 Rawlinson“Cun. Inscr. West. Asia,”III., pl. 63. 对它的翻译和研究见于 Sayce,“Trans. Soc. Bibl. Arch.,”III.（1874）, pp. 316 ff.；Sayce and Bosanquet,“Monthly Notices of the Royal Astronomical Society,”XL.（1880）. p. 566 ff.；Schiaparelli,“Venusbeobachtungen und Berechnungen der Babylonier”（1906）. 其他参考资料参阅 Bezold,“Catalogue,”I., p. 42.

49 两块铭文中的第二块编号为 K. 2321+K. 3032，其文献被克雷格发表 Craig,“Astrological-Astronomical Texts.”pl. 46；并参见 Virolleaud,

"L' Astrologie Chaldéenne," Ishtar XII., XV. and XIV.

50 参 见 "Sternkunde und Sterndienst in Babel," Buch II., Teil ii., Hft. I, pp. 257 ff. 这两篇文献中除了出现的破损部分之外，还存在着一些书吏转写的书写错误。

51 从当时的年名表我们得知阿米扎杜旮统治了至少 17 年。巴比伦王表记载其统治了 21 年。

52 根据这一标准，阿米扎杜旮的第 6 年可能是公元前 2036—2035 年，或在公元前 1972—1971 年，或在公元前 1853—1852 年，因此其第 1 年的三个可能性是公元前 2041—2040 年，或公元前 1977—1976 年，或公元前 1858—1857 年。

53 要想达到这个目的，可能需要与晚期的亚述同步年谱以及从埃及文献中的布尔那布瑞阿什的日期结合使用（参阅下文，p. 111）。

54 或许值得注意的是如果我们把瑞姆辛的整个 61 年统治期置于汉穆腊比征服拉尔萨之前，我们就把文献中所给的前两个日期提前了 21 年。如果那样的话，尼辛王朝的建立时间则为公元前 2361 年，拉尔萨王朝的建立时间为公元前 2357 年。结果尼辛王朝与巴比伦王朝就会重叠 89 年的时间，而不是 111 年。但是，综合来看较晚的日期更为可能。参阅上文，p. 103, n. 2.

55 参阅 Bezold, "Proc. Soc. Bibl. Arch.," XI., pp. 94, 99, and pl. iv., 85-4-30, 2, Col. II., 11. 20 ff；和 Rawlinson,"Cun. Inscr. West. Asia,"I., 69, Col. II., 1. 4；并参见 Langdon, "Neubabylonischen Königsinschriften," p. 238 f.

56 参阅 "Chronicles," I., p. 87 f.

57 巴奇把他归于大约公元前 1430 年至公元前 1400 年 "History of Egypt," Vol. IV., pp. 113 ff.；佩特里将其登上王位的日期置于公元前 1383 年，Pétrie, "History of Egypt," Vol. II., pp. 205 ff.；迈耶认为是公元前 1380 年 Meyer, "Ægyptische Chronologie," p. 68, and "Geschichte," I.,

ii., p. 335 f., and Hall, “Ancient History of the Near East,” p. 228；布雷斯特德，公元前 1375 年 Breasted, “History of Egypt,” p. 509, and “Ancient Records,” Vol. I., p. 43. 马斯佩罗倾向于约公元前 1380 年，参见 Maspero, “Histoire ancienne,” II., p. 337, note.

58 根据巴奇博士的年代学方案，布尔那布瑞阿什的时期约为公元前 1400 年，那么相对应的汉穆腊比日期则为约 2100 年（相当于他的第 24 年）。

59 参阅 Hilprecht, “Old Babylonian Inscriptions,” Pt. I., pl. 30 f., No. 83；亦可参见 Jensen, “Zeits. für Assyr.,” VIII., pp. 220 ff.

60 参见 King, “Tukulti-Ninib I.,” p. 118 f.

61 参阅 Rawlinson, “Cun. Inscr. West. Asia,” Vol. III., pl. 38, No. 1, Obv. 1. 10.

62 参阅下文，p. 133.

63 最近在宾夕法尼亚博物馆保存的尼弗尔泥板收藏中发现的一些文献惊人地证实伯若索斯在编纂他的半神话王的第一王朝时根据的是一些当地统治者的名单。这些文献发表于 Poebel, “Univ. of Pennsyl. Mus. Publications,” Vol. IV., No. I, and Vol. V.。这些文献所提供的新信息对早期历史的研究具有重大意义。需要注意的是，森塞勒斯（Syncellus）（ed. Dindorf, p. 147.）给出的数字 34 090 是指该王朝的年数；按照 *sars* 等单位的等价值相加（即 9 *sars*, 2 *ners*, 8 soss =34 080 年），可能是故意忽视了单位，但有人认为数字 34 080 是正确的（见下文，p. 115.）。尤西比乌斯（“Chron. lib. I.,” ed. Schoene, Col. 25）的数字是 33 091（可能是数字 34 091 的笔误）；无论如何这个数字至少能确认森塞勒斯的数字应读作 90（而不是 80），参见 Meyer, “Beiträge zur alten Geschichte（Klio）,” III., p. 133；并进一步参阅 p. 116 f., n. 5.

64 Eusebius, “Chron. lib. I.,” ed. Schoene, Col. 25；亦可参见 Schwartz in

Pauly-Wissowa, "Real-Encyclopädie," III.（i.）. Col. 311.

65 在 MSS 页边为 34 年。

66 在 MSS 页边为 48 年。

67 参阅下文，p. 115f.

68 据称那些洪水前的诸王统治了 120 萨尔，即 432 000 年。

69 Eusebius, "Chron. lib. I.," ed. Schoene, Col. 53: "Hoc pacto Khaldæi suæ regionis reges ab Aloro usque ad Alexandrum recensent."

70 参阅上文，p. 114, n. 1.

71 "Chron. lib. I.," ed. Schoene, Col. 25: "post quos, inquit（sc. Polyhistor）, rex Chaldæorum extitit, cui nomen Phulus est."

72 也就是说，托勒密经典王表中标为 Χίνζηρος καὶ Πῶros 的地方，乌金载尔（Ukîn-zêr）就是那布穆金载尔（Nabû-mukîn-zêr）的缩写。

73 参阅上文，p. 114, n. 4.

74 参见 Meyer, "Beiträge zur alten Geschichte（Klio）," III., pp. 131 ff.

75 这段陈述出现在辛普里丘斯（Simplicius）对亚里士多德的《论天》（"De Caelo"）的评论中，而且希腊文读作 31 000；ed. Heiberg, p. 506. 但是，在默耶尔贝克（Moerbeka）的一个拉丁文的译本中给出的数字是 1903，而且这可能代表着原始解读；参见 Lehmann-Haupt, "Zwei Hauptprobleme," pp. 109 f., 210, 和 Meyer, *op. cit.,* p. 131.

76 坡比勒（Poebel）发表的宾夕法尼亚文献（见上文，p. 114, n. 1）表明，关于巴比伦尼亚神话和半神话统治者的数量和他们统治的持续时间，流行着不同的传统说法。例如，在两份相差仅仅 67 年的尼辛国王时期的名单中，历代王朝的总持续时间一个是 32 243 年，另一个为 28 876 年。但是，为了确定其所使用的系统中历史时期的开端，这一事实与使用来自伯若索斯的数字之间并不冲突。

第四章

西塞姆人与巴比伦第一王朝

119 巴比伦在苏美尔与阿卡德的战乱纷争中崛起并获得优势地位，标志着塞姆人对苏美尔人的最终胜利。能够在长期的种族竞争中幸存下来，是得益于其同族人的增援，而在此地称雄已久的苏美尔人，却从此再没有获得重新崛起之机。塞姆人的迁徙浪潮从东地中海岸直达幼发拉底河，这场浪潮导致了苏美尔人的衰落并最终消失。但是阿摩利人（*Amurru*），或说西塞姆人，与其巴比伦尼亚北部的前辈一样，最初都来自阿拉伯半岛。现在人们普遍认识到阿拉伯半岛是塞姆人最早的家园和摇篮。实际上，阿拉伯半岛和中亚的平原一样都是人类种群的主要孕育地之一，我们可以追溯到有史以来的四次塞姆游牧部落的大规模迁徙，这些部落先后脱离了阿拉伯牧场的北缘，洪水般涌入其周边的邻国。第一次这种大规模的族群迁徙运动主要发生在阿卡德，即巴比伦尼亚北部。塞姆人越过底格里斯河和幼发拉底河谷后首先在那里获得了立足之地。第二次迁徙与第一次不同，被称为迦南人或阿摩利人的塞姆人首次定居迦南，但是无法确知这两次迁徙之间到底间隔了多久。这个过程很可能是连 120
续的，只是迁徙的方向发生了改变；但是为了方便起见按照其影响将其区分为单独的运动，迦南地区的塞姆化是继巴比伦尼亚之后发生的,但同时又推动了巴比伦尼亚的完全塞姆化进程。后期的迁徙并非我们目前关注的焦点，而且毕竟只有其中的一支参与了此段历史进程。第三次大迁徙始于公元前 14 世纪，从其在叙利亚建立的以大马士革为首都的王国起就被称为阿拉美亚人。第四次，也是最后一次，发生在我们这个纪元的 7 世纪，伊斯兰军队在征服西亚和北非之后，甚至渗透到西南欧。这是 4 次迁徙中所覆盖的地区最广泛的一次，尽管是这一系列迁徙中的最后一次，但是它说明了早期沙漠游牧民族突破边界以武力强行进入定居文明时期迁徙的特点和途径。

诚然，阿拉伯半岛中部的大片土地如今十分不宜居住，但我们有理由相信，其干旱的现状在早期并没有那么明显。阿拉伯半岛南部的内陆地区有明确的证据证明这一点。在平坦的沿海地区和陡峭的山脉之间仍然有一条相对肥沃的地带，形成了中部高原的南部边界。[1] 沿着海岸线本身实际上并没有降雨，甚至在远离海岸的更高的山坡上也极其稀少。这里的羊群经常缺水好几个星期，于是已经学会了拔起一种仙人掌并咀嚼其肉质的根来解渴。但是再往前一些的内陆地区存在着一个宽阔的土壤带，土质异常肥沃，极适宜农耕。每年中有规律的降雨，森林覆盖，主要的
121 山脉中虽然没有任何城镇，但是密布的坚固战斗塔楼监控着肥沃而繁荣的村庄。在山脉北侧的农耕区之外，沙漠游牧部落带着他们传统黑色山羊毛织的帐篷构成了游牧带，接下来是沙尘滚滚的中部沙漠地带。但是到处都可以看到宫殿和寺庙的废墟从沙地上或略高处拔地而起。

早在公元前6世纪的赛伯伊王国时期，阿拉伯半岛南部的这个地区一定比现在肥沃得多。在西蒙风压力驱动下的流沙无疑是致使大片耕地被吞没的原因之一，但仅凭这一点并不足以导致环境如此改变。斯坦（Stein）、庞培里（Pumpelly）和亨廷顿（Huntington）等人的研究结果显示了中亚地区曾经有过干旱期，[2] 而且可以肯定的是，在南部阿拉伯半岛内也发生过类似的降雨量减少。[3] 根据最新的理论，这种周期性循环出现的气候的变化，[4] 我们可能会追溯到从阿拉伯半岛中部到西亚和北非诸多地区的大规模种族迁徙。

全世界游牧部落的生活几乎是一样的，所以我们不难想象从这个地区出来的塞姆人的形象。[5] 即使在今天，在阿拉伯沙漠的洼地里，仍然有足够的水汽沉积以供牧草充分生长，足以养活
122 游牧部落，带着羊群从一个地方迁徙到另一个地方。这种游牧部

落的生活在沙漠的苛刻条件下被迫变得极其单一，因为草原不能养活他，他必须靠羊的奶和幼崽生活。他纯粹是一个牧羊人，带着他最简单、轻便的帐篷、工具和武器供其所需。社会的类型是父权制家庭，因为每个游牧部落都由一群亲族组成，在其首领的指导下，不仅氏族的男子，妇女和儿童都积极参与饲养羊群，制作简单的皮革工艺品，用毛发和羊毛进行编织。只要牧场能养活他的羊群，游牧民就不会去侵扰沙漠边缘之外的农业居民。一些活动在农耕区域边缘的半游牧部落可能与其文明程度较高的邻居进行易货贸易，甚至有时会索取财物否则就毁坏他们的庄稼。但是，只要能够满足他们简单的生活需要，大多数部落通常都会留在他们自己的区域。只有当牧场凋零时，游牧民族才不得不背井离乡，一旦他们征服了定居族群就会吸收其更高的文化，开始学习耕种，并使自己适应新的环境。

在沙漠的限制之下，他们从未有过任何对其发展或文明进步的预期。阿拉伯游牧民族的生活中发生的唯一巨大变化是因为引进了马和骆驼。但这些只是增加了他的机动性，反而更有利于使他自己保持不变。在公元前 7 世纪的尼尼微的浮雕上描绘的亚述人的军队前面骑着骆驼逃跑的阿拉伯人，与他们只有驴子作为驮兽徒步来到幼发拉底河流域的最早的先辈并没有什么大的区别。因为，游牧民族曾经成功地驯化了羊群，在起伏的草原上靠自己的方式生活，他们的需要得到了充分的满足，他们的生活方式代代相传。他们不能积累财产，因为他们必须能够随身携带他 123

图 32　公元前 7 世纪的阿拉伯人

来自大英博物馆尼尼微部分的阿舒尔巴尼帕统治时期的浮雕。

所有的物品，他们对平淡无奇的过去的知识完全来自口耳相传。在阿拉伯半岛发现的最早的铭文可能并不早于公元前 6 世纪，那当然不是来自游牧民族，而是在南部更宜居的区域定居下来而放弃了流浪的塞姆人部落所为。

阿摩利人，即西塞姆人，对巴比伦尼亚的入侵是巴比伦本身崛起的直接原因。由于他们早已放弃了游牧的习惯，除了更高水平的农业，他们的文明发展在很大程度上受到巴比伦尼亚文明传统的影响。由于过去的 25 年中在巴勒斯坦积极的挖掘，现在

图 33　公元前 7 世纪的阿拉伯人

来自大英博物馆尼尼微部分的阿舒尔巴尼帕统治时期的浮雕。

我们能够对该地区早期的生活环境进行重建。事实上，我们现在 124
可以将迦南文明的各个发展阶段相继追溯到新石器时代。在巴勒斯坦平原的土层中还发现了自从冰川时代结束以来一直埋藏在那
里的旧石器时代的粗糙燧石工具。但当时地中海地区的气候与地 125
貌特征与现在的情况截然不同，在新时期时代或晚期石器时代到文明草创时期的文化发展过程中出现了一段长度未知的巨大断裂。我们可以追溯迦南文明的真正开端正是在这第二个时期。该

地区文化的连续性从那时起就未曾中断过，每个时代都是其之前时代的直接继承者。

新石器时代的迦南居民属于一个矮小的、肤色黝黑的种族。他们散布在地中海沿岸，使用和制作的磨制石器比其远古祖先的粗糙燧石有了很大的进步。他们住在简陋的小屋里，生活中使用手工捏制后在火中烘烤的粗糙陶器。他们主要靠驯养牛羊畜群为生，从黏土纺锤螺纹来判断，他们使用一种简单的织法，开始用布来代替兽皮。大概在公元前三千纪的早期，新的移民潮席卷了这些原始居民。新移民是来自阿拉伯半岛的塞姆人，和那些已经遍布整个巴比伦尼亚并成为该地区主要人口的游牧部落有着相同的血统。他们在迦南与叙利亚定居后，被巴比伦人称之为阿穆如人（Amurru），即阿摩利人（Amorites）。他们比新石器时代的迦南人更高，更有活力，而且他们可能通过与巴比伦尼亚南部的交流似乎学会了使用金属的知识。[6]其敌人的燧石箭镞和石刀对铜和青铜的武器几乎没有什么机会赢。但是，不管是否具有了优势武器，他们都成了迦南地区最主要的种族。通过与先前到来的人通婚，他们成了历史上的迦南人，一个说塞姆语的民族，但是他们的血液中混合着深色皮肤的地中海低等种族的血液。

西塞姆人的迦南分支就是这样起源的。此时，我们似乎有必要看一看巴勒斯坦地区的考古发掘中所见的迦南文化的主要特
126 征。[7]有一点非常明显：他们使迦南的生活条件发生了翻天覆地的变化。最初定居者的简陋小屋被砖石房屋取代，村庄变成了

坚固城墙护卫的城市。基色历（Geser）的城墙超过 13 英尺厚，还有坚固的塔楼保卫。美吉多（Megiddo）的城墙厚度是 26 英尺，其基部还用夯土的斜坡来加固。为了在被围时能够确保供水，也对城市进行了精心设计。例如，在基色历发现了一条巨大的隧道，凿在坚固的岩石中，使泉水从地面以下 90 多英尺处进入。早期的游牧者不仅接受了农耕生活，而且从其定居地的多山特征和丰富的石料供应来看，他们很快就形成了一个防御体系。[8] 考古发掘所揭示的迦南人原始崇拜的细节也十分值得关注。每个城镇的中心都是建在高地上，在那里竖立着巨大的石块，其中一些在出土时仍然可见被崇拜者的亲吻磨得十分光滑。在基色历发现了 10 块这样的巨石排成一排，值得一提的是，这些巨石是树立在新石器时代居民的一个神圣的洞穴之上的，这证明这个古老的圣地被闪族侵略者占领了。巴里姆神，即迦南人崇拜的地方“主”，所继承的这些宗教中心，显然具有着悠久的神圣传统。在基色历和美吉多高地下面的泥土中发现了许多装有儿童尸体的罐子，这就是用婴儿献祭的证据。我们在希伯来人的传统中可见这一习俗在后期的遗存。在这些塞姆族入侵者的文化遗迹中我们可以看到明显的发展。早期遗存几乎没有域外的影响痕迹，但我们发现后期来自巴比伦和埃及的影响都存在。 127

长期以来外界的影响很难进入迦南地区的南部和中部只是因为自然的因素。巴比伦文明的影响最初应该只是局限于叙利亚东部和幼发拉底河中游的边境地区。例如，最近在北部的卡尔凯

卡尔凯美什丘城堡西北视角

美什附近地区，当地居民挖掘出了一些遗迹显然与很早期的巴比伦尼亚有关。[9] 在靠近萨居尔（Sajûr）河口的幼发拉底河上的一个村庄哈蛮（Hammâm）的坟墓里，发现了与极早期巴比伦风格有着确切相似性的滚印。[10] 这种风格的印章的使用发生在巴比伦第一王朝之前，这本身就证明巴比伦的影响力已经通过幼发拉底河的贸易路线到达了叙利亚的边界。阿卡德的萨尔贡的军队便是沿着幼发拉底河向地中海海岸发起袭击的。[11] 与此同时，卡尔凯 128
美什把自己的产品输送到巴比伦也并非不可能，因为巴比伦当地的一种颇受外族青睐的陶器似乎是来自进口。第一王朝后期在巴比伦北部有一种黏土制作的特殊的大型陶罐，被称为“卡尔凯美什风格”，这显然是在卡尔凯美什制造并出口的。[12] 汉穆腊比与其后继者统治时期与西方建立了密切关系无疑是这种贸易的推动因素，但这种贸易的存在显示出更早的商业交往的可能性，比如这可以解释附近早期坟墓中出现的早期巴比伦滚印。

但是，除了这种贸易关系之外，没有任何迹象表明早期的卡尔凯美什及其邻近地区的文化受到巴比伦文化更深刻的影响，也没有迹象表明早期城市的居民是塞姆人。事实上，考古证据支持的观点完全与此相反。青铜时代的卡尔凯美什及其周边地区的与以前在金属使用、埋葬习俗和陶器类型等各方面都有着显著的区别，这必然意味着外族的出现。但是贯穿整个青铜时代，从公元前三千纪初到公元前 11 世纪末，卡尔凯美什的发展是统一的。[13] 未曾突然出现过如其本身起源那样的新类型，而且因其后期主要受赫梯人主导，我们或许可以猜测这里的发展既不是由闪米特人开始也没有被其中断。在赫梯人大规模从安纳托利亚迁徙至此之前，其先驱很可能是前米坦尼人的一个分支，其本身可能起源于安纳托利亚，我们注意到有证据显示在巴比伦第一王朝兴起之前他们就出现在了阿舒尔。[14]

129 卡尔凯美什就坐落在巴比伦到叙利亚北部的道路上，很显然只要早期巴比伦的影响力延伸到北部就会在萨居尔河口有所发现。在幼发拉底河转向东与哈布尔河（Khâbûr）汇合后，再向下游我们或许可以期望发现更惊人的证据。我们沿着叙利亚至阿卡德的河道发现了确凿证据证明巴比伦第一王朝时期那里存在着具有巴比伦人早期文化特征的阿摩利人或西塞姆人的聚落。证据主要来自离哈布尔河口不远的哈那（Khana）王国地区。其主要城镇之一提尔卡（Tirka）可能是王国的首都，遗址可能位于阿沙尔丘（Tell ‘Ashar）或伊沙尔丘（Tell ‘Ishar）附近，在戴尔埃兹佐尔（Dêr ez-Zôr）和嚓里黑亚（Ṣâlihîya）之间的地方，大约距后者 4 小时的路程。这一认定是毋庸置疑的，因为在那里发现了 9 世纪的亚述铭文，上面记载了当地的神庙的重建工作是“在提尔卡”。[15] 大概也是在这一区域发现了 3 块泥板，都断代于巴比伦第一王朝时期。这些泥板有力地阐释了巴比伦影响力所及地区的西塞姆文化的特征。

其中的一份文件记录了一个契约，哈那国王伊沙尔里姆向其臣下转让了提尔卡地区的一个村庄中房屋。[16] 另一份文件上刻写的是一份类似的赠予契约，同一地区的另一位国王，阿米巴伊勒（Ammi-baïl），舒奴腊穆（Shunu-rammu）之子，把两块田地赐给了某个帕吉如姆（Pagirum），文中称为“他的仆人”， 130
这显然是作为其忠诚服务的报偿；[17]因为其中有一块地在提尔卡，该契约很可能就是在这个城市里写下来的。最有意思的也许就是第三个文件，这份文件中有一个婚姻契约，而且是在一个名字叫做汉穆腊比赫（Hammurabih）的国王统治时期。一些学者充分相信最后这位统治者与巴比伦第一王朝的汉穆腊比（Hammurabi）是同一个人，并且猜测该契约是在该君主征服并吞并哈那的时候书写的，我们有独立的证据显示该君主曾率军进入这一地区。[18]但是因为该泥板似乎是这三份文件中时间最晚的，这说明早在汉穆腊比征服之前哈那显然就已经受到了巴比伦人的影响。而且，即便我们认为汉穆腊比赫只是哈那当地的王，这份文件仍然给我们提供了汉穆腊比名字的西塞姆变体,或者与之非常相似的名字。

这些文本中有一个值得注意的事实，即法律文件的形式都是属于巴比伦第一王朝时期的。尽管所使用的术语基本相同，但它已经受到了当地的传统的影响。当地已经采用了早期的巴比伦尼亚用事件纪年的方法，[19]但是年名却是哈那王国所独有的，与巴比伦尼亚该时期使用的不同。因此第一份赐予契约的时间是国王伊沙尔里姆在卡什达克城建造宫殿的大门之年；第二份书写于国王阿米巴伊勒在其父亲的宫殿中登上王位之年；而婚姻契约是缔结于汉穆腊比赫王开凿了从扎库伊沙尔里姆城（zakku

isharlim）到扎库伊吉特里姆城（zakku igitlim）的哈布尔伊巴勒
131 布旮什运河（Khabur ibal bugashCanal）之年。[20]这些契约中的月名也不是巴比伦的月名，[21]并且我们还发现了当地的法律与传统被强制执行的证据。比如，所有赐予契约都规定但凡违反了国王所授权力都将被处以10马那银钱的罚金，并且还将承受奇特的但无疑异常痛苦的用热沥青浇头的刑罚。从证人名单中我们得知巴比伦尼亚各行省已经形成了的村社。虽然我们看到农耕者或农民占主体，但也有一个商人主管，一个面包师，一个首席法官，一个首席先知，还有祭司人员。同样值得注意的是，赠予契约中转让土地几乎都是围绕在宫廷产业周围的，从这一事实来看，哈那国王同时也是个大土地所有者。同时，哈那的主要神祇是与国王有关联的，因为皇家财产也被视为巴勒（Ba'al），即土壤之圣“主”的财产。

两位主要的巴里姆（Ba'alîm）或哈那之“主”是太阳神和西塞姆神达衮（Dagon）。在很多文献中提到后者经常以其名字的巴比伦形式“达干”（Dagan）出现。在皇家印章和本地的神誓语句中祂通常与沙马什（Shamash）一同出现，并且在神誓中与伊图尔美尔有关，伊图尔美尔很有可能是提尔卡当地传统的神，在塞姆人入侵之后被取代。祂在提尔卡的神庙很可能是城市的主圣殿，据我们所知神庙曾幸存至公元前9世纪，[22]从其头衔常常作为人名的一部分出现来看这位神祇在国家生活中具有极为重要
132 的地位。[23]后期的证据证明达衮是阿什杜德（Ashdod）特有的神。

而且来自阿马尔那丘的信件中有两封信的书写者是名字叫作达干塔卡拉（Dagan-takala）的贵族。他一定是迦南北部或中部某些区域的统治者。哈那文献证明早在第一王朝时期幼发拉底河沿岸就已经建立了对该神的崇拜。而且由此可见，尼辛的巴比伦王朝有两个早期的王叫作伊丁达干和伊什美达干也显然意义非凡。我们还知道尼辛王朝的创立者伊什比乌腊（Ishbi-Ura）的家乡马瑞（Mari）是幼发拉底河中游的一座城市和地区。[24] 于是我们或许可以得出结论，尼辛和巴比伦的王朝，或许还有拉尔萨，都是同一次族群迁徙的结果，而且苏穆阿布姆（Sumu-abum）在巴比伦登上王位一个多世纪以前，西塞姆人便已沿幼发拉底河顺流而下向该地区的南部进行渗透了。

新来者能够在巴比伦尼亚迅速取得成功在很大程度上应该得益于他们的许多移民部落早已具有了巴比伦人的文化元素。在其从前居住之地的定居文明环境中，他们就已经接受了与其将要进入区域区别不大的生活和社会组织方式。他们不能留在原来的区域，却要举族向东南方向迁徙，无疑是因为他们受到了来自他们自己边境的族群压力。随着新的游牧部落在其原有住地不断迁居至此，迦南地区继续处于动荡不安之中，无疑还有许多人向南迁往埃及边境，而其他人则向北进入叙利亚，对先来的族群构成了外在的压力。西塞姆人对巴比伦尼亚的入侵与希克索斯人对埃及的入侵有着很大不同。这是因为这些文明定居点和小王国所构成缓冲地带抑制了其背后游牧民族的成功突破。在埃及，塞姆人 133

所造成的损害即使在其被驱逐后几代人都还记忆犹新，[25]而在巴比伦尼亚，入侵者则成功地建立了一个赋予巴比伦文明永久影响的王朝。

正如我们所见，尼辛很可能是西塞姆人最早统治的城市。该城可能位于巴比伦尼亚南部，我们不妨想象早期的移民沿着幼发拉底河顺流而下，直到发现了在巴比伦尼亚平原上的宜居之地定居下来。埃兰人的征服终结了乌尔王朝，并夺占了巴比伦尼亚的东部省份，[26]这才为尼辛提供了称霸的机会。新王朝的创始人伊什比乌腊的家族占据了王位将近一个世纪，我们猜测他能成功将这座城市提升到领先地位是因为巴比伦南部的塞姆因素不断得到了来自西北的新增人口的巩固。后期乌尔王的中央集权统治带来了弊政，也导致了埃兰各省的反叛。反叛大军兵临都城之下，被朝臣们奉若神明的国王被虏至埃兰，[27]此时，苏美尔人的权威遭受重创，再无卷土重来之日。

我们发现，伊什比乌腊入主尼辛后不久，另一个具有塞姆名字的贵族，那坡腊奴姆（Naplanum），也效仿他在附近的城市拉尔萨建立起独立的统治。然而，可以确定的是，除了这两位首领及其各自城市的后继者们的塞姆语名字，当地人口的特征并没有发生显著变化。尼辛时期的商业和行政文件与乌尔王朝的极
134 为相似，这明显地反映出国家生活的连续性。[28]巴比伦尼亚南部的大部分居民仍然是苏美尔人。我们可以把尼辛和拉尔萨的新王朝都视为代表少数异族的统治。他们通过抵御埃兰人的过程中对

国家军事力量的有效组织，成功地统治了本地人。尼辛的 5 个统治者的延续性说明了当时社会状态的稳定。虽然吉米勒伊里舒（Gimil-ilishu）统治了不到 10 年，但是他的儿子和孙子，以及他的父亲伊什比乌腊统治年限都比较长。同样，我们发现拉尔萨王朝的建立者那坡腊奴姆的后继者，埃米簇（Emiṣu）和萨穆姆（Samum），每个人的在位年限都超过一代人的时间。很可能苏美尔人未加置疑地接受了新统治者，而且后者也并没有对行政统治采取突兀的革新手段。

尼辛无疑是巴比伦尼亚南部的这两个同时并存的王朝中更为重要的一个。我们不仅掌握了尼普尔王表作为直接证据证明尼辛的霸权来自乌尔，[29] 另外我们还发现了献祭文献和建筑记录可以证明其统治者将统治范围拓展到苏美尔和阿卡德地区的其他较大的城市。在阿布哈巴（Abû Habba）发现的吉米勒伊里舒（Gimil-ilishu）的儿子兼继承人伊丁达干的文献残篇可以证明西帕尔承认了他的权威，[30] 并且在乌尔南部还发现了他的儿子伊什美达干（Ishme-Dagan）的砖铭。[31]

尼辛国王们在其所有的铭文中也都宣称他们对苏美尔和阿卡德进行了统治，而伊什美达干和他的儿子里比特伊什塔尔[32] 则采用了进一步的描述性头衔，显示他们在尼普尔、乌尔、以力和 135
埃瑞都等城市中的善行。最近发表的美国考古队在尼普尔的发掘中发现的里比特伊什塔尔铭文证明，在其统治时期巴比伦尼亚的中心城市和圣殿都在尼辛的有效控制之下。但是他是伊什比乌腊直系的最后一个国王，而且很可能这一继承权的中断与城市发展出现暂时萧条有关；我们掌握的证据显示拉尔萨取代尼辛成了乌尔承认的宗主国，这说明拉尔萨的力量在迅速增强。里比特伊什塔尔死去的时候，扎巴亚（Zabâia）是拉尔萨的统治者，但是仅仅3年后，衮古奴姆接替了后者，而衮古奴姆不仅具有拉尔萨王和乌尔王的头衔，而且声称拥有苏美尔和阿卡德的统治权。

无论如何，旧王朝的尼辛家族中有一个成员承认这一新主张。恩安那吐姆，里比特伊什塔尔的兄弟，此时是乌尔城月神庙的首席祭司。在穆卡亚尔（Mukayyar）发现的泥锥上面记载了他纪念为自己和衮古奴姆祈求长生而重建了拉尔萨太阳神庙宇。[33]很可能当乌尔尼尼卜登上尼辛的王位之时，伊什比乌腊家族的幸存者便逃离了城市，投奔其对手，而其中最强大的恩安那吐姆，可能是其兄长王位的直接继承人，被衮古奴姆安置在乌尔的高级祭司部门。将里比特伊什塔尔垮台与西塞姆人部落的新入侵联系起来颇具合理性。这些部落从不认为自己与尼辛的统治家族在种族上有任何渊源，他们可能对城市发动袭击并已经数次得逞，最后被乌尔尼尼卜打败并赶走。我们现在知道，乌尔尼尼卜对巴比
136 伦尼亚西部的苏族（Su）部落进行了一次成功的军事打击。[34]一块现藏于大英博物馆的泥板上的年名曾经引起了广泛的关注，可能构成了这一事件的证据。该泥板书写于“阿穆如人赶走里比特伊什塔尔之年”。[35]但是，该年名中的里比特伊什塔尔并未提及头衔，所以也有可能是另一个书写于阿皮勒辛（Apil-Sin）（汉

穆腊比的祖父）时期的文献提及的也叫作里比特伊什塔尔的人，或许是西帕尔行省的首领。[36] 入侵发生的第二个可能的时期是在恩利勒巴尼的长期统治之后尼辛的一段动荡期间。这样，无论是哪种方案，我们都可以推测，尼辛城曾在一段时期内受到了阿摩利人的新入侵。

不管里比特伊什塔尔的垮台是否可以归结于这样的原因，我们现在知道，巴比伦的西塞姆王朝是在乌尔尼尼卜和衮古奴姆统治时期，分别在尼辛和拉萨建立的。巴比伦尼亚北部现在处于入侵者的政治统治之下，而且在后期的记载中，与巴比伦独立统治的创立者苏穆阿布姆的名字相联系的唯一一次冲突并非发生在与任何一座主要的苏美尔城市之间，而是发生在遥远北方的亚述，这对判断他们下一步前进的方向具有重要意义。据后期的编年史记载，亚述国王伊鲁舒马（Ilu-shûma）攻打过苏阿布（Su-

图 34　来自阿舒尔的古代石灰岩头像

该雕塑的原始特征是显而易见的，用贝壳镶嵌眼睛是巴比伦早期作品的特征。这个头像可能是一个女性。（根据 Mitt. der Deutsch. Orient-Gesellschaft, No. 54, p. 9.）

abu），或苏穆阿布姆（Sumu-abum），[37] 虽然他们遭遇的结果无关紧要，但我们可以猜测他发动进攻的动机是制止侵略者向北的侵袭，并将其向南赶往巴比伦尼亚。伊鲁舒马自己的名字是纯粹的塞姆语，而且不止一个早期亚述统治者的名字中包含阿摩利
137 神达干（Dagan），因此我们可以假设大约在这一时期塞姆人的另一个阿摩利分支进入了亚述地区。

这一猜测并非只是基于皇室人名中提供的证据，最近的考古学研究也有间接证据。对亚述最早的都城阿舒尔遗址的发掘发现了该地区最早的聚落遗迹。我们发现这些聚落是由一个与巴比伦尼亚南部的苏美尔人非常相似的人群建造的。[38] 在对亚述的国家女神伊什塔尔的神庙的发掘过程中发现了很早的居住痕迹。在后期建筑的地基之下发现了一座更古老的庙宇，同样也是敬献给这位女神的。这座建筑是目前在亚述地区发现的最早的神庙，可能断代于公元前三千纪末期。在这个原始的亚述神庙之下继续挖掘到的一个地层。其中发现的几个粗糙的雕塑显然不是塞姆人的，而是代表巴比伦尼亚南部早期的非塞姆居民的风格。

138 一个可能是女性人物的头部雕塑体现了极其古老的雕刻风格，[39] 其镶嵌的眼睛让人联想起早期巴比伦尼亚的类似艺术传统。而最引人注目的证据是来自一个男性人物的头像，如果不告诉出土地点拿去出售这些雕像的话，无疑会被认为来自特略（Tello）和比斯马亚（Bismâya），即早期苏美尔城市拉旮什和阿达卜的遗址。该头像所呈现的种族类型几乎纯粹是苏美尔人，

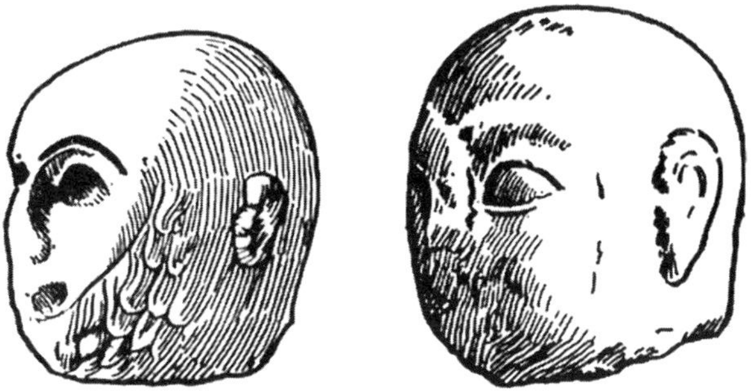

图 35，36 来自阿舒尔和特略的古朴风格男性头部雕像

两个头像的共同的显著特征是表明苏美尔人独特传统的剃光的头皮。图 35 来自阿舒尔，图 36 来自特略。（根据 *M.D.O.G.*, No. 54, p. 12, and De Sarzec, *Découvertes en Chaldée*, pl. 6, No. 1.）

虽然至少有一个人有胡须，但苏美尔人剃头的做法显然是一种时尚。[40] 在其他的有身体部分留存的石灰岩雕像中，衣服的处理与早期苏美尔雕塑的风格极为相符。这些雕像都穿着粗糙的羊毛衣物，而且两组雕像都采用了同样的分隔羊毛绒的传统处理方法。[41] 该证据尚未完全发表，但就现有证据而言，这表明虽然目前苏美尔人的遗存仅在巴比伦尼亚南部遗址有所发现但他们似乎在很早的时期就曾经占据了亚述地区。

大量烧焦的遗迹证明他们在阿舒尔的居住点最后遭到了武 139
力袭击，这些遗迹将苏美尔地层与其上面紧邻的地层分隔开来。如果我们没有相反的证据，可能就会认为他们的继任者与那些公元前三千纪早期统治巴比伦尼亚北部，并向东越过底格里斯河进入古提姆（Gutium）的早期塞姆入侵者同宗。早期的建筑铭文记录了历史名城阿舒尔的创建者们的成就，但人们发现创建者们的名字在很大程度上显示出非塞姆语特征。乌什皮亚（Ushpia），或者说阿乌什皮亚（Aushpiya），传说中阿西尔（Ashir）神庙的建立者，[42] 还有基基亚（Kikia），该城最早城墙的建造者，[43] 关于他们有很多值得一说。他们代表着米坦尼族群的首次出现，在公元前 14 世纪这一族群在新的领导下在西亚政治中扮演了重要角色。[44] 不仅他们的名字听起来像米坦尼语，而且我们有确凿的证据表明早在巴比伦第一王朝时期就存在着对米坦尼和赫梯人的台舒卜神（Teshub）的崇拜。一份巴比伦的贸易契约的一个证人有着米坦尼人名，名字中包含了这个神的名字。这表明他来自一个文明的和定居的族群。[45]

米坦尼这个名字的确在这个时期还并未出现，而指代这里
140 的只是地理名词苏巴尔图（Subartu），[46] 而且在后期的传统中，人们认为这里与阿卡德、埃兰和阿穆如并列为古代文明世界的四方之一。

在蕴含着早期传统的占星学和预兆文献中，提到苏巴尔图的文献被认为指的是亚述地区，[47] 但是在亚述崛起之前这一词语显然有一个更早的含义，很可能包括后来被称为米坦尼土地的北部美索不达米亚地区。其统治者曾一度占领了尼尼微，因为他们的先辈可能已经在阿舒尔建立了统治。但是，尽管如此，历史
141 名城阿舒尔显然并非源起于苏美尔人或塞姆人的基础之上。其后

图 37—39　来自阿舒尔和特略的古朴风格雕像的例子，显示羊毛衣物制作方法上的相同传统。

坐着的雕像（图 37）来自阿舒尔，衣物的处理方式与早期特略（图 38, 39）的极为相似。［根据 *M.D.O.G.*, No. 54, p. 18, and *Déc.* pl. 2（bis,）No. 1, and pl. 21（ter,）No. 3.］

来的种族特征必然始于西塞姆人时期。从那时起他们与一支可能具有安纳托利亚血统的外族相遇并融合在一起。这也许是历史上亚述人好战和野蛮性格的部分原因，与居住在幼发拉底河下游河谷的温和的和更多商业化的塞姆人形成鲜明对比。至于在巴比伦尼亚，塞姆人的语言和很大程度上的族群特征最终占据了主导地位；并且该族群构成中的其他元素只有在越来越强悍的禀性中幸存下来。

根据后世的记载，这群人曾对伟大的巴比伦的缔造者苏穆阿布姆发动过袭击。苏穆阿布姆的年名中并没有记载曾与亚述发生过冲突，因此双方的冲突很可能发生在苏穆阿布姆在巴比伦确立王位并修建了大防御墙开始执政之前。一旦当他在那里定居下来，并使城镇进入防御状态，他就开始在阿卡德地区的邻近城市扩大其影响力。他在其第 3 年用城墙加固了基巴勒巴如（Kibalbarru），一座大概离巴比伦很近的城市，而且我们知道在其第 9 年修筑完的防御工事的迪勒巴特（Dilbat）就在都城以南约 17 英里的地方。[48] 从政治成就的角度来看，这两次扩张行动之间的 5 年是太平无事的，因为唯一值得关注的事件就是建造了神庙，一座庙宇献给宁辛那（Nin-Sinna）女神，另一座庙宇献给月神那那尔（Nannar），后来他在神庙中建立了高大的雪松门。与亚述之间的冲突也有可能发生在这段时间内，但如果那样则必然会在某种程度上提及成功击退了敌人，因此更可能的是发生在他执政的第一年之前。

142 与亚述交战的胜利，很可能使这位西塞姆族酋长有机会守卫阿卡德的一个重要城镇，并以该城保护者的形象出现抵御来自北方的侵略威胁，从而建立起自己的统治。巴比伦无疑长期以来有其本地的统治者。苏穆阿布姆承袭了先前的行政传统。因为我们发现早在阿卡德王朝和乌尔王朝时期就有文献提到埃萨吉拉（E-sagila），[49] 以前巴比伦的统治者大概只是马尔杜克圣所的首席祭司。苏穆阿布姆把圣所改为国王的宫殿，他的继任者也成功地建立起一个历经近 3 个世纪的王朝，这些都证明了新居民们旺盛的精力。甚至王朝的后期成员也保留了他们原来的西塞姆族群特性，[50] 与此同时巴比伦之外的其他城市也被迅速控制，这表明此时到来的西塞姆人数量比早期沿幼发拉河迁徙而来的要多得多。

我们能够追溯到巴比伦在新统治者的治下在阿卡德地区的影响力逐渐扩大，以及其所控制的领土面积日益扩大的不同阶段。例如，巴比伦在迪勒巴特从一开始就没有遇到什么阻碍，在几乎整个第一王朝时期，该城的行政系统几乎与巴比伦的没有什么区别。乌腊什（Urash）神和拉旮马勒（Lagamal）女神是迪勒巴特的守护神，城市生活以对这些神的崇拜为中心进行；同时当地还有一个世俗政府。但是后者完全从属于都城，没有做出任何叛逆之心，也没有明显要求保持地方独立的表象。另一方面，西帕尔的待遇则相当不同。在这里，苏穆阿布姆似乎已经承认当地统治者是他的附庸；而且，在其半独立状态的基础上做出了进一 143
步让步，他允许该城继续使用由当地事件衍生出的自己的年名系统。[51] 誓约的确要以巴比伦王之名和西帕尔伟大的太阳神之名；但是城市可以设置和使用自己的时间计算系统，而无须考虑都城的事务。巴比伦早期的行省制度最值得关注的例子或许就是基什城，我们考察到巴比伦在这里的控制从一开始有限的宗主制逐渐发展到后来完全兼并。

基什比迪勒巴特离巴比伦近的多，[52] 但它有着比后者更辉煌的过去作为精神激励。该城在苏美尔和阿卡德的早期历史中发挥

汉穆腊比法典上部，雕刻场景表现国王从太阳神手中接过法律

了重要作用，西塞姆人占领巴比伦的时候，它仍然是由独立的国王统治的。我们发现了一位叫作阿什杜尼埃瑞姆（Ashduni-erim）的统治者的铭文。他很可能是与苏穆阿布姆同时代的人，因为从该铭文可以看出该国当时处于被敌人入侵并逐步征服的状态，[53]尽管阿什杜尼埃瑞姆只声称对基什王国的统治，但其言语间却对入侵极为夸张，谈到世界 3/4 的人如何反抗他。他与敌人奋战了 8 年，以至于在第 8 年，他的军队减少到 300 人。但是城市之神扎马马（Zamama）和祂的配偶伊什塔尔前来救援并为其提供食物。在此激励下，他行进了一整天，然后 40 天内向敌人的土地强征赋税；最后记录他重建了基什的城墙，铭文突然就此而止。 144
这个泥锥可能是埋在城墙的结构中的一个地基记录铭文。

阿什杜尼埃瑞姆并没有提到他的敌人的名字，但需要指出的是，敌方的领土是离基什的一天的路程以内，这无疑指向巴比伦。8 年的冲突与这一建议惊人地吻合，因为我们知道，正是在苏穆阿布姆占领基巴勒巴如（Kibalbarru）之后第 8 年，其在位第 10 年，基什承认了他的宗主权。苏穆阿布姆将他统治的这一年命名为他为基什的安努神敬献了王冠之年，[54]我们或许可以推测阿什杜尼埃瑞姆因他所描述的长期冲突而被削弱，与他更强大的邻居达成协议并接受了附庸的地位。宣誓效忠之后，他很可能在基什迎接了苏穆阿布姆，而后者作为该城的宗主国国王进行了其该年年名中记载的敬献仪式。这完全能够解释阿什杜尼埃瑞姆在其铭文中提到敌人的防卫语句，如果这一猜测成立，那么城墙的重建必然是在巴比伦的授权下进行的。[55]

可以确定基什曾被赋予属国的地位，因为在该城发现的契约泥板中，有几个是在苏穆阿布姆的附庸马那那（Mananâ）统治时期制定的。在这些文件中，宣誓是以马那那的名义进行的，但是日期是根据苏穆阿布姆第 13 年的年名，纪念他占领了卡扎鲁（Kazallu）。文件使用了宗主国的年名说明了这一事件的重要性，因为马那那统治时期的其他文件都是以当地事件为年名纪年，这说明在基什，如同对西帕尔一样，巴比伦允许附属城市保
145 留其自己的时间计算系统的特权。如果我们所说的阿什杜尼埃里姆是苏穆阿布姆同时代的人，那么很显然，在他投降巴比伦后的 3 年内，便被马那那接替了。在接下来的几年里，至少 3 个统治者相继承袭了基什的王位，苏穆迪塔那（Sumu-ditana）、亚维乌姆（Iawium）和哈里乌姆（Khalium），[56] 因为我们知道，在苏穆阿布姆之后继承王位的苏穆拉伊鲁姆（Sumu-la-ilum）统治的第 13 年，基什城曾发生叛乱，并最终被并吞。

苏穆阿布姆在其统治的最后一年进行的对卡扎鲁的征服，是巴比伦早期最重要的胜利，因为这标志着巴比伦的影响力扩大到超越了阿卡德的界限。该城可能位于底格里斯和东部，巴比伦历史上两个最强大的帝国早期都与其发生过激烈的冲突。在巴比伦的传统中，阿卡德对它的征服被认为是萨尔贡统治的最辉煌的成就；后来乌尔的顿吉（Dungi）占领了埃兰的边境城市戴尔（Dêr）之后，其帝国北部或东部的领土扩张，哈扎鲁已经包括在其边界

之内了。[57] 苏穆阿布姆的这次征服可能仅仅是一次成功的突袭，因为在苏穆拉伊鲁姆统治时期，卡扎鲁又一次袭击了巴比伦，并且完全牵制住了其精力，使其向南扩张的势头延缓了数年之久。

苏穆拉伊鲁姆在其统治早期似乎致力于巩固其先辈所创立的基业，并改善其王国的内部资源。他登上王位后立即开凿了可能位于西帕尔附近的沙马什希旮鲁姆运河（Shamash-khegallum Canal）；后来，他又用自己的名字命名了第二条运河，进一步 146
改善该国的灌溉系统。[58] 其继任者始终对这一政策坚持不懈，巴比伦早期国王统治下的许多财富和繁荣或许都源于他们为增加耕地面积而付出的心血。苏穆拉伊鲁姆还重建了都城的大防御墙，但是在他统治的最初 12 年中，只记录了一次军事远征。[59] 在其第 13 年，基什发生反叛并再次被征服。这段和平发展时期就此结束了。

巴比伦对这次叛乱的镇压十分重视。这一事件发生后的 5 年里，文件都以此事件标记日期。直到亚赫孜尔伊鲁姆（Iakhzir-ilum）领导下的卡扎鲁城再次入侵巴比伦领土，给这个日益壮大的王国带来新的冲击时才停止使用该事件作为年名。亚赫孜尔伊鲁姆似乎煽动了基什再次反叛从而确立了与基什的合作关系，因为第二年，巴比伦摧毁了该城的安努城墙；并且在那里重新建立权威之后，便投入到对敌国的战斗中。后来对卡扎鲁的征服及打败其军队并没有产生一个新的纪年主题，这可能是因为并没有取得完全的胜利，亚赫孜尔伊鲁姆在城市被征服的过程中得以逃脱，然而仅仅 5 年之后，他终归兵败被杀。[60]

将这一潜在威胁排除在了底格里斯河以外之后，苏穆拉伊鲁姆继续像他的前任一样将其吞并政策限制在阿卡德地区之内。
147 在其第 27 年，他纪念了古他城城墙的毁坏和重建，这表明该城在此前一直保持着独立，但现在只能在武力之下屈服。重要的是，他还记录了在同一年以类似的方式重建了扎卡尔神（Zakar）的墙，因为杜尔扎卡尔（Dûr-Zakar）是尼普尔的防御工事之一，[61] 位于城区内或邻近地区。因此，这一年似乎标志着巴比伦对争取苏美尔和阿卡德的统治的开始，因为占有这个中心城市就意味着对全国范围的宗主权。同样值得注意的是，这一成功似乎与巴比伦尼亚南部的尼辛的一段动荡时期相当。

在此之前的 40 年里，南方城市一直保持着对自己领土的统治，未曾受到巴比伦的干涉。虽然苏穆阿布姆在巴比伦尼亚北部的影响越来越大，可是尼辛的乌尔尼尼卜声称由于他据有了尼普尔从而控制了阿卡德，尽管再往北一些其权威并未得到承认。像早期尼辛的国王一样，伊什美达干他不仅自称为以力之主，还以尼普尔、乌尔和埃瑞都的保卫者自居，其子布尔辛 II（Bûr-Sin II.）在继承了其长达 28 年的统治之后也是如此。在南部的诸多城市中，唯独拉尔萨的统治始终保持着独立，王位从衮古奴姆延续到阿比萨雷（Abi-sarê）[62] 和苏穆伊鲁姆；而在后者的统治期间，拉尔萨似乎甚至曾一度取代尼辛成为苏美尔的霸主。因为在特略，我们发现了拉旮什的一个叫作阿巴杜旮祭司为代表他自己而敬献给一位女神的一座狗的献祭雕像，[63] 在其铭文中，他称苏穆伊鲁姆为乌尔王。这证明该城已经从尼辛被转到拉尔萨的控制之下了。他为之献祭的女神是宁尼辛（Nin-Nîsin），“尼辛夫人”， 148
这一事实进一步表明尼辛本身也许有一段时间承认了苏穆伊鲁姆。值得注意的是，在尼辛王表中，布尔辛之后相继迅速即位的伊台尔皮沙（Itêr-pîsha）和乌腊伊米提（Ura-imitti）的后面缺失了一个名字，[64] 根据后来的传说乌腊伊米提指定其园丁，恩利勒巴尼，继承其王位，[65] 而且据王表记载这位名字缺失的统治者在恩利勒巴尼登上王位之前统治了尼辛 6 个月。或许我们应该把他的名字恢复为拉尔萨的苏穆伊鲁姆，[66] 他可能利用了尼辛的内乱之机，不仅吞并了乌尔，甚至有几个月占据了对手的王位，但最后被恩利勒巴尼赶走。可以确定的是拉尔萨从尼辛的动荡中得益，而这也可能与巴比伦向南方的成功入侵有关。[67]

毫无疑问，苏穆拉伊鲁姆是巴比伦作为军事大国的真正缔造者。我们掌握的证据显示其后裔叁苏伊鲁那为保护其国家的广大疆域而建造的堡垒的战略位置极其重要。[68] 虽然只有尼普尔的杜尔扎卡尔（Dûr-Zakar）的位置能够大致确定，但我们不妨假定这些工事的大部分位于阿卡德的东部和南部等最有可能遭遇入侵的方位。此时，尼普尔城本身似乎并没有被巴比伦长期占据，我 149
们猜测可能苏穆拉伊鲁姆在成功突袭之后，便志得意满，在阿卡德的边界线内筑垒据守。在其晚年他占领了巴尔孜城（Barzi），并采取了一些进一步的军事行动，其细节我们不得而知，但这是巴比伦方面超过一代人时间的最后尝试。

苏穆拉伊鲁姆首次对外征服的成果得以巩固之后，巴比伦暂时停止了对外扩张，以借此时机合理整合其所掌握的资源。他的两个直接继任者，扎布姆（Zabum）和阿皮勒辛（Apil-Sin），都专注于王国内部事物的管理，其军事活动仅限于驻守边界防止敌人来犯。扎布姆确实记录了一次对卡扎鲁的成功袭击，这无疑是对该城再次入侵的必要反击；但除此之外他最显著的成就是加强了卡尔沙马什（Kâr-Shamash）的防御，修建了运河或水库。[69] 阿皮勒辛的统治时期同样是太平无事，虽然他重建的城墙杜尔穆提（Dûr-muti）可能是征服而来，但他同样主要致力于巩固和改善已有的领土。他加固了巴尔孜和巴比伦的城墙，开凿了两条运河，[70] 并重建了一些高大的庙宇。[71] 该国家能够进行更
150 大规模的战争，将苏美尔和阿卡德从外族的统治下解放出来，战胜侵略者，使巴比伦在一段时期内成为幼发拉底河岸上史无前例的强大而团结的帝国的统治核心，正是得益于这段时期的和平发展。

这个国家的新敌人就是曾经不止一次成功入侵并影响了巴比伦发展进程的老对手埃兰。但埃兰这次不仅仅是突袭、掠夺，然后撤军，而是吞并了拉尔萨城，并以此为控制中心，试图扩大对整个苏美尔和阿卡德的影响。就在阿皮勒辛在巴比伦的统治结束时，当时称为埃穆特巴勒（Emutbal）土地的西埃兰的统治者库杜尔马布克（Kudur-Mabuk）入侵了巴比伦尼亚南部，在驱逐

了拉尔萨的采里阿达德（Ṣili-Adad）[72]之后，把自己的儿子瓦腊德辛（Warad-Sin）扶上王位。拉尔萨一度超越尼辛登上苏美尔的霸主地位，这证明了这一成就的伟大。苏穆拉伊鲁姆的继任者奴尔阿达德（Nûr-Adad）保持了对邻近城市乌尔的控制权，虽然尼辛的恩利勒巴尼依然声称自己是苏美尔和阿卡德的国王，但奴尔阿达德的儿子，辛伊丁那姆（Sin-idinnam），已经从扎姆比亚（Zambia）或其继任者手中夺取了这个骄傲的头衔。实际上，在来自大英博物馆所藏的穆卡亚（Mukayyar）部分的泥砖上，辛伊丁那姆提到了其相关军事成就，为他的城市赢得了地位。在文献中，他的目的主要是记录他对乌尔的月神庙的重建，但他提到在完成这项工程之前他巩固了拉尔萨王座的基础并用剑击倒了所 151
有的敌人。[73]他的3个王位继承者很可能统治了总共不到10年，并且未能保住他的功业，继而让辛马吉尔（Sin-magir）恢复了对尼辛的霸权。[74]但是乌尔无疑仍旧在拉尔萨的统治之下，库杜尔马布克攫取并占领的并不是一座穷困的不起眼的城市。

埃兰人在苏美尔两个敌对城市之间的不断冲突中看到了机会。在二者争夺霸权的斗争中，拉尔萨虽然曾一度取得了优势，但仍然稍逊一筹，该城无疑更容易受到底格里斯河对岸的攻击。因此，库杜尔马布克选择这里作为他觊觎整个地区的初步试探。他自己仍旧留在埃兰作为埃穆特巴勒的阿达（*Adda* of Emutbal），但是他把他的两个儿子，瓦腊德辛和瑞姆辛，相继扶上拉尔萨的王位，鼓励他们攻打尼辛，进而要求对苏美尔和阿卡德统治。但是，伴随着他们积极政策的成功，巴比伦迅速登上了历史舞台，出现了一个三角竞技的奇异景象。其中尼辛与埃兰交战，而巴比伦又轮流与两者交战。阿皮勒辛的儿子，辛穆巴里特并没有与尼辛联合起来把入侵者赶出巴比伦尼亚的土地，起初他可能是被埃兰人控制了。但是不要忘了，巴比伦的西塞姆人毕竟是外来统治族群，他们还远没有对苏美尔的任何部分的发展命运产生荣辱与共的认同感。埃兰和巴比伦必然都预见到，谁能征服尼辛谁就将取得决定性的优势，而且双方都乐于见其被削弱，
152 以期获得最终胜利。当瑞姆辛在漫长的斗争中取得了实际的胜利时，他统治下的拉尔萨继承了尼辛王朝的传统以及物质资源，三强竞技变成了巴比伦和一个更强大的拉尔萨之间的较量。随后，在一代人的时间里，两个入侵的种族，埃兰人和西塞姆人，为了占有整个地区展开了激烈的斗争。而汉穆腊比，辛穆巴里特的儿子，最终成为胜利者。这一事实充分证明了他的父亲避免与南方结盟政策的正确性。最终，西塞姆人证明了自己的强大，足以战胜征服了尼辛的人，因此无可争议地成为整个巴比伦尼亚的主人。

借助于这一时期的年名和献祭铭文，我们可以概括出这场激烈角逐的主要特征。起初，库杜尔马布克在苏美尔的立足点仅限于拉尔萨，尽管后来他声称是“阿穆如的阿达”，这一头衔可能与拉尔萨王朝和尼辛王朝的阿摩利起源有关，而且这也反映了他声称对其北方敌手引以为豪的起源地拥有土地宗主权。[75] 瓦腊

（i）青铜圆锥和献祭者雕像

（ii）刻有拉尔萨国王瓦腊德辛献祭铭文的石圆柱

德辛登上王位时，可能仅仅称为拉尔萨国王，但我们很快发现他成了乌尔城的保护者，并为该城修建了高大的防卫墙。[76] 他随后将其权威扩展到东部和南部，埃瑞都、拉旮什和吉尔苏等全都被
153 收入囊中，或是服从其宗主权。[77] 在此期间，巴比伦在北方一直隔岸观火，同时辛穆巴里特致力于开凿运河、加固城池，其中有些地方可能是第一次被他占领。[78] 瑞姆辛在拉尔萨继承了其兄弟瓦腊德辛的王位之后，在其第 14 年，我们才发现证据表明巴比伦开始积极抵制埃兰人的渗透。

辛穆巴里特记载那一年他用剑屠戮了乌尔的军队，而且因为如我们所知乌尔当时是拉尔萨的附属城市，所以很明显这里所说的军队是瑞姆辛所指挥下的军队的一部分。3 年后，他把注意力从拉尔萨转移到尼辛。后者当时在辛马吉尔的儿子和继承人达米克伊里舒（Damik-ilishu）控制之下。在这种情况下，辛穆巴里特纪念他征服了尼辛，然而那必然只不过是一次战场上的胜利，因为达米克伊里舒既没有失去城池，也没有丧失其独立地位。我们发现辛穆巴里特在其统治的最后一年在另一条战线上作战，并声称用剑屠戮了拉尔萨的军队。很显然，在他统治的最后 7 年里，巴比伦证明了自己的能力，可以抵御拉尔萨和埃兰人向北方的任何入侵，并且继续巩固其附属城市的政策，[79] 为辛穆巴里特的儿子兼继承人汉穆腊比的时期发动更猛烈的扩张铺平了道路。此时此刻，可怜的城市尼辛正处在两方的火力交攻之下，尽管达米克伊里舒在几年的时间里成功地击退了他的两个对手。

汉穆腊比的军事成就分两个时期，第一个时期是在他统治巴比伦 6 年后的 5 年间，第二个时期是从他统治第 13 年开始的 154
10 年间。其第 2 年的年名为在国土上建立正义之年，由此可见即位伊始他似乎立即着手进行国内行政管理的改革，直至其晚年最终颁布了著名的《法典》而将这次改革推向顶峰。接下来的几年太平无事，最重要的王室行为是在卡什巴兰设置了首席祭司；[80] 修建了旮古姆，即西帕尔大围墙；还在巴比伦建造了一座献给那那尔（Nannar）的庙宇。但我们发现在其第 7 年首次提到了军事行动，声称夺取了以力和尼辛。这次对尼辛的达米克伊里舒的暂时胜利无疑对拉尔萨的瑞姆辛的计划构成了威胁，而且看来库杜尔马布克是通过威胁巴比伦的东部边境来帮助他的儿子的。无论如何，汉穆腊比第 8 年记录了与埃穆特巴勒之国的冲突，虽然入侵似乎被成功地击退，而且结果巴比伦获得了领土，[81] 但转移视线的策略是成功的。瑞姆辛趁此机会，更加积极地再次向尼辛发起进攻，一年后，他统治的第 17 年，这一闻名遐迩的城市被摧毁了，拉尔萨在埃兰统治者的带领下巩固了整个巴比伦中部和南部的霸权。

瑞姆辛的胜利对巴比伦必然是一个严重的打击。她起初似乎并没有试图恢复在南部的原有地位，因为汉穆腊比正在西部袭击马勒古姆（Malgûm）[82] 并占领腊比库姆和沙里比城。但是， 155
这是他在第一个军事时期取得的最后成就，以后的 19 年中，巴比伦在其年名中没有记载取得任何此类成就。这些年名中大多数都是纪念敬献雕像、建筑和扩建神庙。开凿了一条运河，[83] 并且防御工程继续进行，尤其西帕尔处于完全防御状态。[84] 但是该时期的年名提供了负面证据，表明巴比伦有一方面意图是几乎完全失败的，即未能阻止拉尔萨在南方的力量增长。

除了都城，瑞姆辛还从他的兄长那里继承了南部诸城，如乌尔、以力、吉尔苏和拉旮什等的控制权，所有这些城市都位于拉尔萨的东部，靠近海岸；也许是在征服尼辛之前，他从两年前遭受过汉穆腊比攻击的达米克伊里舒手中夺取了以力。因为瑞姆辛不止一次地在铭文中提到伟大的诸神，安努、恩利勒和恩基，将美丽的城市以力交到他手中的时候。[85] 我们也知道他接管了基苏腊（Kisurra），重建了扎比鲁姆（Zabilum）的城墙，并将其权力扩展到基什，他提到基什的女神宁马赫授予他整个国家的王权。[86] 他对尼辛征服的最显著后果就是占有了尼普尔，现在尼普尔落入他的手中，这使其早期对苏美尔和阿卡德统治的要求得以合法化。从那以后，他称自己为尊贵的尼普尔王公，或整个尼普尔土地的牧羊人；我们在一个泥锥上发现了一个证明
156 他在那里得到认可的有价值的证据，一个泥锥，上面刻写着一个叫尼尼卜旮米勒（Ninib-gamil）的私人公民为了祈求长寿所做的敬献。[87]

瑞姆辛统治苏美尔期间整个国家繁荣昌盛。在尼普尔和拉尔萨发现的来自于他征服尼辛的时代的大量商业文件就证明了这一点。还有证据表明他致力于改善灌溉和水路运输系统。他把幼

发拉底河下游的一段河道渠化，把底格里斯河联通到海里，毫无疑问，这是清除了主河道中不仅妨碍了交通而且增加了洪水和沼泽地漫延的危险的淤泥。他还开凿了马什塔巴（Mashtabba）运河，以及在尼普尔和哈比鲁（Khabilu）河上的其他运河。[88] 看起来尽管他出身于埃兰人，与父亲库杜尔马布克保持着密切的关系，但他已经完全产生了本地认同。长寿的他结了两次婚，他的两个妻子从她们父亲的名字判断都是塞姆人的后裔。[89]

在瑞姆辛征服俘虏尼辛之后过了将近一代人的时间，汉穆腊比才开始反击埃兰人的统治，因为长期以来，埃兰人的统治限制了巴比伦力量的增长。[90] 但是他的成功一旦到来，便是彻底的长久的。在他 30 岁的时候，他记录了他曾打败了埃兰的军队，
在此胜利之后的战役中，他侵入埃穆特巴勒的土地，最终打败 157
了埃兰人，并占领和吞并了拉尔萨。此时的瑞姆辛本人似乎已经垂垂老矣，但还是在汉穆腊比的儿子叁苏伊鲁那统治期间给巴比伦带来了更多的麻烦。证据似乎表明，至少几年之内，他被置于拉尔萨属国统治者的地位。[91] 在这一假设基础上，汉穆腊比在征服了苏美尔之后，本可以像苏穆阿布姆对待基什那样对待旧都。[92] 但似乎过了一段时间拉尔萨的诸多特权被剥夺了，包括继续使用自己的纪元的特权；汉穆腊比写给他当地的代表伊丁那姆的信件中没有体现任何分治的迹象。我们不禁猜测瑞姆辛后来的反叛可能是基于对这种待遇的怨恨，在叁苏伊鲁那统治时期，他终于抓住了一个有利的机会，再次争取在巴比伦尼亚的独立

统治。

打败了瑞姆辛，巴比伦吞并了苏美尔之后，汉穆腊比没有了后顾之忧，开始着手在其他三个方向扩张其帝国的版图。后来，他两次成功突袭了埃兰人的图坡里阿什（Tupliash）或阿什侬那克（Ashnunnak）。在西部他摧毁了马瑞和马勒古姆（Malgûm）的城墙，打败了图如库姆（Turukkum）、卡格穆姆（Kagmum）和苏巴尔图（Subartu）的军队。他还记载在其第 39 年，他消灭了所有居住在苏巴尔图的敌人。他使用的地理名词苏巴尔图很可能包括了亚述地区，因为阿舒尔和尼尼微都在他的统治之下；他的一封信证明他对亚述的永久性占领，以及其巴比伦军队的驻军维持的权威。汉穆腊比在其《法典》的序言中也告诉我们，他征服了“幼发拉底河上的定居点”，意味着征服了像哈那这样的当地西塞姆王国。[93] 在西方，他的军事扩张活动延伸到了叙利亚边
158 境。在其统治后期，他继续加强国家的防御，他统治最后两年的时间重建了底格里斯河上的卡尔沙马什（Kâr-Shamash）大堡垒和幼发拉底河上的腊比库姆（Rabikum）城墙，再次加固了西帕尔城墙。他的建筑铭文也证明其统治末期在神庙重建方面活动增加。[94]

从汉穆腊比亲自起草的《法典》前言对其活动的详尽记录中可以对其帝国的范围进行估计。在其中他列举了其王国中的大城市和他给每个地方带来的好处。城市列表的撰写并非出于任何行政管理目标，而只是从纯宗教的角度出发，他讲述了对每个城

市的举措，之后又介绍了他为每个城市的神庙和城市神所做的一切。因此，大多数城市的排列顺序并非基于地理位置，而是根据它们作为宗教崇拜中心的相对等级来安排的。尼普尔自然是首屈一指的，正如我们将要见到的，[95] 巴比伦此时拥有尼普尔对该国的神话和宗教制度的发展产生了深远的影响。埃瑞都凭借其伟大的时代优势和当地神谕的神圣性排名第二。巴比伦作为都城位居第三，接下来是月神崇拜和太阳神崇拜的伟大中心，然后是苏美尔和阿卡德的其他大城市和圣地，国王逐一叙述他为每座城市和圣地所做的善行。这份表中还包括了他对西部的一些征服活动，最后以阿舒尔和尼尼微结尾。[96] 汉穆腊比把他在幼发拉底河中游 159
的胜利归功于“他的创造者，达干的力量”，这对其王朝的种族特征意义非凡，证明他和他的先祖一样依然为自己的西塞姆血统感到自豪。

鉴于巴比伦尼亚与西方之间已经建立了更密切的关系，值得注意的是这些时期在希伯来人的早期传统中产生了深刻的影响，并在《创世记》中得以保存。相关的是，[97] 示拿王暗拉非、以拉撒王亚略、埃兰王基大老玛、戈印或“众国”之王提达曾一起组成联军入侵巴勒斯坦东部，去征服该地区的反叛部落。基大老玛是联军的领袖，虽然我们对叫这个名字的埃兰统治者知之甚少，但我们看到，埃兰大约在这个时期控制了巴比伦尼亚南部和中部的大部分地区，其巴比伦人的都城是拉尔萨，希伯来传统中的以拉撒肯定就是指的这座城市。[98] 此外，埃兰人统治巴比伦尼亚历史的开创者库杜尔马布克也曾宣称自己为阿达或阿摩利人的统治者。[99] 示拿王暗拉非可能就是巴比伦的汉穆腊比本人，他非但没有承认埃兰人的宗主权，还是其主要敌手，并且结束了他们的统治。
160 提达（Tidal）是一个纯粹的赫梯名字，[100] 重要的是，据我们目前所知，汉穆腊比的强大王朝的末期面临着赫梯部落的入侵。因此，在《创世记》这篇文章中提到的所有大国，实际上都在这个时期的历史舞台上，虽然在现实中我们还没有发现在埃兰领导下的这种联盟的任何痕迹，但是希伯来人的记录代表了汉穆腊比统治的前半段西亚的事态发展，也并非是不可能的。[101]

虽然叁苏伊鲁那可能奠定了巴比伦军事力量的基础，但汉穆腊比才是其辉煌的真正缔造者。他不仅军事成就卓著，在行政管理细节方面也极具天赋。已经发现的他的信件和公函表明他甚至对驻扎在帝国边陲城市的下级官员都处于积极控制之中。人们自然会想到，他应该监督公众重要事务；但我们也看到对其臣民下层中微不足道的投诉和争端他也都参与调查，并经常把案件发回重审或作进一步报告。事实上，汉穆腊比更为永恒的名声来自其作为立法者的成就，以及他为整个帝国所制定的伟大法律法规。这一精心设计的法律体系详细地针对上至贵族下到奴隶的每一阶层人口的行为进行了规范。的确，这一体系并不是汉穆腊比一人的凭空创造。正如所有其他的古代法律法规一样，它首先来源于先前的规范，而早期法律典籍所没有的，便既定习俗入手进行仔细斟酌。汉穆腊比的伟大成就是将这些杂乱的法律法规集结成典，并在整个巴比伦尼亚的领土上严格执行由此产生的法典条款。法典的规定反映了国王本人对其臣民中地位低下和受压迫的阶级事业的关注，这在其信件中有特别体现。许多法律和商业文件也证实了其条款的执行方式，我们有证据表明这样建立的立法体系在后期仍然在继续使用。那么，我们不妨在汉穆腊比时代停下来，以便弄清早期巴比伦文明的主要特征，并评估它对国家后期发展的影响。 161

1 参见 Hogarth,"The Penetration of Arabia," pp. 206 ff.

2 参见"Sumer and Akkad," pp. 352 ff.

3 麦特兰德将军（P.J. Maitland）对这一观点进行了有趣的证实。他指出，希米亚里特（Himyarite）王国早期，也或许是赛伯伊时代，在亚丁（Aden）从坚固的岩石上凿出的大水池，目前 5 年之中有 4 年完全干涸的，而且自从水池被发现并清理出来以来最猛烈的雨水都不曾填满过其容积的 1/8。参见他为布里的著作所写的序言，G. W. Bury"Land of Uz," p. xii. f.

4 研究表明这种气候的脉动性变化广泛存在于地球的表面所有大片的内陆草原，极度的湿润气候时期之后总是跟随着长期的相对干旱期；尤其参阅，Huntington,"The Pulse of Asia"（1907）.

5 关于这一方面，尤其参阅，Myres,"The Dawn of History," pp. 16 ff., 104 ff.

6 也有人猜测迦南的塞姆居民在其最初定居之后学会了使用金属。相比之下，这一观点似乎更具可能性。

7 关于此方面的更多著作，参阅 Macalister,"The Excavation of Gezer"（1912），和 Bliss and Macalister,"Excavations in Palestine during the

years 1898–1900"（1902），都由巴勒斯坦探索基金（the Palestine Exploration Fund）出版；Sellin, "Tell Ta' annek," 由《维也纳学术》（the Vienna Academy）出版，其中"Denkschriften," Phil.-Hist. Kl., Bd. 60, No. 4（1904），和"Eine Nachlese auf dem Tell Ta' annek in Palästina," ibid., Bd. 52, No. 3（1906）；Schumacher, "Tell el-Mutesellim," 由《德国巴勒斯坦协会》（"Deutscher Palästina Verein"）1908 年出版；和 Sellin and Watzinger, "Jericho," 该卷由《德国东方协会》（"Deutsche Orient-Gesellschaft"）在"Wissenschaftliche Veröffentlichungen," Hft. 22（1913）出版。关于更多资料和考古结果概要，参阅 Driver, "Modern Research as illustrating the Bible"（Schweich Lectures, 1908），pp. 40 ff.；后期的概要，重点参阅 Sayce, "Patriarchal Palestine," new ed.（1912），pp. 233 ff. 和 Handcock, "Latest Light on Bible Lands," 1913；关于艺术成就的评估，参见 Hall, "Ancient History of the Near East"（1913），pp. 440 ff. 关于迦南地区最早居民的种群特征，重点参阅 Sergi, "The Mediterranean Race"（1901）.

8 关于这些人口聚集的中心是何时被护卫起来的，可供评估的数据很少。毫无疑问，这些城墙早在埃及征服之前就已建立，从其底层堆积的废墟来看早在公元前三千纪早期这些城墙就已开始临时设置了，无论如何都不会晚于巴比伦第一王朝时期。

9 这些证据是在贺加斯（Hogarth）先生带领下的大英博物馆对卡尔凯美什的发掘中发现的。有关挖掘主体过程中所提出的问题的探讨，请参阅"Carchemish"（1914），and "Hittite Problems and the excavation of Carchemish," in the "Proceedings of the British Academy," Vol. V. 最近一些当地人在邻近土丘上挖掘的地点已经被他的助手吴雷（Woolley）先生和劳伦斯（Lawrence）先生找到，吴雷先生将记录发表在论文中，参见"Hittite Burial Customs," in the Liverpool "Annals

of Archæology," VI., No. 4（1914）, pp. 87 ff.

10 鉴于本地的挖掘的随意性，周边的遗址没有发现滚印并不能否定这是巴比伦的影响。例如，在哲拉布鲁斯以南约 8 英里的阿马尔那，没有发现印章也没有发现滚印，但是哈蛮对面幼发拉底河美索不达米亚一侧的卡腊·库扎勒发现的陶器是阿马尔那式的，两个后期的滚印很可能是本地制作的，其雕刻风格被吴雷先生划分为“叙利亚几何”一类（*op. cit.*, p. 92）的样式。这一发现还有力地证明了滚印风格的同化，不同风格的滚印不再只通过进口。

11 参见“Sumer and Akkad," p. 233 f.

12 一个太阳神敬奉者的财产清单中提及了其中的一个大陶罐，我们掌握了巴比伦第一王朝时期的两份该清单的副本。参阅“Cun. Texts in the Brit. Mus.," II., pl. 1, Obv., 1. 8, and pl. 6, 1. 11; and cf. Hogarth, “Carchemish," p. 17. 这种陶罐的尺寸很大，据称容积为 2/3 古尔（*gur*），古尔是巴比伦人的最大容量单位（译者注：约等于 300 升）；这种陶罐可能是用来盛放谷物的。

13 参见 Woolley, *op. cit.*, pp. 88 f., 92 ff.

14 参阅下文，pp. 137 ff.

15 参见 Condamin, “Zeits. für Assyr.," XXI.（1908）, pp. 247 ff. The votive inscription was drawn up by Shamshi-Adad IV.

16 参阅 Thureau-Dangin, “Rev. d' Assyr.," IV.（1898）, p. 85 f., and pl. xxxii., No. 85, and Schorr, “Urkunden des altbabylonischen Zivil- und Prozessrechts," p. 302 f. 蒂罗丹金（Thureau-Dangin）和温格那德（Ungnad）（“Beitr. z. Assyr.," VI., No. 5, p. 26）认为这是一份买卖契约，但是文献中提及的 10 马那并非是销售价格而只是规定对违约方的罚金。

17 参阅 Ungnad, “Vorderasiat. Schriftdenkmäler," VII., No. 204, and “Beitr. z. Assyr.," VI., No. 5（1909）, pp. 26 ff. 该泥板由萨雷（Sarre）教授购

于戴尔埃兹佐尔（Dêr ez-Zôr），据说发现于距哈布尔河口东南只有几小时路程的腊哈巴（Rahaba）。

18 参阅下文，pp. 157, 159；汉穆腊比也曾拥有“阿穆如王”（King of Amurru）的头衔（参阅“Letters,” III., p. 195）。

19 参阅下文，p. 190 f.

20 扎库伊沙尔里姆城名字的后半部分很可能来自第一份赠予契约中提到的国王的名字；如果这样的话，那么伊吉特里姆可能是另一位哈姆国王的名字。这条运河显然向其中一个城市提供了来自哈布尔的水源。该名字中的最后一个元素可能暗示着加喜特人的影响，该文件的书写风格倾向于比汉穆腊比统治更晚的时期；其出版物参阅“Proc. Soc. Bibl. Arch.,” XXIX.（1907）, pp. 177 ff.

21 月名为：台瑞图姆（Teritum）、基奴奴（Kinunu）和比瑞扎如（Birizzarru）。关于其他的西塞姆月名，参阅“Letters of Hammurabi,” p. xxxvi. f., n.；肖尔（Schorr “Urkunden,” p. 577）所提到的大部分“罕见名字”（seltenere Monatsnamen）都属于此类。

22 沙姆西阿达德 IV 的献祭铭文（参阅上文，p. 129, n. 1）记载了对该神庙的恢复。

23 我们在哈那发现了城市名亚穆达干（Ia’mu-Dagan），另外还有人名比如阿穆尔沙达干（Amursha-Dagan）、拉孜达干（Iazi-Dagan）、图瑞达干（Turi-Dagan）、比提达干（Bitti-Dagan）和亚什马达干（Iashma（?）-Dagan）；参见 Unguad, *op. cit.*, p. 27 f.

24 参见 Poebel, “Historical Texts,” p. 137.

25 参见 Breasted, “History of Egypt,” pp. 215 ff.

26 参见“Sumer and Akkad,” p. 304.

27 后期争议文学作品中关于这件事的传说被认为是具有其历史真实性的（参见 Boissier, “Choix de textes,” II., p. 64；和 Meissner, “Orient.

Lit.-Zeit.," 1907, col. 114, n. 1）；参见 "Sumer and Akkad," p. 304.

28 参见 Huber, "Die Personennamen ... aus der Zeit der Könige von Ur und Nisin"（1907）, passim. 这一事实也同样显示尼辛国王与其大部分国民一样可能都是苏美尔人（参见 "Sumer and Akkad," p. 303）；但是我们或许更倾向于认为他们代表了随后迅速涌入巴比伦尼亚北部的移民的先锋浪潮。

29 参见 Hilprecht, "Math., Met., and Chron. Tablets," p. 46 f., pl. 30, No. 47.

30 参见 Scheil, "Rec. de trav.," XVI., pp. 187 ff.

31 参见 "Cun. Texts in the Brit. Mus.," XXI., pl. 20 f.

32 在 Hilprecht, "Math., Met., and Chron. Tablets," pl. 30, No. 47 发表的王表中，里比特伊什塔尔宣称是伊什美达干之子；但是在另一份文献中他又宣称自己是伊丁达干之子，伊什美达干之兄（参见 Poebel, "Historical Texts," pp. 94, 137）。

33 参见 "Cun. Texts in the Brit. Mus.," XXI., pl. 22.

34 参见 Poebel, "Historical Texts," p. 138；他还指出乌尔尼尼卜成功地对巴比伦尼亚东部的扎卜沙里国实施了袭击这一事实。

35 参阅 "Cun. Texts," IV., pl. 22, No. 78, 395；和 Ranke, "Orient. Lit.-Zeit.," 1907, col. 109 ff.

36 参见 "Sumer and Akkad," 315 f.

37 参见 "Chronicles concerning Early Babylonian Kings," II., p. 14. 在沙勒马奈塞尔 I 和埃萨尔哈东的建筑铭文（*op. cit.,* I., pp. 118 ff.）中，伊鲁舒马，伊瑞舒姆或埃瑞舒之父，似乎被视为苏穆阿布姆以后的统治者而不是同时代的人。

38 自 1903 年以来，德意志东方协会（Deutsche Orient-Gesellschaft）一直在位于底格里斯河中部亚述古都阿舒尔的遗址，谢尔盖特

（Shergât），进行挖掘。目前关于该城市的一些神庙及其防御系统的专著已经出版，并且挖掘工作在 1913 年夏天结束。宫殿和神庙区的大部分区域都已发掘完毕，并且对所有留存的建筑物都绘制了详细的平面图；为了挖掘工作更加完整，并没有继续向下挖掘到原始岩层。这个过程自然要留到最后才做，因为那样会对已经发现的建筑结构造成相当大的破坏。正是在深入挖掘的过程中，才有了文中提到的发现；关于安德烈（Andrae）对此的相关简报，参阅“Mitteilungen der Deutschen Orient-Gesellschaft,” No. 54（June, 1914）.

39 参阅图 34.

40 参阅图 35-36.

41 参阅 p. 40, 图 37-39.

42 这一传说幸存于谢尔盖特发现的沙勒马奈塞尔 I 和埃萨尔哈东的建筑铭文中；参见“Chronicles,” I., pp. 120 ff.

43 1904 年，在谢尔盖特发现的一块小泥锥或圆柱提到了他，上面的刻写的是一段阿舒尔瑞姆尼筛舒（Ashir-rîm-nishêshu）的文献；*op. cit.*, p. 140 f.

44 有人对他们的名字与如品迪亚（Pindiya）、朱里亚（Zuliya）等形式的米坦尼人名做了对比；参见 Ungnad, “Beitr. z. Assyr.,” VI., No. 5, pp. 11 ff.

45 一份阿米扎杜旮第三年的借贷契约上的第一位证人名字是台舒卜阿瑞（Teshub- ‘ari），对应后期的米坦尼名字阿瑞台舒卜（Ari-Teshub），意思是“台舒卜神给了”；参见 Ungnad, “Vorderas. Schriftdenkmäler,” VII., No. 72, 1. 10.

46 汉穆腊比时期的一份文件中提到了一个“苏巴尔图人”（*awîl Subarti*）（参见 Scheil, “Rec. de trav.,” XX., p. 64）；而且当时的一封私人信件显示某些“舒巴如人”（*Shubarî*）被卖为奴隶，这些奴隶可能是来自战争中的俘虏（参见 Meissner, “Beitr. z. Assyr.,” II., p. 561 f., and Delitzsch, *op. cit.* IV., p. 95）。另一份文献中提到了“一个舒巴尔图女奴”（*amtum Shubaritum*）（参见“Cun. Texts in the Brit. Mus.,” VIII., pl. 46. Bu. 91-5-9, 2179, Obv., 1. 20），还有一份账目泥板中提到了日常食物配给接收者中有“一个舒巴瑞人”（参见 Ungnad, “Vorderas. Schriftdenk.,” VII., p. 68, No. 184, Col. III., 1. 3，和“Beitr. z. Assyr.,” VI., No. 5, p. 19, n. 2）。

47 例如，为了解释月球观测，特别是月食，月面被分成四个部分，右边指阿卡德，左边指埃兰，上边指阿穆如，下边指苏巴尔图，还有一个亚述占星者向主人报告与苏巴尔图有关的观察结果，解释说“我们是苏巴尔图人”；参见 Thompson, “Reports of the Magicians and Astrologers,” II., pp. xviii., lxxxv.

48 迪勒巴特（Dilbat）现在以戴莱姆（Dêlem）丘为标志，该土丘位于巴比伦的中心和古城堡卡施尔丘以南大约 17 英里，比尔斯尼姆如德（Birs Nimrûd）东南不到 10 英里的地方。许多年前，拉萨姆（Rassam）在那里通过挖掘获得了一些泥板。（参见“Asshur and the Land of Nimrod,” p. 265）最近几年，本土人的挖掘从那里获得了大量的泥板，并在欧洲销售；这些泥板都可追溯到巴比伦第一王朝时期。

49 参见“Sumer and Akkad,” pp. 226, 282.

50 这在王室的名字中尤其体现明显，伯尼翁（Pognon）最先指出了这些名字的外族特征 Pognon, “Journal Asiatique,” 8me sér., Vol. XI., pp. 544 ff.，基于这一证据，他个人认为该王朝可能是阿拉伯人或阿拉美亚人（Aramean）；进一步参阅“Letters of Hammurabi,” III., p. lxv.，和 Meyer, “Geschichte des Altertums,” I., ii., p. 545.

51 来自阿布哈巴（Abû Habba）的一块泥板上的当地年名中，我们发现了那腊姆辛（Narâm-Sin）的名字，他是苏穆阿布姆统治时期西帕尔的统治者或藩属公侯；参见 Ungnad, "Vorderas. Schriftdenkmäler," VIII., No. 3. 另一个西帕尔藩属统治者布那塔赫吞伊拉（Bunutakhtun-ila）在苏穆拉伊鲁姆（Sumu-la-ilum）统治时期占据了王位，在同一时期内被归属于伊鲁马伊拉（Iluma-ila）和伊美如姆（Immerum），后者开凿了他的阿舒黑运河（Ashukhi Canal）；参考文献，参阅 Schorr, "Urkunden des altbabylonischen Zivil- und Processrechts," p. 611.

52 基什现在的标志是位于巴比伦东面的埃勒奥西米尔（El-Ohêmir）或阿西美尔丘；参见 "Sumer and Akkad," p. 88 f.

53 该文献刻写在一个来自阿黑美尔（Ahimer）的泥锥上，发表于 Thureau-Dangin, "Rev. d' Assyr.," VIII.（1911）, pp. 65 ff.

54 苏穆阿布姆以宗主国的名义进行了敬献仪式，这已被一块来自基什的契约泥板所证实，该泥板日期是他第 10 年的年名。

55 8 年的冲突也可能从苏穆阿布姆登上王位开始，如果这样的话，该文献就是在巴比伦夺取城市前两年纪念加固基什的城墙；但是年名的证据更支持第 10 年。

56 一块来自基什的泥板上亚维乌姆与马那那一起出现在神誓句式中，从一块泥板我们得知，他比叁苏迪塔那活得长久，并可能继承了他的王位；哈里乌姆可能要被置于其他已经知道名字的三个属国统治者的后面。基什可能有一个地方性传统，每个统治者选择一个不同的神与其在宣誓语句中关联，因此，基什的城市神，扎马马，出现在亚维乌姆的统治时期的神誓中，然而在马那那和哈里乌姆统治时期该位置则分别被那那尔（Nannar）神和辛神取代。关于这些泥板及其日期，参阅 Thureau-Dangin, "Rev. d' Assyr.," VIII., pp. 68 ff.；Johns, "Proc. Soc. Bibl. Arch.," XXXII.（1910）, p. 279 f.；和 Langdon, *op. cit.,* XXXIII.（1911）, pp. 185 ff.

57 参见“Sumer and Akkad,” pp. 227, 285 f.

58 苏穆拉伊鲁姆运河（Sumu-la-ilum Canal）在其第 12 年开始修建，该运河在 20 年后又再一次开凿并进行了延伸。

59 其第 3 年的年名被命名为他用剑斩杀哈兰布（Khalambû）之年。

60 巴比伦在此期间没有值得纪念的重大成就，这在年名的命名中可以看出，数年中的年名都是在巴比伦的神庙中为马尔杜克建造了王座和为祂的配偶萨尔帕尼图姆（Ṣarpanitum）建造了雕像。

61 从叁苏伊鲁那关于尼普尔的杜尔扎卡尔的相关材料可以确定，这两道有待识别的防御墙是苏穆拉伊鲁姆建造并又重建的 6 座防御工事之一。

62 因为衮古奴姆的死亡被记载在当地的年名中（参见“Rec. de tray.,” XXI., p. 125），我们由该年名推断他可能死于暴力事件；因此，阿比萨雷登上王位可能意味着拉尔萨直系继承的中断。

63 参见 Thureau-Dangin,“Rev. d' Assyr.,” VI., p. 69 f.

64 乌腊伊米提不是伊台尔皮沙的儿子，因为他统治期间的一个年名提到他修复了尼普尔城，那么其之前的被毁坏或征服或许就是尼辛面临政治困境的进一步证据；参见 Poebel.“Historical Texts,” p. 138 f.

65 参见“Sumer and Akkad,” p. 312.

66 坡比勒（Poebel）从宾夕法尼亚博物馆所藏的泥板上的一个年名中推测该名字为辛伊基沙（Sin-ikisha）（参见“Orient. Lit.-Zeit.,” 1907, col. 461 ff.）。但是根据克雷教授的新王表，我们现在知道，该统治者就是拉尔萨王朝的第十一位国王辛伊基沙姆（Sin-iḳîsham）；没有证据表明他与尼辛有联系。另一方面，这位未知名的国王在尼辛的 6 个月统治是在苏穆伊鲁姆在拉尔萨统治的第 20 年之中，至少在乌尔（尼辛以前的附属城市）有一段时间是承认他的。

67 根据我们的年代学方案，苏穆拉伊鲁姆在尼普尔占领了杜尔扎卡尔约相当于乌腊伊米提的死亡之年及随后的尼辛的王位争夺期间。

68 除了尼普尔的杜尔扎卡尔（Dûr-Zakar），还有杜尔帕达（Dûr-Padda）、杜尔拉旮巴（Dûr-Lagaba）、杜尔亚布旮尼（Dûr-Iabugani）、杜尔库拉杜如（Dûr-Cula-dûru）和杜尔乌采阿那乌腊（Dûr-uṣi-ana-Ura.）。叁苏伊鲁那的这些重建工作中，前4个分别敬献给宁马赫（Ninmakh）、阿达德（Adad）、辛（Sin）和鲁旮勒迪瑞图旮卜（Lugal-diri-tugab），后两个敬献给耐尔旮勒（Nergal）；参见“Letters of Hammurabi,” pp. 199 ff.

69 他将此工事命名为覃图姆希旮鲁姆（Tâmtum-khegallum）“大海（赐予）丰饶”。他还重建了埃伊比阿奴（E-ibianu）、埃萨吉拉（E-sagila）和西帕尔的埃巴巴尔（E-babbar），在最后这个神庙中安放了他自己的青铜雕像，可能是为了求得神的垂青。

70 苏穆达瑞（Sumu-dâri）和阿皮勒辛希旮鲁姆（Apil-Sin-khegallum）运河都是在他的统治期间开凿的。

71 他在第3年献给沙马什和舒尼尔达（Shunirda），或阿亚（Aia）女神的尊贵的王座可能就是西帕尔的埃巴巴尔。古他是巴比伦最近获得的重要财产，尤其受到阿皮尔辛的关注，他两次重建了城市之神耐尔旮勒的神庙埃美斯兰（E-meslam）。他还在巴比伦进行了大规模建设活动，在其东墙上竖起了一座巨大的城门，并在城内为伊什塔尔女神建造了埃基库（E-kiku）神庙，并为太阳神建造了另一座神庙。

72 关于天气神的名字阿达德（Adad）的读法，参见 Budge and King, “Annals of the Kings of Assyria,” p. lxxiv. f. 该名字可能起源于西塞姆族，但是塞斯（Sayce）教授注意到在一枚滚印上阿什腊图姆（Ashratum）女神旁边有腊马奴（Rammânu）“雷电”的形状（参见“Zeits. f. Assyr.,” VI., p. 161），在其他地方她作为阿穆如神配偶出现（参见 Meyer, “Geschichte,” I., ii., p. 406）。阿达德神的苏

美尔对应形式仍不确定；赫若兹奈（Hrozný）建议读作伊什库尔（Ishkur）（参见“Zeits. f. Assyr.,” XX., pp. 424 ff.），但是蒂罗丹金（Thureau-Dangin）、克雷和其他学者认为应该读作伊美尔（Immer）“Königsinschriften,” p. 208. 目前无论如何，对于西塞姆族入侵以后的时期最好采取阿达德的读法。

73 参见 Rawlinson, *op. cit.,* I., pl. 5, No. xx. 除了超常的军事才能，他还重建了拉尔萨的埃巴巴尔，杜尔古尔古瑞（Dûr-gurgurri）大堡垒，通过在底格里斯河沿岸开凿运河，改善其国家的供水（参见“Cun. Texts in the Brit. Mus.,” XXL, pl. 30, No. 30215；Delitzsch, “Beitr. zur Assyr.,”I., pp. 301 ff.; 和 Thureau-Dangin,“Königsinschriften,”p. 208 f.）。他还建造了马什刊沙卜瑞（Mashkan-shabri）的城门；参见 Chiera, *op. cit.,* p. 72 f.

74 在一个来自巴比伦的破损的泥锥上（参见 Weissbach, “Babylonische Miscellen,” p. 1, pl. 1）辛马吉尔被冠以苏美尔和阿卡德之王的头衔。

75 如果哈拉布（Khallabu）就是阿勒坡（Aleppo），我们则应该为库杜尔马布克的头衔找到一个更坚实的基础。因为我们知道当瓦腊德辛仍然是拉尔萨王的时候，他向哈拉布的伊什塔尔庙敬献了房间（参见“Cun. Texts in the Brit. Mus.,” XXI., pl. 31, No. 91144; and Thureau-Dangin, “Königsinschriften,” p. 214 f.）。然后我们必须假定，在完成对苏美尔的征服以前，他已经向上游推进并跨越了幼发拉底河征服了阿穆如的大片区域。这种可能性是存在的，但是需要注意的是汉穆腊比法典的前言中提及哈拉布和比特卡尔卡腊（Bît-Karkara）时，并没有说是“幼发拉底河边的聚落”而是将其置于拉旮什和吉尔苏之后，这显示它们的巴比伦起源（参阅下文，p. 159）。

76 参见 Rawlinson, “Cun. Inscr. West. Asia,” I., pl. 5, No. xvi.；这道墙的建立也纪念在其统治期间的年名中（参见 Chiera. “Documents,”

p. 74）。

77 在一个来自穆卡亚尔的泥锥上记载着他在乌尔城为那那尔（Nannar）建筑了一座神庙，瓦腊德辛自己描述说“他是埃瑞都的法令与决策（即其神谕）的实施者，他增加了埃尼奴（E-ninnû）（拉旮什的宁吉尔苏神庙）的祭品，他修复了拉旮什和吉尔苏，使城市和土地焕然一新”。参见 Rawlinson, *op. cit.* IV., pl. 35, No. 6.

78 辛穆巴里特在其统治的前 14 年里共开凿了 3 条运河，第一条以其自己的名字命名，叫作辛穆巴里特运河，其他的两条分别叫作阿亚希旮鲁姆（Aia-khegallum）和图图希旮鲁姆（Tutu-khegallum）。他还建造了如巴图姆（Rubatum）、扎卡尔达达（Zakar-dada）、杜尔辛穆巴里特（Dûr-Sin-muballit）、比特卡尔卡腊（Bît-Karkara）和马腊德（Marad）等的城墙。当然，与南方的冲突发生在这一时期是可能的，但是，果真如此的话，记录中没有任何有关于这件事的记载只能解释为巴比伦的军队没有取得胜利。

79 这一时期重建了南旮（Nanga）和巴簇（Baṣu）的城墙。

80 从两份最近发表的汉穆腊比时期的年名表中，我们得知该事件发生在其第 5 年，而下一年的年名似乎与此类似，涉及为女神尼那兹（Ninaz）设置了牧羊人；参见 Boissier, “Rev. d’ Assyr.,” XI., No. iv.（1914），pp. 161 ff.

81 在舒奴蒙达尔（Shu-numum-dar）运河岸边获得的领土（参见 Boissier, *op. cit.*）可能位于埃穆特巴勒境内。该运河可能是著名的那尔沙瑞（Nâr-sharri）的一部分，阿黑门尼德王朝时期提到位于“埃兰境内”。

82 该城镇位于幼发拉底河中游的苏黑（Sukhi）附近，在哈布尔河口以南，可能在哈那的南边。

83 提西特恩利勒（Tishit-Enlil）运河，现在我们知道开凿于汉穆腊比第 24 年（参见 Boissier, op. cit.）；汉穆腊比希旮鲁姆（Hammurabi-khegallum）运河开凿于其第 9 年，瑞姆辛征服尼辛之时。

84 西帕尔有两年专注于防御；在伊吉哈尔萨旮（Igi-kharsagga），可能还有巴簇（Baṣu）修建了城墙。在附属城市基巴勒巴如（Kibalbarru），汉穆腊比向尼尼（Ninni），或伊什塔尔，敬献了雕像，同时他在巴比伦建造了埃那姆希（E-namkhe），阿达德的庙宇，还有也为恩利勒建造了一座圣殿。

85 参见"Déc. en Chaldée," pl. 41; Rawlinson, "Cun. Inscr. West. Asia," I., pl. 3, No. X.；和 Thureau-Dangin, "Königsinschriften," p. 218 f.

86 参阅，基耶拉引用的年名 Chiera, "Documents." p. 80 f.

87 参见 Hilprecht, "Old Babylonian Inscriptions," Pt. II., pl. 58, No. 128.

88 参见 Hilprecht, *loc. cit.*，和 Chiera, *op. cit.,* p. 82 f.

89 他的一个妻子，席…尼尼（Si[...]-Ninni），阿腊德那那尔（Arad-Nannar）之女，代表他和她自己，向宁埃旮勒（Nin-egal）女神敬献了一座神庙（参见 Thureau-Dangin, "Königsinschriften," p. 218 f.），另一个妻子，名叫瑞姆辛沙拉巴什塔舒（Rîm-Sin-Shala-bashtashu）是某个辛马吉尔的女儿，瑞姆辛本人有个女儿名叫里瑞什旮米乌姆（Lirish-gamium）；参见 Poebel, "Historical Texts," p. 140，他引用了瑞姆辛沙拉巴什塔舒的一个铭文，克雷教授告知我该铭文现藏于耶鲁收藏馆。那波尼杜斯在一个圆柱铭文中提到瑞姆辛的一个姐妹是女祭司（参见 Scheil, "Comptes rendus de l'Académie des Inscriptions et Belles Lettres," 1912, p. 680 f.）。

90 如果我们将瑞姆辛统治的 61 年全都置于汉穆腊比征服拉尔萨之前的话，该时期应该是 45 年，而不是 23 年；那样的话，尼辛的灭亡应该发生在辛穆巴里特第 7 年。但是现有证据强烈倾向于缩短瑞姆辛的独立统治时期；参阅上文，pp. 97 ff.

91 拉尔萨灭亡之后数年间，南部的尼辛纪元似乎得以延续；参阅上文，p. 103.

92 参阅上文，p. 144.

93 参阅上文，pp. 129 f.；很可能就是在这些征服之后，他获得了阿穆如之王的头衔。

94 参见 *e.g.*, “Letters and Inscriptions of Hammurabi,” pp. 180 ff. 从大多数标题可以清晰地看出这些都发生在其统治后期。他开凿汉穆腊比奴胡什尼西（Hammurabi-nukhush-nishi）运河也是在吞并了拉尔萨之后，并且他还在运河的一端建造防御堡垒，用其父亲的名字命名，叫作“杜尔辛穆巴里特阿比姆瓦里迪亚”（Dûr-Sin-muballit-abim-walidia）。在巴比伦建造谷仓（*op. cit.*, p. 192 f.）显然是他早期的工作之一。

95 参阅下文，p. 194 f.

96 城市名单实际上相当于汉穆腊比帝国末年的地名集锦，因此下面将这些名字连同其庙宇和城市神列举出来；在这里将它们按照序言中出现的顺序排列，方括号内的神名表示在文本中被省略：（1）尼普尔和埃库尔（E-kur），恩利勒的神庙；（2）埃瑞都（Eridu）和埃阿普苏（E-apsû），【恩基的神庙】；（3）巴比伦和埃萨吉拉，马尔杜克的神庙；（4）乌尔和埃吉什西尔旮勒（E-gishshirgal），【辛的神庙】；（5）西帕尔和埃巴巴尔（E-babbar）【沙马什的神庙】；（6）拉尔萨和埃巴巴尔，【沙马什的神庙】；（7）以力（Erech）和埃安那（E-anna），安努（Anu）和尼尼（Ninni），或伊什塔尔的神庙；（8）尼辛和埃旮勒马赫（E-galmakh）神庙；（9）基什和埃美台乌尔萨格（E-mete-ursag），扎马马的神庙；（10）库塔赫（Cuthah）和埃美斯兰（E-meslam），【耐尔旮勒的神庙】；（11）波尔西帕（Borsippa）和埃孜达（E-zida），【那布的神庙】；（12）迪勒巴特（Dilbat）和它的神乌腊什（Urash）；（13）凯什城（Kesh）；

（14）拉旮什和吉尔苏，和埃尼奴（E-ninnû），【宁吉尔苏的神庙】；（15）哈拉布（Khallabu）和女神尼尼，或伊什塔尔；（16）比特卡尔卡腊（Bît-Karkara）和埃乌旮勒旮勒（E-ugalgal），阿达德的神庙；（17）阿达卜及其神庙埃马赫；（18）马什刊沙波瑞（Mashkan-shabri）和美斯兰（Meslam）神庙；（19）马勒古姆（Malgûm）；（20）幼发拉底河岸边的住所或定居点和达干神；（21）美腊（Mera）和图图勒（Tutul）；（22）阿卡德（阿旮德）和埃乌勒马什（E-ulmash），伊什塔尔的神庙；（23）阿舒尔和“它喜爱的保护神”；（24）尼尼微和埃米什米什（E-mishmish），伊什塔尔的神庙。

97 Gen. xiv.

98 关于基大老玛这一名字的埃兰特征，参见“Letters of Hammurabi,” I., p. iv. f.；但是，要接受亚略就是库杜尔马布克的儿子，瓦腊德辛，就存在太多的问题（*op. cit.,* pp. xlix. ff.）。

99 参阅上文，p. 152.

100 塞斯教授第一个指出提达是一个赫梯名字，而且是赫梯帝国最后期的王之一，杜德哈里亚（Dudkhalia）；参见“Patriarchal Palestine,” p. 60.

101 这里我们关注的并不是《创世记》第14章的文献特征（关于这一主题，尤其参阅 Skinner, “Genesis,” pp. 256 ff.），也不是亚伯拉罕族的传统（参阅 Meyer, “Die Israeliten,” p. 248，并对照 Hall, “Anc. Hist, of the Near East,” p. 401）。值得注意的是，从涉及早期历史事件的新巴比伦编年史和诗歌作品的发现来看，足以说明希伯来文学资料中采用了这种文献。

第五章

汉穆腊比的时代及其对后期的影响

162 我们对巴比伦历史最为了解的就是西塞姆国王时期，正是在他们的统治下巴比伦首次成为都城级别的城市。这是一段艰苦发展的时期，争夺语言和种族主导地位的长期斗争最终向有利于塞姆人的方向倾斜。但是塞姆人的胜利并没有中断苏美尔文化的连续性。苏美尔文化的所有基本要素都保存了下来。漫长的斗争时间是导致其得以幸存的主要因素。苏美尔人自然有更多的东西可以流传下来，但是随着时间的推移双方渐趋同化，尽管苏美尔人作为政治力量已不复存在，却依然对后世施加着间接的影响。正因为有了西塞姆人的充沛活力的注入，苏美尔人行将就木的文化发生了蜕变，其新主体更易于被新族群所接受。

汉穆腊比的时代是一个变革的时代，幸运的是我们发现了大量的可供分析当时社会和政治结构的证据。一方面，这部伟大的《法典》为我们提供了国家治理的榜样和司法的标准。[1]另一方面，我们有国王们本人的书信与当时的商业和法律文 163
件，[2]证明该法典并非一纸空文，而是基于对当时的状况的详实考量。长期以来，人们早就认识到早期苏美尔时代存在类似法典的可能性。最近，在汉穆腊比时期的一块泥板上发现了一个此类法典的副本。[3]《汉穆腊比法典》的价值并不仅仅在于其广泛的独创性，而更在于它适应了时代的需要。因此，在其所涉主题方面构成了最权威的证据，在其没有提供信息的方面，我们有当时的信件和契约来弥补其信息的不足。

从法律意义上来说，巴比伦人的社会被划分为三个主要的社会阶层或等级，分别对应社会系统明确定义的三个层级。最高的或上层等级包括所有的朝中官吏和大臣，政府的高级官员和公务人员，以及大地产所有者。但是，财富或地位并不构成上一等级与下一等级成员的唯一区别。事实上，虽然大多数成员都享有这些优势，但也可能有人会因为自己的过错或不幸而丧失这些优势，却依然享有自己的社会地位和特权。因此，这种区别似乎是基于种族资格上的。而且上层等级，或者贵族，正如我们对他们的称呼一样，[4]是占统治地位的族群，来自开创了巴比伦第一个 164
独立王朝的西塞姆族或阿摩利族。随着时间的推移，其种族纯洁性往往会通过与先来的居民通婚被逐渐稀释，尤其是在一些地方先来的居民已经与入侵者结成了利益联盟共同进退。甚至有可能，后者中的一些人通过军事或政治服务从一开始就获得了阶层上的认可。但是，从广义上说，我们认为可能社会秩序中的最高阶层是种族贵族的自我认定。

人口中的第二阶级包括了不属于贵族阶层的大部分自由人；事实上，他们在贵族和奴隶之间形成了一个中间等级。他们的名称本身就意味着一种次等的状态，[5]虽然他们并不一定贫穷，可以拥有奴隶和财产，但他们并不享有上层等级的特权。他们很可能代表了被统治族群，部分源自居民中古老的苏美尔人元素，部分源自于早已定居于巴比伦北部由于交往和通婚而丧失了大部分种族纯洁性和独立性的塞姆人。人口中这两个大的自由人阶层之间的区别显而易见，他们受伤害后应赔偿的金额的不同就是很好的证明。因此，如果一个贵族偷了属于私人或神庙财产的一头牛或其他牲畜，或者一条船，他必须支付该财产价值的30倍作为补偿；然而，如果小偷是中间等级的成员，则罚金就减到10倍的价格，但是如果他没有财产来支付罚金，他将被处死。如果一个杀人犯是中间等级，那么对其杀人罪的惩罚也较少；对中间等
165 级来说离婚费也更便宜，而且付给大夫或外科医生的手术费也更少。另一方面，与这些特权相称，如果他们的生命或肢体受到伤害的话，被赔偿的估值也会相应地减少。

从对伤害罪实行的惩罚可以看出社会等级和地位的不同背后体现的是种族差别。根据该原则，贵族可以对与其相同阶

层的人要求与自己所遭受的同等伤害作为报复，然而如果一个贵族伤害了一个中等阶层的话，他只需要为自己的伤害行为支付一定数额的金钱作为赔偿。因此，如果一个贵族弄瞎了另一个人的眼睛或打掉了他的牙齿，作为惩罚，他自己的眼睛或牙齿也要被弄瞎或打掉，如果他打断了他所在阶层的一位成员的肢体，他的相应肢体也要被打断；但是，如果他弄瞎了一个中等阶层的人的眼睛，或者打折了他的肢体，他要被罚一马那（maneh）银钱，而且如果是打掉了这类人的牙齿，只需要赔偿 1/3 马那银钱。其他的规定同样反映了社会阶层中存在着类似的分化，而这种分化完全也可以用种族差异来解释。因此，如果同一阶层内的两个人发生了争执，其中一人对另一人进行了某种不当的攻击，则攻击者只需缴纳罚金，如果争执发生在两名贵族之间，罚款的金额就会更高。但是，如果中等阶层的成员攻击了一个贵族，那么袭击者必须在长老会出席的情况下在公众面前接受用牛皮鞭鞭挞 60 下的惩罚。

社会中的第三等级也就是最下层是奴隶，他们归属于上两个等级，但在贵族的家庭和庄园中自然要多一些。奴隶是他主人的绝对财产，在契约书上，他常常被称作“一头”，就像是一只动物一样。他们经常通过出售、遗赠或暂时抵押债务等被转手。如果奴隶犯了严重的罪，就要受到极为严厉的惩罚，比如如果不承认自己的主人或者是对贵族严重伤害就要被割掉耳朵。但总的来说，其命运并不是特别悲惨，因为他们被认为是其主人家中成

166 员，而且作为一件有价值的财产，保持他的健康和良好的状态显然更符合主人的利益。如果从主人的家中掠走男奴或女奴并将其从城市中带走将受到极其严重的惩罚，在这种情况下，违犯者将被处死，这也从实际上说明了奴隶的价值；窝藏和占有逃跑的奴隶的人也都将被判处死刑。另一方面，如果一个人将逃跑的奴隶抓住并带回给主人，则奴隶的主人将支付一定数额的报酬作为回报。为了防止非法占有奴隶和使奴隶容易被识别还制定了专门的立法。因此，如果一个烙印工未经主人的许可在奴隶身上打上烙印，那么这个烙印工应该被砍掉双手；如果他能证明他是受到另一个人欺骗才这么做的，则那个人应被处死。当时还有定期的奴隶贸易，奴隶的数量无疑随着在战争中的俘虏的增多而不断增加。

虽然奴隶作为一个等级，几乎没有自己的权利，但根据一些规定，在某种情况下，他们可以享有一些权力，甚至获得自由。对于一个勤劳的奴隶来说，当他还在为主人的服务时，他有可能获得自己的财产。或者一个奴隶可能从亲戚那里继承财富，在这种情况下，经过主人的同意他就能够赎回自由身。还有，如果一个奴隶被敌人俘虏并被带到外国土地上出售，然后被他的新主人带回自己的国家，他可以要求获得自由，而不必向任何主人支付补偿。此外，一个奴隶在其为奴期间也可以获得某些权力。如果女奴为她的主人生了孩子，她的主人就不能用她来偿还债务；如果他这样做了，他就必须用钱来偿还原有债务来赎回她。一个男奴隶，不管他属于贵族还是中等阶层，都有可能娶一个女性自由人，如果他这样做了，那么他的孩子是自由的，并不会成为其主人的财产。他的妻子，如果是一个女自由人，在其丈夫死后留有 167
她丈夫的婚姻财产，假设这对夫妻在他们作为夫妻生活在一起的时候获得了财产，奴隶的主人只能拥有一半的财产，另一半归这个女自由人保留为她自己或她的孩子使用。这种结合成为一种可能性的事实表明，条件较好的奴隶与中间等级中较处境较差的成员的社会地位之间没有非常明显的鸿沟。

土地是巴比伦的主要财富来源，[6]是在人口中的两个上层阶级的控制下主要由奴隶进行耕作的。土地本身主要掌握在皇家、神庙和作为土地所有者的大贵族和商人手中，还包括那些仍属于公社或部落所有的人，[7]这些土地很大一部分是靠出租耕种的。耕地出租的常用租税形式是佃户用实物的形式缴纳地租。通常做法是佃户把收成按一定比例，通常是 1/3 或一半，分给预付了谷种的土地的主人。[8]佃户必须耕种土地，打理庄稼，如果他工作疏忽了，则必须向土地的主人支付这块土地估算的平均租金，并且他还必须将土地开垦并耕种之后才能归还。这些精心制定的政策一方面调整了土地主人的职责和责任，另一方面又规定了佃农应尽的义务。由于田地租金通常是在收获时计算的，其数额取决于收获物的多少，所以由佃农承担洪水或暴风雨对作物造成的损失是不公平的；此类损失通常由田地的主人和耕作者共同承担，
然而，如果损失发生时后者已经支付了租金，他则不能要求归还 168

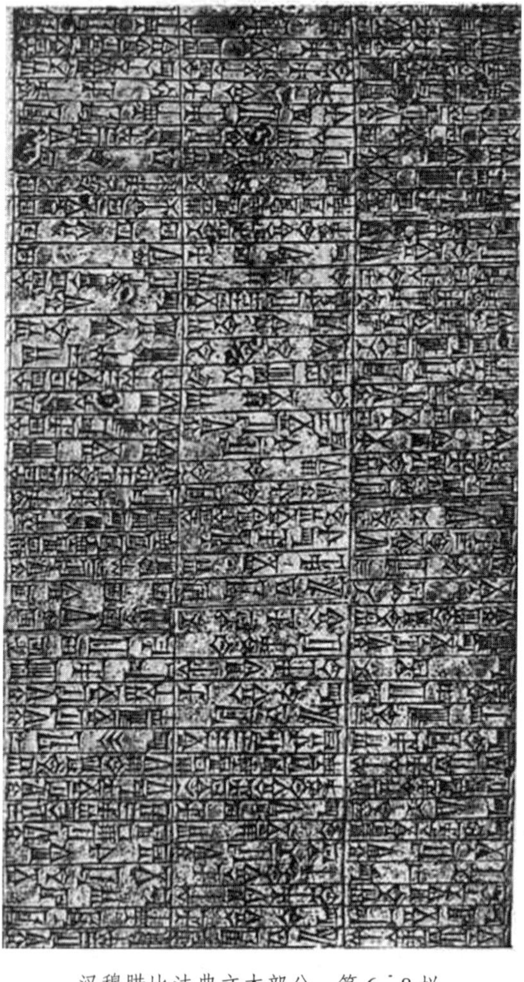

汉穆腊比法典文本部分，第6—8栏

款项。有证据表明，不但农民和土地所有者之间经常发生争执，农民和牧羊人之间也经常发生争执，因为后者在春天想要为羊群寻找牧场时，常常让羊啃食农民的庄稼。对于这种情况，需要支付一定金额的补偿。如果破坏发生在早春，植物还很小的时候，农民就收割庄稼，并从牧羊人那里得到实物补偿。但如果发生在年末，羊从牧场被带到城门旁的公地上，损失就更严重了；在这种情况下，则必须由牧羊人收割庄稼，并给予农民高额补偿。

国王自己拥有很多的牛和羊，他还对臣民的羊群和牛群收取贡赋。牛羊的所有者必须把牛羊生下的幼崽带到他们居住的城镇中心，然后把幼崽收集起来，添加到皇家的牛群和羊群中。如果主人试图隐瞒出生的幼崽逃避纳贡，那么他们以后就必须缴纳额外的费用，而且还要把牲畜赶到巴比伦。国王和大神庙所拥有的羊群和牛群可能数量极其庞大，除了对私人所有者征收的贡品和税外，这些畜群本身也产生了可观的收益。畜群由委派的牧人来管理，有首领将畜群分成群组，安排在不同的区域放牧。国王定期听取其牧人之首和牧人们进行汇报，巴比伦尼亚的大城镇和地区的长官有责任巡视并仔细检查王室牧群的情况。在首都附近放牧的羊群都是在巴比伦剪羊毛的，国王常常传召他的牧人告知
其剪羊毛的日期。[9] 属于王室和神庙财产的不同畜群有时是由同 169
一名首席牧官进行管理，这一事实表明国王本身对神庙的税收也有相当大的控制权。

赋税制度是由皇家制定和执行的，在社会的畜牧业和农业

生活的规则中扮演着重要的角色。照看牛群玩忽职守将被处以罚款，但是主人不应对损失承担任何责任，除非能够证明主人自己存在过失。因此公牛可能会突然发疯，而顶了人，而被顶的人是不应向牛的主人主张赔偿的。但是，如果明知道那头牲畜顽劣，而且它的主人既没有削顿它的角，也没有把它关起来，他就有义务赔偿损失。另一方面，牛或驴的主人将其租借给了别人，则可以对其牲畜受到的损失或虐待要求赔偿。制定这些制度的原则是雇者须为其本来可以合理预防的伤害或损失负责。例如，如果一头狮子在野外杀死了一只被雇佣的牛或驴，或者如果一头牛被闪电杀死，损失则由其主人承担，而不是由雇佣牲畜的人承担。但是如果雇者不小心残忍地殴打并杀死了公牛，或者如果牲畜在其负责期间摔断了腿，他就必须赔偿主人另一头牛。如果对牲畜的损害较轻，则雇者须按照固定的数额支付赔偿。[10] 很显然，这些规定只是王室对长期存在的传统的确认。

土地所有者在很大程度上依靠雇用的牧人和农民来照顾畜群和耕种庄园，而后者在牛、饲料或种子等方面的如果有任何不诚实的行为都将受到严厉的惩罚。例如，盗窃饲料者不仅必须赔偿损失，还有可能被砍掉双手。如果有人为了谋取私利，将一头
170 委托他照管的牛借给别人，那么他将支付巨额赔偿，而如果一个农民偷走了他租用的田地里的谷物种子，导致没有长出庄稼分给所有者，那么他不仅要支付赔偿，还要在他本应耕种的田地里被用牛处以裂身之刑。[11] 在汉穆腊比的时代，残酷的刑罚无疑在很

大程度上是来自于早期更野蛮时代的传统，在那时只能通过极端惩罚来防止不诚实的行为。在法规中保留这些条款无疑起到了有效的威慑作用，如果偶尔在严重犯罪的情况下执行严厉的判决，就足以保持对规则的尊重。

在巴比伦尼亚的亚热带气候中，运河对农业耕作的顺利进行起到了至关重要的作用。王室出于利益的考虑需要始终保持运河的畅通并定期进行清理。有证据表明，巴比伦第一王朝时期几乎每一任国王都开辟了新的运河，并扩展其所继承的水利灌溉和运输系统。河流携带的大量的淤泥部分沉积在运河中，特别是在靠近主流的那些河段，其结果是运河的河床不断抬高。每年都有必要把这些沉积物挖出来，堆在河岸上。河岸逐年越涨越高，直到清理淤泥要比开凿新河道所需的劳动力还多。因此，运河河道每隔一段就要不断地在旧河道旁边再开凿新的河道，很可能许多文献中记载的运河的开凿实际上只是对因泥沙淤积而完全堵住的旧河道的重建。

今天到巴比伦尼亚某些地区旅行的人每隔不远就会看到平原上古运河抬升的路堤。有些平行的河道可能就是因为重新开凿所导致的。这种工作尽可能向后拖延，但是最后却导致了
河岸的高度越来越高。因为运河的河床也逐渐上升，用来阻拦 171
河水的堤坝经常被春天从山上流下来的洪水冲掉。汉穆腊比的孙子阿比埃舒（Abi-eshu）写了一封值得关注的信保存了下来。信中描述了伊尔尼那（Irnina）运河水位突然上升，河水溢出河

岸。[12]当时国王正在卡尔伊尔尼那城修建一座由伊尔尼那运河提供用水的宫殿，每年都对该建筑投入一定量的工作。写信之时，一年的工作只完成了 1/3 多一点，当时因为发生了洪水不得不停工，运河水溢出了堤岸，涨到了城墙的高度。

地方长官有责任确保运河得到良好的维护，他们有权向河岸附近村庄的居民和土地所有者征用劳动力。作为报偿，村民们有权利在他们负责的河段沿运河水域捕鱼，而其他地方的村民则被严格禁止在该河段偷偷渔猎。汉穆腊比的儿子叁苏伊鲁那统治期间，有一次，腊比姆村的渔民乘船来到沙卡尼姆地区违规捕鱼。于是沙卡尼姆的居民向国王控诉，说这是对他们权利侵犯。这个村庄在西帕尔所属的管辖区内，于是国王就派了一个宫廷官员去见西帕尔官方，指示调查此事并采取措施以防日后发生偷钓。用绳子和网进行捕鱼是当时的一项常规产业，人们对当地水域的渔权的保护极其重视。

较大的运河可以直接从河道中获得供水，尤其是在河岸比湍急的底格里斯河低些的幼发拉底河沿岸。但是沿着底格里斯河和运河的岸边，显然必须采取一些手段把灌溉用水从主河道提高
172 到较高的土地上。巴比伦的一些铭文提到了灌溉设备，[13]但并没有描述它们的确切形式和结构，不过此类设备一定与现在使用的非常相似。如今在埃及有一种手工操作的比在美索不达米亚更为常见的用来抬高水位的最原始设备叫作沙杜夫（*shadduf*）。这种设备中间有横梁做支撑，一端悬挂着一个桶用来提水，而另一

端则固定着一个配重。这样将满桶的水提升时就需要相对较少的力量。在库云吉克（Kouyunjik）发现的一个亚述的地基浮雕上也有像沙杜夫那样的设备，这证明这种发明曾在底格里斯河流域使用。两个这样的设备一起使用，一个在上另一个在下，可以将水位连续提升。这些可能是早期巴比伦人经常采用的将水位提高到田地高度的方法。这种设备很轻，很容易拆卸，因而往往会成为不良农民偷盗的目标。小偷一旦被发现则将根据规定按照一定的标准赔偿物主的损失。根据其所偷盗的器械的类别和价值的不同，赔偿的数额也有变化，由此我们可以推断，当时使用的还有其他更重型和更固定的设施。

这些设施中肯定有一种非常原始的方案，与目前美索不达米亚广泛使用的类似，尤其适合底格里斯河的陡峭河岸。一个凹槽侧切面垂直深入河岸，并且在凹槽上方的支柱上水平放置一个木轴，结构就像是一口侧面向河水开放的井。用一根绳子越过木轴系在皮囊上，皮囊中装着从河里汲上来的水，绳子的另一端由马、驴或牛牵着。如果人工将皮囊中的水倒入灌溉通道的话当然既费时又费力。这里运用了一种巧妙的发明来避免这种情况。这
个皮囊并非缝成一个封闭的袋子，而是在口袋末端连着一个狭长 173
的漏斗。当皮囊被灌满并拉到顶部时，一根细绳越过一根较低的轴并固定到主绳上把漏斗提起来，这样两者都被牲畜一同拉起来。木轴的位置和绳索的长度是被调到恰到好处，使漏斗的末端正好停在支柱下面的木槽上方，而皮囊的其他部分则被拉得更高，并

将水通过漏斗射入槽中。木槽通常由椰枣树干劈成两半制成，中间挖空，一端通向岸边的灌溉渠道。为了让牲畜更容易拉起水的重量，地面被铲成一个斜面，从设备上向下倾斜，来回驱赶牲畜在这个斜坡上上下下，皮囊自动填充和排空。为了增加水的供给量，通常并排使用两个皮囊，每个皮囊都有各自的滑轮组和一组牲畜，当一个皮囊被拉满时，另一个皮囊被排空。这样就保证了水流连续不断，而且每组顶多需要一个人或男孩来看管一头牲畜的移动。除此之外，几乎没有一种更有效或更简单的方法可以把水提高到如此高的高度。毫无疑问，在第一王朝时期，牛不仅用于耕作，也被用于操作这种性质的原始灌溉机械。

在幼发拉底河河岸较低的地方，只要有足够的水流，就有可能像今天一样使用简单的水轮。这种机器的优点在于，只要有固定的水流，它就可以随时启动，并且无须看管，昼夜不停地工作。轮子由剥去皮的树干和树枝钉在一起，轮辐将外轮辋连接到粗实的轴上。外轮辋周围系着一些粗糙的陶杯或陶瓶，一些粗糙的桨叶固定在轮子上，突出在轮辋之外。然后轮子被安置在离河岸不远的地方，轮轴被固定在粗糙砖石的柱子上。水流使轮子转
174 动，瓶子浸入水面，满满地抬起，把水倒进顶部的木槽里。幼发拉底河的河岸通常是倾斜的，水从水槽中沿着一条小渡槽或土堤流到田地。如今这样的水轮通常是被安置在河床稍微下降的地方的，水在浅滩上快速流过。为了弥补田地和夏季河流之间的高度差，这种水轮通常建造得非常高大，其粗糙的构造使它们随着水

流转动而发出咯吱咯吱的声音。在河里一个适宜的位置，有时会有几个并排排在一起，转动时的噪音在很远的地方就能听到。

极有可能后期的苏美尔人就已经发明出了这些原始的灌溉机械，第一王朝的巴比伦人只是继承了并将其传给了他们的继承者。这种发明一旦出现就不会有很大的改进。一个是皮囊就必须始终是皮囊；而另一个轮子必须总是由较轻的树枝构成，否则水流的力量就不足以使它转动。我们有理由相信这一点，在巴比伦尼布甲尼撒 II 的宫殿里，对西北角的三眼井最好的解释就是构成了水力供水系统，这种系统由一条封闭的水桶链经过一个大轮子组成。这在现在的巴比伦尼亚是一种很常见的提升水位的方式。的确，在某些机器中，挂桶的轮子仍然用粗糙的木齿固定在长杆或绞盘上，而长杆或绞盘是由牲畜绕圈行走带动的。但是早期巴比伦人不太可能发展出齿轮的原理，这种技术很可能是直到后来的亚述帝国时期，有了大量的青铜，才能够制造封闭的链条上的
桶。似乎有理由相信，辛那赫瑞布（Sennacherib）在制造为其宫 175
殿供水的机器中使用金属时使用了一种新的发明。[14] 我们可以推断，即使在新巴比伦时期，这种类型的发明仍然是一种王室的奢侈品。农民则继续使用更原始的自己手工制造的机器。

古巴比伦早期使用的农具的方式直到现在仍然在继续使用，这从当时使用的犁的形态完全可以看出来，如今在叙利亚的某些地区仍在使用与之非常相似的犁。我们没有巴比伦第一王朝时期关于犁的记载，但当时的犁无疑与加喜特时期的相差无几。最近

图 40　古巴比伦使用的犁的形式

图案来自加喜特时期一块泥板上的印章
［根据克雷］

发现了一个很有价值的典型例子。在尼普尔发现了一块来自那孜马如塔什（Nazi-Maruttash）第 4 年的泥板。上面有一枚滚印的几个印纹图案，描绘了三个人犁地的画面。[15] 一个人驾驭着两只背部隆起的牛或瘤牛拖着耕犁，另一个人手持着犁的两个把手掌
176 管方向。第三个人肩上扛着一袋谷物种子，正用右手把种子放进管子或播种器，然后种子顺着播种器落入犁出的沟槽里。在管子的顶部有一个碗，底部有一个洞连通管子，起到漏斗的作用，方便播种者把种子放入，而不会撒落。这是我们所掌握的最早的巴比伦的犁的例子，而且我们可以看到图案中的犁正在使用，所以更增加了其研究价值。同样的播种器还出现在后期的三个例证中。有一个发现于美里西帕克 II（Meli-Shipak II.）时期的界碑上，也属于加喜特时期，[16] 在其上雕刻了犁女神吉什廷那

（Geshtinna）的神圣标志物。[17] 另外两个是亚述时期的，一个在霍尔萨巴德宫殿墙的彩釉砖上，[18] 另一个是雕刻在埃萨尔哈东黑石上的标志物之一，这块黑石描绘了他对巴比伦重建工作。[19] 至今类似的犁仍在叙利亚使用，而播种器的结构则一点都没有改变。[20]

在开垦和播种土地之前，巴比伦农民们先为灌溉做准备，把土地分成许多正方形或长方形的小块，每一块都用一个低矮的土堤与其他的土地隔开。有些土堤穿过田地，被制成小沟渠，沟渠的尽头与其主灌溉水流相连。没有入口，也没有水闸，当农民想浇某一片田地时，只能把对着小沟渠的土堤挖开，让水流进去。当水流到达他想浇水的田地时，便用一些泥土堵住了沟渠，将土 177
堤铲低，让水流过这块小田地，并将其浸湿。

然后，浇下一块田地时就如此这般，继续重复这个过程，最后回到主灌溉渠，堵住土堤上挖的缺口来截断水流。这也是美索不达米亚目前所采用的灌溉程序，这毫无疑问是从早期巴比伦人继承而来。这一过程极为简单，但是需要小心和机敏，尤其是当水流被同时引入一块田地的几个部分的时候。此外，一条主要水道通常为几个农民的农田供水，而与分享水份相应的，每个人也都有责任对其穿过其田地的土堤进行维护。如果谁没有这么做，因而使水淹没了邻居的田地，那么他必须为毁坏的庄稼支付实物补偿，如果他无法偿付，那么他的东西就会被卖掉，田地被毁坏的邻居们将分享出售所得。同样道理，如果一个农民任其水一直流淌，忘记关掉，他就必须赔偿对邻近庄稼造成的损害。

一艘现代的古筏，石碑描绘和希罗多德描述的一种小圆舟

椰枣树是这个国家财富的第二个主要来源，在冲积层中生长茂盛，为巴比伦人提供了他们主要的食物之一。[21] 他们也从椰枣树中酿造了发酵的酒和一种用来烘焙的面粉；椰枣树的汁液产生棕榈糖，它的纤维树皮适合编织绳索，而它的树干提供了轻便但坚固的建筑材料。古巴比伦早期的国王鼓励种植椰枣，以及花园和果园的布局，并为此制定了特别规定。一个人可以在不付年租的情况下获得一块土地。他可以种植和照料 4 年，在他租佃的第 5 年，土地的原始拥有者收回花园的一半，而种植者自己则保留另外一半。178 人们十分关注契约的实施情况，因为如果在种植园里有一块光秃秃的小块地没种的话，就被算作是种植者的那一半的部分；如果佃户在他最初 4 年的工作中对这些树疏于照看，那么他仍然有责任种植整个地块但却收不到属于他的那一半，此外

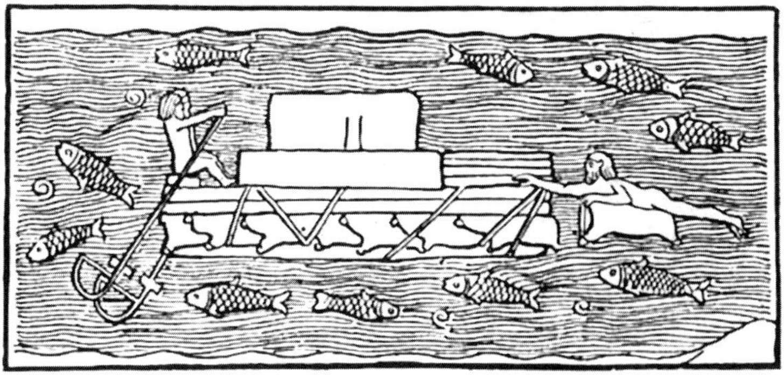

图 41　底格里斯河上的亚述人凯莱克

［根据莱亚德］

他还必须根据土地的原始条件支付数量不等的补偿。国家通过这种方式确保土地不因被接管而荒废。租用一个种植园的租金是固定的，为其产品的 2/3，佃户负责提供所有的劳动力和必要的灌溉用水。

从第一王朝时期的王室书信中，我们得知运河不仅可以用于灌溉，还用于水路运输。这些书信中有的指示把谷物、椰枣、芝麻籽和木材运到巴比伦，我们得知羊毛和油是通过水路大量运输的。尽管我们所掌握的最早的证据来自尼尼微的地基浮雕，但在底格里斯河和幼发拉底河运输重物时漂浮在充气皮囊上的筏子可能很早就
179 开始使用了。这种筏子直到今天仍然存在，[22] 特别适合于运输沉重

图 42　亚述人的古筏（Gufa）原型

［来自不列颠博物馆的一幅地基浮雕］

的物体，因为它们通过巨大的桨或橹保持在河流之中被顺流冲下。筏子是由木材和兽皮制成的。由于在河流的上游有着丰富的木材，所以造价并不昂贵。在行程结束时，货物登陆后，筏子被拆开，原木被售出以赚取利润，皮囊被放掉气后打包，用驴子驮着由商队带回上游。[23] 这种凯莱克（*kelek*）的使用只有在河流运输比较普遍时才能得以推广，但是，因为我们知道汉穆腊比控制了亚述地区，所以这种运输工具的使用可以追溯到第一王朝也并非是不可能的。对于纯粹的小批量当地运输，在巴比伦尼亚此时可能使用的是古筏（*gufa*），或轻型小艇，因为从亚述纪念碑上的图案来看与现在底格里斯河和幼发拉底河下游使用的构造完全一致。古筏是用涂有沥青的柳条做成的，但尼尼微的雕塑上的图案和希罗多德的描述一样， 180

图 43　底格里斯河上的亚述人木筏

（来自不列颠博物馆的一幅地基浮雕）

表面覆盖着兽皮。[24]

早期的文献和铭文中就有关于船只的记载，而且毫无疑问，这些船是在运河上用来大批运输补给的。这种船或驳船的大小是按照所能够承载谷物的量来计算的，通常容积用当时的最大容积单位古尔（gur）来计算。我们发现当时的船只大小不同，容积从5古尔到75古尔，甚至更多。较大级别的船可能与今天使用的帆船和渡船类似，[25]由厚重的木材建造，用于运输牲畜时底部是平的。在巴比伦第一王朝时期，建造一艘60古尔的船只要付给造船工的费用为2舍克勒银钱，而容量较小的船只的造船费用也相应减少。造船工必须对其不合格的工作负责，如果船只下水后一年内出现缺陷，他必须自己出钱加固或重新建造。当时社会中船工和水手的数量极为庞大，从事这种工作的人的年薪固定为60古尔谷物。较大的船只上有船长或首席船员指挥着全体船员。有证据表明，国王拥有的船只有很多较大的型号，用来运送谷物、
181 羊毛和椰枣，以及用于建筑的木材和石头。

在国王的统治之下很可能有专门的官员收取赋税，并且分不同的河段或运河驻扎管理水路运输。他们负责向国王报告河道上的所有损坏或缺陷，国王将向地方总督下达指示，令其进行必要的修理。汉穆腊比的一封信谈到了他收到地方报告关于以力的一条运河淤堵，需要处理。由于疏浚工作尚未彻底完成，所以运河很快又淤塞起来，船只无法到达城市；汉穆腊比在信中发出紧急命令，要求运河在3天内通航。[26]关于船主、船夫及其客户各

自责任都有专门的规定。如果一个船夫从船主那里租了一条船，他就要对它负责，如果船失事或沉没，他就必须补偿；但如果他让船能够重新航行，则只需付给船主船价的一半作为所造成损坏的赔偿。船夫还须负责所租用的船上携带的货物，如谷物、羊毛、油或椰枣等的安全。他们必须赔偿由于自己的疏忽造成的全部损失。对于两艘船之间的碰撞也有规定。如果一艘船当时已经系泊，另一艘船的船夫必须为沉没的船和所失去的货物支付赔偿，货物的主人凭宣誓估计其价值。法庭上的许多案件可能是由于水路运输过程中货物的损失或损坏而引起的。

在第一王朝时期，巴比伦的商业活动导致大城市的规模显著增长，不再仅仅是当地的分配中心，而且开始从事更远的商业活动。巴比伦尼亚和埃兰之间一直保持着密切的商业往来，但汉穆腊比在西方的征服为都城的商人们开拓了新的市场。这 182
条通往幼发拉底河和叙利亚的主要贸易路线已经畅通无阻，在那里一切为阻止阿摩利部落的入侵而设置的军事据点和防御工事都徒劳无功。另外，我们还掌握了第一王朝后期与卡尔凯美什的陶器贸易的证据。[27] 这种贸易对巴比伦尼亚与西方建立的新关系具有重要意义。大商人们从整体来说是属于上层社会的成员，他们自己继续居住在巴比伦，同时雇用商贩，用商队把他们的商品运到国外。

连汉穆腊比也不能完全保证商人们的安全，因为当时在近东地区土匪的袭击和现在一样司空见惯；而且如果商队冒险离敌国的边境太近的话，总是存在被敌人抓去的额外风险。在这种情况下，国王保证货物的损失不需由代理人承担，他们已经冒着生命和失去自由的危险在进行运输了。如果有代理人在途中被迫放弃他所携带的一些货物，他回来时必须宣誓详细说明具体数额，然后他可以免除一切责任。但如果在城市的长老们面前他被证明企图挪用钱财或物品来欺骗雇主，他就必须付给商人他所欺瞒的货款的三倍。法律并非只保护一方，对于更有权力的雇主法律同时也给予代理人同等保护。如果雇主否认对方已将应得的款项还给他并被判定企图以此诈骗他的代理人，那么他必须付给他的代理人争议金额六倍的赔偿金。商人通常预支用来交易的货物或货币，如果他愿意，他可以把自己的利润固定为资本价值的两倍，这说明这个时期对外贸易的利润是非常可观的。但
183 是，更通常的做法是商人和代理商分享利润，而且有时契约对后者不利，旅途中若有损失，他必须把收到的货物的全部价值偿还给商人。在第一王朝时期，驴子是用来运送商品的主要驮兽，因为当时马还很少见，直到加喜特征服之后才在巴比伦得到普遍使用。[28]

第一王朝时期的大量契约都与此类商业旅行有关，记录了契约双方之间达成的协议条款。这样的合作关系有时只保持一次贸易循环旅程，但更多情况下往往会持续更长的时间。商人通常要求代理商出具他所预付的金钱或货物的详细收据，而后者也收到一张收据，上面写明他为保证信誉而做的抵押或质押。在旅途

结束算账时，只有收据中列出的数额才被视为法律义务。如果合同的某一方没有适当的单据作为证明，则须自己承担风险。都城和较大城镇的市场必然是进行这种商业活动的中心，起草任何协议的条款通常都必须要官方的书吏出席，还有其他商人和代理商作为在场证人并在文件结尾处列出证人的名字，而且由于这些人是从当地居民中挑选出来的，所以有一些人总是在那里准备随时作证，以防随后发生任何争端。

巴比伦此时的城镇生活肯定与现在美索不达米亚的所有省镇有许多共同之处，除此之外第一王朝的父权政府无疑还要确保街道保持干净，并努力确保私人的房屋建造得坚固并得到适当的维护。古巴比伦城的一些街道线路已经清理出来了，[29] 我们还发 184
现虽然房屋的地基通常使用的是烧结砖，但上部结构使用的还是泥砖。大多数房屋都是单层的，在一层有椽杆的木排上面是抹的平平的泥制屋顶，在炎热的季节里充当其内居住者睡觉的地方。当时的证据表明，在汉穆腊比时代之前，私人住宅建造得并非十分牢固，因为其立法时考虑到了房屋倒塌和其内居民被砸伤的可能性。法律对于新建的房屋规定了建造者的责任，工作不当而受到的惩罚非常严厉，我们由此可以推断这种严刑峻法是导致建筑显著改善的原因。如果新建的房子倒塌了并压死了房屋的主人，建筑者本人也有可能被处死；如果因为房屋的倒塌压死了房主的儿子，建造者的亲生儿子也要被杀死；如果房主的一个或多个奴隶被压死，建造者必须用他的奴隶代替被杀死的奴隶。房屋所有

（i）在巴格达的底格里斯河上的一艘小的凯莱克

（ii）在比雷吉克的幼发拉底河上的货船

者的财产如有任何损坏，也是由建造者赔偿的，另外建造者还要出钱重新建造房屋，或者修理掉倒塌的部分。另一方面，质量好的建筑工作的报酬会得到保障，而且报酬的多少是由建筑物所覆盖的地面的面积所决定的，这直接证明了该时期的房屋不超过一层。我们注意到在巴比伦街道以垂直相交，有证据表明这种对城市系统路线规划的开始也许可以追溯到汉穆腊比时期，但在对城市的早期地层进行进一步挖掘之前，对这一观点还没有十足的把握。[30]

从当时的文献中我们可以对巴比伦早期家庭生活了解比较 185
详细。法律规定了家庭成员之间的相互责任，任何关系的变化都要以法律形式在证人面前得到适当的记录和证明。关于结婚、离婚、收养和抚养子女等都有详细的规则，而婚姻财产的规定和处理、寡妇的权利和继承法都由国家按照传统方式管理。也许社会制度中最显著的特点是妻子在巴比伦家庭中的公认地位，以及妇女普遍享有的极其独立的地位。任何具有法律约束力的婚姻都必须有正式执行并经证明的婚姻契约，没有这种必备条件，在法律意义上，一个女人就不被视为妻子身份。另一方面，一旦起草了这样的婚姻契约并得到确认，就必须确保其严格执行，不可侵犯。妻子必须保持贞洁，否则将遭受严厉的惩罚；[31] 另一方面，丈夫也有责任根据他们的条件维持妻子适合的地位。

法律给予妻子充分的保护，在被丈夫遗弃的情况下，允许她在某些条件下成为另一个男人的合法妻子。如果丈夫故意抛弃她，并非被迫离开了他的城市，她可以再婚，而且他回来时不能再娶回她。但是，如果他的遗弃并非出于自愿，比如一个男人在战场上被俘虏并被掳走的话，这条规则就不适用；妻子可以在他不在的时候根据她丈夫的事情来决定她的行为。这种规定倾向于保护这位妇女。如果丈夫在被囚禁期间拥有的财产足以养活妻子，
186 则她没有理由再婚；如果她成为另一个男人的妻子，则该婚姻不被视为合法的，而且她将因通奸罪而受到严酷的惩罚。但是，如果丈夫没有足够的钱养活妻子，人们就会认为她需要自谋生路，并且允许她再婚。俘虏回来后可以领回他的妻子，但第二次婚姻的孩子仍然和他们的父亲在一起。离婚法也维护妇女的权益，除非能够证明她不做家务，没有尽到妻子的义务时，才对她进行严厉的处理；在这种情况下，她可能被休掉而得不到任何赔偿，甚至沦为丈夫家中的奴隶。但是，在没有确凿证据的情况下，她的生计是完全有保障的，因为丈夫必须归还她的婚姻财产，如果她没有婚姻财产，他必须给她生活补贴。她还有子女的监护权，丈夫必须为他们提供抚养和教育；在他去世时，离婚的妻子和她的子女可以继承他财产的一部分。[32] 妻子患有永久性疾病也被认为不构成离婚的理由。

这些规定十分生动地阐明了已婚妇女在巴比伦社会中的地位，这种地位不仅在古代是无可比拟的，而且在自由和独立方面与现代欧洲许多国家相比都要优越。更值得注意的还有上层阶级的未婚妇女能够获得的特权。在某些情况下，她们有权以自己的

名义拥有财产，从事商业活动。要获得这样的地位，这个女人需要宣誓成为巴比伦、西帕尔，或是其他大城市的主要神庙中的一名女祭司。[33] 这些女人的职责并非是僧侣，虽然她们通常一起居 187
住在一个特殊的房屋，或是寺庙的女院中，但她们在社会中享有很大的影响力和独立性。一名女祭司可以以自己的名义拥有财产，在宣誓时，她的父亲就给她一部分财产，和她如果结婚时收到的一样。这些财产属于她本人，不可变更，也不属于她所属的神庙；这完全是为了维持她的生活，在她父亲死后，她的兄弟们负责照顾她的利益，她可以把财产租出去耕种。她死后，除非她父亲赋予她遗赠财产的特权，否则她的这部分财产需要归回到她自己的家庭；但是她所继承的所有财产都可以遗赠，而且无须纳税。她有相当大的自由，可以自己做生意，如果她愿意，可以离开神庙，订立形式上的婚姻契约。

在保证这些特权的同时，她要为其誓言承担相应的责任。即使结婚了，一个女祭司必须仍然保持处女之身。如果她的丈夫想要孩子，她自己也不可以生育，但是必须给他一个女仆或小妾。但是，除了这一方面缺憾外，她能够确保作为永久的一家之主的地位。小妾虽然可以为丈夫生孩子，但地位通常在妻子之下，如果她试图使自己与女祭司平起平坐，那么后者可以给她打上烙印，把她与女奴隶放在一起；而如果小妾被证明不能生育，则可以被卖掉。未婚的女祭司也可以生活在自己的房子里，以自己的方式处理时间和金钱。但是，社会对她们的商业道德和社会道德有很高的期望标准，并且对其非法行为将处以严厉的惩罚。例如，女祭司不允许开啤酒馆，甚至如果她进入一家啤酒馆，就有可能被处死。一个未婚的女祭司也享有已婚妇女的地位，对其诽谤的惩
188 罚是在额头上烙印。许多望门豪族甚至王室成员的妇女都宣誓成为女祭司，这证明当时女祭司享有的社会地位是相当高的。

早在公元前两千纪早期一个东方种族的妇女就能获得如此独立的地位，这一事实十分引人注目。这也许在很大程度上与巴比伦的商业生活所起的重要作用有关。在当时以农业和战争为主的种族中，妇女的活动必然局限于抚养儿童和家庭内部经济。但随着巴比伦贸易和商业企业的发展，上层社会的妇女似乎要求参加她们认为自己能够参加的活动。[34] 这种实践的成功无疑一方面与严格高尚的道德标准有关，另一方面也与宗教信仰所赋予的威望有关。

第一王朝时期的司法是在国王的监督下由正式任命的法院执行的。法官由王室任命，而城市的长老们与他们坐在一起，协助他们听证和筛选证据，这事实上起到了防止法律管理中独断专行的作用。裁决一旦做出并记录在案，是不可撤销的。如果哪个法官试图改变这种判决，他就会被逐出审判席，并被禁止今后行使司法职能。这项规定也许是为了防止事后行贿的可能性；如果一个诉讼当事人认为判决不公平，他总是有权向国王上诉。汉穆腊比的信件证明，他不仅对都城审理的案件，还有巴比伦尼亚
189 其他大城市审理的案件，都进行严格的监督。他显然试图根除所

有被授予权力的人的腐败。有一次，他得知在杜尔古尔古瑞镇（Dûr-gurgurri）发生了一起行贿案，他立即命令地区长官调查指控，并将有罪的当事人送往巴比伦进行处罚。贿赂也要被没收并封存后送到巴比伦，这是明智的规定，可以阻止那些倾向于篡改司法过程的人，同时又充实了国库。[35] 虽然国王尽可能事必躬亲，但在遥远的城市，他还是把这个责任交给地方官员。交至他面前的许多案件都是由于高利贷者的勒索而引起的，[36] 一旦国王证实他们有欺诈行为，就绝不留情。

国王与各阶层的祭司的关系也非常密切，他对祭司长及其下属的控制似乎和他对全国司法部门的控制一样有效。在苏美尔人统治下，等级制度中更有势力的成员总是想要篡夺王室的特权，[37] 但是在西塞姆人的统治下，这种危险似乎完全不存在。祭司集团的一个重要部分是占星家，他们的职责可能是定期向国王汇报天体的组合和运动，以确定其所预示国家命运的祸福。后来的亚述传统很可能起源于这个时期，我们可以得出结论，对历法的调整也是根据这样的建议进行的。我们得知汉穆腊比在一封信中，通知他的拉尔萨当地长官辛伊丁那姆，他决定要在历法上加上一个中间月份。他写道，由于当年的年历有缺陷，开始的月份记为第 190
二个埃鲁勒（Elul）；他还补充了一个非常实际的提醒，即增加这个额外的月份，将不会因此而推迟支付拉尔萨城的常规贡赋。[38] 巴比伦人的阴历中必须定期加入中间月份，以便与太阳年相对应；观察新月最早出现和确定每个月的第一天便是官方占星家们最重要的职责。

在年名的确定过程中，祭司集团肯定也起到了重要作用，因为大多数为年命名的事件都具有宗教性质。从苏美尔人那里继承下来的这种系统肯定并不简单，[39] 其之所以得以保留无疑是因为其所连带的集团和宗教仪规的神圣性。毋庸置疑，一年的命名通常是在新年庆典上举行的，而且当年名中所纪念的事件是设置一个大祭司或奉献神庙设施时，我们可以假定，皇家的活动也是在确定年名这一天进行的。[40] 通常情况下只是采用前一年的年名作为临时名称，然后也可能不举行命名仪式，除非在这一年中有一次重要的胜利或发生其他重要的事件需要重新命名来纪念。国王一定是在旧的一年结束前与他的祭司顾问商量并及时确定新年
191 名，以便能够使其及时传达到王国边远地区。

这一时期的另一个重要宗教阶层是占卜师集团，他们也似乎直接在皇家控制之下。从第一王朝后期的一个国王阿米迪塔那（Ammi-ditana）的一封信中我们可以得知这一点，他曾写信给西帕尔的三位高级官员。信中描述了他们职责的性质以及他们被传召去履行职责的缘由。[41] 国王得知在沙旮（Shagga）缺少粮食，因为这个小城镇在西帕尔的行政管辖区内，所以他写信给有关官员命令他们给那里送去补给。但是，在粮食被运到该城之前，他们要先向占卜师问卜，以确定预兆的吉凶。问卜的方法在信中没有具体说明，但很可能是肝脏占卜，这是当地一直普遍使用的占卜方法。[42] 只有在占得了吉祥之兆的情况下，他们才能把粮食运

进城里，我们由此可以断定国王如此警惕是因为他担心粮食短缺是由于沙旮的地方神生气所致。占卜师将能够查明事实，而且如果他们得出不祥之兆，就无疑会召唤当地的祭司采取措施。

我们已经看到，大神庙所拥有的羊群和牛群有时与国王的畜群在一起放牧，并且有充分的证据表明国王管理自己的税收的同时也监管神庙的税收。世俗和神庙贡赋的税收官吏都要直接向国王汇报，如果税收官吏提供的比预期有所减少，他就必须自己补足。例如，我们从汉穆腊比的一封信中得知，有两个土地所有者或高利贷者曾借钱或预付谷物种子给底格里斯河边的杜尔古尔古瑞城和腊哈布城（Rakhabu）附近的一些农民。他们在结算他们的债权时扣留了谷物，拒绝向拉尔萨的太阳神大神庙比特伊勒 192
基提姆（Bît-il-kittim）支付应付的赋税份额。这个地区的核心城市拉尔萨的统治者代表宫廷，理所当然地让收税人补足了缺额，但是汉穆腊比接到下级官员的投诉后，把这个案件发还给了城市统治者。从类似案件中我们或许还可以推断违约方必须赔偿损失并接受罚款或处罚。[43] 这一文件生动地阐释了政府行政管理的方法和国王本人对案件事无巨细的监管方式。

显而易见，管理国家需要有大的批官员，而且在他们的两个阶层当中，有一个半军事性质的阶层，享有国王的特别关照和保护。他们负责公共工程，看管和控制公共奴隶，他们可能也与税收有很大关系。作为其工作的酬劳他们各得一块地，附带着房屋和园子，又分给他们牛羊在土地上放牧，还定期领取工资。从某种意义上说，他们是国王的私人卫队，随时可能被派出去执行特殊的任务。不服从命令将受到严厉的惩罚，因为如果这样的军官在被委派了特殊任务时雇用了其他人代替他，就有可能被处死，而他所雇用的人便取而代之，继续担任这一官职。有时，一个军官被派去远方长期驻守，当他去了之后，他的家庭职责由另一个人履行，这个人暂时占据他的房屋和土地，并将在这个军官回来时还给他。如果这个军官有一个年龄足够大的儿子，能在父亲不在时代为履行职责，他便可以这样做；如果他太过幼小，他的抚养费就用其不动产支付。如果军官在离开前未能妥善安排其土地的耕种及其地方职责的履行，一年后另一个军官可以代替他，当他回来时，他就不能取回他的土地或办公室。在卫戍或执行特种任务时，他时刻有着被敌人俘虏的危险，在这种情况下，他的赎金得到了保证。因为如果他自己的钱不够，这笔钱就得从当地神庙的财务部门支取，最后还得由国家支付。还特别规定他的土地、花园和房子都不得被出售用来支付赎金。他们紧密地依附于其所担任的官职，不可替代。这种职位似乎只有男性才能担任，因为规定中禁止他将这些财产遗赠给他的妻子或女儿。他们只能将财产传给他的男性后代，否则将被视为忤逆和目无法纪。

很可能这一特权军事阶层的存在可以追溯到西塞姆人最早在巴比伦定居的时代。最早的可能是王朝的创始人苏穆阿布姆的个人保护者和追随者。他们最初可能是士兵，作为对国王效力的回报被赐予全国各地的田地，继续为国王服务，维持秩序和维护

巴比伦滚印的印痕，雕刻图案为神话主题

国王的权威。随着时间的推移，他们被委以特定的职责，但保留了特权，他们对国王来说必然是一群非常倚重的近卫军集团，誓死效忠，永远值得信赖。在战争的情况下，他们可能协助调动军队，因为军队可能是以区域为基础召集起来的，大多数正在他们控制下的公共工程一线服徭役。

当时的文献使我们对这个时期的其他阶层的人口也有很多了解，但是，由于他们与社会的商业或农业生活的各个部门都有联系，所以没有必要再对他们一一地详细介绍。其中有一个阶层——外科医生，或许值得一提，因为他们如果技艺不精将受到严重的处罚。如果一个外科医生被一个贵族请去做手术，却施术不善，造成了他的死亡或对他造成永久性的伤害，比如失去一只
194 眼睛，那么惩罚就是砍断双手。如果病人是中间等级的成员，则似乎没有任何惩罚，但如果这一阶层的人的奴隶因手术而死亡，那么这个外科医生必须赔给主人另一个奴隶；如果奴隶失明，他必须赔偿给主人该奴隶一半的价银。当然，在当时的人口中并没有与现代医生相当的世俗阶层，因为草药和药物与魔法的使用是分不开的。人们认为疾病是由于邪灵的驱使，或者是那些控制它们的人的驱使，虽然所喝的许多药水无疑是具有治疗性质的，但这些都被看作是伴随着魔法仪式和咒语的巫术所带来的作用，而不是医生使然。

就宗教领域而言，巴比伦上升到首都的地位，导致许多重要的变化，也导致了巴比伦人的众神系统的改变。巴比伦的神马

尔杜克，从一个相对默默无闻的城市神，与其城市逐步上升的重要性一样，地位水涨船高。苏美尔人的主神，恩利勒的成就和贡献都被记在了他的名下，古老的苏美尔传奇与传说，尤其是创造世界的神话，都被巴比伦的祭司按照这一新的精神进行了改造。这一过程的开端可以精确地追溯到汉穆腊比征服瑞姆辛的时期，以及随后对古老的苏美尔人的崇拜中心尼普尔的控制。早期的塞姆人征服该城市时，似乎并没有试图要改变他们在那里发现的旧传统，或者强迫其接受他们的本地的神。但西塞姆人的胜利带来了一个新的神。那时，苏美尔人已经是一个即将消亡的族群，他们的语言作为活的语言逐渐消失，随之而来的是他们的神圣文学被系统地进行了翻译以及个别部分的变形。恩利勒长期以来的地位当然无法完全抹去，但马尔杜克成了他的大儿子。这位年轻的神被描绘成凭借自己的勇气赢得自己的位置，当古老的众神的存 195
在受到混乱之龙的威胁之时他前来相助，斩杀了这头深渊的怪兽，因而被描绘成用其被斩断的身体创造了宇宙。[44] 毋庸置疑，古老的神话传统依然在当地的古代宗教中心被视为瑰宝，但其巴比伦版本在皇室认可与鼓励下，往往更加得到推广和普及。

在第一王朝后期国王的统治下，文学活动的各个分支也得到了巨大的推动。古老的苏美尔语在法律和商业文件中的措辞以及国家的纯宗教文献中仍然占很大比重。为了更好地研究古代文本，塞姆族的书吏们系统地编纂了对这些词汇和表意词符等进行解释的列表，这些最早形式的字典，一直沿用到亚述和新巴比伦时期。苏美尔语的文本也被抄写下来，还在行间写下了塞姆语的翻译。苏美尔祭司的天文学、占星学研究和记录被传承下来，大量收集起来与早期流传下来的阿卡德记录结合编辑在一起。一项对巴比伦文学的研究提供了令人惊讶的证据，证明国家的塞姆化既没有导致巴比伦文化的中断，也没有造成其倒退。旧的文本和传统被整体承袭下来，除了涉及马尔杜克的等级或地位的地方有所影响之外，几乎没有什么改变或修改。塞姆族的书吏们无疑对其所继承的传统有所发展，但这种发展是在旧传统的基础上进行的。

在商业生活方面，苏美尔的传统也在很大程度上保持不变。税收、租金和物价继续以实物形式支付，虽然塔兰特（talent）、马那（maneh）和舍克勒（shekel）被用作金属重量单位，但白银的流通仅仅是在局部地区，真正意义上的货币并没有出现。例
196 如，在买卖土地时，甚至在加喜特王朝时期，购买物品的价格都是以舍克勒为重量单位的白银结算的，但实际上很少真正有这种金属被移交给对方。被用于交换土地的有各种各样的物品，除了主要的交换等价物谷物之外，还包括奴隶、动物、武器、服装等。在协议的购买价格实际支付之前这些物品的价值都要按照同样的银价标准计算。早期的塞姆族巴比伦人，尽管其商业活动有了很大发展，但其发展还处在纯粹的以物易物和货币流通之间的过渡阶段。

西塞姆人对其承袭的国土带来的一个重要的贡献是其商业

联系区域的增长和对北部和西部地区的政治扩张。是他们使其法律制度化,并将其内部管理置于一个更为广泛和统一的基础之上。但汉穆腊比时期影响最大的和最深远的变化是塞姆语成为整个巴比伦尼亚的共同语言,同时塞姆族元素也在人口中成为主导因素。正是由于这一事实，该地区后来所有的入侵都未能改变其文明的主要特征。随着时间的推移这种外来族群不断被吸收，虽然无疑有新鲜的族群元素被加入到种族集合中,但塞姆元素获得了胜利，并不断从其母族得到加强。苏美尔人的族群和语言似乎在这个地区的最南端延续得最长久，我们应当看到，海国诸王的兴起或许可以被视为他们在政治领域上最后挣扎。

1 沙伊尔（Scheil）在“Mémoires de la Délégation en Perse,” Vol. IV.（1902），首次发表和翻译了《法典》，并给出了照片模本，仍然是文本的最佳权威。关于对由其衍生出的大量文献的最全面、最好的文献索引，参阅 Johns,“Schweich Lectures,” 1912, pp. 65 ff.；最广为流传的英语版本为约翰斯（Johns）在“Babylonian and Assyrian Laws, Contracts and Letters”（1904）, pp. 44 ff.，和在 Hastings’“Dictionary of the Bible,” Vol. V. 关于文献的语言学研究，推荐参考乌格那德（Ungnad）的转写和词汇表在 Kohler and Ungnad’s“Hammurabi’s Gesetz,”’ Bd. II.（1909）.

2 关于早期契约文学的最新参考书目，参阅 Schorr,“Urkunden des altbabylonischen Zivil- und Prozessrechts”（出版于“Vorderasiatische Bibliothek,” 1913）, pp. xlix. ff. 大部分的王室书信现藏于不列颠博物馆，文献翻译见“Letters and Inscriptions of Hammurabi, etc.”（1898—1900）；关于

已发表的该时期的私人书信，参阅 Schorr, *op cit.,* p. lvi.

3 参阅 Clay,“Orient. Lit.-Zeit,” 1914（January），“A Sumerian Prototype of the Hammurabi Code.” 克雷教授将文本的一张照片寄给了我，该文献对巴比伦法律的研究意义重大；目前他正在准备该文献的发表工作。

4 巴比伦人对其上层等级成员的称呼是阿维鲁（awîlum）“人”，当其表示这种特殊含义时，最好用诸如“显贵”或“贵族”之类的词语来翻译。但是，从法律意义上，以及日常的说法，阿维鲁可以表达更宽泛的含义，包含中间等级的成员。

5 他们被称为穆什凯奴姆（*mushkênum*），来自词根 *kânu* 的 Š 头词干，意思是“谦卑的，低下的”，库姆（Combe）将其与阿拉伯语中的 *miskîn* 一词的类似用法进行了对比，该词指一个非先知后裔人的下等的状态（参见“Babyloniaca,” III., p. 73 f.）。该词进入希伯来语中后的变体为 *miskên*，而且词意发生了变化，又传入许多印欧语中（参见意大利语 *meschino, meschinello*，葡萄牙语 *mesquinho*，法语 *mesquin*）；参阅 Johns,“Schweich Lectures（1912）”, pp. 8, 74.

6 希罗多德（I., 193）见证了巴比伦的丰饶，他说那里是古代世界所有国家中粮食产量最高的地方。

7 关于甚至一直遗存到加喜特人征服时代的部落所有制的早期体制，参阅下文，pp. 249 ff.

8 事实上，当时执行的是“佃农”（*métayer*）制度，土地主人需要为土地的耕种提供牛、农具和种子；参见 Johns,“Schweich Lectures,” p. 5.

9 参阅阿米扎杜旮的 5 封信件，在“Letters of Ham.” III., pp. 162 ff.

10 如果损失了一只眼睛，雇者需赔偿牲畜价值的一半，折断了角，失去了尾巴，扯坏了口鼻需赔偿价值的 1/4。

11 参阅《法典》第 256 条。（译者注：我国学者吴宇虹先生将法典该条文译为“如果他没有能力赔偿，人们应该在这块土地中用牛来回拖拽他。”参阅吴宇虹等，《古代两河流域楔形文字经典举要》，黑龙江人民出版社 2006 年版，第 175 页）。

12 参见“Letters of Hammurabi,” III., pp. 130 ff.

13 希罗多德也提到了这些，但并没有具体描述（I., 193）。

14 参见“Cun. Texts in the Brit. Mus.,” XXVI., p. 26.

15 参阅图 40，并参见 Clay, “Documents from the Temple Archives of Nippur,” in the “Museum Publications of the Univ. of Pennsylvania,” Vol. II., No. 2（1912）, p. 65, 图案取自该文。

16 参阅 Plate XXI., opposite p. 248.

17 参见 Frank, “Das Symbol der Göttin Gestinna,” in the “Hilprecht Anniversary Volume”（1909）, pp. 104 ff.

18 参见 Place, “Ninive et l' Assyrie,” III., pl. 31；耕犁用黄色彩釉描绘在蓝色背景上。

19 参阅 Budge and King, “Guide to the Babylonian and Assyrian Antiquities in the British Museum,” 2nd ed.（1908）, p. 221, Figure. 罗林森（George Rawlinson）（“Ancient Monarchies,” I., p. 567）已经解释了埃萨尔哈东石头上的犁所带的播种器。

20 巴比伦语的词汇“犁”，*ḳanḳannu*，在叙利亚语中形式为 *kenkĕnā,* 而且拉比词汇为 *ḳanḳannâ*；参见 Frank, *op. cit.,* p. 165 f. 这里巴比伦词汇之前使用了定符 *erû*“铜”，显示在很早时期犁铧就使用金属来制造了。

21 关于椰枣的种植和巴比伦的人工施肥，参阅 Herodotus, I., 193; and cp. Tylor, “Proc. Soc. Bibl. Arch.,” XII.（1890）, pp. 383 ff.

22 正如约翰逊（Johnson）最先提出，甚至现代阿拉伯语中筏子的名称 *kelek* 也是来自亚述语中指代同类水运设施的词汇 *kalaku*。

23 这是现在的习惯，我们知道这种传统在希罗多德的时代同样存在

（参见 I., 194）；但是他对这种“船”的结构的描述，不是筏子或 *kelek*，而是 *gufa*，一种只在当地使用的小船。

24 参阅图 42; and cf. p. 179, n. 2.

25 参阅 Plate XV., opposite p. 184.

26 参见“Letters,”III., p. 16 f.

27 参阅上文，p. 127 f.

28 参阅下文，p. 215 f.

29 参阅上文，pp. 82 ff.

30 就目前的考察结果来看，从第一王朝时期到新巴比伦和波斯时期巴比伦的街道路线几乎没什么变化，这至少是一个间接证据，倾向于认定美尔凯斯丘的街道主线开始于汉穆腊比及其子孙的时代；参阅上文，p. 85 f.

31 如果被证明通奸，面临的刑罚是在水中溺死，但是如果丈夫愿意的话，他可以向国王请求饶恕他的妻子的性命。如果指控是丈夫亲自提出的，这个女人就应该发誓自己是清白的；但是，如果别人提出指控，她就必须接受河神检验。她要跳进幼发拉底河，如果她被淹死，便证明是有罪的；但如果她安全地到了河岸，就证明了她是清白的。人们相信圣河将看到正义得到伸张；参阅 §§131 f. of the Code, and cp. § 2.

32 妻子也可以向其丈夫提出离婚，如果她能证明她过去的生活合乎规范，那么她可以取走她的婚姻财产回到她父亲的家中。关于违背承诺的法规（基于聘礼的额度），参阅 §§ 159-101 of the Code.

33 在西帕尔的太阳神神庙埃巴巴尔中有一个重要的神职机构，其次是在乌尔，而且还有一个在埃萨吉拉，巴比伦的马尔杜克大神庙，在这些神庙中他们有一些特权。

34 迈尔斯（Myres）教授对这些未婚妇女的勤劳状态解释说，随着手工业和商业在巴比伦尼亚的社会地位越来越高，该国发展处于我们现代社会相同特点的社会结构并不奇怪：参见“Dawn of Civilization,” p. 97.

35 参阅“Letters of Hammurabi,” III., pp. 20 ff.

36 *Op. cit.,* III., pp. 23 ff., 26 f.

37 参见“Sumer and Akkad,” pp. 167 f., 172 f.

38 参见“Letters,” III., p. 12 f.

39 参见“Sumer and Akkad,” p. 57 f.

40 乌格那德（Ungnad）（“Beitr. z. Assyr.,” VI., Hft. 3, p. 7 f.）收集了尼辛第一天或该年前 6 天的文件上的一些年名，表明这是一个惯例；甚至开凿运河的完成也是可以预见的。极少有年名是从前一年的重要事件中选取主题的，也许是在接近末尾的时候发生的；辛穆巴里特第 17 年的年名打败尼辛就是一个例子，因为有一个带有该年名的文件为尼辛第 6 年；但是他对于坡比勒（Poebel）的理论却没有表达意见（参见“Babylonian Legal and Business Documents,” pp. 109 ff.），该理论也是基于这是一种常规惯例的假设。关于第一王朝年名的编辑，参阅“Letters and Inscriptions of Hammurabi,” III., pp. 212 ff.；Poebel, “Legal and Business Documents,” pp. 56 ff.；Johns, “Year-Names of the First Dynasty of Babylon”（1911）； 和 Schorr, “Urkunden,” pp. 582 ff.

41 参阅“Letters of Hammurabi,” III., pp. 157 ff.

42 参阅 Jastrow, “Religion,” Bd. II., *passim.*

43 参阅“Letters,” III., pp. 49 ff. 从阿比埃舒的一封信（*op. cit.,* p. 153 f.）中，我们得知国王最终让西帕尔的商人为他们的城市贡税负责。

44 关于创始系列神话的角色构建以及其发展的历史脉络，参阅“The Seven Tablets of Creation,” I., pp. lxvi. ff.

第六章

巴比伦第一王朝的灭亡与来自海洋国家的诸王

在汉穆腊比统治的最后几年，巴比伦达到了其早期权力的最高峰。这是他在其《法典》的序言中自豪的措辞给人传达的印象，整个帝国紧密团结在一起，帝国内的城市都乐于接受皇家的仁慈与宠爱。毫无疑问，他的成功在很大程度上要归功于在其个人控制下建立的有效管理。他的儿子，叁苏伊鲁那，继承了他父亲的传统。在其幸存的信件中，我们掌握了充分的证据，表明他对驻扎在远离首都的城市中的司法和行政官员进行了同样的密切监督。看起来，他执政的前 8 年之中一如其登基之时的太平盛世。他开凿了两条运河，他给这些运河起的名字是纪念他希望通过运河给人民带来的财富与丰饶。在其第 3 年和第

4年期间，叁苏伊鲁那那旮卜奴胡什尼西（Samsu-iluna-nagab-nukhush-nishi）和叁苏伊鲁那希旮鲁姆（Samsu-iluna-khegallum）运河竣工，而皇室活动则仅限于进一步装饰巴比伦和西帕尔的大神庙。其第9年不仅对叁苏伊鲁那统治时期来说是一场危机，而且也标志着早期王国命运中的转折。据我们所知，就在此时加喜特部落开始出现在巴比伦的东部边境。尽管正如叁苏伊鲁那所宣称的那样，无疑打败了他们，但很明显他们从埃兰西部的山麓上的崛起，以及随后迅速渗透到巴比伦的境内，都意味着帝国即将陷入熊熊烈火之中。 198

在被派来对付他们的军队击败之前，他们的进攻一定已经取得了一些胜利，[1]但所有敌对行动的卷土重来必然再次激起埃兰边界部落的战斗本能，而这种本能已经在汉穆腊比的胜利挥师之下一度消沉。汉穆腊比的老对手，瑞姆辛本人，已经几无斗志即将长期退居二线，尽管年事已高，这个消息还是激励他做出了新的挣扎。他的声名还在那些旧日部下的口中念念不忘，自从他的征服者汉穆腊比死后，他的声望必然越来越高。因此，当其祖国埃穆特巴勒（Emutbal）与邻近埃兰地区的伊达马腊兹（Idamaraz）结盟，跟随加喜特人进行有组织的入侵之时，瑞姆辛在巴比伦南部发动了叛乱，并成功地占领了以力和尼辛。看来似乎拉尔萨的巴比伦驻军也被攻克了，这座城市又回到其旧统治者的独立控制之下。

随着整个南部地区都起兵反叛，我们可以推测，叁苏伊鲁那在巴比伦家园遭到入侵之时派遣了足够的部队来遏制瑞姆辛。他毫不费力地赶走了埃兰人，接着向南进军，打败了瑞姆辛的部队，重新占领了拉尔萨。[2]可能就是这次他活捉了，或者烧死了瑞姆辛，[3]此事可能发生在叛军首领昔日的大本营，拉尔萨的旧宫殿。但起义并未完全被镇压。乌尔和以力仍然在顽强抵抗，经过又一轮的征战，叁苏伊鲁那才再次将其摧毁，城墙被夷为平地。
199 因此，他成功地粉碎了第一波对帝国的一系列有组织的攻击，但同时应对外部入侵和内部叛乱显然使国家资源捉襟见肘。为了增强其战场上的军队，边远省份的驻军可能不得不减少，其他的省份也遭到削减，在其第12年的时候，所有这些边远地区可能全都倒向了叛军洪流也毫不意外。根据记载，在那一年所有的土地都背叛了他。[4]

我们相信叁苏伊鲁那所遇到的新麻烦的主要根源是伊鲁马伊鲁姆的活动，他可能在此时领导了波斯湾沿岸的海国叛乱，宣布脱离巴比伦独立。叁苏伊鲁那的回应则是进一步提高税收，并号召人们反对他的新敌人。随后在波斯湾沿岸发生了激烈的战斗，因为根据后来的编年史记载，被屠戮的尸体被海水冲走了；然而这导致了巴比伦人的犹豫和不安。我们可以推测，由于其他地区的动乱，国王未能动用全部兵力镇压叛乱。因为在接下来的两年里，我们发现他摧毁了基苏腊（Kisurra）和萨布姆（Sabum），打败了巴比伦本土叛乱的领袖。[5]

伊鲁马伊鲁姆于是得到了巩固其地位的机会。实际上，在

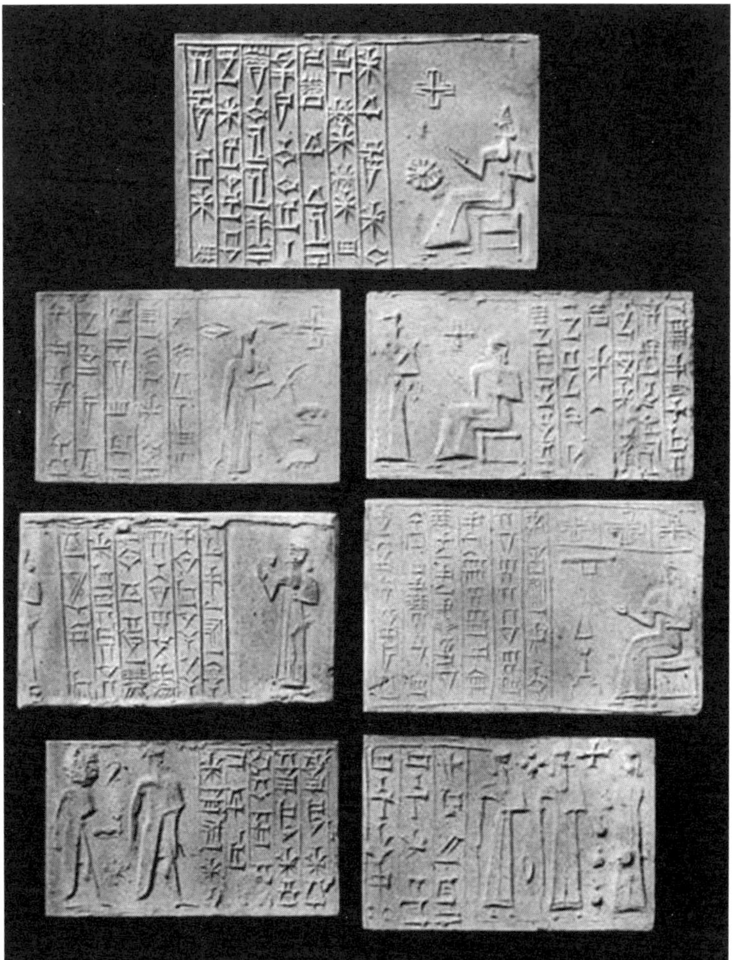

加喜特滚印的印痕

采弗尔丘叁苏伊鲁那第 10 年以后的文件一个也没有发现，[6] 我们似乎可以视其为看到伊鲁马伊鲁姆在巴比伦尼亚南部的影响力日益增强的证据。中心城市尼普尔最终落入伊鲁马伊鲁姆的
200 掌控之中的事实，使我们或许可以猜测他已经开始侵入北方，而苏美尔南部的领土，或许包括拉尔萨，现在已变成了他的领土。我们注意到有些证据可能支持这一建议。伊鲁马伊鲁姆镇压了阿卡德的篡位者后，开始修复连续 6 年的战争所造成的破坏，他在尼辛和西帕尔重建了被摧毁的城墙，在埃穆特巴勒修复了伟大的守卫堡垒。尼辛很可能标志着巴比伦所控制的最南端的界限，我们可以想见随着巴比伦政权的衰落，海国的势力逐渐扩张。叁苏伊鲁那曾夸耀他在其第 20 年之时推翻的“叛乱之地”可能指的就是海国，因为我们知道他对伊鲁马伊鲁姆发动了又一次进攻，而后者则是这次的胜利者。如果巴比伦军队以相对良好的秩序成功撤退，那么叁苏伊鲁那便更有充分的理由吹嘘他给了叛乱之地一个教训。

在巴比伦尼亚的东南部的领土边缘总是表现出对巴比伦本土的上游河滨地区的分离倾向。这里有大片肥沃的冲积土层组成的沼泽和湿地，河流越接近海岸的地方这种土壤就越宽阔，形成了波斯湾沿岸地区，同时在北部地区向埃兰蚕食。这些沼泽无疑形成了对这一地区的保护，因为只有当地的居民们知道道路和浅滩，而对于来自西北部的陌生人来说，在许多地方，则会完全陷入迷茫。当地人还可以乘着轻便的芦苇船从一个地方逃到另一个

地方，沿着熟悉的通道行驶，躲避追赶他们的人，而这时高大的芦苇丛已经在他们身后合拢起来。后来的亚述人在其势力高峰时成功地在海国镇压了一系列叛乱，但也只能依靠当地向导的帮助和征用附近村庄的轻型独木舟。早期的巴比伦国王们总是让沼泽地的居民们放任自流，顶多也只是名义上承认其宗主权。但是，201

图 44　巴比伦尼亚南部，即海国的沼泽

这里描述的是亚述人对该地区的征服，面临着沼泽和芦苇丛带来的困难。

［根据尼尼微的一幅地基浮雕］

很可能这一地区后来被注入了新的活力，而伊鲁马伊鲁姆无疑利用了这一优势不仅成功地领导了一场叛乱，而且建立了一个独立的王国。

很显然，西塞姆人移民给巴比伦尼亚带来的压力必然使部分当地的人口流离失所。他们沿着河流向下游前进，即使在占领了该地区之后，这种压力仍然存在。这种人口中的紧张因素与侵略者截然不同，他们更有可能去别处寻求庇护，除了埃兰，海国
202 是他们唯一可能的撤退方向。因此，我们可以假定，苏美尔的逃难者在很长一段时间里不断来到南部沼泽地成为那里的居民，虽然新王国的前三位统治者有着塞姆语名字，可能是塞姆人，但后来的海国统治者的名字表明了后来苏美尔人的因素在当地人口中取得了主导地位，[7] 毫无疑问，这是因为在他们成功占领了巴比伦尼亚南部以后，又获得了新来的亲族的帮助。在第二王朝更强大的国王统治下，这个王国可能具有类似于其在巴比伦尼亚的前一王朝的特征。行政中心当然一度转移到了尼普尔，甚至可能更向北，但作为王朝的起源地，海国一定一直被视为王国的一个主要的行政区，并且一旦再被赶出来，这里就为他们提供了一个安全的避难所。虽然这里遍布沼泽，但物产依然能够使其居民生活相当舒适，因为有繁盛的椰枣树，而且可供种植的区域至少绝不比那些更往西北的地区产量少。此外，沼泽和水草甸中茁壮成长的载布，或称苏美尔驼背牛，不仅构成了一个重要的食物来源，还被用于农耕区域的耕作。[8]

有这样一个在很大程度上被沼泽保护的区域作为军事基地，海国国王们在扩大其控制的领土面积的努力过程中取得了相当大的成功也就不足为奇了。

在与伊鲁马伊鲁姆的第二次冲突之后，叁苏伊鲁那本人似乎已经接受了对南部区域的丧失，而且并没有进一步努力进行重 203

图 45　海国的载布或瘤牛

这里描绘的是它们在一位亚述士兵使节的带领下被从海国赶走，一起的还有战利品。

[根据一幅现存于不列颠博物馆的尼尼微地基浮雕]

新征服。他仍然可以夸耀其在其他地区的赫赫战功，他摧毁了沙赫那（Shakhnâ）和扎尔哈奴姆（Zarkhanum）的城墙，这无疑是在镇压了叛乱之后，并且巩固了基什的防御工事。他还保留了幼发拉底河通往叙利亚的航线的控制权。毫无疑问，他鼓励巴比伦向这一方向开展商业活动，以抵消其在南部的损失。我们有一个有趣的例子，从他统治第 6 年的年名中可以看出，他与西方保持着密切的关系。我们从中得知，他从阿穆如国的大山中得到了一
204 块巨石。这必定是在黎巴嫩挖的，走陆路运到幼发拉底河，再用凯莱克（kelek）运到都城。从他向我们描述的尺寸细节来看，长度似乎约为 36 英尺，而且把这样一个庞然大物从如此边远之地带到巴比伦也绝对称得上是不小的成就。

在这一段相对平静的时期，叁苏伊鲁姆再次致力于重建和美化埃萨吉拉，还有基什和西帕尔的神庙。但是在他的第 28 年，巴比伦遭受了新的冲击，这场冲击似乎导致了更多的领土损失。在那一年，他声称已经杀死了伊阿迪哈布姆（Iadi-khabum）和穆提胡尔沙那（Muti-khurshana），这两个起义或入侵者的领袖，对此事的细节我们不得而知。但是，很显然，果真如此的话，这场胜利必定带来了更多的麻烦，因为在接下来的两年里，没有颁布新的年名，而且国王本人很可能不在都城。重要的是，在尼普尔我们没有发现任何日期是在叁苏伊鲁那第 29 年之后的文件，尽管在此之前，从汉穆腊比第 31 年该城市第一次被巴比伦占领的时候开始，几乎每一年都有带日期的材料被发现。[9] 可以得出

结论叁苏伊鲁那此时必然丧失了对该城市的控制，因为有一份来自尼普尔的文件是在伊鲁马伊鲁姆统治时期的，所以该城必然落入后者掌控之中。我们还可以看到巴比伦领土不断缩小的进一步证据。事实上，叁苏伊鲁那很可能重建了由他的祖先苏马拉伊鲁姆（Suma-la-ilum）在王国初期建立的旧的防御线。[10] 这一工程无疑是当他预见到阿卡德边境防御的必要性才提上日程的。在尼普尔被夺走时，他至少还失去了一个要塞，杜尔扎卡尔（Dûr-Zakar）。在其闭关锁国的日子里，他的活动只限于北方和西部，致力于使幼发拉底河航线保持畅通的任务。因为他在卡尔西帕尔（Kâr-Sippar）附近开凿了一条运河，收复了萨旮腊图姆的所有权，很可能摧毁了阿尔库姆（Arkum）和阿马勒（Amal）的城市。在其去世前两年，他打败了一支阿摩利军队。事情的发展颇具戏剧化，这说明阿卡德的西塞姆人曾经如此地对待他们占领的地方，但当他们在这一地区定居了将近两个世纪后，却遭遇了自己的亲族同样的对待。

除了可能的阿米迪塔那之外，叁苏伊鲁那是西塞姆王朝的最后一位伟大的国王。他的儿子阿比埃舒的确尝试重新将伊鲁马伊鲁姆从巴比伦尼亚中部和南部的据点赶走。一个晚期编年史中记载了他出征去进攻伊鲁马伊鲁姆。[11] 他可能是在伊鲁马伊鲁姆从其他地方的行军归途中突然发动袭击，出其不意，成功地切断了这位国王和他的一部分军队。他试图在底格里斯河上筑坝来阻断对方的退路，由此可见双方显然是在该河流附近遭遇的，而且很可能迫使其躲进了堡垒。据记载他成功地堵住了水流，但依旧没能擒获伊鲁马伊鲁姆。编年史并没有记载两者之间有进一步的冲突，我们猜想，他后来采取了和他父亲一样的政策，即放任海国占有其征服的领土。在一些他残缺的年名中，我们似乎看到了一些进一步战役的迹象，我们知道他开凿了阿比埃舒运河，并在底格里斯河的河口上建造了一座以他自己的名字命名的堡垒，杜尔阿比埃舒（Dûr-Abi-eshu’）。这大概是在巴比伦控制区通往海国的必经之地为保护河流而建的一座前沿要塞。他还在巴比伦附近的阿腊赫图（Arakhtu）运河旁建造了鲁哈伊亚（Lukhaia）城。但是，有证据显示阿比埃舒和他的王位继承人们都越来越专注于宗教仪式。神庙设施的供应对他们来说变得如军事胜利对他们的父亲一样的重要。甚至在宗教领域，他们把臣民对自己的崇拜看得像对神的崇拜一样重要，这是衰败的征兆。

206 重要的是，阿比埃舒以装饰了一尊恩台美那雕像来命名其统治的一年，恩台美那是早期的拉旮什的帕台席（patesi），曾被誉为神，并且在汉穆腊比占领该城之后的某个时期，他在巴比伦有了自己的崇拜中心。因为这一行为表明阿比埃舒对王室的神化越来越感兴趣。这个荣誉尤其与占有尼普尔有关。尼普尔是国家的中心城市和圣殿所在。该城被汉穆腊比吞并后，巴比伦也采用了神化其国王的传统。虽然巴比伦已经不再控制这座城市，但阿比埃舒并没有放弃他父亲和祖先曾经合法享有的特权。因为巴比伦不再拥有恩利勒的中心圣殿，那是其本身的神像应该放置的所在，所以他便在巴比伦当地的恩利勒神庙里献了一尊。但是他还不满足，又在巴比伦、西帕尔和其他地方的神庙中为自己树立了五尊雕像。[12]

他的三个继任者也遵循同样的做法，他的儿子和孙子，阿米迪塔那和阿米嚓杜喀，留下了一些关于他们自己的崇拜雕像的描述。[13] 通常用来描绘国王时特别喜欢用的特征之一是手持为神献祭的羔羊，另外就是祈祷时的虔诚态度。第一王朝后期的国王也热衷于整天构思他们丰厚的献祭。马尔杜克被敬献了数不 207
清的红金武器，西帕尔的太阳神圣殿装饰着用珍贵的杜舒（*dushû*）石制成的日盘，上面镶嵌着红金、青金石和白银。在庙宇中安放用青铜浇筑的巨型浮雕，上面描绘着山河美景；叁苏迪塔那在其最后一行记载了供奉给诸神的祭品中的献给萨尔帕尼图姆（Sarpanitum）的昂贵的香料银匣。

这些资料恰恰为巴比伦当时所获得的财富提供了惊人的证据，毫无疑问，这是其商业活动活跃的结果。一边是埃兰，另一边是叙利亚，[14] 向其输入宝石，金属，木材；其工匠们从外邦人那里学习了很多技术。尽管汉穆腊比的帝国有所收缩，但阿卡德城镇和乡村地区的人民的生活并没有实质性改变。在这些后来的国王统治下，继续有组织地监察国家活动、牧业、农业和商业的所有部门，这些部门在很大程度上是汉穆腊比所建立的；已经发现的一些王室信件表明，国王继续以其名义发布相对来说不那么重要的命令。我们还知道阿比埃舒的儿子，阿米迪塔那，兴建了许多公共工程。他只开凿了一条运河，但为保护其他运河他修建了以自己的名字命名的堡垒。因此，除了阿米迪塔那运河，我们还得知他在孜拉库姆（Zilakum）运河上建造了杜尔阿米迪塔那（Dûr-Ammi-ditana），以及在美恩利勒（Mê-Enlil）运河上建造的另一个同名的堡垒。也是在孜拉库姆河上，他加固了伊什昆马尔杜克（Ishkun-Marduk）的城墙，他还在幼发拉底河岸上修建了马什刊阿米迪塔那（Mashkan-Ammi-ditana）和卡尔沙马什（Kâr-Shamash）城墙。[15]

208 河流和运河的系统防御可能被认为是其边界向南推进的标志。保护地区的庄稼和供水以便从突然袭击的险境中恢复过来是比较明智的做法。有两次，阿米迪塔那用模糊的语句宣称，他曾经把他的土地从危险中解救出来，一次是通过恢复了马尔杜克的力量，而后来又通过减轻来自他土地的压力；而且，在其第 17 年的时候，他宣称他已经征服了阿腊哈卜（Arakhab），可能指的是“苏美尔人”。[16] 这意味着海国国王可以随时从南部的原始居民那里获得帮助。此外，在后来的西塞姆国王中，似乎只有阿米迪塔那一人在抵御海国的入侵方面取得了进展。其进展的最确凿的证据可以从他第 37 年的年名中看出，该年名记载他摧毁了尼辛的城墙，[17] 这证明他的力量已经渗透到尼普尔南部。尼普尔城本身被他占据一段时间是相当可能的，尤其是据说在那里发现了他的建筑铭文，该铭文至今尚未出版。[18] 我们还从新巴比伦时期一个类似文献的副本中得知，他宣称为“苏美尔和阿卡德之王”。[19]

在其统治时期，巴比伦恢复了从前的实力，但我们可以推测，海国保持了对拉尔萨和南部诸城的控制。

我们还有巴比伦王朝和南方王朝之间第三个具有重大意义的同步事件，因为年名中说，阿米迪塔那摧毁的尼辛城墙是由达米奇伊里舒（Damqi-ilishu）命人所建。其中提到的统治者显然是海国王朝中继承了伊提伊里尼比（Itti-ili-nibi）王位的第三位国王。[20] 我们可以断定，阿米迪塔那是在其统治期间，或者在其 209
后不久，南征控制了尼普尔之后，又成功地收复了尼辛。在尼辛被征服前的两年，即其第 34 年，他在埃那姆提拉（E-namtila）神庙中奉献了一个叁苏伊鲁那的雕像，我们也许可以把这种对祖父的敬意与巴比伦王朝最后一次享有尼普尔宗主地位所赋予的荣誉联系起来。

在收复尼辛的下一年，阿米嚓杜喀继承了其父亲的王位，由于他把他王国的伟大归功于恩利勒，而不是马尔杜克或其他任何神，我们可以从这里进一步看出巴比伦在继续控制其古老的圣殿。但是阿米嚓杜喀统治时期的其余的年名显示阿米迪塔那的征服并非是永久的。据传统记录记载，他在其第 10 年土地压力略微缓解之后，紧接着进行了一系列宗教奉献，这表明其国家经历了一段冲突时期；虽然第二年他在幼发拉底河河口建造了一座要塞，杜尔阿米嚓杜喀（Dûr-Ammi-zaduga），在他余下的岁月里和他的儿子叁苏迪塔那统治时期，宗教献祭活动几乎没有中断，这似乎说明海国的国王们很可能正在逐渐夺回一些曾经失去的领土。[21]

210 然而巴比伦的西塞姆王朝所遭受的致命打击并非来自海国。后期的编年史对这段早年的动荡时期进行了阐述，从中我们得知另一次入侵不仅给巴比伦带来了灾难，而且很可能终结了第一个王朝。编年史中称，在王朝末代国王叁苏迪塔那统治期间，“哈梯国之人向阿卡德地区进攻”，也就是说，来自安纳托利亚的赫梯人沿着幼发拉底河行军，[22] 从西北部入侵巴比伦尼亚。编年史没有记载入侵的结果，[23] 但是，加喜特国王阿古姆卡克瑞美（Agum-kakrime）曾将马尔杜克和萨尔帕尼图姆的崇拜雕像从幼发拉底河中部岸边的哈尼（旧称哈那）[24] 带回巴比伦，并且通过隆重的仪式将其再次安放入埃萨吉拉中的圣坛中，我们或许可以将入侵的结果与这一事实联系起来。可以由此合理地断定，这些雕像是叁苏迪塔那统治期间被赫梯人入侵时夺走的。

211 如果赫梯人成功地夺走了巴比伦最神圣的神灵，很明显他们一定袭击了这座城市，甚至可能占领了一段时间。因此，巴比伦的西塞姆王朝可能已经被这些赫梯征服者所终结，而叁苏迪塔那本人也可能在其都城保卫战中牺牲。但是，我们没有理由认为赫梯人长期占据了巴比伦。即使他们成功了，他们也会很快满载着沉重的财物回到自己的国家；并且他们无疑在撤退到幼发拉底河时，留下了一部分人占据哈那。巴比伦尼亚南部可能在这次袭击中也受到影响，但我们可以猜测，其力量在北方的影响会更强，而且海国的国王们从这次灾难中渔翁得利。我们还没有直接的证据证明他们占领了巴比伦，但是，由于在赫梯人袭击之前，其王

以力王辛旮西德的铭文砖，记载在该城中建造其宫殿

国是巴比伦最强大的对手，所以在巴比伦陷落之后，他们的边界很可能有所扩张。

这个时期的以力可能是由一个本地王朝统治，包括辛旮西德（Sin-gashid）、辛旮米勒（Sin-gamil）和安阿姆（An-am）。从瓦尔卡（Warka）古城遗址发现的砖和地基记录中，我们得知第一批统治者修复了埃安那的古庙，并为自己建造了一座新宫殿。[25]但辛旮西德的记录中最令人感兴趣的，是一个用来献祭的泥圆锥，纪念把埃刊卡勒（E-kankal）敬献给鲁旮勒班达（Lugal-banda）和女神宁苏（Ninsun）。他在祈祷文的末尾祈求丰饶之时，插入了一份清单或税表，列出了他在位期间为主要商贸物品确定的最高价格。[26]辛旮米勒是安阿姆的前任以力之王，在其统治期间，安阿姆代表他在乌斯帕腊（Usipara）城中向耐尔旮勒神（Nergal）敬献了一座神庙。[27]安阿姆是某个贝勒筛美
212 阿（Bêl-shemea）的儿子，他的主要政绩是修复了以力的城墙，他声称该墙的地基最初是由半神统治者吉勒旮美什所建。[28]

在巴比伦作为政治力量暂时消失之后，当地无疑出现了其他的王国，但我们对其一无所知，[29]我们能够确信的唯一事实是海国国王的持续继承。公元前 12 世纪的一块界碑提到了其中的一个统治者，古勒基沙尔（Gulkishar）。这块界碑是在第四王朝早期国王恩利勒那丁阿坡里（Enlil-nadin-apli）统治时期制作的。在这块界碑上，他被冠以“海国之王”的称号，这也是后期的编年史家在描述加喜特入侵的时候对王朝的最后成员——埃旮米勒

（E-gamil）——的头衔。这些证据似乎表明，他们统治的行政中心是在南方的时期建立的；但是把该王朝列入王表这一点很好地解释了这一猜测，即至少有一些后来的成员将他们的宗主权施加于更广泛的地区。[30] 在该地区已知的最强大的政府突然瓦解之后，他们显然是唯一稳定承接的统治者。这片土地不仅遭受了赫梯人的袭击，而且在巴比伦最终沦陷之前的一个多世纪里，冲突不断。一定是在那时，巴比伦南部和中部的许多苏美尔古城在被烧毁和摧毁之后荒弃了，而且后来再也没有被重新居住过。拉旮 213
什、温马、舒如帕克、基苏腊和阿达卜在后来的巴比伦尼亚历史中没有扮演任何角色。

我们对巴比伦当时的命运一无所知，但事实上加喜特人把这个城市作为了他们的首都，这表明最初使其提升到这一地位的经济力量仍然发挥着作用。巴比伦尼亚南部人口中的苏美尔人因素现在可能到了发挥最后影响的时期，他们之所以不断争取独立可能与其在海国的族群幸存有关。但在巴比伦，3 个世纪的西塞姆人统治作为整体的影响是永久性的。当加喜特人征服之后，巴比伦再次进入我们的视野时，从其第一帝国继承下来的传统显然几乎没有太大变化。

1　我们可以猜测他们的成功一部分得益于其机动性，虽然这是他们对巴比伦人领土最早的入侵，但在撤退的过程中马匹可能起到了极大的作用；参阅下文，p. 215 f.

2 拉尔萨旁边的采弗尔丘的多份买卖契约副本上面同时带有瑞姆辛和叁苏伊鲁那的年名的不同日期，这似乎是最好的解释；参阅上文，p. 98.

3 参见“Chronicles concerning early Babylonian Kings,” II., p. 18.

4 参见叁苏伊鲁那第 12 年的年名，其全称为纪念某个皇家活动“在所有土地都反叛之后”。因为前一年的年名中纪念了对乌尔和以力的胜利，所以所提及的叛乱不太可能是指与瑞姆辛和埃兰人的冲突，但很可能是暗示其他的行省在威胁要求独立。

5 他的第 14 年的年名纪念他推翻了“阿卡德人的领导叛乱的，篡位的王”。

6 来自拉尔萨（森凯腊）的最晚的文件日期为其第 12 年；参阅上文，p. 104 f.

7 此类人名，诸如伊什基巴勒（Ishkibal）、古勒基沙尔（Gulkishar）、培什旮勒达腊马什（Peshgal-daramash）、阿达腊卡拉马（A-dara-kalama）、阿库尔乌勒阿那（Akur-ul-ana）和美兰库尔库腊（Melam-kurkura），都是苏美尔语的。王朝最后的国王，埃阿旮米勒（Ea-gamil）是塞姆语名字，还有舒什西（Shushshi），伊什基巴勒的兄弟的名字，可能是塞姆语的。

8 公元前三千纪中期拉旮什的苏美尔浮雕上描绘了载布或瘤牛（参见“Sumer and Akkad,” p. 69, 图 21）；一个加喜特印纹上描绘了男人与其耕作的画面（参阅上文图 40）；在亚述帝国后期的时候，还曾经被作为从海国获得的最有价值的战利品之一（参阅图 45）。

9 参见 Poebel, “Legal and Business Documents,”p. 119; and Chiera, “Legal and Administrative Documents,” p. 25.

10 参阅上文，p. 148 f.

11 参见“Chronicles concerning Early Kings,” II., p. 21.

12 其中的一个雕像建立在埃基什西尔旮勒（E-gishshirgal），这是乌尔的古月神庙的名字；基于这一证据坡比勒（Poebel）猜测阿比埃舒成功地控制了巴比伦尼亚南部（“Legal and Business Documents,” p. 120）。但是目前掌握的该年名的更完整形式显示埃基什西尔旮勒，无疑还包括恩利勒的神庙，是在巴比伦。因此，似乎叁苏伊鲁那失去了对南部的月神崇拜的伟大中心的控制之后，就在巴比伦当地为了表示对月神的崇拜建立了一座庙宇，沿用从前的名字，并尽可能重建古老的宗教传统。同样，因为失去了尼普尔，也在巴比伦为恩利勒建立了一座新的圣殿，或者是把旧的进行翻修和美化。通过这样的方式，无疑是希望能够确保一直获得众神的喜爱，并且最终使其诸城焕发新生；并且不断敬献皇家雕像，虽然无疑是王室神化的标志，但也一定是想让国王的诉求可以上达天听。

13 阿米迪塔那似乎在其统治末期再次获得了尼普尔，而且因为阿米嚓杜喀可能在其早期占有这一城市（参阅下文，p. 208 f.），巴比伦因此可以合法地宣称其之前在占领时期的特权。

14 青铜浇注很可能是向埃兰学习的；我们掌握了其与西方关系增加的惊人证据，事实上阿米嚓杜喀统治时期，西帕尔的一个阿摩利人区叫作阿穆瑞（Amurrî）；参见 Meissner, “Altbabylonisches Privatrecht,” p. 41 f., No. 42，和 Meyer, “Geschichte,” I., ii., p. 467 f.

15 他的其他建筑活动包括，在巴比伦城郊建立了皇家别院，叫作沙格杜旮（Shag-dugga），坐落在阿腊赫图（Arakhtu）运河上，在那里他为自己建造了行宫；同时在西帕尔他又建造了旮古姆（Gagûm），或称太阳神庙的宽敞回廊。

16 参见 Poebel, “Legal and Business Documents,” p. 121, and Schorr, “Urkunden,” p. 602.

17 关于相关材料，参阅 Schorr, *op. cit.*, p. 604.

18 根据西尔普雷西特教授与坡比勒博士的一次谈话。

19 参见“Letters and Inscriptions of Hammurabi,”III., p. 207 f.；在该铭文中他还宣称统治了阿穆如。

20 他绝不可能与早期的尼辛王朝最后一位国王，达米克伊里舒（Damik-ilishu），是同一个人。该国王早在此前137年就死了。从建筑铭文来看，那波尼杜斯的确表现出对过去十分感兴趣，但在许多方面，他是生活在后期的一个独特的君主。另一方面，这些早期的年名通常指当代的事件，而不是考古学感兴趣的问题。我们知道伊鲁马伊鲁姆（海国的第一个国王）是与叁苏伊鲁那和阿比埃舒同时代的，在阿比埃舒的儿子阿米迪塔那的最后一年，发现达米克伊里舒（海国的第三个国王）的材料是情有可原的。根据这个假设，可以得出一个重要的推论，即王表上记载的海国前两位国王统治的115年的极长时期有点夸张。王表上所划分给该王朝国王的一些较大数字的精确性长期以来一直备受质疑（参见“Chronicles,”I., pp. 111 ff., and see above, p. 106），这种对照年谱证明了这种怀疑的正确性。虽然第二王朝的历史特征已经得到了充分证实，但我们不能认定王表上记载它的总时长也是大致正确的。在这种情况下，在该王朝的王表中对成员的具体时期还不能确定；参见 Appendix II., p. 320.

21 胜利无疑从一方转到了另一方，阿米嚓杜喀在其统治后期的一年中纪念他像太阳神一样照亮了他的土地，而且叁苏迪塔那记载他用马尔杜克的武器恢复了统治。很难说这些模糊的宣称到底有多少真实性。除了献祭活动，这一时期唯一确定的记录是阿米嚓杜喀第16年，他纪念阿米嚓杜喀奴胡什尼西（Ammi-zaduga-nukhush-nishi）运河的开凿。

22 我们可以确信该词语是指安纳托利亚的赫梯人，其都城波伽兹考伊（Boghaz Keui）的建立一定比公元前15世纪末我们知道他们的名字为哈梯的时候要早得多。的确，在公元前 20 世纪赫梯人向南方迁徙之后，叙利亚北部被称为“哈梯之国”，但是，如果叁苏迪塔那统治时期巴比伦尼亚遭到的入侵是来自叙利亚的塞姆人部落所为的话，无疑编年史的编者会使用正确的名称阿穆如，这是该文献中前面部分提到萨尔贡入侵叙利亚时所使用的名称。在后期的预兆文献中，对此早期地理术语的使用也并未混淆。编年史和预兆文献都是由早期的书写材料转写而来，并非是基于口头传统的后期编辑。

23 这一忽略是因为文献中这一整个部分被书吏错误地落下了，并且他后来只有空间把第一行写进去；参见“Chronicles,” II., p. 22, n. 1.

24 这一区域就在赫梯人攻击的道路上，并且某一区域被入侵者占领明显比对巴比伦的占领更为持久。

25 参见“Cun. Texts in the Brit. Mus.,” XXI., pl. 12，和 King，“Proc. Soc. Bibl. Arch.,” XXXVII., p. 22 f.

26 参阅“Cun. Texts,” XXI., pl. 15 ff.，并参见 Thureau-Dangin,“Königsinschriften,” p. 222 f. 一舍克勒银钱的购买力定为 3 古尔（*gur*）谷物，或 12 马那（maneh）羊毛，或 10 马那铜，或 30 卡（*ḳa*）木材。该记录最有价值之处就是它证明了该时期铜与银的比率为 600 : 1（参见 Meyer,“Geschichte,” I., ii., p. 512）。

27 参见“Cun. Texts,” XXI., pl. 17.

28 参阅 Hilprecht，“Old Bab. Inscriptions,” I., pl. 15, No. 26. 发现了一块安阿姆统治时期的泥板，另一个相同类别的日期是阿腊德沙沙（Arad-shasha）统治时期，后者可能是这一当地王朝的另一位王；参见 Scheil，“Orient. Lit.-Zeit.,” 1905, col. 351，和 Thureau-Dangin, *op. cit.,* p. 238. 这些泥板上从书写风格来看要比巴比伦第一王朝相对晚些。

29 关于普黑亚（Pukhia），阿席如（Asiru）之子和胡尔西图（Khurshitu）

国之王参阅"Sum. and Akk.," p. 287. 胡尔西图可能是阿德姆（Adhem）的附属国阿克苏（Ak-su）的一个区的名字，因为据说在溪流旁边的图兹胡尔马提（Tuz-khurmati）发现了其宫殿的一块砖；参见 Scheil, "Rec. de trav.," XVI., p. 186; XIX., p. 64. 国王马那巴勒台勒（Manabaltel）的统治时期（参见 Pinches, "Proc. Soc. Bibl. Arch.," XXI., p. 158）很不确定，但是其统治时期的泥板之书写的古体风格都显示他是与早期的西塞姆诸王之一是同一时代的。

30 参阅上文，p. 105 f.

第七章

加喜特王朝及其与埃及和赫梯帝国的关系

加喜特人对巴比伦尼亚的征服虽然在大部分地区迅速取得了成功，但在南部却是由独立的加喜特酋长实施的一个渐进的过程。海国国王们独立统治了一段时间，甚至在该王朝结束之后，南方的斗争还在继续。又经过一段时期的冲突之后，加喜特人的统治才完全建立，巴比伦再一次成为整个国家的管理中心。对于巴比伦尼亚来说，幸运的是，新入侵者的数量没有超过现有人口。长期以来，人们已经认识到他们是雅利安种族的可能性，我们可以颇为自信地认为他们可能与后来的米坦尼统治者有亲缘关系，米坦尼统治者统治了苏巴尔图（Subartu）或美索不达米亚北部早期非伊朗人口。和米坦尼亚国王一样，巴比伦尼亚的人是统治阶级或贵族，虽然他们无疑带来了许多下等的追随者，但是他们的统治并没有明显地影响这个国家的语言和种族特征。在某些方面，我们可以把他们的统治与土耳其在底格里斯河和幼发拉底河流域的统治进行比较。没有证据表明他们自己拥有高度的文化，尽管他们逐渐接受了巴比伦的文明，但他们往往长期高高在上，保留着他们本族的名字及其各自的部落属性。他们本质上是
215 一个务实的族群，并且产生了成功的管理者。他们给巴比伦带来的主要好处是一种改进的时间推算方法。加喜特人引进了更简单的方案，来取代由塞姆人从苏美尔人那里继承的笨拙的年名体系，根据这个体系，每年都需要精心设计的名称来命名，这个名称取自一些重大事件或宗教仪式。我们看到，正是由于他们占领的政治环境，已经受到西塞姆人严重破坏的旧土地所有制才得以进一步改变。

但是，在物质方面，他们对巴比伦尼亚的生活影响所带来的最大的变化是由于他们引进了马。毋庸置疑，他们是一个养马的民族，[1] 他们能够成功入侵，在很大程度上可以归因于其高度的机动性。到目前为止，驴和牛一直被雇用于负重和拉车等各种目的，但是，随着加喜特人的出现，马突然成为整个西亚地区的驮兽。在此之前在巴比伦尼亚最早的关于马的记载出现在汉穆腊比时期，被称为“山中的驴”，是非常稀有的。[2] 在该时期，我们有证据表明部落已经在埃兰的西部地区形成定居点，并且他们中的一小部分人不时被雇佣到巴比伦尼亚平原去当收割工，[3] 他

们无疑是用自己常用的方式运送物品的。马匹便这样以其实用性肯定随时被卖给巴比伦人，他们可能留下来为主人服务，帮助照顾这些奇怪的动物。但是，早期的移民肯定是很淳朴而没有太大野心的，因为在这一时期的所有契约文献中，我们没有发现他们对财富欲求或在所到达的地区从事商业活动的痕迹。阿米迪塔那时期的一份契约记录了一个加喜特人订立了两年的租约，租用了一块未开垦的土地耕种，这是他们被雇佣为非下等劳动的唯一证据。[4]

在叁苏伊鲁那统治时期，加喜特人突袭巴比伦领土之后，[5] 继之而来的可能还有其他类似特征的人，但直到后期的海国国王时代，这些入侵者才在巴比伦北部成功地建立了永久的立足之地。根据王表，第三王朝的建立者是干达什（Gandash），一块新巴比伦时期的泥板上据称包含了一份其铭文的副本，我们由此可以确认这一记录。[6] 该铭文副本的文献中提到一个巴比伦国王叫作旮达什（Gaddash）的名字，这无疑是王表中干达什写法的简化形式；文献记录中明确提到了加喜特人的征服。从遗留的铭文可以推断，其纪念的是贝勒神庙，即马尔杜克神庙的修复。该神庙似乎在“征服巴比伦的过程中”遭到了破坏。因此，很明显，巴比伦必然对入侵者进行了奋力反抗直至最后被彻底征服。在取得这一成功之后，似乎接下来对巴比伦尼亚的领土进行了进一步的征服，因为在这一文献中，干达什除了声称自己是巴比伦国王外，还采用了其他的传统头衔，“四方（世界）之王”和“苏美尔和

217 阿卡德之王”。我们由此可以看到证据，此时海国尽管可能已经做了一些努力来阻止入侵的浪潮，但仍被限制在其原来的区域之内。无论如何，第二王朝的最后一位国王埃阿旮米勒（Ea-gamil）并不只是满足于保卫自己的家园。我们得知他主动出击，入侵了埃兰，但是似乎没有成功。在他死后，一个加喜特酋长，乌拉布腊瑞阿什（Ula-Burariash）或乌兰布瑞阿什（Ulam-Buriash），征服了海国，并在那里建立了统治。[7]

记录这些事件的后期编年史家告诉我们，乌兰布瑞阿什是卡什提里阿什（Kashtiliash）的兄弟，是加喜特人，我们或许可以认为他就是巴比伦加喜特王朝的第三位统治者。王朝的创始人干达什，由他的儿子阿古姆继承，但是在后者统治了22年后，他的加喜特人对手卡什提里阿什获得了王位。[8]此人显然来自一个强大的加喜特部落，因为他的兄弟乌兰布瑞阿什就是征服了海国之人。我们在巴比伦的考古发掘中发现了一个闪长岩的权标头或石球，上面刻写着后者统治时期的一篇纪念文。[9]在纪念文中，他自称为海国国王，我们也从中得知，他和他的兄弟都是布尔那布腊瑞阿什（Burna-Burariash）或布尔那布瑞阿什（Burna-Buriash）的儿子，他们的父亲可能在留在后方的埃兰做当地的加喜特酋长，而他的儿子则在中间确保对巴比伦尼亚的控制。经过一段时间之后，乌兰布瑞阿什统治下的海国一定发生了叛乱，因为阿古姆对它进行了再次征服。阿古姆是卡什提里阿什的一个小儿子，据记载他占领了杜尔恩利勒城（Dûr-Enlil），并

摧毁了埃马勒旮乌如那（E-malga-uruna），当地的恩利勒神庙。 218
卡什提里阿什的长子此时在巴比伦继承了其父的王位，并且如果阿古姆在海国建立了统治，我们就再次看到这一加喜特家族的下一代中，兄弟二人分治巴比伦尼亚的精彩局面。但是，编年史家对阿古姆的记载中，并没有说像其叔父乌兰布瑞阿什一样对整个海国行使了统治权，那么他可能只是在局部地区赢得了成功。巴比伦王位接下来传给了卡什提里阿什的次子阿比腊塔什。很可能就是他或者他的一个继承者，再次将全国统一在巴比伦的统治之下。

我们知道卡什提里阿什家族的还有两个成员继续执掌巴比伦的统治，阿比腊塔什的儿子和孙子，塔什西古如马什（Tashshi-gurumash）和阿古姆卡克瑞美（Agum-kakruime）。前面已经提到，后者留下的记录纪念他从哈尼国恢复了马尔杜克和萨尔帕尼图姆的雕像。[10] 接下来我们对巴比伦历史的认识出现了一个巨大的断层。在大约十三代王的统治时期，从公元前 17 世纪中叶到公元前 15 世纪末，我们的本土证据仅限于这一时期后半段的几个简短的记录，还有后来的文献中的一两个历史资料。得益于这些文献的帮助，我们恢复了一些缺失的国王的名字，尽管他们的相对顺序仍然存在争议，甚至有一两个地方是否有名字都成问题。事实上，如果我们仅仅依赖巴比伦的资源，我们对该国历史的了解，即便我们能够再次建立继承顺序，实际上也是空白。但是，在很大程度上，由于自西塞姆国王时代以来与叙利亚

建立的商业关系，巴比伦文化的影响已经声名远播。在方便携带而且不易腐烂的泥板上进行书写的方式逐渐也被西亚其他国家所
219 采用，其语言已成为古代世界的通用语言（*lingua franca*）。埃及征服迦南后，成为亚洲强国，并采用当时国际交往的通用方式与其他大国及其自己的迦南行省进行交流。因此，我们关于这个时期的一些最引人注目的信息并非来自巴比伦本身，而是来自埃及。

在上埃及有一个被称为阿马尔那丘（Tell el-Amarna）的土墩，这里是一个城市的遗址，十八王朝后期的王阿蒙霍特普 IV 或称埃赫那吞统治时期，这里曾经经历了短暂的辉煌。阿蒙霍特普 IV 是著名的“异端”国王，他曾试图使埃及已确立的宗教改弦更张，用与日盘崇拜有关的泛神的一神教来取而代之。为了追求他的宗教思想，他放弃了国家的古都底比斯，在更北的地方建起了一座新首都，称之为阿赫塔吞（Akhetaten），[11] 这个地方就是现代的阿马尔那。他将自己政府和他父亲阿蒙霍特普 III 的官方记录转移至此，包括从埃及的亚洲各行省发来的信件以及与亚述和巴比伦等美索不达米亚国王的外交信函。大约 27 年前，在王宫的废墟中发现了大量的此类信函，这是有关埃及和西亚早期关系的最有价值的信息来源之一。[12] 最近，在古代赫梯帝国的都城哈梯遗址的旁边有一个村庄——卡帕多西亚的波伽兹考伊，发现了更多类似的文件，对阿马尔那的文献构成了补充。为了安全
220 起见，王室和官方的档案被存放在古城堡里，而从遗址上发现的

阿蒙霍特普 III 巨型雕像的头部

数千份文件中，目前只发表了少数摘录，这些文献从赫梯的角度提供了极具价值的进一步信息。[13]

从这些文件中，我们得以恢复从公元前 15 世纪末到公元前 13 世纪末约两个世纪期间的西亚国际政治的全貌。从某种程度上，我们可以追溯埃及与其他亚洲大国之间建立的活跃的关系，以及主要通过外交手段维持力量平衡的方式。在这个时期早期阶段，埃及的势力在巴勒斯坦和叙利亚占统治地位，而米坦尼王国在其雅利安王朝统治下的存在是对亚述扩张的遏制。但是，埃及正在失去对亚洲省份的控制，而与此同时赫梯帝国的兴起正好与埃及权力衰落不期而遇。米坦尼在赫梯人面前迅速崩溃，亚述占据了实质上的优势，从而开始威胁其西南的邻国。在经历了王朝更迭之后，埃及部分恢复了在巴勒斯坦失去的领土，并再次在西亚大国中占有一席之地。直至随着赫梯帝国的灭亡，国际局势才完全改变。在整个过程中巴比伦始终作壁上观专心谋求商业利润而避免卷入战争的泥潭；[14] 但是在后半期，与亚述的边境地区一直是其关注的焦点。

221 从阿马尔那丘的信件中，我们看到了米坦尼、亚述和巴比伦国王如何将女儿嫁给了埃及国王，并寻求建立邦交和同盟。显然，埃及认为作为回报，将公主们下嫁对方有失其尊严，因为卡达什曼在写给阿蒙霍特普 III 的一封信中，向埃及国王抗议其拒绝将一个女儿嫁给他，并威胁因此也不嫁出自己的女儿作为回敬。[15] 另一封信件以更加引人注目的方式说明了这一时期的国际交往的密切程度。米坦尼王国在其权力鼎盛时期似乎吞并了亚述南部地区，并一度控制了尼尼微，正如巴比伦的汉穆腊比早期所为的那样。杜什腊塔以宗主身份，将尼尼微的伊什塔尔圣像送到埃及，以示他对阿蒙霍特普 III 的尊敬。我们发现了他随女神像一起送出的信，他在信中写道：[16]“的确，在我父亲那个时代，伊什塔尔夫人就进入了埃及。她以前住在那里时，人们就尊敬她，所以现在愿我的兄弟比以前多十倍地尊敬她。愿我的兄弟尊敬她，并让她带着欢欣回归。”因此，我们认为这不是伊什塔尔第一次到访埃及，我们可以从这样一种习俗中推断，一个神在得到他或她本尊同意的情况下在外国停留时，如果受到适当的对待，将会给这块土地带来喜悦与繁荣。 222
我们看到稍晚时期拉美西斯 II 为了治疗赫梯国王有癫痫症的女儿，以类似的目的派遣自己的神孔苏（Khonsu）去往哈梯。据信这位赫梯公主是被魔鬼附身了。[17]这些大国的统治者们不仅交换他们的女儿，甚至交换他们的神。

但是，这些信件同样也显示了亚洲敌对国家之间存在的猜忌。通过老练的外交手段，特别是在阿赫那吞统治时期，通过礼物和巨额贿赂，埃及国王及其谏臣们成功地使大国之间的力量制衡，从而保持了一些对叙利亚和巴勒斯坦这些多事之地的控制权。埃赫那吞在埃及给自己的追随者和党众慷慨的赏金和报酬，只是执行了埃及王室的传统政策；[18]在与外国的交往中，他进一步扩展了这一原则。但是，使臣们和那些委派他们的君主们的贪婪毫无二致，对于埃及的黄金，他们得到的越多胃口就越大。信件中的大部分内容是索要更多的礼物和抱怨承诺的礼物没有收到。例如，在一封信中，亚述王阿舒尔乌巴里特写信给埃赫那吞说，从前哈尼腊巴特（Hanirabbat）国王从埃及收到 20 马那黄金的礼物，他也想要一样的金额。[19] 与他同时代的巴比伦的布尔那布瑞阿什写信向埃赫那吞抱怨说从前阿蒙霍特普 III 对他父亲要慷慨得多。“自从我父亲和你们建立友好关系那时候起，他们就互送丰盛的礼物，彼此不拒绝任何想要的东西。现在我的兄弟，你送给我 2 马那金作为礼物。事实是你要多送金子，像你父亲送的一样多。即使没那么多，也要达到你父亲的一半。为什么你只送了 2 马那
223 金子？神庙的工程极其重大，我已经承担了许多，并且正在竭尽
224 全力，因此多送些金子来！你在我这儿所求的，你都打发人去取，叫他们带给你。”

虽然大部分来自阿马尔那丘的王室信件都提到了对黄金如此令人厌烦的要求，但我们依然可以通过它们对当时的政治运动窥见一斑。例如，我们得知埃及成功地阻止了巴比伦对迦南叛乱的支持，但她毫不犹豫地鼓励逐渐成为巴比伦对手的亚述。布尔那布瑞阿什抱怨埃赫那吞接待了亚述人的使节，并以其为自己的臣民自夸，并将此事与巴比伦自己在其父亲库瑞旮勒朱时代收到迦南人反对埃及的结盟建议的事相提并论。他写道：“在我父亲库瑞旮勒朱的时候，迦南人给他送来一份协议，说：‘让我们下到边界之地去侵略，让我们与你结盟。’但是我的父亲回答他们

图 46　埃赫那吞与他的王后和女儿们在王宫的阳台上

这里国王和他的家人把项圈和金饰扔给阿愚（Aÿ），阿吞的祭司和马的主人。阿愚与他的妻子被召到王宫里，伴着一众扈从。阿吞，或日盘，王室的崇拜对象，用他的光线爱抚着国王，并给予他生命。

［根据戴维斯］

说，‘别想寻求与我结盟！你们若敌视我的兄弟，埃及的王，彼此结盟，难道我不会来掠夺你们吗？因为他已经与我结盟了。’我的父亲因为你父亲的缘故，没有听从他们的话。”[20] 但是布尔那布瑞阿什并不完全相信埃及人对巴比伦人过去的支持的感激之情。他赠送了 3 马那青金石、5 套加轭的马匹和 5 辆木制战车，以加强他的说服力。在加喜特时期，青金石和马匹是巴比伦最有价值的两种出口物品，在一定程度上平衡了埃及从努比亚几乎源源不断输入的黄金。

巴比伦当时对自己边界之外的领土没有野心。她从来没有受过米坦尼的威胁，只有在米坦尼王国垮台之后，才开始对亚述势力的增长感到惶惶不安。[21] 除了保卫其边境，第一要务是保持贸易路线的畅通，尤其是幼发拉底河通往叙利亚和北部的
225 路线。因此，我们发现布尔那布瑞阿什向埃及抗议，他的一个名叫嚓勒穆的使者遭到了两个迦南酋长的抢劫，并要求赔偿。[22] 在另外一个例子中，他写信说巴比伦商人在迦南的欣那图尼（Khinnatuni）遭到了抢劫和杀害，[23] 并且他再次向埃赫那吞追究责任。他说“迦南是你的土地”，“迦南的国王是你的仆人。”他要求赔偿损失，杀人者偿命。[24] 但是埃及在这个时期忙于自己的事务，根本没有时间，甚至没有力量来保护邻国的商业利益。因为在大多数来自阿马尔那丘的信中，我们看到其亚洲帝国分崩离析。[25] 从叙利亚北部到巴勒斯坦南部，埃及的总督和附庸统治者试图镇压并阻止入侵的部落，但都徒劳无功。

许多麻烦的源头是远在安纳托利亚北部山区的强大的赫梯势力。赫梯国王们在陶鲁斯山以北组成了他们自己的民族联盟，现在正向南推进到腓尼基和黎巴嫩。他们觊觎着叙利亚北部肥沃的平原，埃及是他们前进道路上的阻碍。起初，他们还不够强大，

图 47，48　埃及雕刻中的赫梯人代表

这两幅图像是在卡尔纳克（Karnak）发现的一个浮雕的同一场景的部分，描绘了埃及王子向拉美西斯 II 介绍亚洲使节。留着胡须的塞姆人很容易与赫梯人区别开来。赫梯人的胡须剃得很干净，留着长长的辫子，或者说是猪尾巴，垂在背后。

［根据梅耶］

无法直接入侵埃及的行省，所以只能在迦南的土著首领中煽动叛乱。他们怂恿其摆脱埃及的枷锁，攻击那些拒绝与其联合的
226 城市。忠实的酋长和州长们向埃及寻求帮助，他们的信件表明，其诉求通常都没什么效果。埃赫那吞是一个软弱的君主，相比之下他更加热衷于日盘的异端崇拜，而不是保留其所继承的外邦领地。正是在他的统治时期，安纳托利亚赫梯人开始积极参与西亚政治。

直到在波伽兹考伊发现这些文件，人们才从赫梯人在埃及和亚述的记录中留下的蛛丝马迹推断出他们的存在；那时我们甚至还不能确定那些散布在小亚细亚大部分地区的岩石上的象形文字铭文就是他们所为。但现在一些来自本土的资料可以对我们的证据构成补充，通过他们对外征服和外交活动来追踪他们权力

图 49　卡迭什战役中的赫梯步兵

这幅图描绘了赫梯人的面部类型，突出和略微弯曲的鼻子，前额后倾。

［根据梅耶］

的逐渐扩张也成为可能。他们是一个强悍的民族，从他们自己的岩石雕塑和埃及浮雕中其他亚洲人旁边的浮雕像都可以看到其鲜明的特征。[26] 他们在脸型上的区别也是十分明显的，因为鼻子虽 227
然突出，略微弯曲，但并不十分肉质。嘴巴和下巴都很小，额头急剧后缩，头发从其上向后垂下来，束成一辫、两辫或猪尾辫垂在肩上。[27] 现在还不清楚他们属于哪一个大的族群。有人提出，他们的语言具有某些印欧语系的特征，但就目前而言，把他们当作小亚细亚的土著人比较安全。[28] 无论如何，其面部特征表明他们与雅利安人和塞姆种族都有较大差异。

他们的文明受到巴比伦文明的强烈影响，这种影响或许是通过早在公元三千纪后半期在卡帕多西亚建立的亚述贸易定居点传入的。他们从这些早期的塞姆族移民，或其继承者那里，学会了泥板和楔形文字书写系统。但是，他们在石碑记录上继续使用 228
他们自己的图画文字，甚至在后期，当他们与亚述帝国直接接触时，他们的艺术也从未失去其独特性。在离波伽兹考伊不远的亚席里卡亚（Yasili Kaya）的圣殿里依然幸存着一些特别精致的岩石雕塑。在山的自然裂缝中的岩石表面，雕刻着他们的神像，其中最主要的是赫梯人的大母神。这里描绘了她和主要的男性神台舒卜（Teshub）与其众神和随从的队伍会面。赫梯部落是否正是从这个地区对幼发拉底河发动了袭击，加速了巴比伦第一王朝的覆灭，甚或终结了巴比伦王朝，我们还不得而知。[29] 但是在随后 229
的几个世纪里，我们确定无疑地看到赫梯人所控制地区的一个缓

图 50　拉美西斯 III 的俘虏，一个赫梯酋长

公元前 12 世纪的浮雕，可能是埃及纪念碑上赫梯人的最佳代表；就头部而言是一个肖像雕塑。它同样证明了浓密的发辫和卷尾的方式。
［根据梅耶］

慢却不间断的扩张过程；很可能权力由占据了陶鲁斯山北部的山谷和高地的各个地方王国和酋邦之间分别执掌。

在其帝国时期，他们的首都和中心要塞是哈梯，位于海拔约 3000 英尺的安纳托利亚高原上的哈雷斯河东面。这里地处小亚细亚交通要道的交汇的战略要地，而且这一区域的扩张必然
230 是早期在河西岸以外发生的，那里的土地利于牧业发展。另一条路线向南继续延伸到陶鲁斯山脉下面的海岸平原，可以肯定的是，赫梯部落在试图攻打叙利亚北部之前就已经占领了西里西

图 51 人像，可能是一个赫梯国王，来自哈梯的皇家大门

该人物的姿势微向右倾，是因为雕像刻在了大门的倾斜侧边旁。
[根据帕池斯坦所拍的一张照片]

亚。起初，赫梯人分散在许多独立的城邦中，没有任何统一的组织，这可以从他们后来的记录中推断出来。因为当他们的官方文件中提及土地时，称之为“某某城市之国”，表明每个重要城镇都是其所命名的独立区域的中心。赫梯人的一些城邦在当时取得了相当重要的地位。因此，我们发现，阿尔扎瓦的塔尔昆达腊巴（Tarkundaraba）的名望高到可以娶到埃及阿蒙霍特普 III 的女儿。[30] 另一座城市是库萨尔（Kussar），该城有一个国王哈图西勒 I（Khattusil I.）是舒比鲁里乌马（Shubbiluliuma）的父亲，在其统治下，赫梯人形成了一个强大的存在了将近两个世纪之久的联盟。舒比鲁里乌马选择了离开祖居之地，并以哈梯作为他的都城，一定是因为其战略重要性。

毫无疑问，从此以后，除了哈梯这个名字以及与其连带的传统之外，这里就成了赫梯力量和文明的中心，因为这里是迄今为止范围最广的赫梯遗址。它遍及了位于谷地的波伽兹考伊上面的高地，包括山顶；幸运的是，现代的村庄大部分建造在远离古城外围边界的地方，因为这大大减小了对这些废墟造成破坏的风险。[31] 城市被建在高处，纯粹是出于战略目的，便于指挥城墙旁

图 52　赫梯人的都城，哈梯的皇家大门，从外部视角。

厚重的墙壁下层得以保存，但在草图中还原了上层部分的轮廓。带倾斜边的拱形大门是赫梯艺术的特色。

［根据帕池斯坦］

通往西边的皇家大道和南边的主干道。城堡建在一个平顶的山丘之上，[32] 北部、西部和南部由城墙环绕。其陡峭的斜坡从东北侧 231
向下延伸到城墙外山谷的溪流处，还有一条类似的溪流，由向西北流经市区的浅沟壑汇聚而成。从他们从南方抬升的地方到城市下面的交界处，地面下降 1000 多英尺，而且崎岖的表面正好充分用于防御。环绕城市南半部和高处的城墙仍然保存得比较完好，形成了大致的六边形的三面，但是北面下沉和破碎的地面使整体并不完全对称。沿着地面的斜坡，有一系列内部的防御墙围住了许多不规则区域。沿着最南端的一道城墙，在四个小山丘上建造了附属堡垒，将城市的最高部分封闭起来。

从北到南，这个城市最大的长度大约是 1.25 英里，最大的
宽度大约是 0.75 英里，整个现存的防御区域，包括低洼地区， 232
周长大约为 3.5 英里。这种规模对于一座山中的城市来说颇为令人吃惊，虽然该地区的一些地方并没有建筑物，但是如此广阔规模的防御工事表明了赫梯帝国及其首都的力量非同一般。城墙大约有 14 英尺厚，很多地方残存的高度超过了 12 英尺。由一道内墙和一道外墙组成，里面装满了石头填料。外表面自然是两面中最坚固的。其建筑构造中使用的巨大的石头，有的长达 5 英尺。沿着城墙建有塔楼，间隔或多或少有些规律，用于加固城墙，其位置有时取决于地面的轮廓。在大部分区域的周围，有些较薄构造的防御外墙和较小塔楼的痕迹，但这种建筑构造并不连续，在地面原本较低的地方只要对主墙构成足够的保护便没有这种

图 53　一个赫梯大门的想象恢复图，从内部视角。

如恢复图所示，城墙及其塔楼的上部结构可能采用砖结构。在这种情况下，也可能采用美索不达米亚的阶梯式城垛。

［根据帕池斯坦］

构造。

233 主门的两侧也建有突出的塔楼，这是赫梯建筑的特点。这种大门构造形式奇特，由尖状拱顶和略微倾斜的侧边组成，后者是由嵌入墙体的巨大石料构成。[33] 似乎城墙与塔楼的上部结构中都是用砖来建造的；城市中其他的建筑，比如城堡西北部的大庙，是在石头的地基上使用砖建造墙体的上部结构。当美索不达米亚盛产石料的北部地区从一开始采用砖作为建筑材料时，便形成了这种用石头来建造地基的传统。因此，当地采用亚述和巴比伦的阶梯式城垛也并非不可能，因为这是用这种材料来建造防御墙上

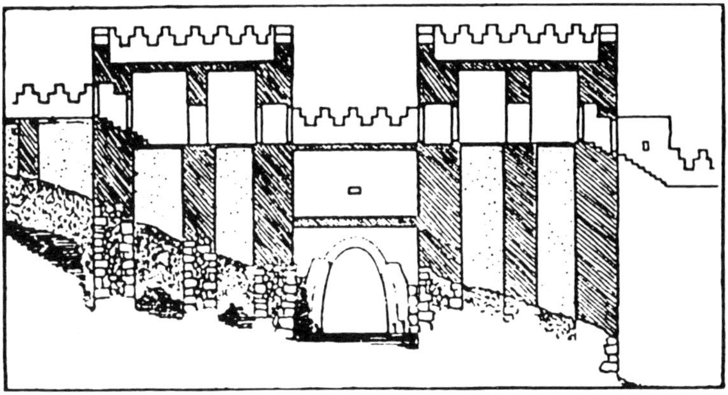

图 54　哈梯较低的西大门纵剖面

根据想象的恢复，这张图显示了门厅建造的巨大规模，以及门厅与墙壁随着地面上升而建的方式。沿着城垛的通道一定穿过了塔楼。
[根据帕池斯坦]

部时最方便和最有装饰性的上端收尾方式。

在舒比鲁里乌马（Shubbiluliuma）早期，城市的规模无疑与后来比相去甚远。但他能够有效地以之为基地，并且通过外交手段和实际的征服，成功地使赫梯人的力量超越了其原有边界。阿蒙霍特普 III 统治时期，埃及在亚洲各省的权力被削弱，叙利亚的起义无疑受到了赫梯人的鼓励。舒比鲁里乌马还越过幼发拉底河入侵米坦尼的北部领土，向当时赫梯人的主要对手进行报复。后来，他武力入侵叙利亚，满载着战利品回到了其山中的堡垒哈 234
梯，队伍中还带着俘虏的两个米坦尼王公。埃赫那吞登上王位后，舒比鲁里乌马给他写信祝贺，但是，当叙利亚王公阿孜如（Aziru）

承认埃及的宗主权时，舒比鲁里乌马将其击败，整个叙利亚北部地区都沦为朝贡地区，随后通过条约与埃及确认了其对该国的控制。米坦尼城邦也唯舒比鲁里乌马之命是从，因为在其强大的国王杜什腊塔（Dushratta）被谋杀时，他支持马提乌阿扎（Mattiuaza）娶了他的女儿，然后将其扶上其父的王位。我们已经发现了他与米坦尼的条约文献，条约中反映了当时赫梯国王的专制权力。他以第三人称自称说："伟大的国王为了女儿，给予了米坦尼国新生。"[34]

直到舒比鲁里乌马的小儿子穆尔西勒（Mursil）统治时期，

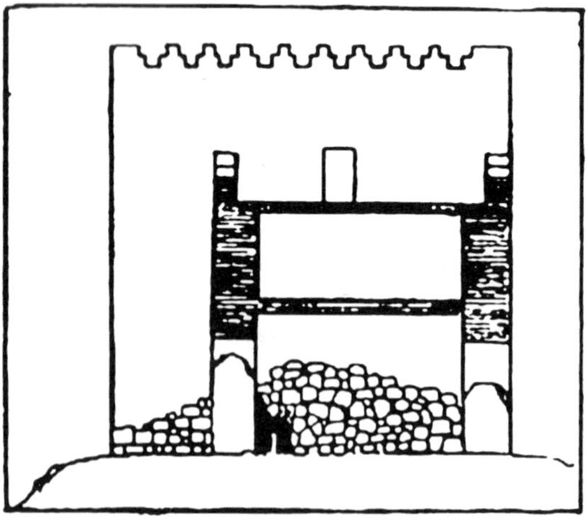

图 55 哈梯较低的西大门横剖面

图中显示了墙外的每座侧塔的外部投影。

[根据帕池斯坦]

赫梯帝国才与埃及发生武装冲突。后者的王朝更迭及其旧教的复兴，使政府得以巩固，现在又开始重新尝试收复其失去的土地。在叙利亚北部赫梯人首次被塞提 I（Seti I.）击败，埃及重新夺取了腓尼基和迦南。后来，可能是在穆尔西勒的儿子——穆塔鲁（Mutallu）——统治时期，拉美西斯 II（Rameses II）试图收复叙利亚北部。在奥伦特河（Orontes）上卡迭什（Kadesh）战役中，尽管双方两败俱伤，而且在战役的初期，拉美西斯本人也险些被俘，但他最后成功战胜了赫梯军队。在卢克索（Luxor）、卡尔纳克（Karnak）和阿比多斯（Abydos）的神庙墙上的浮雕中仍然可以看到战争的场面。[35] 235

埃及的战争接下来取得了一系列连续的胜利，不过可以确定的是赫梯人最终在北方取得了成功。但是，在穆塔鲁的兄弟哈图西勒的统治时期，双方都已厌倦了冲突，并签订了一份详尽的和平联盟条约。这份合约被刻在银版上，由一位使节带到埃及，交给了拉美西斯。条约的内容我们早已从刻在卡尔纳克神庙墙上的埃及铭文中得知了；在波伽兹考伊发现的泥板中，有一份用当时的国际外交语言巴比伦语楔形文字书写的原始赫梯版的破损副本。[36] 哈图西勒还与巴比伦王庭保持友好关系，并且将与埃及国王缔结条约之事向巴比伦国王进行了通报。我们从波伽兹考伊发现的一封信的副本中可以清楚地看出，巴比伦国王听说了条约后，写信询问有关该条约的情况。哈图西勒回答说，埃及国王已经与他建立了友好关系，并结成联盟：“我们是兄弟，我们将向 236

共同的敌人作战，我们将与共同的朋友保持友好。”[37] 而他接下来补充的话使我们能够确认他的通信对象是加喜特人，“当埃及国王【以前】进攻【哈梯】时，我写信告知了你父亲卡达什曼图尔古（Kadashman-turgu）。”因此，可以断定哈图西勒与加喜特王朝的第 24 和第 25 位王卡达什曼图尔古和卡达什曼恩利勒 II（Kadashman-Enlil II.）是同一时代的人。

这封信的另一部分意义极其重大，表明哈图西勒对巴比伦内政进行干涉的企图已经招致对方的憎恨，并导致两国之间的邦交一度疏远。哈图西勒竭力向卡达什曼恩利勒保证，他的动机并非出自私心，他解释说，他之所以这样做完全是为加西特国王本身的利益考虑。据哈图西勒的描述，这件事发生在卡达什曼图尔
237 古死后，当时他立即致信巴比伦，声称如果不承认当时尚且年幼的卡达什曼恩利勒的继承权，他就将中断与已故国王卡达什曼恩利勒的父亲缔结的联盟。巴比伦的首席大臣伊提马尔杜克巴拉图（Itti-Marduk-balâtu）对这封信的语气表示不满，并回答说，赫梯国王的信不是以兄弟情谊的语气写，而是仿佛巴比伦人是他的附庸一样发号施令。结果导致双方的外交沟通在少年国王的势力为少数的时期一度中断，但是现在他已经获得了多数的支持，并从大臣的手中收回了事务处理权。这封哈图西勒的长信一定是在恢复外交往来后不久所写的。

哈图西勒在解释了目前与埃及的关系，以及他以前中断与巴比伦的通信往来的缘由之后，转而谈论一些遇到的麻烦，而后

者无疑才是他写信的真正目的。某些巴比伦商人在跟随商队前往阿穆如（Amurru）和腓尼基北部的一个城镇乌旮瑞特（Ugarit）时被谋杀了。因为赫梯帝国是那里的宗主国，卡达什曼恩利勒显然向哈图西勒提出了将罪犯引渡并移交给受害人的亲属的要求。这一资料至关重要，因为这进一步证明了巴比伦在西方的商业活动，并显示出在埃及失去对叙利亚北部的控制后，加喜特统治者为了确保其商队的安全向当地的新宗主国寻求保护。

我们有证据表明，这种外交行动是完全有效的，因为不仅巴比伦的语言和书写系统渗透到西亚，而且还有其对法制和立法原则的尊重也都一起传到赫梯地区。这封值得关注的信的最后有一段很好地说明了这一点，该段是关于巴比伦国王对阿摩利王公班提申尼（Banti-shinni）一些行为的抱怨。哈图西勒指责阿摩利人在卡达什曼恩利勒的“土地上制造事端”，此时阿摩利人却对阿卡德的居民提出 30 塔兰特银的反诉。在陈述了这一事实之后，哈图西勒在信中继续说：“现在，既然班提申尼成为 238
我的附庸，就让我兄弟起诉他吧；至于侵扰我兄弟土地的事，他将当着你的使节阿达德沙尔伊拉尼的面，在神的面前为自己辩护。[38] 如果我的兄弟（他自己）不采取行动，那么得知班提申尼骚扰我兄弟土地的那个你的仆人应该前来并采取行动。然后我会召班提申尼前来应诉。他是（我的）附庸。如果他骚扰我兄弟，难道他不会骚扰我吗？”[39] 或许这里赫梯外交是利用对巴比伦法律传统的尊重来找到解决摆脱困境的办法；但是，仅是这样审判

图 56　埃及月神孔苏的两条圣船之一，他前往卡帕多西亚去驱赶占据赫梯公主身上的恶魔。

圣船是由其他祭司扛着，一位祭司在神龛和圣船前献香。在原石碑上所附的铭文中，提到神的角色为“底比斯的布局制定者”和“恶魔的打击者”。
［根据罗塞林尼］

建议的提出就证明当时解决特殊国际争端的通常方法是以巴比伦
239 的法制传统为模式的。赫梯人显然急于避免与巴比伦的紧张关系，因为他接下来敦促卡达什曼恩利勒去攻击一个共同的敌人，但他没有说出这个名字。肯定是亚述日益强大的力量已经对两国构成威胁，使它们团结起来寻求相互支持。

这篇长文中的叙述内容体现了波伽兹考伊发现的皇家信函的特征。在某些方面，与阿马尔那丘发现的相似，但是与之形成

图 57　拉美西斯 II 在孔苏出发前为其一艘船献香

这里孔苏的圣船被更多的扈从祭司抬到国王面前，国王没有陪神一同前往。

［根据罗塞林尼］

鲜明对比的是完全没有那些索要金子和礼物的信函，而这类信函在早期的文件中占了很大一部分。埃及的施惠与贿赂政策造就了东方人最坏的一面。赫梯人从不相信献金，而且无论如何，他也没有什么可给；因此，他的信件在很大程度上局限于国家事务和高层政策事务，并显示出更大的尊严和自尊。就我们所见，他们 240
与刚从短暂的低迷中得以恢复的埃及的沟通也是如此。毫无疑问，这些赫梯皇家书信一旦发表必定使我们能够更详细地了解该时期的政治运动。

值得一提的还有一点，哈图西勒的另一项行动表明宗教领域曾经存在的国际壁垒正在瓦解。在与埃及缔结了伟大的条约几年之后，哈图西勒把他的女儿送到了埃及，与拉美西斯举行了盛大的婚礼。两国王室之间继续保持着亲密的友谊，当拉美西斯的哈梯嫂子本特雷什（Bentresh）病倒，并据信被魔鬼附身无法治愈时，他赶紧派他的医生去给她治疗。[40] 但是他的努力显然没什么效果，于是法老又将埃及的月亮神孔苏（Khonsu）的神像送到卡帕多西亚前去治疗。当神及时到达了遥远的都城与恶魔一起缠斗之时，据说赫梯国王“和他的士兵站在一起，非常害怕。”[41] 但是孔苏胜利了，恶灵平静地离开了占据之所，人们热烈欢庆。有趣的是这一桥段与阿蒙霍特普 III 时期伊什塔尔进入埃及的情节极其相似。

毫无疑问，哈图西勒的儿子和孙子，杜德哈里亚和阿尔奴安塔，继续保持了其先辈对巴比伦的友好政策，而巴比伦在政治
241 上没有理由对埃及势力对哈梯的入侵怀恨在心。[42] 但是，阿尔奴安塔是已知的最后一个哈梯的王，可以肯定的是在接下来的世纪里弗里吉亚人（Phrygians）和穆斯基人（Muski）对安纳托利亚的入侵终结了赫梯人在卡帕多西亚的势力。赫梯人被逼南下通过关口，而他们在叙利亚北部的政治影响力持续减弱。与此同时，其衰落和在北方势力的消失使亚述渔翁得利。亚述扩张的结果导致了米坦尼灭亡，现在其所面临的第二个障碍消除了，西亚的力量平衡难以为继。与北方王国的关系在很大程度上构成了此后巴

卡尔凯美什的赫梯象形文字铭文

比伦历史的主要内容。即便在后来的赫梯诸王统治时期，她也未能维持自己的边境不受亚述人的侵占，其都城本身很快陷落。与阿蒙霍特普 III 最早通信的人是卡腊因达什 I，[43] 我们能够更详细地了解这些事件的来龙去脉，正是因为在其统治时期亚述和巴比伦所谓的“同步史”丰富了我们的信息来源，[44] 这些同步史中有着一系列关于两国之间保持关系的简要记载。

在阿古姆卡克瑞美 [45] 和卡腊尹达什之间的漫长时期，只发现了 3 个加喜特统治者的名字。从卡达什曼恩利勒 I 统治时期的一个库杜如（*kudurru*），[46] 即法律文件中，我们知道了两个早期的加喜特国王，卡达什曼哈尔贝和他的儿子库瑞旮勒朱，[47] 很
242 可能后者的一个儿子美里西帕克（Meli-Shipak）继承了其父的王位。[48] 对这段时期巴比伦与亚述的关系我们一无所知。我们所知他们的长期争霸斗争最早发生在卡腊尹达什统治时期。据记载，卡腊尹达什就共同边界与阿舒尔瑞姆尼筛舒达成了友好协议。[49] 签订这样的条约本身就证明双方存在摩擦，以至于到一代人之后阿蒙霍特普 III 的通信者布尔那布瑞阿什（Burna-Buriash）的时候，他们觉得有必要与当时的亚述国王普朱尔阿舒尔（Puzur-Ashur）缔结一个类似的条约，这毫不奇怪。[50] 我们或许可以把这些协议看作巴比伦随后与亚述打交道第一阶段的开始，而这一阶段以巴比伦第四王朝时期与亚述的友好协约结束。在大约 3 个世纪的期间里，友好的关系不时被武装冲突打断，调整边界的结果通常对巴比伦不利。其间只有一次取得了战斗的胜

利，而且有两次都城被攻占。但是，亚述还没有强大到足以统治南方王国一段时期，到这个时期结束时，巴比伦应该仍然占据着其以前的大部分领土，但其影响力已经大大降低。

若想了解促使亚述不时干预巴比伦政治以及时而试图向南扩张的动机，有必要追溯其本身的历史，并关注其在其他方面的野心是如何影响其对南方政策的。但由于这并非本书的关注所在，所以在这里姑且只总结一下巴比伦受影响的事件就足够了。更强大的亚述国王阿舒尔乌巴里特保持了从前普朱尔阿舒尔对布尔那布瑞阿什的友好态度，他把女儿穆巴里沓特篩如瓦（Muballiṭat-Sherûa）嫁给了布尔那布瑞阿什以巩固两国之间的联盟。在布尔那布瑞阿什死后，他的儿子卡腊尹达什 II，也就是阿舒尔乌巴里特的孙子，登上了王位。可能正是由于他的亚述血统，巴比伦的加喜特集团反叛并杀死了他，并让那孜布旮什（Nazi-bugash）取而代之。阿舒尔乌巴里特因此入侵巴比伦，对那孜布旮什进行报复，将布尔那布瑞阿什的另一个儿子库瑞旮勒朱 III 推上王位。[51] 然而，年轻的库瑞旮勒朱却并没有如其亚述亲属所望。阿舒尔乌巴里特死后，他反而积极对抗亚述人，[52] 并在扎卜扎拉特河（Zabzallat）边的苏旮吉（Sugagi）被恩利勒尼腊瑞击败，被迫向其割地。阿达德尼腊瑞 I 在阿卡尔萨鲁（Akarsallu）边境地区的卡尔伊什塔尔（Kâr-Ishtar）击败了库瑞旮勒朱的儿子兼继任者那孜马如塔什（Nazi-maruttash），从而进一步扩大了亚述的领土。[53]

243

我们从波伽兹考伊的信件中看到赫梯帝国与巴比伦此时如何出于对共同的敌人恐惧团结一致的。这无疑是沙勒马奈塞尔 I（Shalmaneser I.）侵略政策的结果。我们无从得知卡达什曼恩利勒 II 是否听从了哈图西勒的指示。直到卡什提里阿什 II[54] 统治时期，我们才看到新的冲突的记录。这是巴比伦第一次从亚述手
244 中遭受重创。到那时为止，我们已经看到有两个亚述国王打败了巴比伦军队，而且其胜利的战果就是强迫对方割让领土。图库勒提尼尼卜 I（Tukulti-Ninib I.）打败卡什提里阿什只是对他们政策的继承。但与他们取得的成就在程度上有所不同，他成功地占领了巴比伦城，驱逐了巴比伦国王，并且不但获得了一块新的土地，而且使卡尔杜尼阿什（Karduniash）臣服，[55] 并且他生前一直将其作为王国的一个行省纳入管辖。[56] 这次反叛终结了图库勒提尼尼卜的统治与生命。[57] 之后不久，巴比伦迎来了反亚述战争的唯一一次胜利。

加喜特贵族为反抗亚述统治而发动的叛乱使阿达德舒姆乌簇尔（Adad-shum-uṣur）登上了王位，曾一度挽回了国家的命运。他在战斗中打败并杀死了恩利勒库杜尔乌簇尔（Enlil-kudur-uṣur），当亚述人撤退时，他奋起直追，在其到达阿舒尔之前再次出击。他的直接后代，美里西帕克 II（Meli-shipak II.）和马尔杜克阿坡鲁伊迪那（Marduk-aplu-idina），即美罗达巴拉丹（Merodach-baladan I.），保持了这次巴比伦的主动反击的成功战果。他们统治期间的库杜如记录已经被发现，这些记录为晚期

加喜特时期国家的内部状况提供了极具价值的线索。但是，亚述在阿舒尔丹 I（Assur-dan I.）的领导下再次出击，打败了扎马马舒姆伊丁（Zamama-shum-iddin），成功地收复了失去的边境省份。[58] 加喜特王朝虽然在这次失败中幸免于难，然而却在另一个对手的攻击中厄运难逃。埃兰国王舒特如克那赫混台（Shutruk-Nakhkhunte）入侵巴比伦，打败并杀死了扎马马舒姆伊丁。然后在他儿子库提尔那克混台（Kutir-Nakhkhhunte）的帮助下，他洗劫了西帕尔，把许多战利品带回了埃兰。加喜特的最后一位统治 245
者只统治了 3 年。王室名单上他的名字破损了，但是我们或许可以将其恢复为贝勒那丁阿克黑（Bêl-nadin-akhi）。[59] 尼布甲尼撒 I 在描述导致扎马马舒姆伊丁殒命的那次入侵的时候提到了他。不管我们是否接受这一识别，我们必然会把加喜特王朝的灭亡与埃兰的入侵联系在一起，正如以前经常发生的那样，埃兰的入侵经常改变巴比伦的政治进程。

除了在尼普尔发现的加喜特时期的泥板外，[60] 我们目前关于巴比伦经济状况的主要信息来源是前文提到的库杜如铭文，即界碑。[61]“库杜如”（kudurru）一词确切地说就是“边界石”，是指刻在圆锥形的石块或界碑上的铭文；毫无疑问，许多早期的石头一定是安置在一些田产上的，用来确定与昭示边界和所有权。后来石头本身不再被用来标明边界，被保存在主人的房子或神庙里，一旦需要便可作为主张权利的租约或契据。即便此时，其上的文本仍然保留了从前标明所涉及田地边界和方向的格式。这些 246

记录不仅在法律和宗教方面非常重要，而且从历史的角度来看也极具价值。除了包含巴比伦国王和历史事件的资料之外，从某种程度上来说，这是我们目前掌握的该时期流传下来的仅存文件。因此，这些界碑对于填补我们对加喜特王朝和新巴比伦王朝之间幼发拉底文明的认识空白极为重要。它们不仅阐释了巴比伦法律和习俗中逐渐发生的变革，同时也证明了在巨大政治变革时代的文化延续性。[62]

库杜如或界碑起源于加喜特诸王时期，最初用来记录或确认王室授予国王的重要官员或臣下的土地，其目的无疑是将所有者新获得的财产所有权置于神的保护之下。通常这些法律文献中都带有针对干预物主所有权者的一系列的诅咒。石头的一些空白处刻有一些神的标志物，这也意味着物权被置于神的保护之下。有人提出，把财产置于神圣保护之下的想法并非全然是加喜特人的发明。早期苏美尔人的帕台席（patesi）恩台美那（Entemena）的地基泥锥或许的确就是以精心设计的诅咒结尾的，目的是为了保护边境沟渠免遭侵扰。[63]但是泥锥本身和以其复制的石碑意在保护一个国家的边界，而非私人财产的界限。门座也被视为与界石关系密切，因为寺庙的门槛可以看作是寺庙的边界。[64]但门座
247 的主要目的是支撑寺庙的门，其突出的位置和材料的耐用性无疑表明其适合作为镌刻纪念碑铭的所在。边界石的独特之处在于它通过诅咒和所刻的标志物唤起神对私人财产和个人权利的保护。

我们没有汉穆腊比时代关于此类传统的证据，更早的阿卡德的塞姆人国王马尼什图苏（Manishitusu）的方尖碑，[65] 记载了他在巴比伦尼亚北部大量购买土地，其上并没有保护咒语或神的象征物。因此，这种保护私有财产的习惯很可能是在法律权威不足以保证尊重私人财产的时候产生的。[66] 特别是加喜特国王没有足够的财产支付的时候赐给在敌对人口中所设的官员的那些封地尤其如此。第一王朝灭亡后，随之而来的加喜特人对该国的征服，期间必然再次出现混乱无序，而且人们普遍采用把私有土地置于神的保护之下是源于公共安全感的丧失。

以此为目的而使用石碑很可能是加喜特人的传统，因为在波斯西部的群山中，即加喜特部落在征服河流平原之前的最近的家园，他们可能就是用石碑来标示其田地界限的。石碑上很可能刻有简短的铭文，上面写着主人的名字和头衔。[67] 用咒语来确保神的保护无疑是巴比伦人的传统，并且最初来自苏美尔人，但是把神的象征物刻在石头上的想法很可能是来自加喜特。[68] 而且 248
库杜如并非指代获得土地的最初所有权契据。在早期巴比伦时期，起到这一作用的是黏土泥板，而且上面盖有王室印章的印文以证明国王的认可和授权。泥板上的文字通常列出证人名单，后来又被刻在石头上，并加上了咒语和神的符号。[69]

有时界碑是用来纪念对所有权的确认，而且像许多现代的法律文件一样，上面记述该财产长达几代统治时期内的历史。但是发现的大部分界碑都是为了纪念国王作为对其亲属或追随者一

加喜特的库杜如（界碑），美里西帕克 II 和那孜马如塔什统治时期设置

些特殊服务的奖赏而赐予的土地。此类界碑中最精致的可能要数美里西帕克将比特皮尔沙杜腊布（Bît-pir-shadû-rabû）的一处田产赐予后来继承其王位的儿子美罗达巴拉丹 I 的。[70] 该处田产位于古城阿卡德（即阿旮德）和加喜特城市杜尔库瑞旮勒朱（Dûr-Kurigalzhu）附近。上面标明了田产的大小和位置，以及受委托负责丈量的高级官员的姓名，然后阐明了随土地一起授予美罗达巴拉丹的特权。因为某些内容极大地阐释了加喜特时期的土地保有权制度，因此下面将其简要加以总结。

国王将土地的所有权授予他的儿子，免除了所有的税收和
什一税，并禁止任何人改动其沟渠、界限和边界。他还为其免 249
除劳役（*corvée*），并颁布法令，不得征用该区域地产上的任何人去做公共工程、防洪或修缮皇家运河，这些工作中部分由附近的村庄比特席卡米杜（Bît-Sikkamidu）和达米克阿达德（Damik-Adad）来负责维护。他们不得被迫在河闸上劳动，也无须建造水坝和挖掘河床。这块土地上的耕种者，不论是被雇用的还是属于这块土地的，都不得被地方总督征用，即使是在王室授权也不可以。不得对树木、草场、稻草、谷物或任何庄稼，对车辆、轭、驴和仆人征税。任何人不得使用他儿子的灌溉沟渠，即便在干旱时期也不得向他的供水征税。未经他的许可任何人都不得在其草场上割草，也不得将属于国王或可能被委派的官员的牲畜赶到他的地产上或在那里放牧。最后，即使是国王或官员下达命令，他也不必为方便公众而修建道路或桥梁。

从这些规定中可以看出，后期加喜特王朝时期巴比伦尼亚的土地所有者如果没有获得特别豁免就必须为国家和当地的公共工程提供劳务，必须为国王和官员的羊群和牛群提供放牧和牧场，为土地、灌溉用水和庄稼交纳各种各样的税和什一税。我们注意到第一王朝时期也盛行类似的传统，[71]很显然，这个国家所经历的相继被征服和外族统治并没有在很大程度上影响人民的生活和传统，甚至行政管理的普遍特征。

有一个主题是第一王朝时期缺乏，但这些界碑可以带来更
250 多阐释的即古巴比伦的土地占有制度。这说明在加喜特时期构成王室封赐对象的土地，通常是当地比图（*bîtu*）或部落的财产。[72]在某些情况下，国王实际上从比图所在的地区购买了土地，而除此情况外我们只需假定它是由王室政府征用的。正如马尼什图苏的方尖碑所见，[73]原始的部落或集体所有制一直延续到加喜特时期，与西塞姆王朝时期产生的土地私有制并存。比图必然经常包括一片广阔的地域，分成独立的区域或村落。有自己的首领（*bêl bîti*），还有自己的地方官员，他们与国家的行政和军事服务人员截然不同。事实上，古巴比伦早期的农业生活一定与诸如现在印度村庄公社中可见的集体所有制有许多相似之处。因为后一种制度在经历了许多世纪的政治变迁与革命后仍然得以幸存，所以巴比伦的部落所有权也可能衰落缓慢。

其瓦解的主要原因无疑是西塞姆和加喜特征服者奉行的政策，即在全国各地的地产上安置自己的军官和更有权势的追随者。

因此，这两个时期都代表了一个过渡时期，在此期间，在王室出于纯粹政治动机的强烈推动下旧的土地保有权制度逐渐让位于私有制。在西塞姆国王统治下，无论如何从汉穆腊比时代以来无疑很少采用征地政策。即使是该王朝的早期统治者，由于他们与其新臣民中的大部分属于同一族群，因此也会更倾向于 251
尊重这些可能与其起源之地相似的部落制度。相比之下，加喜特人则没有这样的种族归属感来约束他们，而此时带有威慑性的神的标志物和咒语的库杜如开始被引入则显得意义重大。最初，通常是用来保护国王征用下的私有产权，后来也被适用于交易的地产。到了新巴比伦时期，界碑记录了一系列的购买活动，通过这种途径建立了更大的土地庄园，这些咒语和符号便在很大程度上成了遗留的传统。

但是时间依然漫长，不管是私有制还是集体所有制，这个国家将要经历的变迁不利于土地保有权的安全。我们看到，早在公元前 13 世纪，亚述就成功地占领和洗劫了巴比伦，根据一种说法，亚述曾统治了巴比伦 7 年。不久之后，她又开始重新试图征服南方王国，然而真正终结了漫长而平凡的加喜特王朝的却是巴比伦的老对手埃兰。

1　雅利安人是养马的族群的证据在于很多的伊朗名字中都包含 *asva*（*aspa*），“马”的构成部分；参阅 Justi, “Iran. Namenbuch,” p. 486, and cf. Meyer, “Geschichte,” I., ii., p. 579.

2 在该时期的一个文献中，我们发现首次提到了古代的马；参见 Ungnad, "Orient. Lit.-Zeit.," 1907, col. 638 f.，和 King, "Journ. of Hellenic Studies," XXXIII., p. 359. 一封早期巴比伦时期的信件也提到了（参见 "Cun. Texts in the Brit. Mus.," IV., pl. 1），但是从其书写判断，这个可能要比汉穆腊比的时代相对晚些。恰恰在加喜特时期之后，我们掌握了采用马作为神的象征的证据，这无疑是加喜特人引入的神祇；参阅 Plate XXII., opposite p. 254.

3 一些第一王朝时期的泥板记录了某些人的口粮配给问题，他们显然是被雇佣的劳动力，可能是用于秋收劳动（参见 Ungnad, "Beitr. zur Assyr.," VI., No. 5. p. 22）；在同一时期的一份名单中（参见 "Cun. Texts," VI., pl. 23）一个加喜特人（*awîl*）*ṣâbum Kashshû* 的名字是瓦腊德伊巴瑞（Warad-Ibari），这可能是一个加喜特起源的塞姆化名字。

4 参见 Ingnad, "Vorderas. Schriftdenkmäler," VII., pl. 27, No. 64.

5 参阅上文，p. 195 f.

6 参见 Winckler, "Untersuchungen," p. 156, No. 6.

7 参见 "Chronicles," II., p. 22 f. 关于编年史家有关加喜特人征服海国的叙述与早期加喜特巴比伦国王已知继承关系的讨论，参阅 *op. cit.,* I., pp. 101 ff.，并参见 Thureau-Dangin, "Journal des Savants." Nouv. Sér., VI., No. 4, pp. 100 ff.，和 "Zeits. für Assyr.," XXI., pp. 170 ff.。阿古姆卡克瑞美的既定谱系使得不可能将加喜特人喀什蒂利亚（Kashtiliash）的儿子，编年史中的阿古姆，与任何一个相同名字的巴比伦加喜特国王视为同一人。他很可能只是在他哥哥乌什西（Ushshi）（或者他的另一个兄弟阿比腊塔什（Abi-rattash）为巴比伦国王的时候，对海国进行了突袭或统治。

8 阿古姆卡克瑞美将卡什提里阿什描述为 *aplu*，可能意为"继承者"，而不是阿古姆 I 的 *mâru*，"儿子"（参见 Thureau-Dangin, "Journ.

Asiat.," XI., 1908, p. 133 f.）。

9 参阅 Weissbach, "Babylonische Miscellen," p. 7, pl. 1, No. 3.

10 参阅上文，p. 210. 从他的头衔我们得知他统治了帕丹（Padan）、阿勒曼（Alman）、古提乌姆（Gutium）和阿什侬那克（Ashnunnak）作为行省；参见 Jensen in Schrader' s "Keilins. Bibl.," III., i., p. 136 f.

11 意思是"盘的光辉"用以推崇他的新宗教。关于这段历史的细节，参阅 Budge, "History of Egypt." Vol. V., pp. 90 ff.; Breasted, "History of Egypt," pp. 322 ff.，和 Hall, "Ancient History of the Near East," pp. 297 ff.

12 关于这些文献，参阅 Budge and Bezold, "The Tell el-Amarna Tablets in the British Museum"（1892），和 Winckler, "Der Thontafelfund von El Amarna"（1889-90）；并且关于译文，参阅 Winckler. "Die Thontafeln von Tell el-Amarna" in Schrader' s "Keilins. Bibl.," Bd. V.. Engl. ed. 1890，和 Knudtzon' s "Die El-Amarna Tafeln" in the "Vorderasiatische Bibliothek," 1907-12，带有韦伯（Weber）的注释和对信件内容的讨论附录。

13 温克勒在 Winckler's preliminary account of the documents in the "Mitteil. d. Deutsch. Orient-Gesellschaft," No. 35, Dec. 1907, 对文件的简要描述依然是目前发表的唯一语言学材料。地形学和部分的考古发掘成果目前已经发表；参阅 Puchstein, "Boghasköi," 1912.

14 在来自阿马尔那丘的王室信件中有 11 份直接与巴比伦有关。其中的 2 份是阿蒙霍特普 III 写给巴比伦的卡达什曼恩利勒（Kadashman-Enlil）的信件草稿或副本（参见 Kundtzon, *op. cit.,* pp. 60 ff., 74 ff.）；有 3 封是阿蒙霍特普 III 收到对方的信（*op. cit.,* pp. 66 ff., 68 ff., 72 ff.）；5 封信是巴比伦的布尔那布瑞阿什写给阿蒙霍特普 IV 的（*op. cit.,* pp. 78 ff.）；1 封信是从布尔那布瑞阿什可能是写给阿蒙霍特普 IV

的（*op. cit.,* 78 f.）。我们还有 1 封信，是一个巴比伦的公主写给她在埃及的主人的，信中所谈完全是内部事务（*op. cit.,* pp. 118 ff.），还有埃赫那吞与布尔那布瑞阿什之间长长的礼物清单（*op. cit.,* pp. 100 ff.）；还有 1 封信似乎是巴比伦人在迦南使用的通关文牒（参阅下文，p. 225, n. 3）。因此这些信件是卡达什曼恩利勒 I 和布尔那布瑞阿什这两个加喜特统治者之间时期的，但是从 1 封布尔那布瑞阿什写给埃赫那吞的信中，我们得知阿蒙霍特普 III 曾与一位更早的巴比伦国王卡腊尹达什（Kara-indash）通信；这封信以法老的保证开头“自从卡腊尹达什的时候开始，他们的父亲们就已经开始互相通信了，他们建立了长久的友谊”（参见 Knudtzon, *op. cit.,* pp. 90 ff.）。虽然布尔那布瑞阿什的父亲库瑞旮勒朱（Kurigalzu）与阿蒙霍特普 III 保持了友好的关系，但我们并没有发现他的信件（参阅下文，p. 224）。在阿蒙霍特普 III 写给卡达什曼恩利勒的信中也提到了阿蒙霍特普 III 的父亲图特摩斯 IV 时期两国的通信往来（*op. cit.,* p. 64 f.）。

15 这位巴比伦国王表达了他想要迎娶一个美丽的埃及女人的愿望，没有人知道她到底是不是国王的女儿（*op. cit.,* p. 72 f.）。阿蒙霍特普 III 娶了卡达什曼的姐姐，但是巴比伦王庭对这位夫人在埃及受到的待遇并不满意（*op. cit.,* p. 60 f.）。

16 *op. cit.,* p. 178 f.

17 参阅下文，p. 240.

18 参见 Breasted, “Hist. of Egypt,” p. 367 f.

19 参阅 Knudtzon, *op. cit.,* p. 128 f.

20 Knudtzon, *op. cit.,* pp. 88 ff.

21 参阅下文，p. 241.

22 参见 Knudtzon, *op. cit.,* pp. 84 f.

23 这是由埃赫那吞建造的一座迦南的城市，并且他将之命名为埃赫塔吞（Akhetaten），用以敬献给日盘。

24 *Op. cit.,* p. 86 f. 一封很有意思的“写给迦南国王们，我兄弟的仆人们”的简短的信件，很显然是使节阿基亚（Akia）所携带的通行凭证，该使节是被巴比伦国王派往埃及去向埃及国王致哀，可能是关于其父亲阿蒙霍特普 III 的死亡。在信中国王写道，“莫要让人耽搁他；愿他们让他火速到达埃及！”（*op. cit.,* pp. 268 ff.）

25 我们在这里并不关注这些信件的这方面内容，因为巴比伦对迦南的内政并不感兴趣。其在西部的活动主要是商业性的；导致其文明在巴勒斯坦产生影响的因素将在后面章节中探讨（参阅下文，pp. 289 ff.）。这些信件将在第三卷中考察亚述在西部的逐步扩张以及延缓其与埃及不可避免的冲突的力量时进行更全面的分析。

26 参阅图 47、48，该浮雕是由雷格兰（M. Legrain）在卡尔纳克发现的；参见 Meyer,“Reich und Kultur der Chetiter,” pl. i. 图 47 的铭文中写着使节们为“*mariana* of Naharain（即叙利亚北部）”。词语 *mariana* 是一个雅利安词汇，意思为“年轻人，勇士”，这无疑是从米坦尼王朝的统治阶层借用来的（参阅下文，n. 2）。图 48 中是一个赫梯人城市的列表，包括卡尔凯美什和阿如那（Aruna），后者可能是小亚细亚的一座城市。

27 参阅图 49 和 50.

28 米坦尼人可能是他们的亲族，虽然在公元前 15 世纪他们曾被一个印欧人王朝统治，他们有着雅利安名字，崇拜雅利安的神——密特拉（Mitra）和伐楼那（Varuna），因陀罗（Indra）和双马童（Nâsatya-twins）（参见 Winckler,“Mitteil. d. Deutsch. Orient-Gesellschaft,” No. 35, p. 51, and Meyer, *op. cit.,* p. 57 f.）虽然斯盖福特劳维茨（Scheftelowitz）试图证明米坦尼人说雅利安语（参见“Zeits. f. vergl. Sprachf.,” xxxviii., pp. 260 ff.），但是布罗姆菲尔德（Bloomfield）却发现的都是非印欧语

特征；参阅“Amer. Journ. of Philol.,” xxv., pp. 4 ff.，并参见 Meyer, “Zeits. f. vergl. Sprachf.,” xlii., 21，和 King, “Journ. for Hellen. Stud.,” xxxiii., p. 359.

29 哈梯可能是早期的一个重要的中心，后期编年史家在描述与巴比伦第一王朝的冲突时使用了名称“赫梯”，佐证了这一观点；参阅上文，p. 210, n. 2.

30 阿马尔那的信件中有一封是阿蒙霍特普 III 用阿尔扎瓦的语言写给他的，我们从中得知这一信息；参见 Knudtzon, “Die el-Amarna Tafeln,” pp. 270 ff., No. 31.

31 一部分村庄是建在外防御墙西北方的延伸区域。

32 现在叫作贝乌于克卡莱（Beuyuk Kale）。关于考古挖掘的记录见 Puchstein, “Boghasköi: die Bauwerke”（1912）；关于该遗址的详细描述，参见 Garstang, “Land of the Hittites,” pp. 196 ff.

33 在哈梯狮子门的构造中，两边巨石的前面雕刻成狮子的模样，面对着进来的所有人（参阅 Puchstein, “Boghasköi,” pi. 23 f.）。皇家大门内侧雕刻的浮雕（图 51）保存了优秀的赫梯艺术的重要特征，体现了精细的平面装饰与豪放的设计风格的巧妙组合。衣服上的阴影部分和卷状图案只用很小的图案粗略地勾勒出来，而其他细节则全部略去。例如，乳房上的毛发无疑被认为是力量和男子气概的标志，通常由一系列细微交织的曲线渲染，围成的图案衬托出中间的点。这些细节只有在石头本身或大尺寸照片（Puchstein, *op. cit.,* pl. 19.）中才能看出痕迹。皇家大门位于城市的东南角，靠近宫殿和小神庙。遗址中最大的建筑，大庙，则位于北面地势较低的区域。

34 参阅 Wiuckler, “Mitteil. d. Deutsch. Orient-Gesellschaft,” No. 35, p. 36.

35 这场战役的灾难性开局主要是由于拉美西斯过于自信，而且他完全错误地估计了敌人的力量和资源，因为埃及人从未遇到过像赫梯人那样强大的敌人。通过浮雕我们还可以更详细地了解对方军队的战术。上面的碑文虽然破损非常严重，但不列颠博物馆所藏的纸草上保存了一首赞颂拉美西斯之英武的诗篇，其中对战斗的描述可以对铭文的内容构成补充。关于战斗的详细描述，绘制的附有文本翻译的平面图，参见 Breasted, “Ancient Records of Egypt,” Vol. 111., pp. 123 ff.; 亦可比较 Budge, “History,” Vol. V., pp. 20 ff.，和 Hall, “Near East,” p. 360 f.

36 参阅 Winckler, *op. cit.,* p. 20 f.

37 *Op. cit.*, p. 23 f.

38 在神前起誓，这是根据巴比伦的传统习惯。

39 Winckler, op. cit., p. 24.

40 我们所知的该时期从一个国家派遣医生到另一个国家的情况并非仅此一例。这些医生自然一般都是从埃及和巴比伦这两个科学和知识的伟大中心派出。因此，哈图西勒提到以前巴比伦曾派过一个医生（*asû*）和一个驱魔师（*ashipu*）给赫梯王穆塔鲁（Mutallu）但并没有返回。结果卡达什曼恩利勒写信询问，哈图西勒回复说，驱魔师已经死了，但是会将医生送回去；参见 Winckler, *op. cit.*, p. 26. 当时的医药当然只是魔法的一个分支，而 *asû* 只是一个实践魔法师；参阅上文，第194 页。

41 关于孔苏在途中的情况，我们没有任何当时的资料。这一传说记载在一块现存于国家图书馆（Bibliothèque Nationale）的石碑上。该石碑为波斯或希腊化时期底比斯的孔苏神祭司所刻（参阅 Breasted, “Ancient Records,” III., pp. 188 ff.）。石碑的上端是一幅浮雕，描绘着祭司们肩上扛着两艘孔苏的圣舟（参见 p. 238 f., 图 56 f.）。

42 从一件赫梯文件上的印章（参见 Winckler, *op. cit.,* p. 29）判断阿尔奴安塔似乎接受了埃及传统迎娶他的姐姐为妻。由此可以看到埃及对赫梯影响增强的证据。

43 参阅上文，p. 221.

44 参见“Cun. Texts in the Brit. Mus.,” Pt. XXXIV.（1914）, pl. 38 ff.，和 Schrader, “Keilins. Bibl.,”I., pp. 194 ff.; 并参照 Budge and King, “Annals of the Kings of Assyria,” pp. xxii. ff.

45 参阅上文，p. 228.

46 参阅下文，p. 245f.

47 据记载，库瑞旮勒朱 I 颁布了某些土地，其所有权卡达什曼恩利勒 I 已确认为前所有人的后代所有；参阅 King, “Babylonian Boundary Stones and Memorial Tablets in the British Museum,” p. 3 f. 该文件具有相当重要的意义，因为对其上卡达什曼恩利勒名字的解读厘清了几个与加喜特王朝继承令人大伤脑筋的疑点。

48 在巴比伦发现的一个红色大理石权标头（参见 Weissbach, “Bab. Miscellen,” pp. 2 ff.），上面刻着他和他父亲的名字。文献中都没有写明王衔，但是这可能是加喜特时期才有的省略，所以美里西帕克被暂时认定为库瑞旮勒朱 I 的继承者；参见 Thureau-Dangin, “Journ. Asiat.,” XI.（1908）, p. 119 f.

49 参见“Annals,” p. xxii.

50 *Op. cit.,* p. xxiii. 在卡腊尹达什 I 和布尔那布瑞阿什的统治之间应该是卡达什曼恩利勒 I 和他的儿子，[....Bu]riash（参阅 Hilprecht, “Old Bab. Inscr.,” I., i., pl. 25, No. 68，并参照 Thureau-Dangin, *op. cit.,* pp. 122 ff.），还有库瑞旮勒朱 II，布尔那布瑞阿什的父亲（参阅上文，pp. 221, 224）。

51 参见“Annals,” p. xxvii.《同步历史》的描述肯定比《编年史》（82-7-4，38）的叙述更加可信。这种差异最好的解释是，后者的编者可能把布尔那布瑞阿什的小儿子库瑞旮勒朱，和卡达什曼哈尔比 I 的儿子库瑞旮勒朱 I 弄混淆了，编年史家对苏图（Sutû）继承的描述应该转给后者（参阅 Thureau-Dangin,“Journ. Asiat.,”XI., 1908, pp. 125 if.，并参照 Knudtzon,“Die El-Amarna-Tafeln,” p. 34, n. 2）。

52 对埃兰战争的胜利无疑使他很高兴，在战争中他俘获了埃兰人的国王胡尔帕提拉（Khurpatila），参见 Delitzsch, “Das Bab. Chron.,” p. 45.

53 “Annals,” pp. xxviii., xxxii.

54 他的父亲和祖父，沙旮腊克提舒瑞阿什（Shagarakti-Shuriash）和库杜尔恩利勒（Kudur-Enlil），巴比伦王位的继承人。

55 加喜特人统治下统一的巴比伦尼亚的象征性名称叫作卡尔杜尼阿什，用以指代整个国家。但是，旧的领土划分，苏美尔和阿卡德，仍然作为地理术语和皇室头衔继续使用。

56 参见 King, “Records of Tukulti-Ninib I.,” pp. 96 ff.

57 恩利勒那丁舒姆（Enlil-nadin-shum）、卡达什曼哈比 II（Kadashman-Khabe II.）和阿达德舒姆伊丁（Adad-shum-iddin）的短暂统治必然是部分属于图库勒提尼尼卜为宗主的混乱时期，部分属于图库勒提阿舒尔统治时期。该时期被图库勒提尼尼卜抬走的马尔杜克神像被送回巴比伦。埃兰的基丁胡特如塔什（Kidin-Khutrutash）洗劫了尼普尔和戴尔（Dêr），结束了恩利勒那丁舒姆的统治，几年之后又是同一个埃兰君主击败了阿达德舒姆伊丁；参见 Delitzsch,“Das Bab. Chron.,” p. 46.

58 “Annals,” p. xli.

59 王表上的名字读作 *Bêl-nadin-*（....）；尼布甲尼撒记录其如何对埃兰扭转战局的破损铭文中提到在扎马马舒姆伊丁（[Zamama]-shum-iddin）和他自己之间有一个统治者叫作（*ilu*）*BE-nadin-akhi*（参阅 Rawlinson,“Cun. Inscr. West Asia,” III., pl. 38, No. 2， 并参见 Winckler, “Altorientalische Forschungen,” I., pp. 534 ff.）。巴比伦人

将神的表意字符（*ilu*）*BE* 读作 Ea，亚述人读作 Enlil。这两个王室名字的识别曾经存疑，因为这份尼布甲尼撒文献是亚述人的抄本，有可能是复制其原本的巴比伦传统拼读，而且无论如何，恩利勒是否与马尔杜克一样曾经有一个共同的头衔“主”（Bêl）也是不能确定（参见 Thureau-Dangin, “Journ. Asiat.,” XI., p. 132 f.）。如果我们不同意这一说法，我们就应该把加喜特王朝最后一个王的名字读作埃阿那丁 -XXX（Ea-nadin-[....]），而且把贝勒那丁阿克黑当作第四王朝的第二或第三个统治者。

60 这一时期的契约和信件与第一王朝时期的非常相似。标有日期的文件为确定王表上后期加喜特统治者的统治年限提供了依据。参阅 Clay, “Documents from the Temple Archives of Nippur,” in the “Bab. Exped.” Series, Vol. XIV. f.，并且关于一些同时期的信件，参阅 Radau, *ibid.,* Vol. XVII., i.

61 参见上文，第 241 和 244 页。

62 关于不列颠博物馆的库杜如铭文，参阅 “Babylonian Boundary-Stones and Memorial Tablets in the Brit. Mus.”（1912）；并且关于这些文献的讨论的材料，参见 Hincke, “A New Boundary-Stone of Nebuchadnezzar I.”（1907）, pp. xvi. ff., 10 ff.

63 参见 “Sumer and Akkad,” p. 105.

64 参阅 Hincke, *op. cit.,* p. 4.

65 参见 “Sumer and Akkad,” pp. 206 ff.

66 参见 Cuq, “Nouvelle Revue Historique,” 1907, p. 707 f., 1908, p. 476 f.

67 古埃及与巴比伦尼亚的边界记录有相似之处，但这当然不一定是出自相互借鉴。这种用界石或边界泥板标记田地或财产的界限的做法在放弃游牧生活而转向农耕的族群中非常普遍；而进一步写上土地所有人的姓名和所有权的想法则是由此自然产生的。

68 因为刻写的符号和诅咒经常并不对应。如果来自类似的源头的话，则应该是相互关联的。

69 对于加喜特的土地主人来说，刻写界石是比较随意的，这样做仅仅是为了保护其头衔。那孜马如塔什时期的一个库杜如便很好地说明了这一点（参见 Plate XXI），是因为保存原始的泥板地契的房屋倒塌将之损毁了后才刻在石碑上的。

70 参阅 Plate XXI., opposite; and cp. Scheil, “Textes Élam.-Sémit.,” I., pp. 99 ff., pl. 21 ff.

71 参阅上文，pp. 167f.

72 参见 Cuq, “Nouv. Rev. Hist.,” 1906, pp. 720 ff., 1908, p. 474 f. 该观点似乎比加喜特王所封赐土地来自其有权处置的城市的共有或公共用地的理论更有道理（参见 Hincke,“Boundary Stone of Nebuchadnezzar I.,” p. 16）。

73 参阅上文，p. 247.

第八章

后期王朝与亚述的统治

252 研究古代巴比伦尼亚的历史学家应该感谢舒特如克那赫混台和他的儿子对幼发拉底河流域的攻击，因为他们作为战利品带走的一些纪念碑在苏萨的土丘中得以保存，直到被法国探险队发现。巴比伦当时的不幸，却使我们发现了她最精致的纪念碑，包括著名的那腊姆辛碑、汉穆腊比法典，以及一系列重要的加喜特库杜如或界碑。正如我们所见，这些都极大地丰富了我们对该国的经济状况的认识。毫无疑问，这些只是埃兰当时获得的战利品中的一小部分，但这些战利品足以显示巴比伦各大城市的财宝是怎样被劫掠一空的。在第四王朝早期国王的统治时期，埃兰似乎仍然是一个威胁，直到尼布甲尼撒 I 统治时期这片土地才摆脱了埃兰再次入侵的危险。我们有两座有价值的关于他军事胜利的纪念碑。战争期间，他不仅恢复了自己的领土，而且把战火带到了敌人的国家。其中之一是一个国王授予他的战车队长瑞提马尔杜克（Ritti-Marduk）特权凭证（charter of privileges），用以表彰其对战埃兰中的卓越表现。文献刻写在一块钙质石灰岩上，一面是一系列神的符号，雕刻成高浮雕，以便根据加喜特时期的传统，将记录置于神的保护之下。根据文献中描述，[1] 导致该凭 253
证产生的那次对埃兰出兵的目的是“为阿卡德报仇”，也就是说，为了报复埃兰人对巴比伦尼亚北部的袭击。这场战役是从边境城市戴尔（Dêr）或杜尔伊鲁（Dûr-ilu）发起的，由于在夏天进行，巴比伦军队在行军中苦不堪言。烈日之炎热用记录中的话来说，斧头像燃烧的火一样，道路像被火焰烤焦一样，由于缺乏饮用水，“高大的马精神萎靡，强壮的人腿都转向一边。”瑞提马尔杜克作为战车的队长以身作则鼓舞了军队，并最终将他们带到了埃乌莱乌斯（Eulæus），与被召集来对抗他们的埃兰联军交战。

记录用生动的措辞描述了随后的战斗。“国王们站在周围准备战斗。他们中间燃起火焰，他们卷起的尘土遮暗了太阳的脸庞。飓风席卷而来，风暴肆虐；在他们的战斗风暴中，战车上的勇士们感觉不到身边的同伴。”这时瑞提马尔杜克领先出击，再次做出表率。“他凶神恶煞般面对埃兰王，致他难逃毁灭；尼布甲尼撒王得胜，占领了埃兰地，抢夺其财产。”尼布甲尼撒从战场上回来，把凭证赐给瑞提马尔杜克，把他带领下的比特卡尔孜阿卜库（Bît-Karziabku）的城镇和村庄，从附近的那马尔城的司法管辖下解放出来。除了不受任何税收和劳役的限制外，还使居民获得了免于被驻扎在该地区的帝国士兵逮捕的特权，并禁止向他们招募此类军队。这部分文献为我们提供了对王国的军事组织的生动一瞥。

第二座纪念碑也与这场战争有关，因为它展示了尼布甲尼撒的埃兰难民保护者形象。这是一份契约的副本，上面记录了向埃兰的神瑞阿（Rîa）的祭司沙穆瓦（Shamûa）和他的儿子沙马亚
254 （Shamâia）授予的土地和特权，他们害怕埃兰王，逃离了自己的国家，并得到了尼布甲尼撒的保护。文献中说，当国王代表他们远征时，他们陪同他带回了瑞阿神的雕像。尼布甲尼撒在新年宴会上把外邦的神引入巴比伦之后，在巴比伦的胡采城（Khuṣṣi）举行了瑞阿神的祭祀仪式。该契约记录了向这两位埃兰祭司和他们的神授予 5 份田产，并免除了将来土地的一切税收和劳役义务。[2]

虽然尼布甲尼撒挽回了他的国家的命运，但他并非其王朝的创始人。[3] 其三位前任中，有一位的名字现在可以恢复为马尔杜克沙皮克载瑞姆（Marduk-shapik-zêrim）。在耶鲁大学收藏馆中的一个库杜如残片上读到了他的名字，这个残片的日期是马尔杜克那丁阿克希（Marduk-nadin-akhê）的第 8 年，并且提到了马尔杜克沙皮克载瑞姆的第 12 年。[4] 他肯定与马尔杜克沙皮克载尔

马提（Marduk-shapik-zêr-mâti）并非同一个人，因为我们从“同步历史”中知道后者继承了马尔杜克那丁阿克希的巴比伦的王位。一个是与提格拉特皮莱塞尔 I 同时代的人，另一个是他的儿子阿舒尔贝勒卡拉（Ashur-bêl-kala）同时代的人。[5] 尼布甲尼撒 I、恩利勒那丁阿坡里和马尔杜克那丁阿克希的统治顺序很近，这一点通过当时的法律文件上出现的相同官员就早已看得出来。[6] 因此，我们必须将新发现的统治者放在尼布甲尼撒 I 之前的缺口中，他一定是王朝前三位国王之一，有可能就是王朝的创立者，他的名字在王表上以神名马尔杜克开头，并且统治了 17 年。如果前 255 面提到的尼布甲尼撒 I 的破损铭文中的王室名字是这样读的，[7] 而不是认定为加喜特王朝的最后一位成员的名字，那么另一位失去名字的统治者大概可以恢复为 Ea-nadin-[…]。在伊辛王朝的早期，巴比伦必然受到埃兰人的进一步侵略，该国的部分地区可能在一段时间内承认其统治者的宗主地位。

尼布甲尼撒对埃兰和附近的鲁鲁布（Lulubu）地区[8] 所取得的胜利，无疑使他能够更有力地保卫自己的北部边境；当阿舒尔雷什伊西（Ashur-rêsh-ishi）企图入侵巴比伦领土时，他不仅把亚述人赶了回去，而且乘胜追击，包围了边境要塞赞基（Zanki）。但阿舒尔雷什伊西迫使他发起围攻，烧毁了他的围攻部队；当尼布甲尼撒带着增援部队回撤时，巴比伦军队遭受了进一步的失败，失去了兵营和军队司令官卡腊什图（Karashtu），后者作为战俘被带到亚述。因此，这证明当时巴比伦虽然强大到足以恢复领土

一个库杜如（界碑）上部的神的标志，碑上刻写了尼布甲尼撒Ⅰ授予特权的许可

和维持独立，但还不可能进行大规模的猛烈进攻。尼布甲尼撒在他的头衔中的确宣称他是“阿穆如的征服者”，[9]但我们不确定是否应该仅仅把这个头衔看作是对幼发拉底河中部地区的一次袭击。[10]

从尼布甲尼撒的继承者恩利勒那丁阿坡里(Enlil-nadin-apli)时期的界碑上可以清楚地看出来巴比伦在自己的边界内维持着有效的管理。界碑上记载了一位名叫埃安那舒姆伊迪那（E-Anna-Shum-Iddina）的海国总督在巴比伦南部的爱迪那（Edina）地区的土地赠予，这位总督当时在巴比伦王统治下管理该地区，并对其对自己的任命心存感激。[11]但是在马尔杜克那丁阿克希统治时期，巴比伦将在亚述的手中遭受到第二次重大的失败。提格拉特皮莱塞尔I统治后期，在对北方和西方取得成功后，[12]与巴比伦进行了两次战役。第一次，巴比伦取得了一些胜利，[13]但第二次提格拉特皮莱塞尔彻底扭转了战局。随后，他又与北部的其他大城市，杜尔库瑞旮勒朱、沙马什的西帕尔、阿奴尼图姆(Anunitum)的西帕尔和奥皮斯（Opis）等，一起夺取了巴比伦城。但是亚述并没有永久占领的企图，因为我们发现提格拉特皮莱塞尔的儿子阿舒尔贝勒卡拉与马尔杜克沙皮克载尔马提保持了友好关系；当后者在其统治繁荣期过后，[14]王位被阿拉美亚篡位者阿达德阿坡鲁伊迪那篡夺，[15]他便与新国王的女儿结婚以进一步巩固联盟。[16] 256

因此，巴比伦与日益增长的亚述政权的关系的第一阶段就结束了。3 个多世纪以来，两国一直保持着时战时和的状态，而之后半个多世纪，两国的内部环境都需要终止对外扩张的政策。巴比伦衰落的原因是来自幼发拉底河以外的半游牧塞姆人部落的
257 苏图人（Sutû）的入侵。[17] 据新巴比伦编年史记载，他们在阿达德阿坡鲁伊迪那晚年的时候首次出现，带走了苏美尔和阿卡德的战利品。在那之后可能更多的袭击接踵而至，我们可以看到巴比伦王朝频繁的王位继承后一时出现国家动荡的证据。[18]

后来的统治者那布阿坡鲁伊迪那（Babû-aplu-iddina）在记录其重建西帕尔的太阳神的大神庙时[19]，给我们留下了关于这一段艰难时期的一些细节；他所提到的关于阿卡德一个大城市的事实可以被视为是该国当时典型情况的写照。这座神庙无疑在阿达德阿坡鲁伊迪那统治时期遭到苏图人的破坏，直到来自海国的席马什西帕克（Simmash-Shipak）统治时期，建立了第五王朝，[20] 才试图恢复被中断的神灵服务。他的继任者，埃阿穆金载尔（Ea-mukîn-zêr），在位时间不超过 5 个月。而且在王朝的最后一个统治者卡什舒那丁阿克黑（Kashshû-nadin-akhi）统治时期，国家遭受了更多的不幸，举国一片萧条，加上不时的袭击和内乱困扰，饥荒加剧。因此，神庙的服务再次受到影响，直到比特巴孜（Bît-bazi）的埃乌勒马什沙金舒姆（E-ulmash-shakin-shum）建立第六王朝，神庙才发生了部分的再捐赠。但其半毁半复的状况依然说明了国家及其统治者的贫穷，这种情况一直持续到繁荣一些的那布阿坡鲁伊迪那统治时期才有所改善。埃乌勒马什沙金舒

姆的继承人是他的两位家族成员，尼尼卜库杜尔乌簇尔（Ninib-kudur-uṣur）和西拉奴姆舒卡穆那（Shilanum-shukamuna），但他 258
们统治了不到 4 年，然后王位转到一个埃兰人那里 6 年，[21] 后来的编年史家认为后者统治的建立本身构成了巴比伦第七王朝。

图 58　表现那布穆金阿坡里批准土地财产转让的场景

阿腊德西比提（Arad-Sibitti）在其姐妹的陪同下接受王室的许可，将位于沙马米图区（Sha-mamîtu）的一处不动产转让给他的女儿作为嫁妆。［来自大英博物馆存界碑 No. 90835］

第八王朝的创立者那布穆金阿坡里（Nabû-mukin-apli）在巴比伦再次建立了一个稳定的统治。[22] 尽管如此，在其统治时期，
阿拉美亚部落仍在制造事端，在巴比伦和布尔西帕附近控制着幼 259
发拉底河，阻断交通，并袭击周边。有一次，他们占领了卡尔贝

勒马塔提（Kâr-bêl-mâtâti）渡口，企图阻止国王举行新年庆典，这样那布神的雕像就不能从水路运到巴比伦去。[23] 这位君主统治期间一个界碑上保存了他的粗制雕像，其上描绘他代表皇家授权给沙马米图区(Sha-mamîtu)的一次财产转让活动；可以补充的是，在所有权的有效性方面，最初的所有者阿腊德西比提（Arad-Sibitti）与他的女婿，一个名叫布如沙（Burusha）的珠宝工人，之间随后发生了相当大的摩擦。[24] 即便巴比伦艺术的标准无疑在前一时期受到了国家内部条件的不利影响，这种雕刻的粗糙风格可能与其实际来源的行省有关。

第八王朝时期，亚述的复兴在残酷的征服者阿舒尔那西尔帕和他的儿子沙勒马奈塞尔 III 的胜利中达到了高潮。巴比伦的沙马什穆达米克统治时期首先感受到其影响。他在亚勒曼山（Mt. Ialman）附近惨败于阿舒尔那西尔帕的祖父——阿达德尼腊瑞 III（Adad-nirari III.）——之手。面对那布舒姆伊什昆 I（Nabû-shum-ishkun I.），杀死沙马什穆达米克的凶手和继承者，阿达德尼腊瑞再次取得了胜利，几座巴比伦城市和更多的战利品落入了他的手中。但后来我们发现他与巴比伦化敌为友，并与那布舒姆伊什昆，或者可能是其继承人结盟，两个君主都娶了对方的女
260 儿。[25] 他的儿子亚述的图库勒提尼尼卜 II（Tukulti-ninib II.）从对他南部边境的袭击中获得新的安全感之后，开始试探性地向美索不达米亚西部扩张。但他的儿子阿舒尔那西尔帕却并没有急于跨越幼发拉底河，带领亚述军队再次进入叙利亚领土。阿舒尔那

巴比伦国王那布阿坡鲁伊迪那的纪念泥板，记载着他对西帕尔的太阳神庙的修复

西尔帕在确保亚述东部和北部边界安全后，开始将注意力转向西部。幼发拉底河左岸的两个阿拉美亚人城邦比特哈迪皮（Bît-Khadippi）和比特阿迪尼（Bît-Adini）都在他的进攻面前崩溃。他就用皮筏渡过幼发拉底河，向卡尔凯美什的叁旮尔（Sangar）受降，然后高奏凯歌经过叙利亚来到地中海边。

巴比伦自然视这种对幼发拉底河西部路线的侵犯为对其商业联系的危险。为了抵制阿舒尔那西尔帕的步步紧逼，那布阿坡鲁伊迪那与苏黑（Sukhi）的沙杜杜（Shadudu）结盟也在意料之中。[26]但是他派出协助苏黑人的武力完全无法抵挡亚述人的进攻，他的兄弟萨卜达奴（Sabdanu）和巴比伦人的头领贝勒阿坡鲁伊丁（Bêl-aplu-iddin）都落入了阿舒尔那西尔帕之手。亚述国王在记录他的胜利时把巴比伦人称为加喜特人，[27]这是对3个多世纪前就已终结的外国王朝名声的纪念。那布阿坡鲁伊迪那显然意识到，想要再阻止亚述必然徒劳，于是欣然与之化敌为友，这种关系他一直延续到沙勒马奈塞尔的统治时期。他试图修复阿拉美亚人对巴比伦尼亚的古老祭祀中心的多次袭击所造成的破坏，从而忘记其军事远征的失败。

他就是修复西帕尔的沙马什神庙并再次敬献诸多财富的国
261 王。他挖掘了以前建筑的废墟，直到他找到了古代的神的雕像。他重新装饰了神殿，并举行了诸多的庆典为神重新建立了祭典仪式和敬献供品。他让那布那丁舒姆（Nabû-nadin-shum）来管理。他是以前席马什西帕克在西帕尔任命的祭司埃库尔舒姆乌沙卜西

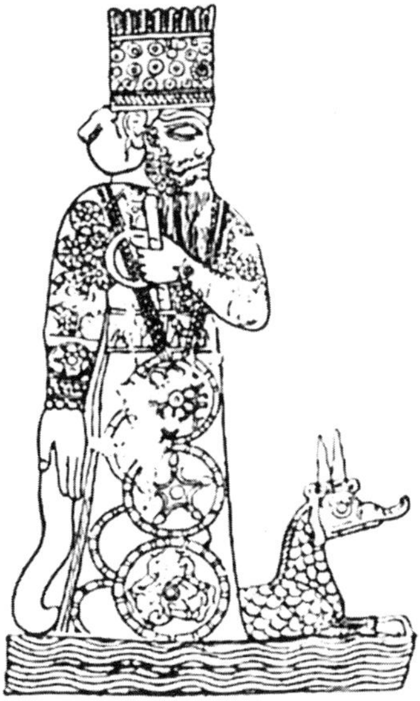

图 59　马尔杜克扎基尔舒姆献祭品中的马尔杜克和他的龙

［根据维斯巴赫］

（E-Kur-Shum-Ushabshi）的后代。记录重建神庙的石碑的浮雕背景上描绘着那布阿坡鲁伊迪那，由祭司那布那丁舒姆和女神阿亚（Aia）带领，来到太阳神面前，太阳神坐在他的神庙埃巴巴尔（E-babbar）里。神的面前是置于祭坛上的日盘，有附属神灵的身体从神龛的顶部伸展出来承接着祭坛。[28]

一个青金石滚印同样体现了这一时期巴比伦工匠的高超技巧。滚印上用浅浮雕刻着一个马尔杜克和他的龙的形象。这枚滚印是由那布阿坡鲁伊迪那的儿子兼继承人马尔杜克扎基尔舒姆

（Marduk-zakir-shum）在巴比伦的埃萨吉拉敬献的。起初上面覆着金箔，图案的设计和雕刻方法可与太阳神石板相媲美，是公元前 9 世纪巴比伦石刻装饰特征的代表。

正是在马尔杜克扎基尔舒姆的统治下，亚述成为巴比伦的宗主，停止了这一时期的征服活动。而在阿舒尔那西尔帕和沙
262 勒马奈塞尔的带领下，国家的军事组织得到了革新，二人都有效地利用了他们卓越的军队。阿舒尔那西尔帕的政策极具毁灭性，再加上他的打击速度构成了胜利的保障。因此，当他攻占卡尔凯美什后，越过幼发拉底河时，叙利亚最强大和最重要的大马士革国王显然被打了个措手不及，根本没来得及反击或组织防御。

但是叙利亚后来吸取了教训，在公元前 854 年卡尔卡尔（Karkar）战役中，沙勒马奈塞尔发现自己遭到了北方国王联盟的反对，尽管他最终成功地蹂躏了大马士革的领土，但这座城市本身顶住了进攻。事实上，大马士革的顽强抵抗阻止了这一时期亚述向叙利亚南部和巴勒斯坦进一步渗透的企图。于是，沙勒马奈塞尔不得不就此止步，转而向北越过阿曼努斯山，征服西里西亚，向陶鲁斯山北部地区索要贡赋。他还在亚美尼亚进行了一次
263 成功的战役，这场战役中亚述最强大的敌人几乎出动了 1/4。但是巴比伦尼亚才是他取得的主要政绩所在。他在其宫殿的两扇雪松木门的青铜套上用图画为我们留下了他的征服记录，并且其中一支乐队在庆祝他在公元前 851 年胜利进军迦勒底，这为我们了

图 60　公元前 851 年，在迦勒底的亚述军队

在上面的记录中，可以看到亚述步兵和骑兵通过舟桥跨过一条小溪，而在下面的记录中则描绘着军队在离开其设防的营地。

［来自不列颠博物馆藏沙勒马奈塞尔的大门］

解该地区当时的状况提供了一些启示。

巴比伦的内部纷争为沙勒马奈塞尔的干涉提供了机会。[29] 当马尔杜克扎基尔舒姆的兄弟，马尔杜克贝勒乌萨台（Marduk-bêl-usâte）发动叛乱并将该国分成了两个军事阵营，沙勒马奈塞尔欣然回应了前者的求助请求，向南进军成功地击败了叛军，并洗劫了其所控制的区域。第二年他再次出击，在战斗中杀死了马尔杜克贝勒乌萨台达成了他的目标，随后马尔杜克扎基尔舒姆承认了他的宗主权。他以此身份巡视了阿卡德的主要城市，在古他、巴比伦和波尔西帕的著名寺庙里献祭。他还带领他的军队进入迦勒

图 61　公元前 9 世纪的迦勒底人城镇

描绘男性居民带着献给沙勒马奈塞尔 III 的牛和贡品离开，女人们在城墙上送别。

[来自沙勒马奈塞尔的大门]

底，在攻破其边境的巴卡尼（Bakâni）要塞后，接受了其统治者阿迪尼（Adini）的投降，并从他和南部更远的海国迦勒底王亚金（Iakin）那里得到了大量的贡品。据其对战役的表述，沙勒马
264 奈塞尔巡视全国，接受贡品，迦勒底人越过河流用渡船将这些贡品从各城市运来送到国王和他的官员面前。

但巴比伦的附庸国地位也并没有保留多久。沙勒马奈塞尔的儿子和继任者，沙姆西阿达德 IV（Shamshi-Adad IV.），曾试图重新对其进行征服，未曾遇到强烈的反抗就掠夺了许多的城市。巴比伦国王马尔杜克巴拉忒苏伊克比（Marduk-balâṭsu-ikbi）同时也纠集了军队，其中包括来自埃兰（Elam）、迦勒底（Chaldea）和其他地区募集的武装。两军在杜尔帕坡苏卡勒城（Dûr-Papsukal）附近遭遇，巴比伦人被彻底击败，征服者获得了丰厚的战利品。

图 62，63　迦勒底人纳贡

图 62 描绘迦勒底人用船载着贡品运过小溪；图 63，他们将贡品卸载到亚述人把守的桥头。

［来自沙勒马奈塞尔的大门］

经过了一段过渡期之后，马尔杜克沙金舒姆的儿子，埃尔巴马尔杜克（Erba-Marduk）成功地将阿拉美亚强盗从巴比伦和波尔西帕的土地上赶走，因而登上了王位。[30] 但他没有统治很长时间，当巴比伦继续给亚述制造事端时，沙姆西阿达德的继承者，阿达 265
德尼腊瑞 IV 又征服了该国相当大的一部分地区，巴比伦国王巴乌阿克黑伊迪那（Bau-akhi-iddina）成了亚述的俘虏，连同他宫殿的珍宝一起被掳走。[31]

在接下来的半个世纪里，我们对巴比伦事务的了解是一片空白，甚至还没有发现第八王朝后期成员的名字。正如其以前每次征服过程过后一样，这一时期北方王国也进入了一个积弱无为的时期。事实上，亚述的扩张像是相继而来的波浪，当一波过后，在下一波到来之前便会有一次回缩。在沙勒马奈塞尔 III 和他父亲的辉煌统治之后，这次收缩的主要原因无疑是亚美尼亚山上新力量的崛起。乌拉尔人从他们在凡湖之滨的都城出发，向南行进，威胁到亚述的北部边境。其国王们西进探险的美梦成了泡影，因为他们不能把自己的国土留在后方，一任这个新敌人的摆布。乌拉尔图这时成了亚述扩张野心的主要障碍，后来埃兰与巴比伦结盟也起到了同样的效果。

在巴比伦发现了一个有意思的行省纪念碑可能属于这一时期。[32] 这座纪念碑表明这两个王国之中哪一个的中央控制一放松，其地方区域统治者所享有的独立地位就越高，对亚述而言尤其如此。这座纪念碑是为了纪念幼发拉底河中游苏黑和马里的地方统治者沙马什雷什乌簇尔（Shamash-rêsh-uṣur）取得的主要成
266 就。[33] 这位统治者可能是由亚述人任命的，但他将记录标记为他在位的第 13 年，语气像是一个当权的君主。他在上面记录了他对威胁到其都城瑞巴尼什（Ribanish）的图马奴（Tu' mânu）部落叛乱的镇压。当他正在邻近的巴卡镇（Baka）举行节日庆典时，图马奴部落却攻击与他在一起的人，杀了 350 人，其余的都投降了。他还记录他挖掘了当时已经淤塞的苏黑运河，以及在位于瑞巴尼什的宫殿里种植棕榈树。但据他自己的说法，他最突出的行

图 64　苏黑和马瑞总督，沙马什雷什乌簇尔的地基浮雕

这一场景代表着沙马什雷什乌簇尔站在阿达德神和伊什塔尔女神面前。为了庆祝他的成就，这块石头被放置在他所建的城市旮巴瑞伊卜尼（Gabbari-ibni），他最自豪的是把蜜蜂引进了苏黑国。

［根据维斯巴赫拍摄的一张照片］

为是把蜜蜂引入苏黑，这无疑是因为他改善了苏黑地区的灌溉条件。“采蜜的蜜蜂，”他告诉我们，“自从我的父亲和祖先时代以来，没有人见过这种蜜蜂，也没有人把它带到苏黑的土地上，我将它们从哈布哈部落（Khabkha-tribe）的山上带下来，放在旮巴瑞伊卜尼（Gabbari-ibni）的花园里。”文末用一个有趣的对 267

蜜蜂的注释说："它们采集蜂蜜和蜡。我懂得如何准备蜂蜜和蜡，园丁也明白这一点。"他还补充说，在未来的日子里，一个统治者会问他的土地上的长者，"是苏黑的总督，沙马什雷什乌簇尔，把蜜蜂带到苏黑的土地上，这是真的吗？"这座纪念碑很可能是在尼布甲尼撒 II 将该地区纳入其帝国时被带到巴比伦的。

接下来的时期亚述对南部王国的控制逐渐加强，巴比伦方面的斗争和反抗虽然效果相对不那么明显，但也时而对这种状况有所改变，从而避免了其独立性的丧失。亚述政权的暂时衰落使巴比伦在第九王朝早期的国王那布舒姆伊什昆 II 和他的继承人那波那萨尔的统治下一度恢复了以前的地位。但是，公元前 745 年，亚述发生的军事起义，把提格拉特皮莱塞尔 IV 推上了王位，[34] 这使得巴比伦永远恢复政权的希望加速破灭。他的上台标志着亚述扩张的最后一个时期的开始，他提出的行政政策使我们有理由用"帝国"一词来称呼他和他的继承人在公元前 8 世纪后半叶和公元前 7 世纪上半叶征服的地区，但这个帝国本身却有着自外而内开始腐烂的种子。亚述面临着一个迫切需要回答的问题，即如何管理其所控制的广大地区，然而其最终答案却是以驱离政策为基础的。从前的亚述国王把被征服的人变成了奴隶，但提格拉特皮莱塞尔 IV 开创了民族的定期转移政策。这项政策确实实现了他的直接目标：使行省保持平静。但这作为一种永久性的管理方法注定会失败。这种政策在摧毁爱国主义和对国家的激情的同时，也结束了所有对劳动的激励。属国积累的财富全都进入了亚述人的钱箱；这种政策在欲壑难填的殖民者手中不太可能成为其宗主权永久的力量或财富来源。

在向北方和西方进军之前，提格拉特皮莱塞尔的首要目标是要保卫他的南部边境。于是他入侵巴比伦尼亚，迫使那波那萨尔承认亚述人的控制。在行军期间，他横扫北部，将许多居民赶走，实施了驱离政策。内部纷争使亚述人入侵带来的苦难雪上加霜。西帕尔城起义拒绝承认那波那萨尔的权威，直至大军围城，起义才得以平息。[35] 第九王朝结束时，国家陷入混乱。那波那萨尔之子那布那丁载尔（Nbû-nadin-zêr）仅仅统治了两年后，便在一个行省首领那布舒姆乌金（Nabû-shum-ukîn）领导的起义中惨遭杀身之祸。[36] 后者刚登上王位这一王朝就走向尾声。他只当了不到一个月国王，王国便易手他人，夺取王位的是那布穆金载尔。

从第九王朝的衰落到新巴比伦帝国的兴起，巴比伦尼亚完全笼罩在亚述的力量之下。巴比伦成为亚述帝国的一个属地，其第十王朝的统治者主要由亚述国王任命或亲自担任。那布穆金载尔在位仅 3 年，提格拉特皮莱塞尔再次入侵巴比伦将其俘虏。他亲自登上了巴比伦的王位，并在那里以普鲁（Pulu）之名进行统治。[37] 两年后他去世了，沙勒马奈塞尔 V 接替了他成为了巴比伦的宗主，取名乌鲁莱（Ululai）。但巴比伦人很快就显示出力量想要 269
逃脱亚述人的掌控。因为在沙勒马奈塞尔的统治结束后，萨尔贡的军队攻占了撒玛利亚时，他不得不从西部召回他的军队以应对南部省份的威胁。在波斯湾入口处的比特亚金（Bît-iakin）[38] 的

沙勒马奈塞尔 III 接受迦勒底人投降，来自不列颠博物馆藏的其大门的青铜护套

迦勒底首领美罗达巴拉丹对巴比伦的王位提出主张。他本人对亚述来说并不可怕，但他得到了一个意想不到的可怕的盟友的支持。埃兰几个世纪以来都没有干涉巴比伦的事务，但其逐渐对亚述势力的增长感到担忧。于是，埃兰王珲巴尼沓什（Khumbanigash）与美罗达巴拉丹结盟侵入巴比伦尼亚，围困了底格里斯河下游的边境要塞戴尔或杜尔伊鲁，萨尔贡和他的亚述军队兵败城下。美罗达巴拉丹成为巴比伦人认可的王，继续成为亚述边界的麻烦制造者。

打败了沙巴卡王（Shabaka）和拉菲亚（Raphia）的埃及人后，萨尔贡与北方一直以来的威胁乌拉尔图，面临终极一战。但乌拉尔图不得不陷入两线作战，一方面是亚述人，另一方面还有从北部和东部出现的新敌人，辛梅里安人。事实上，萨尔贡对乌拉尔图的征服导致了缓冲地带族群的毁灭，尽管他们的活动直到埃萨尔哈东统治时期才开始变成真正的威胁，但是却将亚述直接暴露在蛮族入侵者的攻击之下。此时，当萨尔贡解决了其他的敌人后，再一次将注意力转向了巴比伦，他驱逐了美罗达巴拉丹。他的出现受到了祭司阶层的欢迎，如愿以偿地以总督身份进入了城邦，在他生命的最后 7 年里，他成了实际统治巴比伦的王。在他沿着南部城堡的北侧修建的码头岸墙上有一个关于他事迹的纪念碑 270
一直留存至今。[39]

公元前 705 年萨尔贡去世后，帝国的主要省份发生了叛乱，起义由巴比伦领导，美罗达巴拉丹在埃兰人的支持下再次出现，[40] 而犹大王国的希西家领导着叙利亚南部的邦联。辛那赫瑞布首先占领了巴比伦，几乎不费吹灰之力便打败了美罗达巴拉丹及其盟友。于是，他可以专心面对叙利亚和巴勒斯坦；在以革伦（Ekron）附近的埃勒台凯（Eltekeh），他击溃了前来支援反叛国家的埃及军队。他接受了以革伦人的投降，围困并占领了拉吉（Lachish），但在推罗遇到抵抗。美罗达巴拉丹从巴比伦被逐出后，为求安全藏身于巴比伦的沼泽之中，与迦勒底王穆筛孜卜马尔杜克（Mushezib-Marduk）结盟；巴比伦由一个在亚述宫廷长大的年轻的巴比伦人贝勒伊卜尼（Bêl-ibni）来管理。此时，穆筛孜卜马尔杜克领导的一场起义，使辛那赫瑞布不得不前来平叛。他打败了叛军，把贝勒伊卜尼和他的贵族们带到了亚述，把自己的儿子阿舒尔那丁舒姆推上巴比伦王位。

整个国家一直处于抵触的状态，几年后，一个巴比伦人耐尔旮勒乌筛孜卜（Nergal-ushezib）领导了一场新的叛乱。但他仅仅统治了一年多点，就被辛那赫瑞布打败，披枷带锁送往尼尼微。此事发生在亚述军队从那吉图（Nagitu）回来以后，经辛那赫瑞布转送，经过波斯湾的入口，攻击了美罗达巴拉丹安置在那里的
271 迦勒底人。[41] 然后辛那赫瑞布转去攻打埃兰，劫掠了该国的大部分地区，入冬后便停止了向内部进军。迦勒底人穆筛孜卜马尔杜克（Mushezib-Marduk）趁他不在的时候攫取了巴比伦的王位，与埃兰结盟。但其联军在哈鲁莱（Khalule）被打败。公元前689年，埃兰国王乌曼美那奴死后，辛那赫瑞布攻克了巴比伦。他对

其背叛感到恼怒，想要摧毁这座城市以解除持续不断的威胁。他成功地造成了巨大的破坏，使幼发拉底河改道，淹没了大部分土地，将巴比伦变成了一片泽国。在辛那赫瑞布统治的最后 8 年里，该国陷入了混乱状态。

图 65　阿达德神，来自埃萨尔哈东在埃萨吉拉的献祭。

［根据维斯巴赫］

公元前 681 年，辛那赫瑞布被他的儿子们谋杀，经过一场争夺继承权的斗争后，埃萨尔哈东（Esarhaddon）登上了王位。他的第一个想法是彻底推翻他父亲的巴比伦政策，重建城市并恢复其古代特权，以安抚曾经支持他的祖父萨尔贡的祭司集团。公元前 668 年，马尔杜克的雕像被恢复到圣殿中，埃萨尔哈东的儿子沙马什舒姆乌金（Shamash-shum-ukîn）被宣布为巴比伦国王。与此同时，埃萨尔哈东试图调和其都城的军事和主战派，将
272 他的长子阿舒尔巴尼帕（Ashurbani-pal）加冕为亚述国王。但巴比伦仍被告知仍须将亚述视为宗主，不满的情绪只是暂时被压制住了。埃萨尔哈东的目标是保住已经并入亚述帝国的领土，若能将国家的力量控制在这些范围内，国家的存在便会更为长久。但是他无法抑制他的将军们的野心，而且他继续征战只是为了不让军队闲着，最后却实现了其父向西方进军的最终目标，征服埃及。

埃萨尔哈东对该国的占领只是表面上的，这一点不久就显露出来。因此，他的儿子阿舒尔巴尼帕不得不继续埃及战争，完成他父亲留下的未完成的工作。尽管他取得了辉煌的战果，但他最终还是发现，想要永久性征服那里并非其能力所及。[42] 很快后方本土就满是麻烦无法抽身了，因此他对埃及的控制逐渐放松。入侵巴比伦尼亚的埃兰人乌尔塔库（Urtaku）似乎并没有乘胜跟进；随后的台乌曼（Teumman）入侵该国却兵败身死。但这次战局不利并未摧毁埃兰的力量，当沙马什舒姆乌金起兵反叛时得到了埃兰人的积极支持。

不仅是埃兰，亚述人控制的所有地区都支持沙马什舒姆乌金的叛乱。这是亚述人在其帝国分散的行省统治的一个重要事实，

各行省尚未分崩离析只是出于对帝国淫威的恐惧。但是阿舒尔巴尼帕所拥有的力量仍然足够强大，足以扑灭这场大火，并暂时阻止灾难的发生。公元前 648 年，他进军巴比伦尼亚，攻占了巴比伦城，他的兄弟沙马什舒姆乌金在宫廷大火中身亡。亚述王继续 273 攻打埃兰，一路攻占城池，他将整个国家都置于烈火和刀剑之下。苏萨本有河流的保护，但亚述军队成功渡河，这一古都便置于侵略者的蹂躏之下。占领了这座城市之后，阿舒尔巴尼帕决意永远摧毁它的力量，就像辛那赫瑞布当年对待巴比伦城一样。他不仅毁掉了神庙，掳走了宫殿的珍宝，还亵渎了王陵，最后将一切付之一炬。于是苏萨遭到了抢掠和毁灭。阿舒尔巴尼帕直到去世依然在巴比伦享有至高无上的权威。[43]

事实证明巴比伦人即使在其巅峰时代也无法与亚述军团匹敌，但其农业生产从土壤中得到的丰厚收获，在此基础上建立的城市工商业生活，最终使其得以在毁灭性的打击中生存下来。此外，巴比伦一直认为亚述人是一个借鉴了自己文化的后起族群，在其政治影响力从埃兰延伸到叙利亚边界的时候，他们的土地只是巴比伦王国的一个省。即使在其最黑暗的时刻，仍然梦想着恢复其古代的荣耀，丝毫不放过任何机会向北方王国发起攻击。因此，巴比伦总是亚述向地中海进军的后顾之忧，亚述的军队向西进发的时候，留在后方的巴比伦和埃兰便成为隐患。

亚述在后来与巴比伦的交往中曾尝试交替使用恐吓和宽容政策，但都不太奏效。这些政策在辛那赫瑞布和埃萨尔哈东的统

阿舒尔巴尼帕举着建筑者的篮子，作为巴比伦的马尔杜克神庙埃萨吉拉的修复者形象

治时期达到了高潮。很有可能，即便是一贯执行一种政策，在其强迫或安抚巴比伦的目的上也一样徒劳无功。但交替使用肯定是一个更糟糕的错误，因为这只是成功地向巴比伦人展示了自己 274
的力量，并使其抵抗更顽强。我们可以追溯沙马什舒姆乌金统治下的长期反抗过程，当时巴比伦和埃兰在其背后连续不断地打击，在很大程度上削弱了本已被埃及战争拖垮的亚述军队的力量。公元前625年，当斯基泰人（Scythians）席卷亚述帝国，其权力日渐衰弱时，那波坡拉萨尔在巴比伦宣布自己为国王，并建立了一个使尼尼微城幸存了70年的新帝国。

1 参见“Boundary-Stones in the Brit. Mus.,” pp. 29 ff.

2 参阅“Boundary-Stones in the Brit. Mus.,” pp. 96 ff.

3 第四王朝被称为伊辛王朝（Isin），并且其建立者应该来自那里，这一事实可以用巴比伦尼亚北部遭受灾难的规模来解释。该城在早期曾经被称为尼辛（参阅上文，p. 91, n. 1.），但是即便在那时也有弃用首字母 *n* 的趋势。

4 感谢克雷教授（Prof. Clay）向我提供这一信息，他目前正在准备该文献的发表。

5 参阅下文，p. 256.

6 *Op. cit.* p. 37.

7 参阅上文，p. 245, n. 1.

8 尼布甲尼撒声称拥有头衔“强国鲁鲁布的征服者”；参阅“Boundary Stones,” p. 31, 1. 9.

9 *Ibid.*, 1. 10.

10 目前对尼布甲尼撒 I 统治下巴比伦的西部领土的夸大，似乎是由于对尼布甲尼撒 II 在那赫尔埃勒凯勒布（Nahr-el-Kelb）的残缺铭文的作者身份的混淆造成的，该铭文是用古体风格写作的。

11 参见“Boundary-Stones in the Brit. Mus.,” pp. 76 ff.

12 除了可能的沙姆西阿达德 III，提格拉特皮莱塞尔可能是第一个带领亚述军队攻打到地中海边的君主；他的出击结果引起了埃及人的注意。

13 一定就是在那时马尔杜克那丁阿克希把阿达德和沙拉的神像从埃卡拉提（Ekallâti）运走的，后来在公元前 689 年，辛纳赫瑞布在占领巴比伦时发现了这些神像；参见“Records of Tukulti-Ninib I.,” p. 118 f.

14 一个后期编年史相信他对大量的小国国王和统治者建立了宗主权，并且还说他们“看到富足”；参见 King，“Chronicles,” I., p. 190, II., p. 57 f.

15 “同步历史”把阿达德阿坡鲁伊迪那当作出身低微的埃萨吉勒沙杜尼（E-sagil-shadûni）的儿子；但是，据巴比伦的史料，他的父亲是阿拉美亚人伊提马尔杜克巴拉图（Itti-Marduk-balâtu）（*op. cit.,* I., p. 191, II., p. 59），这很可能更正确的。

16 参阅“Annals of the Kings of Assyria,” pp. liii. ff.

17 关于苏图人及其与阿拉美亚人的联系，参阅 Streck，“Klio,” VI., pp. 209 ff.

18 关于王表和亚述王朝编年史上有关第五、第六和所谓的第七王朝的证据的讨论，参阅“Chronicles,” I., pp. 183 ff.

19 参阅下文，p. 260f.

20 关于阿达德阿坡鲁伊迪那的 3 个继任者我们几乎仅仅只是知道名字，马尔杜克阿克黑埃尔巴（Marduk-akhi-erba）、马尔杜克载尔【……】（Marduk-zêr-[....]）和那布舒姆里布尔（Nabû-shum-libur），至后者第四王朝结束（参阅 King, “Proc. Soc. Bibl. Arch.,” p. 221）。有人认为席马什西帕克建立的王朝具有迦勒底的起源；虽然阿舒尔那西尔帕和沙勒马奈塞尔时期之前的铭文并没有提到，但迦勒底的部落当时已经开始蔓延到巴比伦尼亚南部是可能的。关于宗教编年史中可能记录了席马什西帕克第 7 年一次日食的一个段落的讨论，参阅 King, “Chronicles,” I., pp. 232 ff., and Cowell, “Monthly Notices of the Roy. Astr. Soc,” LXV., pp. 865, 867.

21 此人名字可能恢复为阿埃阿坡鲁乌簇尔（Ae-aplu-uṣur），参阅“Chronicles,” I., p. 200 f.

22 第八王朝大约有 13 位国王，虽然他们的名字在王表中完全未知，其中某些人的名字在一些关于其与亚述关系的记录中得以保存。那布穆金阿坡里和沙马什穆达米克（Shamash-mudammik）之间的间隔，我们可能插入席比尔（Sibir），阿舒尔那西尔帕曾提到的这位巴比伦国王在扎穆瓦建立了城市阿特里拉（Atlila），他又将其重建为行宫并更名为杜尔阿舒尔（Dûr-Ashur）（参见“Annals,” p. 325）。席比尔不可能是加喜特王朝不知名的统治者之一，这是除此之外其统治唯一可能归属的时期。关于破损的名字 [....-akh]ê-iddina 可能是该时期的另一个统治者，参阅“Chronicles,” II., p. 63.

23 *Op. cit.,* II., p. 81 f.

24 参阅图 58; and cf. “Boundary-Stones in the Brit. Mus.,” pp. 51 ff.

25 参见“Annals,” pp. lvii. ff.“同步历史”中的名字，那布舒姆伊什昆（Nabû-shum-ishkun）（“Syn. Hist.,” III., 9 ff.）似乎在“编年史”中写作 [Nabù-sh]um-ukîn（“Chron.,” II., p. 64.）。

26 苏黑位于幼发拉底河中游的哈布尔河口附近。提格拉特皮莱塞尔 I 曾明确提到其位置，他记述说他在一天之内从苏黑附近到卡尔凯美什，劫掠了阿拉美亚人的阿赫拉米（参见“Annals,” p. 73）。关于后期来自该区域的一块纪念碑，参阅下文，p. 205 f.

27 参见“Annals,” p. 351 f.

28 参阅，Plate XXIII. 关于纪念碑文的译文，参阅“Bab. Boundary-Stones and Memorial Tablets in the Brit. Mus.,” pp. 120 ff. 石板在一个黏土箱中发现的，是后期那波坡拉萨尔将其放在里面，还有浮雕背景的泥印痕，从而保存浮雕的设计以防石板本身损坏。

29 参阅 King, “The Gates of Shalmaneser,” pp. 18 ff., 31 f.

30 参见“Chronicles,” II., p. 66 ff.

31 参见“Keilins. Bibl.,” I., p. 202 f. “同步历史”中的记录在此处终止；直到第九王朝的第二位国王那波那萨尔（Nabonassar）统治时期，我们对巴比伦王朝的继承才了解得更加全面。除了王表提供的证据，《巴比伦编年史》和《托勒密经典王表》都可以提供有用的信息。

32 参阅 Weissbach, “Babylonische Miscellen,” pp. 9 ff.

33 参阅上文，p. 260, n. 1.

34 叛乱的首领是一位亚述将军名叫普鲁（Pulu），他以提格拉特皮莱塞尔之名以昭示其皇家身份；但在巴比伦他依旧使用原名（参阅，p. 268）。

35 虽然我们只有该时期的少数泥板，但实际上《托勒密经典王表》以那波那萨尔开始（参阅上文，p. 265, n. 1.），这一证据标志着文学行为的叛逆，伴随着年代学研究还有可能的历法修订。

36 参阅“Bab. Chron.,” I., 16；在王表中他被描述为那布那丁载尔之子。

37 参阅上文，p. 267, n. 1.

38 美罗达巴拉丹声称是在位时对战阿拉美亚人捍卫了巴比伦王位的第八王朝国王埃尔巴马尔杜克的后代（参阅上文，p. 264）。他将以前亚述人没收的一些财产还给了以前的物主，因此在巴比伦很受欢迎。在本卷书的封面他被描绘为向巴比伦总督授予封地。（此处指伦敦

加托＆温达斯 1919 年出版的本书封面。——编者注）

39 参阅上文，p. 32f.

40 根据《托勒密经典王表》，萨尔贡死后的两年是一个过渡时期，虽然王表将王位分配给了辛那赫瑞布。不管怎样，我们知道，在公元前 703 年，马尔杜克扎基尔舒姆宣布自己为国王；但他被美罗达巴拉丹谋杀的时候，仅仅统治了一个月。

41 虽然辛那赫瑞布摧毁了迦勒底，但美罗达巴拉丹在叛乱中帮助了穆筛孜卜马尔杜克，随后他和跟随者乘船逃到埃兰海岸，死在了那里。辛那赫瑞布在底格里斯河上建造船只，然后把船拖到幼发拉底河他的军队登船的地方。

42 埃萨尔哈东夺取了孟菲斯，但几个月后，埃及人又抢回了孟菲斯并屠杀了亚述驻军。公元前 661 年，阿舒尔巴尼帕进行了对埃及的最后一次战役，洗劫并摧毁了底比斯，之后数年埃及继续承认亚述人的控制。

43 关于阿舒尔巴尼帕与刊达拉奴可能被识别为同一个人的问题，以及巴比伦随后阿舒尔埃提勒伊拉尼（Ashur-etil-ilâni）、辛舒姆里西尔（Sin-shum-lishir）和辛沙尔伊什昆（Sin-shar-ishkun）的后续关系，参见 A History of Babylonia ＆ Assyria Ⅲ.

第九章

新巴比伦帝国与波斯征服

275 没有了亚述的压迫，巴比伦重新焕发了青春，城市取得了早期历史上从未有过的物质上的辉煌和壮丽。但她花了一代多的时间才完全实现了其雄心壮志的完全觉醒。在宣布独立后，那波坡拉萨尔的影响并没有超出巴比伦和波尔西帕的城墙多远。其他北部和南部的大城市在一段时间内仍然承认亚述的霸权。但阿舒尔巴尼帕的儿子继承了一个衰落的帝国。帝国唯一的支柱亚述军队此时主要由垂头丧气的雇佣军组成。阿舒尔巴尼帕的统治下出现了变化的迹象和新的族群，亚述人注定要在他们面前消失。乌拉尔图的解体消除了游牧部落入侵的一个重要障碍。随着它的消失，我们发现新的种族因素涌入西亚，与米底人及其伊朗亲族一样同属于印欧族群。这些人是斯基泰人，是他们在前 7 世纪中叶把辛梅里安人赶到了小亚细亚，也是他们在一代人之后以锐不可当之势横扫亚述帝国，给了亚述帝国致命一击。亚述毫无防备，无力反抗进攻，也无法修复他们带来的破坏。

这个强大的军事力量曾在几个世纪里给整个西亚地区引起
恐慌，而一直以来对统治权的强烈渴望一朝终于如愿以偿。从辛 276
那赫瑞布时代起，军队中就有一些从其依附族群中征募的士兵或
雇佣军，而这些都是在其国家的无数战争中牺牲的勇士可怜的替
代品。因此，当米底人可能在斯基泰人的帮助下入侵尼尼微时，
巴比伦也暗中支持，都城得不到来自行省的支援。根据希罗多德
的说法[1]在最后一次袭击之前，米底人已经两次入侵亚述；那波
坡拉萨尔很自然地认为他们是他的盟友，并与其结成了明确的联
盟，让他的儿子尼布甲尼撒和米底国王塞亚克萨雷斯（Cyaxares）
的女儿结婚。[2]辛那赫瑞布的坚固城墙将敌人阻隔在海湾 3 年之
久，但在公元前 606 年，城市被风暴般攻占，后来流传着这样一
个传说：辛沙尔伊什昆，希腊人的萨腊克斯（Sarakos），宁愿
在宫殿的火焰中死去，也不愿在围攻者的手中苟活。

虽然那波坡拉萨尔在对尼尼微的长期围攻中似乎并不积极，但他在抢夺被肢解帝国的份额方面行动并不迟缓。亚述的北部领土，包括美索不达米亚北部[3]属于米底，而南部地区则成为那波坡拉萨尔帝国的一部分，可能处于米底人的宗主权之下。[4]但巴比伦新组建的军队很快就要接受考验。在尼尼微被毁的两年前，亚述的萎靡使埃及抓住机会占领了巴勒斯坦和叙利亚。[5]埃及在

美吉多粉碎了约西亚和他的希伯来军队，虽然还不确定犹大国是
277 否得到了其他盟国的支持，但很明显，尼科（Necho）在其对幼发拉底河的进军中并没有遇到强烈的反抗。但那波坡拉萨尔并不打算让亚述帝国的这一部分轻轻松松地落入埃及之手。他派了一支巴比伦军队，在王储尼布甲尼撒的指挥下，沿着幼发拉底河向西北方向进发。公元前 604 年，两支军队在卡尔凯美什遭遇，埃及人被彻底击溃，赶回了巴勒斯坦。[6] 但尼布甲尼撒并没有越过埃及的边界穷追不舍，因为那波坡拉萨尔去世的消息传到了贝鲁西乌姆（Pelusium），他不得不立即返回巴比伦，参加在都城为其举行的登基仪式。

虽然他已经撤兵了，但叙利亚和巴勒斯坦大部分地区却迫不及待地向巴比伦宣誓效忠。犹大的小国是个例外，虽然起初进贡，但很快就把先知耶利米（Jeremiah）的警告抛诸脑后。目光短浅的盲目行为导致了公元前 596 年尼布甲尼撒占领耶路撒冷，并将其大部分人口掳走。几年后，埃及最后一次试图重新占领巴勒斯坦和叙利亚，而犹大国加入了向其求援的腓尼基城市西顿和推罗。公元前 587 年，尼布甲尼撒进军叙利亚北部，在奥伦特河的利比拉（Riblah）占据了强有力的战略地位，在那里他派出一部分军队围攻耶路撒冷。埃及国王阿普里埃斯（Apries）企图解救这座城市，但徒劳无功。公元前 586 年，耶路撒冷再次被攻占，大部分剩下的犹太人跟随同胞流亡国外。[7] 巴比伦的军队
278 占领了腓尼基，但推罗却进行了顽强抵抗，在长期围攻之后才向

巴比伦俯首称臣，据说反抗持续了 13 年之久。[8]

因此，尼布甲尼撒通过实施一系列娴熟而有力的战争手段完成了从他父亲那波坡拉萨尔就已经开始的任务。他将新巴比伦帝国建立在了坚实的基础之上，从波斯湾到埃及边境无人敢与争锋。关于其后来的战役，除了偶尔提到在他在位的第 37 年与埃及的阿马西斯（Amasis）发生冲突之外，还没有任何相关材料发表。[9] 虽然我们不知道发生冲突的具体情况，但我们可以猜测巴比伦军队再次战胜了埃及军队及与其一同作战的希腊雇佣军。约瑟夫斯（Josephus）确实有一个说法，即尼布甲尼撒使埃及沦为巴比伦的一个行省，尽管这确实有些夸大其词，但证据表明，很可能他在埃及领土上至少进行了一次成功的战役。阿普里埃斯对塞兰尼（Cyrene）的不明智的远征给自己带来了麻烦，接下来的是阿马西斯的叛乱，以及他自己被废黜乃至丧命。这些很可能都为尼布甲尼撒的成功入侵提供了可乘之机。

与亚述的地基铭文不同，我们发现新巴比伦国王的大量铭文中没有军事征服的记载，只是局限于纪念巴比伦和其他大城市的神庙和宫殿的修复或建成。鉴于尼布甲尼撒在军事上的成就，这种情况的发生的确令人惊讶，有人认为他很少谈论其远征和战斗是因为这些可能都是在其宗主米底的要求下进行的。[10] 塞亚克萨雷斯（Cyaxares）是他的亲属，而巴比伦在米底与吕底亚的冲突中所扮演的角色则可以用这个假设来很好地解释。

随着亚述政权的消亡，吕底亚的政治重要性极大提高。在 279

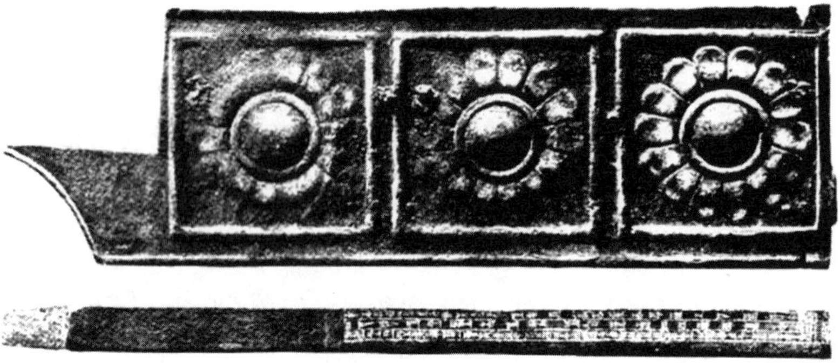

来自波尔西帕的那布神庙埃孜达的青铜门踏，上面刻写着尼布甲尼撒II的名字和头衔

阿尔杜斯（Ardys）的吕底亚王位继承人萨迪亚特斯（Sadyattes）和阿利亚特斯（Alyattes）的统治下，辛梅里安人入侵的破坏得以修复。这些君主对爱奥尼亚的城市和国家进行了一系列的攻击，虽然他们取得了一些成功，但耗尽了国家的资源却没有获得物质利益。更糟的是，日益强大的塞亚克萨雷斯在其东部重兵压境，吕底亚陷入了与其 5 年之久的斗争。公元前 585 年，双方的争夺达到了高潮。5 月 28 日，塞亚克萨雷斯和阿利亚特斯在哈里斯河边进行了一场大战。这场战争以当天发生的日全食而闻名，据说希腊天文学家米利都的泰勒斯预言了这场战争。[11] 根据后来的条约，哈里斯河被定为吕底亚和米底帝国之间的边界。根据希罗多德的说法，和解条约在一定程度上是通过尼布甲尼撒的斡旋而达成的。[12] 巴比伦的干涉必然倾向于米底人的利益，并且塞亚克萨雷斯可能会指望尼布甲尼撒在必要的情况下有所偏袒。

铭文中塑造的尼布甲尼撒是一个强大的建造者形象，我们已经看到他是如何改造巴比伦城的。他完全重建和扩建了他父亲的皇宫，[13] 在重建过程中，他把它的平台升高到比周围城市和平原高出很多，使它的空中花园成为古代世界七大奇迹之一。[14] 他重建了波尔西帕的埃孜达（E-zida）和巴比伦的埃萨吉拉（E-sagila）
神庙，还有他在城市里铺成奢华的神圣游行大道，著名的伊什 280
塔尔门连接宁马赫神庙和自己的宫殿，门上装饰着彩绘浮雕的公牛和龙。[15] 他还加固了城市的防御工事，扩建其双排墙和修建新的堡垒。[16] 在其长达 42 年的统治期间，他把精力和王国的新财富都投入到都城和巴比伦尼亚其他古老的宗教中心的重建工作中。[17] 尼布甲尼撒宫殿外表面的装饰反映了西方对巴比伦艺术的影响；我们可以想象市场和码头里挤满了外国商队和商品的情景。尼布甲尼撒在波斯湾海上交通中所表现出的兴趣，也可以证明此时巴比伦人的广阔视野。而这无疑也正是促使他在沼泽区建造了一个港口的原因，而且为了保护港口免受阿拉伯人的袭击，在幼发拉底河西面建立了台雷顿城（Teredon），作为沙漠边缘的前哨。[18]

尼布甲尼撒的儿子阿美勒马尔杜克（Amêl-Marduk）根本不配继承他的父亲。在他短暂的统治期间，丝毫不顾忌法礼的约束。[19] 难怪其即位还不到 3 年，祭司集团就决定对他实施暗杀，并用一个性格远比他强大的人和战士，他的姐夫奈瑞格里萨尔（Neriglissar）取而代之。[20] 奈瑞格里萨尔是一个巴比伦平民贝勒舒姆伊什昆的儿子，他能够娶了尼布甲尼撒的女儿，由此我们可以确定地将他与当时围困耶路撒冷的巴比伦将军，奈尔旮勒
281 沙雷载尔（Nergal-sharezer），认定为同一个人。[21] 最近发现一个惊人的证据证明尼布甲尼撒统治时期奈瑞格里萨尔在军中级别很高。有一封来自以力的信件，是负责驻扎在该城附近的一批军队的队长所写。[22] 信的日期可以确定，因为队长在信中提到了尼布甲尼撒和奈瑞格里萨尔的士兵；从信中我们还看到尼布甲尼撒统治末期巴比伦军队的状况似乎不太令人满意。队长担心他的队

伍的衰败状态，以及他瞒着尼布甲尼撒军队的最高指挥官古巴如（Gubaru）为填补人员空缺而考虑的措施。这位将军有可能与古提乌姆（Gutium）总督是一个人，他在波斯征服中扮演了非常重要的角色。他当然知道自己国家军队的状况不尽人意，也许他认为反击侵略者的任务远远超出了他们的能力所及。[23]

奈瑞格里萨尔登基后不到 4 年便去世了，这无疑使其将军们希望为国家的军事组织和防御建立扎实基础的希望成为泡影。因为他的儿子还只不过是个孩子，经过 9 个月的统治后，都城的祭司集团又将其废黜，并用其自身的成员那波尼杜斯（Nabonidus）取而代之。那波尼杜斯是祭司出身，[24]完全遵循等级传统。这位新国王热情地继承了尼布甲尼撒重建神庙的传统，但他根本没有其伟大前任的军事才能。除了其本身作为祭司的超然，他还热衷于考古，喜欢研究其所重建的神庙过去的历史，而对国家行政漠不关心。他留下一段描述充分反映了这种思想倾向。他把他的女儿贝勒沙勒提南那尔（Bêl-shalṭi-Nannar）奉献给一所附属于乌尔的月神庙的祭司学校做头领。[25] 282
很明显，他对这一行为及其伴随的仪式的兴趣远远大于对他儿子的教育；贝勒沙扎尔（Belshazzar）获得的所有军事才能都跟他父亲或父亲朋友的培养全无关系。只有敌兵压境时，这位国王才意识到自己有多么愚蠢。

因此，那波尼杜斯即位意味着巴比伦最后一个伟大时期行将就木。但是帝国的记录并没有废弛。在一个地基铭文记录中，国王夸耀整个美索不达米亚和西方，直到埃及边界上的旮扎（Gaza），都继续承认他的权威。[26] 使这衰朽的帝国面临崩溃的压力必然是渐渐产生的。帝国的成功从一开始就仰仗米底的友好关系和保护态度。当这一重要的支持不再出现时，帝国便成为新力量的口中之食了，而在这种新力量出现之前米底本身已经走向衰落。

印欧移民的新浪潮中崛起的波斯居鲁士（Cyrus）王国在吸收米底人的力量方面几乎没有困难。[27] 那波尼杜斯即位后 5 年，居鲁士废掉了阿斯提亚格斯（Astyages），并将自己在伊朗南部的追随者和米底亲族团结在一起，开始与吕底亚的克罗伊萨斯（Crœsus）打交道。在其末代国王——阿利亚特斯（Alyattes）的继承人——的统治下，吕底亚力量已经上升到了最高点。克罗伊萨斯财富的名声吸引了许多更有文化的希腊人到他在萨迪斯（Sardis）的宫廷。但是，当居鲁士成为米底帝国的主人时，克
283 罗伊萨斯对其日益增长的力量感到担心。公元前 547 年，他与波斯人在卡帕多西亚的普泰里亚（Pteria）（古代赫梯人的都城附近）进行了一场小规模战斗，然后撤退到萨迪斯。他在那里向斯巴达、埃及和巴比伦寻求帮助。但是居鲁士毫不怠慢再次出击，出其不意地兵临城下。吕底亚军队现在已经必败无疑；克罗伊萨斯的避难之所萨迪斯被围攻而陷落，吕底亚帝国就此终结。此时，居鲁士便可以腾出手来专注于对付巴比伦了。

如果我们对古提乌姆总督戈布里亚斯（Gobryas），即古巴如，

（i）烘烤过的那波尼杜斯的地基泥圆柱，上面提到阿斯提亚格斯被居鲁士打败

（ii）烘烤过的居鲁士地基泥圆柱，记载着其进入巴比伦“没有对抗没有打斗”

与尼布甲尼撒统治下担任要职的同名的巴比伦将军识别为同一人的判断正确的话，[28] 我们便可以将波斯能够轻而易举地征服巴比伦的原因直接归于他向侵略者妥协的行为。他觉得尽早投降可能是使他的国家生存的唯一希望，他可能认为，如果他不对波斯帝国的吞并进行对抗，而是尽可能地使革命和平进行，这是在以国民的最大利益行事。这就解释了为什么居鲁士将入侵的行动主要委托给他；如果一个有着古巴如名声的巴比伦将军作为波斯国王的使者出现的话，那么随后的西帕尔起义就更容易解释了。不管怎样，我们都必须假设阿卡德人中有很大一部分人是这样想的，与那波尼杜斯在都城的祭司集团中所引起的对自己的反对颇为不同。

那波尼杜斯将保卫国家的任务交给了他的儿子贝勒沙扎尔（Belshazzar）。后者在奥皮斯被前来的波斯大军打败，数次试图再次集结军队，都以失败告终。[29] 接下来，西帕尔打开了城门不战而降。那波尼杜斯逃跑。古巴如向首都挺进，实现了和平投降。波斯占领早期的本土编年史家将这些事件记录下来，古提乌
284 姆的盾牌包围了埃萨吉拉的大门，因此没有人持矛进入圣殿，也没有任何军事旗帜被带进来。[30] 如果如我们猜测的那样古提乌姆是本土出身并且曾是巴比伦军队的将军，那么对这份记录的解释则会完全不同。下个月的第三天，居鲁士以解放者的身份进入都城，受到了各阶层，特别是祭司和贵族的欢迎。他任命了古巴如为巴比伦总督，而古巴如似乎出兵追击贝勒沙扎尔并将他杀死，

从而消除了更多的抵抗。[31] 那波尼杜斯早在都城投降的时候便已经被俘虏了。

或许值得注意的是，那波尼杜斯本人所出身的当地祭司集团欢迎波斯国王作为他们国家的救星，并称其胜利是由国家之神马尔杜克带来的。然而，这是因为在获得了世俗的控制之后，那波尼杜斯放任了自己的宗教情结，结果疏离了自己的集团。他可能听取了某些谗言从而激发了集中所有崇拜的想法；但无论出于什么动机，这位国王把全国各地的许多宗教偶像都收集到都城，几乎从没有考虑到他因此把神灵们从其古老的住所中强行带走。而居鲁士却通过将神灵恢复到当地的神殿中，从而受到欢迎，并完全赢得了祭司阶层这一社会中最强大的政治力量的支持。[32] 因此，巴比伦没有再为保持自由而斗争，其所有的领土未加抵抗地并入了波斯帝国。

随着巴比伦独立地位的永久丧失，其历史纪元也将终结。时代虽然已成过往，但是与亚述帝国的衰落不同，巴比伦虽然被征服，对该地区人民整体的生活和活动的影响却不大。因此，或 285
许我们可以继续向前看一看，关注其后来作为相继对西亚统治的外国的行省的命运。居鲁士统治下的国家的安定与亚述统治下的动乱和阴谋形成了鲜明的对比，这是因为他在帝国各行省推行的政策与亚述的统治方法完全相反。每一个被征服的种族的民族性都受到尊重，并且鼓励其保留自己的宗教、法律和习俗。因此，巴比伦的商业生活和繁荣并没有因其政治地位的变化而中断。税收没有实质性增加，除了商业和法律文件上的国王名字和头衔几乎没有什么别的变化。[33]

如果不是波斯帝国的权威在居鲁士的儿子和继承者冈比西斯（Cambyses）统治期间受到了强烈的震动，这种状况无疑会继续下去。他主要致力于征服埃及并将其并入阿黑门尼德帝国一个组成部分。这一目标最终在贝鲁西乌姆（Pelusium）战役和孟菲斯（Memphis）陷落之后得以实现。但当他试图进一步对南部努比亚统治时，收到了波斯叛乱的消息。在他进军埃及之前，谋杀了希腊人称之为斯美尔迪斯（Smerdis）的他的兄长巴尔迪亚（Bardiya）。这起谋杀案一直被秘而不宣，但这时一位名叫高墨达（Gaumata）的巫师领导了一场反对不在国都的国王的叛乱，他自称是真正的王位继承人，失踪的斯美尔迪斯。[34] 冈比西斯对镇压叛乱早有准备，但公元前 522 年却在归途中死在了叙利亚。国王的死给叛乱势力带来了新的动力，
286 叛乱现在开始蔓延到波斯帝国的各个省份。但是高墨达叛军注定很快会失败。因为在冈比西斯死后，居鲁士与其子的同族王公大流士（Darius）带回了波斯军队。高墨达措手不及，兵败被杀。大流士稳稳地坐上了王位。大流士精力非凡，继续行动，在一年的时间内，成功地平息了巴比伦和各行省的叛乱。[35] 在波斯从巴比伦到埃克巴塔那（Ecbatana）的路边的贝希斯顿的山崖表面，他给我们留下了自己和被俘获的叛乱领袖的雕像。后者包括尼丁图贝勒（Nidintu-bêl）和阿腊哈（Arakha），两位伪

称巴比伦王位的继承者。[36]

大流士对巴比伦的围攻标志着这座城市衰落的开始。居鲁士并没有严重破坏该城防御系统，但现在遭受了重创。在大流士晚年的时候，该城风烟又起。[37] 在薛西斯的统治下，巴比伦人最后一次要求独立时，该城再一次受到了破坏。[38] 据说薛西斯不仅拆毁了城墙，还洗劫并毁坏了马尔杜克的大神庙。该城中曾是国家的奇迹的大面积地区，这时变为了永久的废墟。公元前 331 年，巴比伦的历史进入了一个新的阶段。此时希腊和波斯之间的长期斗争因大流士 III 在高加米拉（Gaugamila）的失败而告终。苏萨 287
和巴比伦向宣称亚细亚王的亚力山大投降，亚力山大就把巴比伦作为自己的都城。我们可以想象，当他凝视着这座城市的宏伟建筑时，许多便已荒废了。像之前的居鲁士一样，他向巴比伦的众神献祭；据说他希望恢复马尔杜克的大神庙埃萨吉拉，但后来他放弃了这个想法，因为从废墟中清除垃圾需要上万人花上两个多月的时间。他似乎已经做了一些尝试，因为发现了一块日期为其第六年的泥板，上面记录了为"清除埃萨吉拉的灰尘"而支付的 10 马那银钱。[39]

旧建筑垮塌后，在其废墟上建立起一些新的建筑，包括一座希腊殖民地使用的希腊剧院。[40] 许多巴比伦人自己采用希腊名字和时尚，但也有人在其独立生活和习俗中继续保留传统的元素，尤其是祭司群体。据记载，公元前 270 年，安条克·索特尔（Antiochus Soter）修复了巴比伦和波尔西帕的那布和马尔杜克

新巴比伦和波斯滚印的印痕

神庙。[41] 最近在以力的挖掘表明，该城古代神庙的旧宗教崇拜以新的名字得以继续保留。[42] 我们知道，在公元前 2 世纪，巴比伦大神庙的一角，马尔杜克和天神被奉为安那贝勒（Anna-Bêl）双重神；据说巴比伦的古代神殿里直到公元前 29 年仍然有祭司服 288 务。纪念巴比伦后期神明的祭祀可能延续到了基督教时代。

这座古老城市的生活自然在破损的神庙和祭祀场所附近延续最久。从世俗的角度来看，过去的商业中心早已不复存在，残存的不过是从前的记忆。亚历山大死后，塞琉古确立了在巴比伦的统治。当他认识到底格里斯河在海上交通方面的更大优势时，巴比伦的衰落便真正开始了。塞琉西王朝开始后，巴比伦作为一个城市开始迅速衰落。起初行政官员们迁出，后来商人们也另择他处，随着竞争对手的壮大，这座城市逐渐丧失了重要地位。因此，巴比伦的衰亡是一个渐进的纯经济过程，慢慢流尽了最后一滴血液，而不是遭受了突然的打击。

1　I., 102 f.

2　根据阿比戴奴斯（Abydenus）在 Eusebius, “Chron., lib. I.,” ed. Schoene, col. 37；该叙述为阿拉美亚版本。

3　这似乎是来自那波尼杜斯对埃胡勒胡勒（E-khulkhul）的描述，埃胡勒胡勒是哈蓝（Harran）的辛神的庙宇，尼尼微陷落后该神庙被乌曼曼达（Umman-manda）摧毁（参见 Langdon, “Neubab. Königsinschriften,” pp. 220 f., 272 ff.）；参阅 Hogarth, “The Ancient East,” p. 123. “Manda”一词在铭文中刻得比较稀疏。

4 参阅下文，pp. 278 f., 282.

5 在摆脱亚述人的束缚后，埃及在第二十一王朝进入了最后一个独立时期，自然想重拾其亚洲帝国梦。

6 埃及的军队此时必然是一个混合的军队，大部分来自埃及其他非洲行省，而且它对希腊人和卡利亚人（Carian）雇佣军的强硬很可能并不可信。参见 Maspero, "Histoire ancienne," III., p. 530 f.，和 Hall, "Ancient History of the Near East," p. 543 f.

7 犹大国的末王，西底家（Zedekiah），为自己的反叛付出了沉重的代价。他在从耶路撒冷逃走的路上被抓住，并掳到利比拉，在那里尼布甲尼撒当着他的面杀了他的儿子们，弄瞎了他的眼睛，然后把他用锁链锁着押送到巴比伦（II. Kings, xxv., I ff.）。

8 从公元前 585 年至公元前 573 年。

9 关于泥板上的文献，参阅 Strassmaier, "Nabuchodonosor," p. 194, No. 329，并且关于其全部内容的讨论，参见 Winckler, "Altorient. Forsch.," I., pp. 511 ff.; in Rev., 1. I, it mentions "[Am]ûsu, king of Egypt."

10 参见 Hogarth, "The Ancient East," p. 124 f.

11 希罗多德（I., 74）说，当他们意识到白天突然变为夜晚时，米底人和吕底亚人停止了战斗（很明显，他们认为这是来自神的预兆），赶紧和谈。

12 希罗多德给出的名字是"Labynetus"，改名字最恰当的解释是 Nabonidus(*Nabû-na'id*)的变体,但当时的巴比伦王必然是尼布甲尼撒。

13 参阅上文，pp. 38 ff.

14 关于南部城堡东北角的一个建筑是空中花园的观点，参阅上文，pp. 40 ff.

15 参阅上文，pp. 51 ff.

16 参阅上文，pp. 24 ff., 58.

17 关于尼布甲尼撒大规模重建巴比伦神庙的讨论，参阅上文，pp. 61 ff. 他在其他城市的建筑活动见于其地基铭文记录；参见 Langdon, "Neubab. Königsinschriften," pp. 70 ff.

18 参见 Abydenus, in Eusebius, "Chron. lib. I.," ed. Schoene, Col. 39 f., 或 Müller, "Fragm. Hist. Graec.," IV., p. 284, 可能是伯若索斯观点的复述；参阅 Bevan, "House of Seleucus," I., p. 247.

19 据伯若索斯记载，其统治时期"ἀνόμως καὶ ἀσελγῶς"（参见 Josephus c. Apion. I., 20, in Müller, *op. cit.,* p. 507）。

20 从那波尼杜斯对他的赞扬我们可以看出祭司集团在选举中支持他的证据；参见 Nab. Stele, Col. IV., 11. 24 ff.（Langdon, "Neubab.Königsinschriften," p. 276 f.）。

21 7 Jer. xxxix., 3, 13.

22 参见 Scheil, "Rev. d' Assyr.," XI., No. iv.（1914）, pp. 105 ff.

23 参阅下文，p. 283.

24 参见 Dhorme, "Revue Biblique," 1903, pp. 131 ff.

25 参见 Dhorme, "Rev. d' Assyr.," XI., No. iii.（1914）, pp. 105 ff. 对此奉献的类似描述还将见于克雷教授即将出版的《耶鲁巴比伦收藏铭文杂集》中（Clay' s forthcoming "Miscellaneous Inscriptions in the Yale Babylonian Collection," No. 45.）。

26 其滚印上记载了他对哈蓝和西帕尔的神庙的重建（British Museum, 82-7-4, 1025）, 参阅 Col. I., 11. 38 ff.; 参见 Langdon, "Neuhab. Königsinschriften," p. 220 f.

27 虽然居鲁士一开始只不过是埃兰以苏萨为都城的安山国王，但他无疑具有雅利安人的血统。伊朗南部或波斯部落的崛起与米底帝国的西进扩张同时发生，而且很可能由于米底国王对其斯基泰人臣民的好感导致了北方的不满，从而促进这两个分支的融合。这在很大程度上解释了居鲁士对米底帝国的轻松占有。参见 Hogarth, “The Ancient East,” pp. 150 ff.

28 参阅上文，p. 281.

29 参阅 “Nabonidus-Cyrus Chronicle,” Rev., Col. 111., 11. 12 ff.；并比较 Hagen, “Beitr. zur Assyr.,” II., p. 222 f.

30 参见 “Nab.-Cyr. Chron.,” Col. III., 11. 16 ff.

31 《编年史》中记录古巴如行动的段落破损了，所以这一解读并不确定（Col. III., 1. 22 f.）；但是下一条目有关阿卡德国家哀悼的片段支持这一解读。

32 参见 “Nab.-Cyr. Chron.,” Col. III., 1l. 18 ff.

33 发现的大量此类文献证明了国家继续繁荣。

34 King and Thompson, “Sculptures and Inscription of Darius,” pp. 6 ff.

35 参见 Weissbach, “Zeits. für Deutsch. Morgenland. Gesellschaft,” Bd. LXII.（1908）, pp. 631 ff. 国家的大部分叛乱都在大流士登基之年和第一年初被平息。苏萨行省和斯基泰行省的后期叛乱也造成了不小的麻烦。维斯巴赫（Weissbach, *ib.,* p. 641）对波斯贝希斯敦铭文中波斯文献的恢复将叛乱的时间置于大流士统治的第四和第五年。

36 参阅 King and Thompson, *op. cit.,* Plates iii., xv. and xvi.

37 有证据表明在大流士末期，埃及叛乱之后，巴比伦地区出现新的不安因素(参见下文n. 4.)。大流士即位明显引起了亚洲行省的普遍恐惧，但是阻止其染指希腊活动的是埃及而非亚洲行省的叛乱。

38 有关贝勒贝西马尼（Bel-simanni）、沙马什埃尔巴（Shamash-erba）以及这一时期其他两位巴比伦篡位者短暂统治时期的文件列表，参阅 Weissbach, *op. cit.,* p. 044. 巴比伦文对薛西斯名字书写的特殊变体显示了巴比伦人对其发音的困难；但是阿克席马克舒（Akshimakshu）

不应该被看作是这些变体之一，很可能是这一时期短暂统治的一个的叛乱者（亦可参见 Boissier, “Orient. Lit.-Zeit.,” 1013, p. 300）。关于契约上出现的名字的证据，他和其他人都应该被置于薛西斯统治期间或大流士的最后几年。

39 参见 Oppert, “Comptes rendus,” 1898, pp. 414 ff.

40 参阅上文，p. 83, 图 31, J. 该剧院是泥砖所建；梁柱和地基是使用了一种用烧结砖块和石膏砂浆制成的混凝物，表面再刷上白灰。

41 参见 Rawlinson, “Cun. Inscr. West. Asia,” V., pl. 66.

42 在公元前 3 世纪和公元前 2 世纪的遗址中发现的契约泥板中，埃安那古神庙总是被称为比特雷什（Bît-rêsh），“主神庙”或“主建筑”（参见 Clay, “Babylonian Records in the Library of J. Pierpont Morgan,” Pt. II., 1913）。克雷教授最近给我寄来了一份同一遗址发现的极具价值的建筑铭文抄本，书写于公元前 244 年。这一文献在他即将出版的《铭文杂集》中作为第 52 号发表。文献记录了以力的第二任行政长官（*shanû*）安奴乌巴里特（Anu-uballit）重建了比特雷什，他也有希腊名字 Νίαρκος（*Nikiḳarḳusu, Nikarḳusu*）；拥有希腊名字很显然是一个特权，正如他告诉我们，“众国之王，安条克”给了他这个名字。这篇文献中的证据证明了官方记录中巴比伦文学语言的遗存，还证明了宗教信仰保守主义的存在。

第十章

希腊、巴勒斯坦和巴比伦：对文化影响的评估

289 波斯和希腊化时期，巴比伦文明对当时的族群产生了深刻的影响，时至今日我们依然可以在现代世界的文明中找到遗存。她是天文学之母，现在钟表表盘上的 12 个分界刻度，是经过希腊从其古代的时间分割系统中衍生出来的。在新巴比伦国王的统治下，希伯来人第一次近距离接触巴比伦文明是在新巴比伦国王统治之下。在被俘虏期间犹太人发现巴比伦的神话与自己的神话有些相似之处，此时再一次对其神话产生兴趣。但在这段历史中，人们发现巴比伦文明在更早的时候便已经渗透到西亚的大部分地区。可以确认，由于第一王朝时期向西部的扩张，其文化随后就传播到了地中海沿岸，并在一定程度上参与了与之接触的族群文

明的发展。而且，宗教因素在很大程度上对社会生活起支配作用，这种情况在巴比伦文明来看远比多数其他古代族群更为突出。因此，人们强烈建议要想正确地理解希伯来宗教和希腊神话中的许多特征必须追溯到其源头巴比伦人的信仰。本章的目的是考察巴比伦的外部影响理论，这一理论由一批学者提出，并对近来的研究方向产生了决定性的影响。

无须过多强调来自巴比伦和亚述的材料是如何帮助理解以色列政治与宗教史问题的。巴比伦传说在希腊神话中的回响早已得到认可，数量虽非巨大，但却无法令人忽视。最著名的直接借用的例子无疑是阿多尼斯（Adonis）和阿芙洛狄忒（Aphrodite）的神话，其主要情节与巴比伦的塔穆兹（Tammuz）和伊什塔尔（Ishtar）的传说高度一致。这种情况不仅存在于神话中，与之伴随的节日和仪式也通过叙利亚海岸上的拜布洛斯（Byblos）和塞浦路斯的帕福斯（Paphos），这两个阿斯塔特（Astarte）崇拜中心被借鉴过来，传到希腊。[1] 希腊神话中的阿克托安（Actæon）传说也是巴比伦起源的。阿克托安显然与被伊什塔尔爱上的牧羊人一致。后来牧羊人被伊什塔尔变成了一只金钱豹，最终被自己的猎犬猎杀了。[2]

早就有人指出民族英雄赫拉克勒斯和吉勒旮美什之间也有一些相似之处。的确，大多数古代族群都流传着超人力量和权力的民族英雄的故事，但是关于赫拉克勒斯的传说中有一些特征很可能最终与吉勒旮美什传说的流传有关。[3] 相比之下伊卡洛斯

（Icarus）和巴比伦英雄或半神埃塔那（Etana）之间的类比就不那么令人信服了。埃塔那成功地飞到了最高的天堂，却一头栽到
291 了地上。因为在埃塔那的故事中并没有关于人类飞翔的情节：他的朋友鹰把他带到天上，当鹰飞上了天之门时，他紧紧地抓住鹰的翅膀。但是前述例子可能就足以证明巴比伦神话是如何在希腊神话中留下深刻印记的。

但是，现在一大批学者所持的观点认为巴比伦的影响不仅仅是一系列孤立和偶然的联系；而且，由于这种影响的特征是基于天文学上的预设（*ex hypothesi*），所以要想精确定义其界限是一个极为困难的问题。因为很明显，如果我们假设某两个神话的天文基础或背景相同，我们就会立刻发现大量的可疑的共同特征，而这些共同特征的存在若是通过其他途径得出的我们本不应该心存疑虑。原因不难理解，因为我们了解的天文现象的数量必然有限，而作为每个系统的背景又必须得到多次验证。[4] 尽管温克勒及其学派在理论上存在着无法回避的缺点，但他们在解决巴比伦人认为存在于天体和地球之间的普遍关系方面，还是发挥了很好的作用。[5] 他有充分的理由认为，根据巴比伦占星术的原则，地球上的事件和机构在某种意义上是天堂原型的复制品。

众所周知，巴比伦人和希伯来人一样，认为宇宙由三部分组成：上面的天、下面的地和地下的水。巴比伦人逐渐对这种宇宙概念进行阐释，并将外空与分三层的地球平行，由此将宇宙分为一个天上的世界和一个人间的世界。人间的世界像以前一样由

三个部分组成，即天堂（限于地球上的空气或大气）、地球本身 292
和地下的水。相对应的天上的世界是北天、黄道十二宫和南天，即天洋。到了巴比伦后期，大的神早已被认为是行星、小的神则对应是某些恒星，每个神不仅有在地球上的神殿，在天上也有专属的寓所或星星。后来的希腊占星家们似乎更进一步发展了这一观点，他们认为不仅是神庙，土地和城市也有宇宙中的对应部分。[6]但即使对巴比伦人来说，移动的星星也不仅仅是作为人对神的意志的解读符号，其运行更是地球上所发生事件的真正原因。温克勒对此的比喻恰如其分，天堂被认为与人间有关，就像一个移动的物体和镜中看到的它的镜像一样。[7]

为了说明这些星体理论是如何为希腊神话提供素材的，我们可以选择一个测试样本。其解释体现了温克勒最终阐述的星体系统的基本特征之一。[8]我们选择阿特柔斯（Atreus）和梯厄斯
特斯（Thyestes）的《金绵羊》的故事。这个故事是欧里庇得斯 293
（Euripides）在《伊莱克特拉》（*Electra*）中的一首合唱中介绍的。[9]在故事中欧里庇得斯提到但没有明确说明，金毛的羔羊是潘（Pan）带给阿特柔斯的，被阿格里夫斯（Argives）视为他是真正的国王的标志。但他的兄弟梯厄斯特斯，在阿特柔斯妻子的帮助下偷走了它，并声称自己是国王。于是，纷争接踵而至，善变为恶，星辰在其轨道上摇曳。奇怪的是，羔羊的失窃对天空和天气会产生如此特殊的影响，这一点在合唱的第二个节和对照乐节中极为明确。[10]尽管细节不得而知，但这个传说很明

尼姆如德的那布神石灰石雕像

显具有强烈的占星学元素特征。羔羊的失窃改变了太阳的运行方向，从合唱的其他台词中我们可以看出所导致的当时世界的天气环境的变化，雨云向北飞去，剩下“阿蒙神的座位”（Seats of Ammon）——即利比亚沙漠——干涸无露。

这个传说的最初形式中，很可能是关于第一次罪恶（the First Sin）的故事。在那之后，世界从道德和大气两方面都改变到了现在的状态。[11]有确凿的证据表明，金绵羊就是指白羊座（Aries）。巴比伦是公认的占星术发源地。因此，尽管其中提到了阿蒙神，我们还是认为这一传说的源头很可能是巴比伦。根据温克勒关于巴比伦宗教的理论，我们可以更进一步将传说的起源追溯到公元前 9—8 世纪巴比伦思想的一次震荡。据说这段时期，春分时的太阳正从金牛座（Taurus）移动到白羊座。该理论认为公牛就是巴比伦的神马尔杜克，[12]在其让位给公羊（Ram） 294
的过程中，巴比伦正在亚述的力量面前衰落。由于当时的时间计算方法并不完善导致了日历和季节的混乱，与这一事件相关联，从而推动了新的传说的诞生，而其中一个传说以希腊传说的形式融入了欧里庇得斯的这首合唱。抑或，正如与此完全不同的观点所说，这个故事是对巴比伦天文学的误解。

对该传说解释的理论是基于这样一个原理：巴比伦宗教本质上是一个恒星崇拜，在其国家文学的每个方面，无论世俗还是宗教，背后都有着相同的星体宇宙观。我们最好先确定这个国家的历史能够在多大程度上证实这一观点，再详细地研究这一理论。

在我们发现的最早时期的物质遗存中，尽管我们无法确知巴比伦宗教是如何从其之前必然存在的崇拜物、动物崇拜和石头崇拜逐渐演变过来的，但意象崇拜无疑已经构成了巴比伦宗教体系的一个特征。[13] 苏美尔人带来的外部文明可能已经包含了神的崇拜偶像。这些神的偶像很可能已经人格化了。按照神的形式塑造的形象被认为是供奉神本身。这一有灵论特征贯穿了整个巴比伦历史的始终。

一个部落或城市的神，在其最早期的发展阶段无疑完全被

图 66—68 天气神和两个女神，来自亚述的地基浮雕。

女神们戴着巴比伦神像的角状头饰，而且据描述她们是被士兵们抬着的，所以很可能是从一个被占领的巴比伦城镇带走的。

[根据莱亚德]

认同为其具体崇拜的偶像。人们所崇拜的偶像都只有一个，存在着具象之外的神的观念必然是逐渐发展而来的。[14] 神的实物偶像 295
遭遇不测的时候，倘若国家并没有发生什么灾难，这或许会使人们相信除了可见的木头或石头的身体之外还有灵的存在。这样的信仰最终发展成巴比伦人的宇宙天区划分概念。在这个概念中伟大的诸神有他们的住所，通过恒星和行星在天空中的移动向人们显示他们的存在。但这一发展标志着纯偶像崇拜的巨大进步。接下来无疑会从多个独立的城邦神逐渐发展成为一个诸神体系。我们无法确定某些较大的神与自然力的联系。在苏美尔时代早期，国家的宗教中心似乎已经与月球和太阳崇拜以及其他不同的自然崇拜联系在一起。但可以肯定的是，在巴比伦历史的所有后续阶段中，神的偶像从未退化为仅仅是神的象征。巴比伦人无须刻意 296
假设一个理论来解释其信仰，他们认为某个神的本土化与其在其他崇拜中心的存在，并且最终在天空领域有着独立的生活，这些都毫不冲突。

历史上的许多例子都可以证明实际情况就是如此。我们可以注意到随着巴比伦的崛起马尔杜克的雕像在每个加冕仪式及随后的新年庆典上国王宣誓时所扮演的重要角色；只有埃萨吉拉中雕像的手才能代表国王的掌控。在汉穆腊比统治时期，从对外国偶像的处理上我们可以看到巴比伦人可见神的观念。[15] 公元前 14 和 13 世纪已经提到诸神的国际交换，[16] 恢复被掳走的神像的事件总是被热情地记载下来。[17] 因为神像本身构成了一个国家的主

图 69　神龛中的神像

［根据莱亚德］

要进攻武器，获得神像的人如果善待这些雕像的话，可能总会有机会使他们将其影响力转向另一方。神与其雕像之间的这种紧密
297 联系一直延续到新巴比伦时代，在神职人员眼中那波尼杜斯的冒犯仅仅是因为他忽视了这种感觉。因此，历史证据表明神性的星体学方面并非巴比伦尼亚宗教体系的原始特征，而且从未被用来取代之前的原始思想。

刻有尼布甲尼撒 I 许可的界碑下部雕刻着神的标志（比较 Plate XXII）

如果我们考察巴比伦人的神与其雕刻标志物之间的关系也可以得出类似的结论。在某种情况下，可以通过这种关系确定或指示神的权威或存在。这些标志物的起源不是占星术，也不是要在肝占卜中寻找的：它们不是来自天上的星座和牺牲肝脏上的标记所呈现的动物或物体的征象。很明显，它们最初是由神话中的神灵所具有的特征或属性产生的；它们向星座的转移是后续的过程，它们在肝脏征象纹理上被识别出来，并不是由于其自身的起

图 70　苏美尔人的竖琴

［根据 Dec. en Chald.,pl.23］

源，而是由于其预兆。[18] 在最早的时期，城市神的标志物象征着其城邦的权力，[19] 而其他神的标志物则表达其拥有者的特征，或者是取自传说中与他们有关联的武器、物体或动物。[20]

另一类偶像是动物形态，也主要来自神话。早期用来装饰神庙。新巴比伦国王将其复制到世俗建筑的彩釉砖上。其中大多数此类偶像后期和早期一样都被放置在神庙入口附近，而且盛产石料的地方可以将大块石料用于建筑结构中，大门本身也用同样的方式雕刻。动物主题也用于象征声音。其典型代表是苏美尔的一个巨大的竖琴或里拉琴上的浮雕。站在音箱上面的一头公牛雕像显然是为了表现出乐器特有的深沉而充满活力的音调。[21] 此外，在刻有太阳神从东天门出现的形象的滚印上，两头狮子通常被安 298

图 71　东方天门的守护狮子

［根据厄泽］

置在门的正上方。其中有一个例子，门轴安在其下面另一对对称的狮子上。[22]

很可能是通过碾磨其石窝中沉重的门和刺耳的铁栓发出的尖叫声来表现怪兽和类似怪兽的象征性。[23] 这些声音意味着动物的嚎叫，根据原始万物有灵论的原则，人们认为动物们居住在门
299
和门道上并起到保护作用。可能后来亚述和波斯宫殿门口的巨大狮子和有翼的公牛，以及巴比伦和波斯波利斯的彩釉砖神兽，都是由此演化而来的。其原始的关联被遗忘或修改后，继续作为建筑物的守护神不断被复制。[24]

图 72 波斯波利斯的彩釉砖装饰带上的有翼怪兽

［根据迪厄拉富瓦］

因此，从历史角度推断占星术并没有主宰巴比伦的宗教活动，这一观点得到了考古学证据的有力支持。对文献的考察也得出了同样的结论。魔法和占卜在所发现的文献中占很大一部分。这些文献中并没有什么能够暗示占星术元素可能存在的迹象。[25]因此，我们不太倾向于接受这样一个原理：星体的宇宙观在很大
程度上渗透并感染了巴比伦人的思想，不仅是神话和传说，甚至 300
是历史事件，都被记录在反映太阳、月亮和行星的运动和其他天象的术语中。如果我们接受这一假设，也许正如星体神话学家所宣称的那样，巴比伦的恒星崇拜者的信仰成为古代东方盛行的教义，并在古代记录中留下了广泛踪迹。但最初的假设似乎并不那么令人信服，如果晚期的证据适用于巴比伦历史的所有阶段的话，那么这一理论才可能行得通。

这个理论的根源被置于一个纯想象的时代，支持或反对它的证据两方面都没有。因此，在巴比伦遗址上发现的最古老的纪念碑不能看作是巴比伦文化早期阶段的遗迹。[26]有人断言，在现存最早记录之前的黑暗时期存在着一个精心设计的高度发达的文
明。在完全没有物质证据的情况下，用世界历史上其他早期或原 301
始种族所没有的颜色来描绘这个时代并不困难。据推测，在这个史前时代，巴比伦尼亚没有战争和暴力。智力支配并控制着原始但天赋极高的人的热情，尤其是一种基于天文学科学知识的智力概念。假设一个纯粹的宇宙天文理论是他们文明的根源，并支配着他们的整个思想和行为。这不是一个有学识的祭司的教诲，而

是渗透到国家和个人生活每一个角落的普遍存在的信仰。这一理论在其完美无缺的状态下，与其发明者的其他遗物一起消亡了。但被进入巴比伦尼亚的塞姆人移民所继承，尽管使用的形式被改变和误读，却在后来的记录中留下了痕迹。星体神话学家就是以这种方式解释其数据的破碎性，并宣称能够重构其原始信仰的全部。

塞内卡（Seneca）便有着这样一种信仰，[27]他把贝若索斯（Berossus）的理论奉为圭臬，他提到迦勒底人的大年理论，一个像一年一样具有一个夏天和一个冬天的漫长的宇宙周期。夏季的特点是所有行星在巨蟹座的会合产生了大火，而冬季的特点是由摩羯座所有行星的类似会合引起的宇宙洪水。这种想法显然是基于这样一个概念：由于昼夜的交替对应着季节的变化，所以一年本身必须对应更大的时间周期。虽然贝若索斯是我们最早的权威，但这一教条被认为是原始的巴比伦思想。还有人进一步认为，
302 即便是在最早的时期，巴比伦尼亚的居民也认为世界历史是在一系列连续的时代中演变而成的，与他们所经历的这些世界周期的现象有着相同的关系。

这种时代和世界的理论与古典时代的概念极其相似，首先是深刻地影响了后来的希腊推测的赫西奥德的《工作与时日》[28]。赫西奥德关于四个时代的概念与星体论没有什么特殊相关之处，四个时代主要依据四种金属来区分，并显示出发展的退化。但有人认为，赫西奥德的理论，以及所有类似的世界时代的

概念，都源于巴比伦的原型。赫西奥德的黄金时代反映了史前巴比伦的一般情况。在巴比伦早期的思想中，假设黄道带与地球之间有密切的对应关系，则有人认为，根据每年庆祝新年时太阳在春分点所处的黄道带的特殊标志，这个国家的居民们从最早的时期开始，将世界的历史大约按照每2000年划分为一个时代。[29]尽管铭文中从未提及这些时代，但星体神话学家称之为黄道星座的双子座、金牛座和白羊座的双子、公牛和公羊的时代。[30]

这是这一理论的关键点，并且其假定了早期巴比伦人对天文学有高度精确的认识：它假定了对二分点位移的认识，而这只能建立在非常严格的天文观测和记录系统的基础上。[31]但是古代巴比伦人被预设对这些事实非常熟悉，并且能够追踪这些天文现象与世界历史的密切联系。某些神话被认为分别是各个世界时代的特征，不仅影响他们的宗教信仰，而且使巴比伦人的思想痴迷于此，乃至于影响了他们的历史书写。因此，根据 303
这个理论，当春分时的太阳逐渐地穿过黄道星座时，世界的历史的发展与这一进程协调同步，宇宙的预先注定的命运也由此慢慢地展开了。

在这一点上，星体理论是非常完整的，起码从其最初的假设出发进行得足够顺利。但一旦创作者试图将现有的传说与其理论相适应，麻烦就来了。在巴比伦神话中，我们找不到与狄俄斯库里（Dioscuri）有任何相似之处的一对英雄。但在巴比伦最早期，月神崇拜十分突出，而且，在找不到任何更相似对象的情况下，

一个羊肝的泥制模型的双视图，表面被分区并标记用来占卜

月盈与月亏这两个阶段就被视为双子时代的神话和传说的特征。借用音乐中的一个术语来说，它们被描述为这个时代特有的主题（*motif*）。第二个时代，即公牛时代，大致开始于巴比伦的崛起。有些许证据表明巴比伦的神马尔杜克与黄道的公牛星座有关联，但这种联系是出于自信的猜测。[32] 第三个时代，即公羊时代。这一时代比前两个时代问题更多，因为在巴比伦没有多少公羊为主题的素材。但据描述朱庇特阿蒙（Jupiter Ammon）有着公羊的头，还被假定与马尔杜克有着相同的本质。因此，新的推算可能会转向埃及，而巴比伦还是没有受到影响。[33] 对此提出的解释是，公羊时代开始于巴比伦力量衰退的时期，但巴比伦人为什么要忽略春分时太阳的真实位置却不得而知。 304

据说巴比伦宇宙观对外部的影响在希伯来历史书写中留下了最深刻的印记。有人认为与希伯来人早期历史有关的圣经叙事受到巴比伦宇宙神话的影响尤甚，大量的段落具有星体内涵。阿尔弗雷德·耶里米亚斯博士（Alfred Jeremias）详细地阐述了这方面的问题，[34] 几个例子足以说明其所建议的解释体系。我们下面以女神伊什塔尔下降进入地下世界，寻找她年轻的丈夫塔穆兹为例进行说明。据说这是希伯来叙事中最经常遇到的巴比伦传说。这一传说的巴比伦形式无疑是一个自然神话。在神话中塔穆兹无疑代表着春天的植物；经过炎热的夏季后，植物在冬季的几个月里从地球上消失，直到被生殖女神修复。毫无疑问，塔穆兹的崇拜最终传到了巴勒斯坦，因为以西结在一个异象中看到耶路撒冷圣殿北门的妇女在为塔穆兹哭泣。[35] 我们注意到在阿多尼斯和阿芙洛狄忒的故事中这一传说已经传到了希腊。[36] 在希腊的形式中阿芙洛狄忒和伯尔塞福涅（Persephone）争夺阿多尼斯的所有权，再现了伊什塔尔和埃雷什基旮勒（Ereshkigal）在死者住所中的
305 斗争；在希腊的版本中塔穆兹每年的消失和再现引入了宙斯的决定，即阿多尼斯应该在一年中的一部分时间里在地上与阿芙洛狄忒在一起，另一部分时间在地下与伯尔塞福涅在一起。[37] 这些关于该巴比伦神话的主要事实是不存在争议的。现在我们注意到，这一神话的主题是如何在《旧约》中与希伯来人早期历史的传统交织在一起的。

众所周知，在早期的基督教著作如公元 2 或 3 世纪的诺斯替（Gnostic）派作品叙利亚的《灵魂颂》中，[38] 有时以隐喻和寓言的形式提到埃及的土地。有人认为，亚伯拉罕和他的妻子撒拉到埃及旅程的故事，[39] 可能就是通过反映进入地下世界和获得拯救类似隐喻的形式来写的。这个故事的确提到法老的宫廷发生了疾病，可能是伴随着不孕的症状，这一特征让人联想到爱之女神在地下世界停留时，地上的繁衍能力停止。但是当罗德（Lot）被从所多玛（Sodom）拯救出来的时候，也有同样的主题：这里所多玛就是地下世界。约瑟被其弟兄丢在坑里，波提乏（Potiphar）把他扔进监狱里，也代表地下世界。他的两个狱友，就是厨师长和首席管家，都是马尔杜克家族中的两个小神。[40] 阿摩利人的五个王被约书亚打败后所藏身的马凯达的洞，据说其背后也隐含着这

一主题。[41] 简而言之，根据星体学的解释，希伯来叙事中提到的任何洞穴、监狱或苦难状态都可以被视为代表冥界。[42]

下面我们从巴比伦神话中选取另一个主题，龙之战。该主 306
题阐释了星体神话学家组织其素材的主要模式或系统。在巴比伦的创世故事中，我们将回顾混乱之龙提亚马特是如何反抗神的新秩序，反叛深渊之神阿普苏的；以及诸神的捍卫者马尔杜克如何打败她，将她的身体切成两半，一半作为天上的苍穹，然后继续其创世过程的。[43] 很早就有人注意到，希伯来韵文和寓言文学中的龙之战可能意味着一些隐喻性的语句或描述。[44] 但是，星体神话学家将其作为金牛座时代的突出主题，根据其理论该时代开始于亚伯拉罕之前，所以在《旧约》中马尔杜克的神话比其他神话更为常见。星神在神话中部分扮演着解救者的角色，因此，只要圣经中的英雄拯救了什么人，或是解救了他的家人或是人民，都会形成一个便于搭上主题的借口。所以，一个王朝的创始人或是新时代的开创者的诞生，也都反映了春阳出生的太阳主题。[45]

在探索隐藏主题的过程中，数字起着重要的作用。现举一例，
据说大卫（David）与歌利亚（Goliath）战斗过程中的数字反映 307
了年周期的神话。歌利亚被认为是恶龙提亚马特，[46] 他在 40 天里总是接近以色列人，这 40 天象征着冬天。在希伯来文中，他的身高是六肘一掌；[47] 这个数字被修正为五肘一掌，因为如果不是这样的话，这个数字就不符合五又四分之一的补充天数。[48] 那些创作者们想去证实世间最美好的愿望，即便该理论是正确的，

也难免会让人感觉他们会越走越远。当然不能否认，占星术的概念可能会影响《旧约》中的一些故事。参孙将300只狐狸的尾巴绑上火把毁掉了菲利斯汀人的庄稼。这与每年谷物节期间罗马的圆形剧场里举行的仪式有惊人的相似之处，[49]很可能被认为是占星术起源的民间神话。[50]以利亚（Elijah）的火战车可能意味着天文现象，或许是彗星；这可能是与美狄亚（Medea）的龙战车（赫利俄斯的礼物）同样想法的产物。但这都不足以让我们接受其他段落中的寓言化细节。

308 同样的解释原则也适用于希腊传说中的英雄。马尔堡的詹森（Jensen）教授在其有关巴比伦的吉勒旮美什史诗研究中试图将旧约和古典神话中几乎所有的人物都追溯到巴比伦的源头上。[51]然而他对其心目中的英雄吉勒旮美什在各个方面的单调呈现已经饱受诟病。我们从卡尔·弗里斯（Carl Fries）博士[52]最近的研究中举出一些例子。他的著作对希腊与东方的联系的臆测不那么多。弗里斯博士阐述了詹森教授的观点，并积极地用星体理论去解释《奥德赛》。奥德修斯到哈迪斯（Hades）去向底比斯先知泰瑞西亚斯（Teiresias）咨询，这样的情节无疑与巴比伦传说中吉勒旮美什到西苏特罗斯（Xisuthros）的旅程有着密切的相似之处；而且，尽管类似的传统在其他种族的史诗中并不少见，但故事的希腊形式可能蕴含着巴比伦的回响。然而有人认为还有比这更紧密的关系。

据说《奥德赛》主要受到巴比伦影响的部分是奥德修斯在

舍利亚（Scheria）的停留。由菲亚克斯人（Phæacians）完成的整个娱乐活动据说都反映巴比伦人的新年盛宴。从他在岛上醒来的那一刻起，星体主题就开始出现。在那乌西卡（Nausicaa）与少女们的球合唱游戏中，球象征着太阳或月亮从天的一边旋转到另一边；当球落入河中时，就是日落或月落。奥德修斯被少女的尖叫声惊醒，从黑暗的树林中走出来：他是冉冉升起的太阳。那乌西卡向奥德修斯描述的进城之路与巴比伦的神圣大道相对应。在新年的盛宴上，马尔杜克被抬着从其神庙沿着神圣大道走过全城。在奥德修斯的旅程中，宗教雕像必须被保护起来，以防被不洁的眼睛看到；因此，雅典娜（Athene）在奥德修斯身上撒了一层薄雾，以免菲亚克斯人跟他搭讪。其他的星体元素并没有特别的巴比伦色彩。[53] 309

我们在这里并不关心弗里斯博士关于希腊悲剧起源的理论，但我们可以捎带指出，在叙述冒险经历时奥德修斯是光之神节的祭司歌手。在《奥德赛》的其他部分，弗里斯博士并没有尝试去寻找许多星体主题，但他肯定地指出奥德赛的冒险之旅仅仅是星体神话的遗存，虽然经历了上百次转变，但最终只与光之神在天海的旅程有关。[54]《奥德赛》的结束场景也有一个完全的占星学解释，月亮和太阳的主题混杂出现。从安提诺斯（Antinous）在弓箭审判时的讲话中我们得知，杀戮求婚者发生在新月的盛宴上，因为在欧律马科斯（Eurymachus）和其他求婚者未能拉弯弓箭之后，他至少为将其求婚推迟到明天找到了借口。这一事实表明，从奥德修斯在新月节回来这一段，我们看到月神本人用他的弓箭或新月来战胜黑暗。另一方面，箭头所穿过的 12 把斧头，其数目可能意味着太阳。佩内洛普（Penelope）被追求者追求是月亮
310 被星星环绕，她编织和解开的网是月亮主题。当奥德修斯像太阳般靠近时，所有的星星都在其面前黯然失色。

因为对于星体理论人们不能只是随随便便信手拈来，如此一来星体理论就不攻自破了。一般来说，神话的背景叙事是无须证明的；只需在文本背后假定一个星体意义。[55] 事实上，将其理论套用于历史人物的生活记录不失为一种证伪的方法。[56] 但这一论证不过是一个简单的归谬法（*reductio ad absurdum*）。最具破坏性的批评是从纯粹的天文学角度提出的。

众所周知，组成黄道星座的不同黄道星座并非各自占据黄道的 30 度角，而是有些长些，有的短一些。此外，巴比伦天文学家后期的星座与我们的星座并不完全一致。例如，我们的处女座（Virgo）中最东边的一颗星，被安息时代的巴比伦人计算为属于下一个黄道星座狮子座（Leo），因为它被称为“狮子的后脚”。[57] 但幸运的是，就我们的目的而言，双子的东边和公羊的西边并没有太多的疑问。它们标志着星体神话学家三个世界时代的开始和结束。对于使双子座得名的北河二（Castor）和北河三（Pollux）这两颗明亮的恒星，新巴比伦人无疑也将其纳入了
311 这一星座。在我们的双鱼星座中，最东边的恒星可能远远超出了巴比伦的公羊星座。

一块新巴比伦天文学专题泥板，刻写着主要恒星和星座及其偕日升降和在南方顶点等等的分类列表

基于这一猜测，并假设三个星座的角度都为 30 度，库格勒博士计算了太阳在春分点进入黄道带的这些标志的年份，即星体世界时代的开始和结束点。他的数字完全推翻了温克勒对星体系统天文基础的主张。根据这一理论，双子的时代不是在公元前 2800 年左右结束，而是在公元前 4383 年真正结束。因此，公牛的时代是在其所谓的开创者萨尔贡 I 出生前一千五百年就开始了，结束于公元前 2232 年，即汉穆腊比出生前相当长的时间，但据称汉穆腊比统治时期是公牛时代主题的主要发展时期。此外，巴比伦的整个历史过程，从第一王朝开始到公元前 81 年，都生活在公羊时代，而不是公牛时代。因此，所有与黄道带公牛星座巧妙相连的主题和神话，都应该与公羊联系在一起。但即使是星体神话学家也承认巴比伦神话中没有羊的主题。我们发现即便承认温克勒和他的学派对早期巴比伦人天文知识的所有假设，但从中发展出来的理论依然无法成立。温克勒的星体学崩塌了，他的 3 个星体世界时代与其历史时期并不相符。[58]

事实上，与其说巴比伦是占星术之母，毋宁说是天文学之母。其对古典文化的影响不可谓不大，但严格说来，其科学观察并不是很早就开始的。的确，我们有证据表明，早在公元前三千纪末，
312 天文学家就记录了对金星的观测结果，[59] 同时也有一个早期文献残片表明他们试图测量固定恒星的大致位置。但是他们的测量技术在很长一段时间内仍然非常原始，直到公元前 6 世纪到公元前 1 世纪晚期的巴比伦人，才能够足够精确地确定行星的运动，尤

其是月球的运动，并由此得出一个可靠的时间测量系统。即使是在亚述晚期，占星学文献也会在一整月的每天都记载日月食，并使用各种指代日月昏暗的词汇作为术语，这一事实足以证明他们当时还没有注意到这些现象出现的规律性，并且仍然在使用相对粗糙的天文学概念。[60]

严格意义上的最早的科学文献来自公元 6 世纪下半叶。我们第一次发现那时太阳和月亮的相对位置，还有月球与行星以及行星之间的联系，它们在黄道带的位置的标记等是预先计算出来的。但是这些泥板依然不能证明巴比伦天文学家在公元前 2 世纪末以前就已经掌握了二分点位移的知识，而传统认为尼西亚（Nicæa）的希帕克斯（Hipparchus）基于其巴比伦前辈观察的发现是在公元前 161 年到公元前 126 年之间，或许是准确的。[61]

简而言之，巴比伦人将世界历史划分为星体时代的理论是 313
没有根据的，其神话和传说也没有与黄道带的连续标志有任何特殊的联系。毫无疑问，占星术从早期就已经成为巴比伦宗教体系的一个重要组成部分；但是在那时，恒星和行星对宗教信仰并没有较大影响，而且这个体系的许多特征，包括曾经被笃信的星体学起源，都须归于一个更简单而原始的思想联系。[62] 但是对星体理论的必然改动仍然有可能使希伯来文学在流亡和后流亡时代获得强烈的占星术色彩。犹太人的传统是在巴比伦受到了诸如来自波斯的密特拉传说的影响吗？由于星体理论没有为我们指明答案，所以这个问题还须依赖历史和文字证据等常规手段来决定。

如果我们认为巴比伦占星术对流亡犹太人产生了非常显著的影响，那么我们至少应该会在实际事物和术语中找到一些痕迹。星体神话学家们从未认真地对待过这种联系中的一些事实。[63]的确，所罗巴伯（Zerubbabel）统治下的回归流亡者在内部使用了几个月的巴比伦名字；但是，时辰的概念，即把一天分成相等的几份，似乎并没有持续到流亡后很久，那时甚至连巴比伦双时的痕迹都没有了。[64]除了先知阿摩司（Amos）唯一提及的土星，[65]在旧约中出现的恒星和星座的希伯来语名称没有一个与
314 我们所知在巴比伦的名称是一致的。这一事实无疑否定了《旧约》的作者或编者无论是流亡前还是流亡后大量采用巴比伦的星体神话的说法。但是这不能否认希伯来人的诗歌和预言书中出现的一些意象，甚至某些特定的思想路线，显露出了巴比伦的色彩，这些都可能在楔形文字文献中找到解释。毫无疑问，巴比伦文献为探索古代东方思想的研究提供了宝贵的帮助。

关于巴比伦对希腊宗教思想的影响，必须认识到巴比伦人与希腊人有着完全不同的性格特征，东方的狂热和自卑精神与西方的冷静、公民的节制和自信形成鲜明的对比。法内尔（Farnell）博士指出了这一点，[66]他还特别强调在希腊和爱琴社会的一个非常重要的特征就是完全没有美索不达米亚的宗教神秘感。[67]另一个他非常重视的事实是，古巴比伦从远古时代开始就普遍使用的熏香，在公元前8世纪以前没有传入希腊。这个很容易被认可的小产品比巴比伦神学容易引进得多。也有少数人反对他的观点，

认为在很长的几个世纪里，赫梯帝国是美索不达米亚和小亚细亚沿海地区之间的一道屏障，[68] 这是阻止巴比伦影响向西直接传播的充分理由。但是，任何政治障碍都无法阻止旅行商人记忆中的传说，还有商队营火周围的故事讲述。这是我们自然的期待，巴比伦在某种程度上本来就应该为东地中海地区流行的各种传说的丰富宝藏作出贡献。 315

巴比伦的文化影响从最早的时期开始向东渗透，她最近的邻居伊兰的文明在很大程度上是由苏美尔的文明所塑造的。但那时向西的商路也已经打开，巴比伦兴起以前，军队和商人们都从幼发拉底河下游进入叙利亚。随着西塞姆人的扩张，这两个地区被拉入了更为密切的关系中。在幼发拉底河中游政治统治最早建立是在汉穆腊比时代，随后是商业交通的加强。在新巴比伦时期和后来的时期，这一过程几乎没有中断。保持与西方联系的必要性一直主导着巴比伦的外交政策；而且其文化远达巴勒斯坦的边界之外，并在希腊神话中留下了痕迹，这主要是归功于其商业活动，而非领土扩张的野心。

1 阿多尼斯崇拜在公元前 7 世纪之前传到希腊，而且有证据表明其崇拜仪式随后在阿哥斯（Argos）和阿提卡（Attica）举行；参阅 Frazer, “Adonis, Attis, Osiris,” I., pp. 13 ff., 226 f. 关于传说的苏美尔起源，参阅 Zimmern, “Sumerisch-babylonische Tamûzlieder”（1907）, and Langdon, “Tammuz and Ishtar”（1913）.

2 虽然阿尔忒弥斯（Artemis）把阿克托安变成了雄鹿，但巴比伦神话的主要特征是愤怒的女神，英雄变成野兽，以及他因自己的猎犬而死亡，这种情节在希腊故事的各种版本之中屡见不鲜。

3 除了其他细节上的相似之处，赫拉克勒斯通过赫拉的憎恨而暴露出来的辛劳和痛苦，这一各种希腊传说形式中的共同特征与伊什塔尔对吉勒旮美什的迫害与审判有着极为相似之处。有关吉勒旮美什传说对希伯来传统可能存在影响的最新讨论，请参阅伯尼教授即将出版的《牛津教会圣经评论》(Burney's forthcoming volume on "Judges," in the "Oxford Church Biblical Commentary.")对"萨姆森故事中的神话元素"("The mythical element in the Story of Samson")的附注。

4 正是这种应用的不严谨，以及随后借题发挥的诱惑，导致了诸多的批评，以至于全盘否定了已故雨果·温克勒及其追随者研究的价值。

5 关于解释其星体理论的主要文献，参阅下文，p. 292, n. 3.

6 关于这一主题，参见 Cumont, "La plus ancienne géographie astrologique" in "Klio," IX.(1909), Hft. 3, pp. 263 ff.

7 这种后期巴比伦占星学派中流行的星体宇宙观无疑在希伯来文学上留下了印记。引人注目的例子可见于 Is. xxvii., 1.，一个后流亡时代的末世预言中的意象显然取自巴比伦来源。这条"盘绕"或"弯曲的蛇"的区间是天龙星座(Draco)，它绕北极而来；在黄道的偏北一点的巨蛇是"逃亡的蛇"；而位于南部天空或天海中的海德拉(Hydra)水蛇则是"海上的龙"。这是伯尼(Burney)最初对这一区间给出的解释方式。参阅 Burney, "Journ. The ol. Stud.," XI.(1910), pp. 443 ff.

8 斯图肯的《星界神话》[Stucken, "Astralmythen"(1896—1907)]似乎对温克勒产生了强烈的影响。其理论引起广泛关注的文章为"Preussische Jahrbücher" in 1901(Bd. 104, pp. 224 ff.)和"Himmels- und Weltenbild der Babylonier als Grundlage der Weltanschauung und Mythologie aller Vôlker," in "Der alte Orient," III., 2-3. 他所阐述的特别观点见

"Altorientalische Forschungen"（1902—1905）；亦可参阅 Winckler and Jeremias, "Im Kampfe um den alten Orient," Leipzig, 1907-8. 关于此理论的天文学假设，尤其参阅 Jeremias, "Das Alter der babylonischen Astronomie"（*op. cit.,* Hft. 3,1908）；并参见 Weidner, "Orient. Lit.-Zeit.," 1911, Col. 345 ff., and 1913, Nos. I and 2（Sonderabdruck, 16 pp.）；进一步参阅 pp. 304, 308.

9 吉尔伯特·穆雷教授引用了温克勒对这一篇章的解释，Gilbert Murray, "Electra of Euripides," p. 91 f.，和 Burrows, "Discoveries in Crete," p. 133.

10 Ll. 726 ff.

11 Murray, *op. cit.,* p. 91.

12 实际上公牛与天气神阿达德有关，而且自然地象征着雷电之神。

13 参见 Taylor, "Primitive Culture," II., pp. 143 ff.

14 我们可以推测当时这种猜测的情形可能发生的情况。如果一个神灵被掳走或驱逐了，然后用另一个雕像取代它，而随后又恢复了原来的神像，就会导致两个神像同在一个神殿内。如果神像被损毁或腐朽了，那么国王重建或美化神庙的冲动可能会扩展到这个雕像本身。

15 辛伊丁那姆（Sin-idinnam）和他的军队将某些埃兰女神带到他们自己的国家，像是在其自己的神殿中一样小心翼翼地搬运，并非仅仅是当作战利品，还想获取她们的欢心；待到神像被恢复到埃兰时女神们自己又回到那里（参见"Letters of Hammurabi," III., pp. 6 ff.）。尼布甲尼撒 I 为埃兰祭司提供庇护并将他们的神瑞阿（Rîa）引进到巴比伦也是出于同样的心理状态（see above, p. 253 f.）。

16 参阅上文，pp. 221 f., 240.

17 阿古姆卡克瑞美恢复马尔杜克和萨尔帕尼图姆神像就是这一点的证据（参阅上文，pp. 210, 218）。但最突出的例子是阿舒尔巴尼帕从苏萨将 1635 年前被掳走的南那神像带回以力（参阅上文，p. 113）。

他很可能将神像安置在其苏萨的神殿中，神殿或许在国家神舒什那克（Shushinak）的神庙里。

18 马尔杜克的矛枪头是杀死混沌恶魔提亚马特的恰当标志物，而那布的芦苇笔或楔子则宜于代表书写和建筑之神。一些伟大的自然神的标志物自然与星体有关，如阿达德的闪电叉。月亮和太阳的盘代表月亮神和太阳神，但并不是大多数的象征物都有这个特征。

19 比如，拉旮什的宁吉尔苏的标志物是一只狮头鹰抓着狮子；参见"Sinner and Akkad," p. 100.

20 一些神的标志物纯粹是动物，如古拉（Gula）的狗，巴乌（Bau）的行走鸟和伊什哈拉（Ishkhara）的蝎子。可以补充的是，在这些例子中都没有显示图腾起源，而像恩基或埃亚（深渊之神）的山羊鱼等表明这些标志物必然是源自于神话。

21 参阅图 70; 并比较 Heuzey, "Musique chaldéenne" in the "Rev. d'Assyr.," IX., No. iii.（1912）, pp. 85 ff. 厄泽（M. Heuzey）支持他的建议，引用了同时期的文献中对一个类似乐器的一段描述："里拉琴的'琴架'（portico）就像是一头怒吼的公牛"。

22 参阅 p. 299, 图 71，并比较 Plate XVI.（No. 89110）, opposite p. 192.

23 厄泽（*loc. cit.*）引用了古地亚对宁吉尔苏神庙中建立的门的描述如下："安置在大门口的雪松木的门，像天空的雷电之神；埃尼奴神庙的门闩像野狗；门轴像狮子；……在……上；在门上，他（古地亚）让人安置了一头年轻的狮子和一头年轻的豹子。"（参见 Thureau-Dangin, "Sum. und Akkad. Königsinschriften," p. 118 f., Col. 20, 11. 20 ff.）。

24 参见"Proc. Soc. Bibl. Arch.," XXXIV.（1912）, pp. 270 ff.

25 我们对巴比伦文学的了解在很大程度上是从亚述人的资料中得到的，而且由于两国的文明密切相关，后面会将两个分支放在一起讨论。在最近发现的《苏美尔法典》（参见上文，p. 153, n. 2）出版之后，也可以更加确信苏美尔人和塞姆人在巴比伦法律发展中各自所起的作用。顺便说一句，这份文件将揭示这些也可能是希伯来人所共有的原始塞姆人传统在多大程度上塑造了汉穆腊比法典的一些条款。

26 如洪水故事中提到的舒如帕克城遗址法腊（参见“Sumer and Akkad,” pp. 24 ff.），这样的土丘上的粗糙铭文，并不被认为是古老的。在城市下面的墓穴中发现的贝壳印章、铜制武器和粗糙的石头项链很少受到关注，都被归于相对较晚的发展阶段。

27 “Quiest. Natur.,” 111., 29, ed. Haase, p. 235.

28 Ll. 108 ff.

29 这是巴比伦历法中最重要的节日。参阅上文，pp. 190, 296.

30 参阅上文，p. 293 f.

31 当然，太阳在春分点的位置每年变化都很小。其位移在大约 72 年的时间里只差一天；而且，如果我们给十二个黄道星座中的每一个指定 30 度的度数，就需要 2151 年才能通过黄道带上的一个星座区间。

32 公牛被用来装饰巴比伦的伊什塔尔门这一事实并没有构成将公牛与城市神关联起来的理由。实际上公牛总是与雷神相关联的（参阅上文，p. 294, n. 1），而马尔杜克基本上是一个与太阳相关的神。神学家利用后一个事实来提出主张，认为太阳的时代自然应该跟随月亮的时代，太阳神话将被视为这第二个时期的特征。

33 承认马尔杜克神话不受公羊的影响与星体神话学家对新时代来临的重视很难相容。

34 参阅他的“Das alte Testament im Lichte des alten Orients”（1st ed., Leipzig, 1904），尤其是 1911 年在“神学翻译图书馆”（“Theological Translation Library.”）出版的经修订和扩充的英文版。卡农·约翰斯（Canon Johns）虽然在对该作品的介绍中声称攻击作者的观点并非

导论书写者的职责，但他承认他在许多方面与耶里米亚斯博士的观点不同。一个评论者认为“在耶里米亚斯博士身上表现出来的辩解冲动是独特的”（“Church Quarterly Review,” Vol. LXXIV., No. 147（April, 1912），pp. 166 ff.）。卡农·约翰斯在其介绍中提醒读者，他们可能期待在作品中看到谴责《旧约》文学批评所取得的成果的理由，但“过分依赖巴比伦尼亚的这些工作人员可能会被误导”。

35 Ezek. viii., 14.

36 参阅上文，p. 290.

37 关于希腊传说与其巴比伦源头的一致性，参阅 Frazer，“Adonis Attis Osiris,” I., pp. 6 ff.

38 Ed. Bevan in “Texts and Studies,” V., 3.

39 Gen. xii.

40 参见 Jeremias，“Old Testament,” I., p.（60, II., p. 65）. 他们是神米马伊库勒贝里（Minâ-ikul-bêli）“我主吃什么？”和米马伊什提贝里（Minâ-ishti-bêli）“我主喝什么？”（参见 King，“Cun. Texts,” XXIV., 1908, p. 5）；但是他们都跟希伯来的故事无关。

41 Josh, x., 10, 16.

42 为了证明此类星体主题，有些意想不到的方面也会被当作直接崇拜伊什塔尔的证据。因此，基列人（the men of Gilead）被解释为选择了西波莱忒（*shibboleth*）“谷穗”一词，作为以法莲人（Ephraemites）的密码，不是因为这个词包含所需的“咝”音，而是为了纪念女神伊什塔尔，一个有谷穗的天上的处女。而且，尽管面纱是希伯来妇女的普通服装的一部分，但是对瑞贝卡在接近以撒的时候为自己蒙上了面纱这样一个自然的举动也被认为反映了伊什塔尔崇拜。

43 参见“Seven Tablets of Creation,” I., pp. 32 ff.

44 尤其参阅 Gunkell，“Schopfung und Chaos in Urzeit und Endzeit,” pp. 16 ff.

45 比如，摩西是以色列历史上一个新时代的拯救者和奠基者，因此有关他的传说充满了星体主题。当他在埃及被法老迫害时，法老就是龙；当他作为婴孩从尼罗河中被救起时，法老的女儿便是天上的女王伊什塔尔，这样我们就有了塔穆兹－伊什塔尔主题。当他带领以色列人出埃及时，就有了战胜龙的主题。过红海就是把龙劈成两半，约书亚过约旦河也是这样。简而言之，据说约书亚在围绕解救者这一角色的主题上数量与摩西不相上下。

46 耶利米亚斯（*op. cit.,* II., p. 182）将歌利亚这个名字与亚述语 galittu 联系起来，称之为“海”，因此即是龙提亚马特；但是 galittu 虽然可以解释为海，却只是形容词 galtu“可怕”的阴性形式。

47 I. Samuel, xvii., 4；约瑟夫斯和一些存世的希腊译本读作四肘一跨。

48 正如许多人推断的那样，在这里星体学派的成员把有价值的建议与纯理论化混为一谈。有些数字在巴比伦人看来是特别神圣的，被当作神的名字使用。例如，月神辛，从传统的农历月的长度来看，就是神“三十”；而神“四”和“七”可能代表了月神的不同方面，前者代表了月亮的四个阶段，后者代表了作为农历四分之一月的七天周。如果这个思想是向西传播的，我们就可以对如基瑞亚特阿尔巴（Kiriath-arba）和贝尔筛巴（Be’er-sheba’）这样的巴勒斯坦名字有了令人满意的解释。关于这一主题，请特别参阅伯尼教授即将发表的关于“法官”的著作（参阅上文，p. 290 n. 3），p. 43 f. 其中给出了关于巴比伦文献所阐明的其他观点的讨论，特别提到了关于雅赫维（Yahwe）（pp. 243 ff.）和亚设（Ashera）（pp. 196 ff.）的详尽注释，以及关于早期希伯来诗歌的有价值章节。

49 Ovid, Fasti, IV., 679 ff.; and cf. Frazer, “Spirits of the Corn,” I., p. 297 f.

50 参阅 Burney, op. cit., additional note on “The mythical element in the story of Samson.”

51 参阅“Das Gilgamesch-Epos in der Weltliteratur”（Strassburg, 1906）.

52 “Studien zur Odyssée” in the “Mitteilungen der Vorderasiatischen Gesellschaft,” 1910, Hefte 2-4; 1911, Heft 4.

53 例如，阿勒奇诺斯（Alcinous）委托 52 位贵族青年负责准备船只和护送奥德修斯回家，他们可能相当于一年中 52 个星期。太阳英雄在一年的航行中都伴随着太阳。欧里亚卢斯（Euryalus）对奥德修斯的挑战和后者在掷铁饼中的胜利，我们似乎从中看到古老的光神话的影子。哈里乌斯（Halius）和拉奥达马斯（Laodamas）的舞蹈再次象征着光之战，坡里布斯（Polybus）为他们制作的紫色球，球的颜色特别重要。事实上，这个占星学解释系统几乎没有什么限制，因为根据弗里斯博士的说法，即便是草地网球也会引起这样的想法：他强调“alles Ballspiel ja bis herab zum Lawn-Tennis auf denselben Gedanken [der Lichtkampf] zurückgeht”（“Studien zur Odyssée,” i., p. 324）。

54 据说有一点是巴比伦人特有的色彩，那就是死亡将从海上降临到奥德修斯身上的预言；这可以追溯到巴比伦人的传说，奥安尼斯（Oannes）是人类的恩人，他曾经回到他所发源的海中，在这里，奥德修斯也是天神，在接近夜晚的时候沉入水中。

55 关于其在希伯来语叙事中的应用，耶利米亚斯博士著作的“教会季刊”（Church Quarterly）评审员（参阅上文，p. 304, n. 1）指出了这一过程与费罗（Philo）的解释方法之间的相似性。

56 1870 年，有人试图用同样的方法来质疑马克斯・穆勒（Max Müller）教授的太阳神话理论。这个论证虽然有些幽默（因为其对象是教授本人），但却构成了一种合乎规则的批判形式，并且被荷兰天文学家库格勒（Kugler）博士借用，并应用于星体理论。因为星体理论在本质上是古老的太阳神话在巴比伦主干上的复兴与嫁接。在其著作《巴比伦咒语》［im bannkreis babels（1910）］一书中，库格勒博士随机选择了历史人物法国的路易 IX，并且毫不费力地用星体方法证明了他的生活和统治的现存记录中充满了太阳和星体主题。

57 参见 Kugler, op. cit.

58 他对欧里庇得斯关于金绵羊的故事的解读必然与其理论的主要架构命运一样，但传说本身非常可能是巴比伦起源的（参阅上文，p. 293）。

59 参阅上文，pp. 106 ff.

60 关于预兆文献中包含的占星学材料的详尽论述，请参阅，Jastrow, "Religion Babyloniens und Assyriens," II., pp. 138 ff.（1909-12）. 最近大英博物馆获得的一块新巴比伦天文学泥板（参阅 Plate XXXII., opposite p. 310），包含了主要恒星和星座的分类和描述性列表，以及它们的偕日升降、南方的顶点等等，并不能显示其编写者们对天文学的深入了解（参见 King, "Cun. Texts," XXXIII., 1912, pp. 30 ff., and "Proc. Soc. Bibl. Arch.," XXXV., 1913, pp. 41 ff.）。

61 参阅"Sternkunde und Sterndienst," II., pp. 30 ff.；亦可参见 Cumont, "Babylon und der griechische Astrologie," in the "Neue Jahrbücher für das klassische Altertum," Bd. 27（1911）, pp. Off.，和其早期作品"American Lectures on the History of Religions"，发表时题目为"Astrology and Religion among the Greeks and Romans"（1912）.

62 参阅上文，p. 208 f.

63 斯基亚帕雷利对其进行了强调，参阅 Schiarparelli, "Astronomy in the Old Testament"（Engl. transl.）, pp. 39 ff., 99 ff., 104 f.

64 希伯来人在巴勒斯坦的畜牧与农耕生活中发现只需描述一天中的几个时段就足够了，进一步参阅 Schiarparelli, op. cit., p. 96.

65 Amos, v., 20.

66 参见"Greece and Babylon"［以王尔德讲座（Wilde Lectures）的形

式发表于 1911 年]。

67 参阅他的"Cults of the Creek States,"Oxford, 1896-1909.

68 参见 Hogarth, "Ionia and the East,"pp. 27 ff., 64 ff.

附　录

一、尼辛、拉尔萨和巴比伦王朝列表对比 317

二、巴比伦国王朝代列表

注释说明：在国王的名字（字母）后面加一个逗号（，）表示其王位是由其子继承的。

【318】一、尼辛、拉尔萨和巴比伦王朝列表对比

尼辛王朝（16位国王；225 $^1/_2$ 年）				拉尔萨王朝（16位国王；267或289年）				巴比伦第一王朝（11位王；约300年）			
No.	王名	在位年数	绝对年代（公元前）	No.	王名	在位年数	绝对年代（公元前）	No.	王名	在位年数	绝对年代（公元前）
1.	伊什比乌腊（Ish-bi-Ura,）	32	2339—2308								
				1.	那坡腊奴姆（Na-planum）	21	2335—2315				
				2.	埃米簇（Emiṣu）	28	2314—2287				
2.	吉米勒伊里舒（Gimil-ilishu,）	10	2307—2298								
3.	伊丁达干（Idin-Dagan,）	21	2297—2277								
				3	萨穆姆(Samum）	35	2286—2252				
4.	伊什美达干（Ishme-Dagan(,)）	20	2276—2257								
5.	里比特伊什塔尔（Libit-Ishtar）	11	2256—2246								
				4.	扎巴亚（Zabâia）	9	2251—2243				
6.	乌尔尼尼卜（Ur-ninib,）	28	2245—2218								

尼辛王朝（16 位国王；225 $^{1}/_{2}$ 年）				拉尔萨王朝（16 位国王；267 或 289 年）				巴比伦第一王朝（11 位王；约 300 年）			
				5.	衮古奴姆（Gun-gunum）	27	2242—2216				
								1.	苏穆阿布姆（Sumu-abum）	14	2225—2212
7.	布尔辛 II（Bûr-Sin II.,）										
				6.	阿比萨雷（Abi-sarê）	11	2215—2205				
								2.	苏穆拉伊鲁姆（Sumu-la-ilum,）	36	2211—2176
				7.	苏穆伊鲁姆（Su-mu-ilum）	29	2204—2176				
8.	伊台尔皮沙（Itêr-pîsha）	5	2196—2192								
9.	乌腊伊米提（Ura-imitti）	7	2191—2185								
10.	【…………】	$^{1}/_{2}$	2185								
11.	恩利勒巴尼（En-lil-bani）	24	2184—2161								

尼辛王朝（16 位国王；225 $^1/_2$ 年）				拉尔萨王朝（16 位国王；267 或 289 年）				巴比伦第一王朝（11 位王；约 300 年）			
				8.	奴尔阿达德（Nûr-Adad）	16	2175—2160	3.	扎布姆（Zabum,）	14	2175—2162
12.	扎姆比亚（Zambia）	3	2160—2158					4.	阿皮勒辛（Apil-Sin,）		
				9.	辛伊丁那姆（Sin-idinnam）	7?	2159—2153				
13.	【…………】	5	2157—2153								
14.	【…………】	4	2152—2149	10.	辛伊瑞巴姆（Sin-iribam）	2	2152—2151				
				11.	辛伊基沙姆（Sin-ikîsham）	6?	2150—2145				
15.	辛马吉尔（Sinmagir,）	11	2148—2138								
				12.	采里阿达德（Ṣi-li-Adad）	1	2244				
				13.	瓦腊德辛（Warad-Sin）	12	2143—2132	5.	辛穆巴里特（Sin-muballiṭ,）	20	2143—2124
16.	达米克伊里舒	23	2137—2115								
				14.	瑞姆辛（Rîm-Sin）	61	2131—2071				

尼辛王朝（16位国王；$225\frac{1}{2}$年）				拉尔萨王朝（16位国王；267或289年）				巴比伦第一王朝（11位王；约300年）			
								6.	汉穆腊比（Hammurabi,）	43	2123—2081
	尼辛被征服		2115								
				15.	汉穆腊比（Hammurabi）	12？	2092—2081				
				16.	叁苏伊鲁那（Samsu-iluna）	12+?	2080—2069	7.	叁苏伊鲁那（Samsu-iluna,）	38	2080—2043
								8.	阿比埃舒（Abi-eshu’,）	28	2042—2015
								9.	阿米迪塔那（Ammi-ditana,）	37	2014—1978
								10.	阿米扎杜旮（Ammi-zaduga,）	21	1977—1957
								11.	叁苏迪塔那（Samsu-ditana）	31	1956—1926

【320】二、巴比伦国王朝代列表

同时代的统治者				第一王朝和第三王朝			
二、第二王朝（11 位国王）				一、第一王朝（11 位国王；约 300 年）			
No.	王名	统治年数	公元前	No.	王名	统治年数	公元前
				1.	苏穆阿布姆（Sumu-abum）	14	2225—2212
				2.	苏穆拉伊鲁姆（Sumu-la-ilum,）	36	2211—2176
				3.	扎布姆（Zabum,）	14	2175—2162
				4.	阿皮勒辛（Apil-Sin,）		
				5.	辛穆巴里特（Sin-muballiṭ,）	20	2143—2124
				6.	汉穆腊比（Hammurabi,）	43	2123—2081
1.	伊鲁马伊鲁姆（Iluma-ilum）	60		7.	叁苏伊鲁那（Samsu-iluna,）	38	2080—2043
2.	伊提伊里尼比（Itti-ili-nibi）	55		8.	阿比埃舒（Abi-eshu’,）	28	2042—2015
3.	达姆基伊里舒（Damki-ilishu）	36		9.	阿米迪塔那（Ammi-ditana,）	37	2014—1978
4.	伊什基巴勒（Ishkibal）	15		10.	阿米扎杜旮（Ammi-zaduga,）	21	1977—1957
5.	舒什西（Shushshi）	27		11.	叁苏迪塔那（Samsu-ditana）	31	1956—1926
6.	古勒基沙尔（Gulkishar,）	55		三、第三王朝（36 位国王；576 $^3/_4$ 年）			
7.	培什旮勒达腊马什（Peshgal-daramash,）	50					
8.	阿达腊卡拉马（A-dara-kalama）	28					
9.	阿库尔乌勒阿那（Akur-ul-ana）	26		1.	干达什（Gandash,）	16	1760—1745

同时代的统治者				第一王朝和第三王朝			
10.	美兰库尔库腊（Melam-kurkura）	7		2.	阿古姆（Agum）	22	1744—1723
11.	埃阿旮米勒（Ea-gamil）	9		3.	卡什提里阿什（Kashtiliash I.,）	22	1722—1701
				4.	乌什西（Ushshi）	8	1700—1693
				5.	阿比腊塔什（Abi-rattash,）		1692
				6.	塔什西古如马什（Tashshi-guru-mash,）		
				7.	阿古姆卡克瑞美(Agum-kakrime）		
					……………………		
					卡达什曼哈尔贝（Kadash-man-Kharbe I.,）		
					库瑞旮勒朱 I（Kurigalzu I.,）		
					美里西帕克 I（Meli-Shipak I.）		
	同时代的亚述国王				……………………		
	阿舒尔瑞姆尼筛舒（Ashur-rîm-nishêshu）			16.	卡腊尹达什 I（Kara-indash I.）		约 1425
				17.	卡达什曼恩利勒 I（Kadash-man-Enlil I.,）		
				18.	【……】布瑞阿什（[......]-[Bu]riash）		
				19.	库瑞旮勒朱 II（Kurigalzu II.,）		
	普朱尔阿舒尔（Puzur-Ashur）			20.	布尔那布瑞阿什（Burna-Buriash）	25	约 1385
	阿舒尔乌巴里特（Ashur-uballiṭ）			21.	卡腊尹达什 II（Kara-indash II.）		

同时代的统治者				第一王朝和第三王朝			
					那孜布旮什（篡位者）（Na-zi-bugash）		
	恩利勒尼腊瑞（Enlil-nirari）			22.	库瑞旮勒朱 III（Kurigalzu III.,）	23	1357—1335
	阿达德尼腊瑞 I（Adad-nirari I.）			23.	那孜马如塔什(Nazi-maruttash,)	26	1334—1309
				24.	卡达什曼图尔古（Kadash-man-turgu,）	17	1308—1292
				25.	卡达什曼恩利勒 II（Kadash-man-Enlil II.）	6	1291—1286
				26.	库杜尔恩利勒（Kudur-Enlil,）	9	1285—1277
				27.	沙旮腊克提舒瑞阿什（Shagarak-ti-Shuriash,）	13	1276—1264
	图库勒提尼尼卜 I（Tukulti-Ninib I.）			28.	卡什提里阿什 II（Kashtiliash II.）	8	1263—1256
				29.	恩利勒那丁舒姆（Enlil-na-din-shum）	$1\frac{1}{2}$	1255—1254
				30.	卡达什曼哈尔贝 II（Kadash-man-Kharbe II.）	$1\frac{1}{2}$	1254—1253
				31.	阿达德舒姆伊丁（Adad-shum-iddin）	6	1252—1247
	恩利勒库杜尔乌苏尔(Enlil-kudur-usur)			32.	阿达德舒姆乌簇尔（Adad-shum-uṣur,）	30	1246—1217

同时代的统治者				第一王朝和第三王朝			
				33.	美里西帕克 II（Meli-Shipak II.,）	15	1216—1202
				34.	美罗达巴拉丹 I（Mero-dach-baladan I.）	13	1201—1189
	阿舒尔丹 I（Ashur-dân I.）			35.	扎马马舒姆伊丁（Zama-ma-shum-iddin）	1	1188
				36.	贝勒那丁【阿克黑】（Bêl-na-din-[akhi]）	3	1187—1185
第四王朝——第九王朝				后期			
四、第四王朝（11 位国王；$132^1/_2$ 年）				十、亚述人统治时期（107 年）			
1.	马尔杜克沙【皮克载瑞姆】（Marduk-[shapik-zêrim]）	17	1184—1168	1.	那布穆金载尔（Nabû-mukîn-zêr）	3	732—730
2.	…………	6	1167—1162	2.	普鲁（提格拉特皮莱塞尔 IV）（Pulu（Tiglath-pileser IV.），）	2	729—727
3.	…………			3.	乌鲁莱（沙勒马奈塞尔 V）（Ululai（Shalmaneser V.）	5	727—722
4.	尼布甲尼撒 I（Nebuchadnezzar I.）		约 1140	4.	美罗达巴拉丹 II（Mero-dach-baladan II.）	12	721—710
5.	恩利勒那丁阿坡里（Enlil-nadin-apli）			5.	萨尔贡（Sargon,）	5	709—705
6.	马尔杜克那丁阿克希（Marduk-na-din-akhê）		约 1110	6.	辛那赫瑞布（Sennacherib）	2	704—703

同时代的统治者				第一王朝和第三王朝			
7.	马尔杜克沙皮克载尔马提（Marduk-shapik-zêr-mâti）		约 1100	7.	马尔杜克扎基尔舒姆（Mar-duk-zakir-shum）	$^{1}/_{12}$	703—702
8.	阿达德阿坡鲁伊迪那（Adad-aplu-iddina）	22	1095—1074	8.	美罗达巴拉丹 II（Mero-dach-baladan II.）	$^{3}/_{4}$	
9.	马尔杜克阿克黑埃尔巴（Mar-duk-akhi-erba）	$1^{1}/_{2}$	1073	9.	贝勒伊卜尼（Bêl-ibni）	3	702—700
10.	马尔杜克载尔【……】（Marduk-zêr-[…]）	12	1072—1061	10.	阿舒尔那丁舒姆（Ashur-nadin-shum）（辛那赫瑞布之子）	6	699—694
11.	那布舒姆里布尔（Nabû-shum-libur）	8	1060—1053	11.	耐尔旮勒乌筛孜卜（Nergal-ush-ezib）	$1^{1}/_{2}$	693—692
五、第五王朝（3 位国王；$21\,^{5}/_{12}$ 年）				12.	穆筛孜卜马尔杜克（Mushezib-Marduk）	4	692—689
1.	席马什西帕克（Simmash-Shipak）	18	1052—1035	13.	辛那赫瑞布（Sennacherib,）	8	688—681
2.	埃阿穆金载尔（Ea-mukîn-zêr）	$^{5}/_{12}$	1035	14.	埃萨尔哈东（Esarhaddon,）	12	681—669
3.	卡什舒那丁阿克黑（Kashshû-nadin-akhi）	3	1034—1032	15.	沙马什舒姆乌金（Shamash-shum-ukîn）	20	668—648
六、第六王朝（3 位国王；$20\,^{1}/_{4}$ 年）				16.	刊达拉奴（Kandalanu）		647—626
1.	埃乌勒马什沙金舒姆（E-ulmash-shakin-shum）	17	1031—1015	17.	阿舒尔埃提勒伊拉尼（Ashur-etil-ilâni）		625—约 618
2.	尼尼卜库杜尔乌簇尔（Ninib-kudur-uṣur）	3	1014—1012	18.	辛舒姆里西尔（Sin-shum-lishir）		约 618

同时代的统治者				第一王朝和第三王朝			
3.	西拉奴姆舒卡穆那（Shilanum-Shukamu-na）	$^1/_4$	1012	19.	辛沙尔伊什昆（Sin-shar-ishkun）		约 616
七、第七王朝（1 位国王；6 年）					（米底征服尼尼微）		606
1.	【阿埃阿坡鲁乌簇尔】（[Ae-aplu-uṣur]）	6	1011—1006	十一、新巴比伦帝国（6 位国王；86 年）			
八、第八王朝（约 13 位国王）				1.	那波坡拉萨尔（nabopolassar,）		625—604
1.	那布穆金阿坡里（Nabû-mukîn-apli）	36	1005—970	2.	尼布甲尼撒 II（Nebuchadnezzar II.,）		604—561
	…………			3.	阿美勒马尔杜克（Amêl-Marduk）		561—559
	席比尔（Sibir）			4.	奈瑞格里萨尔（Neriglissar,）		559—556
	…………			5.	拉巴西马尔杜克（Labashi-Mar-duk）		556
	沙马什穆达米克		约 910	6.	那波尼杜斯（Nabonidus）		555—539
	那布舒姆伊什昆 I（Nabû-shum-ishkun I.,）			十二、阿黑门尼德诸王（11 位国王；208 年）			
	那布阿坡鲁伊迪那（Nabû-aplu-iddina,）		约 885	1.	居鲁士（Cyrus,）		539—529
	马尔杜克扎基尔舒姆（Marduk-za-kir-shum,）		约 855	2.	冈比西斯（Cambyses）		529—522
	马尔杜克巴拉特苏伊科比（Mar-duk-balâṭsu-ikbi）		约 830	3.	大流士 I·希斯塔斯匹斯（Darius I. Hystaspis,）		522—486

同时代的统治者				第一王朝和第三王朝			
	埃尔巴马尔杜克（Erba-Marduk）			4.	薛西斯 I（Xerxes I.,）		486—465
	巴乌阿克黑伊迪那（Bau-akhi-iddina）		约 815	5.	阿尔塔薛西斯 I · 仑吉马奴斯（Artaxerxes I.Longimanus）		465—424
	…………			6.	薛西斯 II（Xerxes II.）（45 天）		424
九、第九王朝（约 5 位国王）				7.	大流士 II（Darius II.,）		424—404
	…………			8.	阿尔塔薛西斯 II · 尼门（Artaxerxes I.Mnemon）		404—359
	那布舒姆伊什昆 II（Nabû-shum-ishkun II.）			9.	阿尔塔薛西斯 III · 奥楚斯（Artaxerxes III.Ochus）		359—338
	那波那萨尔（Nabonassar,）	14	747-734	10.	阿尔塞斯（Arses）		338—336
	那布那丁载尔（Nabû-nadin-zêr（,））	2	733-732	11.	大流士 III · 科多马努斯（Darius III.Codomanus）		336—331
	那布舒姆乌金（Nabû-shum- ukîn）	$^{1}/_{12}$	732		（亚历山大征服巴比伦）		331

索　引

A-DARA-KALAMA 阿达腊卡拉马 king of Second Dynasty 第二王朝国王 202；在表 320

Abba-dugga　阿巴杜旮　priest of Lagash　拉旮什的祭司　147

Abbasid Caliphate　阿拔斯哈里发　11

Abi-eshu'　阿比埃舒　king of First Dynasty　第一王朝国王　105，205 f.；letters of　的信　171，192；in List　在表　320

Abi-eshu' Canal　阿比埃舒渠　205

Abi-rattash　阿比腊塔什　king of Third Dynasty　第三王朝国王　217 f.；in List　在表　320

Abi-sarê　阿比萨雷　king of Larsa　拉尔萨国王　89 f.，147；in List

在表　318

Abraham　亚伯拉罕　305

Abû Habba　阿布哈巴　134，143

Abû Hatab　阿布哈塔卜　85

Abydenus　阿比戴奴斯　115，280

Abydos　阿比多斯　235Achæmenian kings　阿黑门尼德的国王们　2，8，285 ff.，321

Actæon　阿克托安　290

Adab　阿达卜　159，213

Adad　阿达德　148，256；reading of name of　名字的读音　150；representations of　的代表　266，271；亦可参阅 E-namkhe　埃那姆希　E-ugalgal　埃乌旮勒旮勒

Adad-aplu-iddina　阿达德阿坡鲁伊迪那　king of Fourth Dynasty　第四王朝国王　256 f.；in List　在表　321

Adad-nirari I.　阿达德尼腊瑞 I　king of Assyria　亚述国王　243；in List　在表　320

Adad-nirari III.　阿达德尼腊瑞 I　king of Assyria　亚述国王　259

Adad-nirari IV.　阿达德尼腊瑞 IV　king of Assyria　亚述国王　265

Adad-rabi　阿达德腊比　of Nippur　尼普尔的　102

Adad-shar-ilani　阿达德沙尔伊拉尼　Kassite ambassador　加喜特使节　238

Adad-shum-iddin　阿达德舒姆伊丁　king of Third Dynasty 第三王朝国

王　244；in List　在表　320
Adad-shum-uṣur 阿达德舒姆乌簇尔　king of Third Dynasty　第三王朝国王　244；in List　在表　320
Addis, Rev. W. E.　阿迪斯　62
Aden　亚丁　121
Adhem　阿德姆　212
Adini　阿迪尼　Chaldean ruler　迦勒底人统治者　263
Adonis　阿多尼斯　290，304 f.
Adoption　收养　laws of　的法律　185
Ae-aplu-uṣur　阿埃阿坡乌簇尔　king of Seventh Dynasty　第七王朝国王　258；in List　在表　321
Africa　非洲　120
Agade　阿旮德；参阅　Akkad　阿卡德
Agriculture　农业　Babylonian　巴比伦的　167 ff.
Agum I.　阿古姆 I　king of Third Dynasty　第三王朝国王　217；in List　在表 320
Agum，son of Kashtiliash I.　阿古姆，卡什提里阿什 I 之子，217 f.
Agum-kakrime　阿古姆卡克瑞美　king of Third Dynasty　第三王朝国王　210，218，241，2W；genealogy of　的系谱学　217；in List　在表　320
Ahimer　阿黑美尔　mounds of　的丘　143
Aia　阿亚　goddess　女神　261

Aiakhegallum Canal　阿亚希旮勒鲁姆渠　153
Aibur-shabû　阿伊布尔沙布　30
Ak-su　阿克苏　212
'Aḳarḳûf　阿卡尔库夫　15
Akarsallu　阿卡尔萨鲁　243
Akhenaten（Amen-hetep IV.）　埃赫那吞（阿蒙霍特普 IV）　king of Egypt　埃及国王　219；letters to　致……的信　220，222；policy of　的政策　222；and the Hittites　与赫梯人　234
Akhetaten　埃赫塔吞　in Egypt　在埃及　219
Akhetaten　埃赫塔吞　in Canaan　在迦南　225
Akhlame　阿赫拉美　260
Akia　阿基亚　Kassite ambassador　加喜特使节　225
Akkad　阿卡德　3，10 f.，118 f.，148 f.；in astrology　在占星学　140；as geographical term　作为地理术语　244
Akkad (Agade)　阿卡德（阿旮德）　159；亦可参阅　Ishtar　伊什塔尔
Akshimakshu　阿克西马克舒　rebel leader　反叛首领　286
Akur-ul-ana　阿库尔乌勒阿那　king of Second Dynasty　第二王朝国王　202；in List　在表　320
Al-Bît-shar-Bâbili　阿勒比特沙尔巴比里　41
Al-'Irâḳân　阿勒伊腊刊　10
Al-'Irâḳayn　阿勒伊腊卡尹　10
Al-Madâin　阿勒马达尹　9

Alabaster jars 雪花石膏瓶 manufacture of 的制作 41

Alcinous 阿勒奇诺斯 309

Aleppo 阿勒颇 14 f.，152

Alexander, the Great 亚历山大大帝 7 f.，73，115 f.，287；in List 在表 321

Alman 阿尔曼 218

Alorus 阿洛若斯 115

Altars 圣坛 Babylonian 巴比伦的 61 f.，64，66，69; Hebrew，62

Alyattes 阿利亚特斯 king of Lydia 吕底亚国王 279，282

Amal 阿马勒 204

Amanus, Mt. 阿曼山脉 262

Amarna 阿马尔那 in Syria 在叙利亚 127

Amarna 阿马尔那 in Egypt 在埃及；参阅 Tell el Amarna 阿马尔那丘

Amasis 阿马西斯 king of Egypt 埃及国王 278

Amêl-Marduk 阿美勒马尔杜克 king of Babylon 巴比伦国王 280；in List 在表 321

Amen-hetep III. 阿蒙霍特普 III king of Egypt 埃及国王 219 ff.，230，233；letters of 的信 220 f.

Amen-hetep IV. 阿蒙霍特普 IV king of Egypt 埃及国王 111，219；亦可参阅 Akhenaten

Ammi-baïl 阿米巴伊勒 king of Khana 哈那国王 129 f.

Ammi-ditana 阿米迪塔那 king of First Dynasty 第一王朝国王 84，

206 ff.；estimate of 的估量 205；letter of 的信 191；in List 在表 320

Ammi-ditana Canal 阿米迪塔那运河 207

Ammi-zaduga 阿米扎杜旮 king of First Dynasty 第一王朝国王 107 ff.，116 f.，206，209；letters of 的信 168；in List 在表 320

Ammi-zaduga-nukhush-nishi Canal 阿米扎杜旮给人们丰饶运河 210

Ammon 阿蒙 293

Amorite migration 阿摩利人的迁徙 119 f.

Amorites 阿摩利人 raids of 的如入侵 136，182，204 f.

Amos 阿摩司 313

Amraphel 暗拉非 king of Shinar 示拿王 159

Amurru 阿穆如 West-Semitic god 西塞姆神 150

Amurru 阿穆如 the Western Semites 西塞姆族群 119 f.，125 f.，136，152，157，203，210，237，255；in astrology 在占星学 140；their quarter in Sippar 他们在西帕尔的区 207

Amursha-Dagan 阿穆尔沙达干 of Khana 哈那的 131

An-am 安阿姆 king of Erech 以力国王 211 f.

Anana 阿那那 23

Anatolia 安纳托利亚 128

Andrae，W. 安德烈 23，25，28，33，53，64 f.，68，71，137

Animal forms 动物形态 in Babylonian mythology 在巴比伦神话中 297 f.

Animism 泛灵论 299

Anna-Bêl 安那贝勒 287

Anshan 安山 in Elam 在埃兰 282

Ante-chambers 前厅 to shrines 到圣坛 64

Antinous 安提诺乌斯 309

Antiochus Soter 安条克·索特尔 287

Anu 安努 95，155，144，146；亦可参阅 E-anna 埃安那

Aphrodite 阿芙洛狄忒 290，304 f.

Apil-Sin 阿皮勒辛 king of First Dynasty 第一王朝国王 136,149 f; in List 在表 319 f.

Appeal 请求 right of 的权力 185

Apries 阿普里埃斯 king of Egypt 埃及国王 277 f.

Apsû 阿普苏 god of the abyss 深渊之神 206

Arab conquest 阿拉伯征服 of Mesopotamia 美索不达米亚 10

Arabia 阿拉伯半岛 as cradle of the Semites 作为塞姆人的摇篮 119 f.；physio-graphical features of 的地形学特征 120 ff.；Southern 南部 121

Arabian coast 阿拉伯海岸 6

Arabians 阿拉伯人 as nomads 作为游牧部落 121 ff.

Arad-Nannar 阿腊德南那尔 father-in-law of Rîm-Sin 瑞姆辛的岳父 156

Arad-shasha 阿腊德沙沙 king of Erech 以力国王 212

Arad-sibitti 阿腊德席比提 258 f.
Arakha 阿腊哈 rebel leader 反叛首领 286
Arakhab 阿腊哈卜 Sumerian leader 苏美尔人首领 208
Arakhtu Canal 阿腊赫图运河 205，207；later employment of name 名字的后期使用 34，36
Arakhtu-wall 阿腊赫图墙 74
Aramean migration 阿拉美亚人的迁徙 120
Arameans 阿拉美亚人 raids by 的入侵 4，258 f.，264 f.；and Assyria 和亚述 260；and the Sutu 和苏图 256
Arched doorway 拱形门 in Babylon 在巴比伦 39
Arches 拱形 in vaulted building 在拱形建筑中 47
Architecture 建筑 Babylonian 巴比伦的 19；religious 宗教的 63，66；military 军事的 63，66 f,
Ardashir I. 阿尔达西尔 I founder of Sassanian Empire 萨珊帝国的建立者 9
Ardys 阿尔杜斯 king of Lydia 吕底亚国王 279
Argives 阿尔戈斯 293
Argos 阿哥斯 290
Ari-Teshub 阿瑞台舒卜 Mitannian name 米坦尼人名 139
Aries 白羊宫 293
Arioch 亚略 king of Ellasar 以拉撒王 159
Aristotle 亚里士多德 116

Arkum 阿尔库姆 204
Armenia 亚美尼亚 1，262，265；亦可参阅 Urartu 乌拉尔图
Arnuanta 阿尔奴安塔 Hittite king 赫梯国王 240 f.
Arsacidae 安息 9
Arses 阿尔塞斯 king of Persia 波斯国王 321
Artaxerxes I.Longimanus 阿尔塔薛西斯 I · 仑吉马奴斯，king of Persia 波斯国王 321
Artaxerxes II.Mnemon 阿尔塔薛西斯 II · 尼门 king of Persia 波斯国王 21，321
Artaxerxes III.Ochus 阿尔塔薛西斯 III · 奥楚斯 king of Persia 波斯国王 321
Artemis 阿尔忒弥斯 290
Aruna 阿如那 Hittite town 赫梯城镇 227
Aryans 雅利安人 as horse-keepers 作为养马人 216
Arzawa 阿尔扎瓦 Hittite kingdom of 的赫梯王国 230
Ashdod 阿什杜德 132
Ashduni-erim 阿什杜尼埃瑞姆 king of Kish 基什国王 143 f.
Ashera 亚设 307
Ashir 阿西尔 god of Ashur 阿舒尔的神 139；亦可参阅 Ashur 阿舒尔
Ashir-rîm-nishêshu 阿西尔瑞姆尼筛舒 king of Assyria 亚述国王 139；亦可参阅 Ashur-rîm-nishêshu

Ashnunnak 阿什侬那克 157，218；亦可参阅 Tupliash 图坡里阿什
Ashratum 阿什腊图姆 150
Ashukhi Canal 阿舒黑运河 143
Ashur 阿舒尔 city 城市 21，157 ff.；discoveries at 在……的发现 20，137 ff.；early inhabitants of 的早期居民 128，140
Ashur-bani-pal 阿舒尔巴尼帕 king of Assyria 亚述国王 8，31，73，113，271 ff.
Ashur-bêl-kala 阿舒尔贝勒卡拉 king of Assyria 亚述国王 254，256
Ashur-dân I. 阿舒尔丹 I king of Assyria 亚述国王 244；in List 在表 320
Ashur-etil-ilâni 阿舒尔埃提里拉尼 king of Assyria 亚述国王 273；in List 在表 321
Ashur-nadin-shum 阿舒尔那丁舒姆 king of Babylon 巴比伦国王 270；in List 在表 321
Ashur-naṣir-pal 阿舒尔那采尔帕 king of Assyria 亚述国王 257 ff.；policy of 的政策 262
Ashur-rêsh-ishi 阿舒尔雷什伊西 king of Assyria 亚述国王 112，255
Ashur-rîm-nishêshu 阿舒尔瑞姆尼西舒 king of Assyria 亚述国王 242；in List 在表 320
Ashur-uballiṭ 阿舒尔乌巴里忒 king of Assyria 亚述国王 222 f.，

243；in List 在表 320
Asiru 阿席如 father of Pukhia 普黑亚的父亲 212
Ass 驴 as beast of burden 作为驮兽 122，183，215
Assault 袭击 penalties for 的惩罚 165
Assyria 亚述 expansion of 的扩张 12，265；and Babylon 和巴比伦 3 f.，157，241 ff.，273；and Egypt 和埃及 219，269，272 f.；and Mitanni 和米坦尼 220 f.，241；and the Hittites 和赫梯 239，241，243
Assyrian settlements 亚述人聚落 in Cappadocia 在卡帕多西亚 227
Assyrians 亚述人 racial character of 的种族特征 141
Astarte worship 阿斯塔特崇拜 centres of 的中心 290
Astrologers 占星家 Babylonian 巴比伦 189；Greek 希腊 292
Astrological texts 占星文献 140
Astrology 占星学 291 f.，299 f.
Astronomical omens 天象预兆 106 f.
Astronomy 天文学 Babylonian 巴比伦 289，311 ff.
Astyages 阿斯提亚格斯 king of Media 米底国王 282
Aten 阿吞 Egyptian cult of 埃及人的崇拜 219，223
Athene 雅典娜 309
Atlila 阿特里拉 in Zamua 在扎穆瓦 259
Atreus 阿特柔斯 292 f.
Attica 阿提卡 290

Aushpia 阿乌什皮亚 founder of temple of Ashir 阿西尔神庙的建立者 139

Aÿ 阿愚 Egyptian priest 埃及祭司 223

Azariah 亚撒利雅 14

Aziru 阿孜如 Syrian prince 叙利亚王公 234

Ba'alîm 巴里姆 of Canaan 迦南的 126；of Khana 哈那的 131

Bâb Bêlti 巴卜贝勒提 40.

Bâb-ilî 巴卜伊里 14，28

Babel 巴别 Tower of 的塔 15

Bâbil 巴比勒 mound of 的丘 14 ff.，22，27；in plan 平面图 23

Babylon 巴比伦 strategic position of 的战略地位 4 ff.；remains of 的废墟 14 ff.；walls of 的城墙 21 ff.，29 ff.；size of 的面积 27；plans of 的平面图 16，23

Babylonia 巴比伦尼亚 climate of 的气候 40，170；fertility of 的肥沃 167；names for 名字 244；political centre of gravity in 政治重心在 3，9

Babylonian Chronicle 巴比伦编年史 265

Babylonian language 巴比伦语言 1，218 f.

Baghdad 巴格达 5，11，14 f.，17，22

Bahrein 巴林 6

Baka 巴卡 in Sukhi 在舒黑 266

Bakâni 巴卡尼 263

Ball, Rev. C. J. 鲍尔牧师 37
Banti-shinni 班提西尼 Amorite prince 阿摩利王公 237 f.
Bardiya 巴尔迪亚 285
Barges 驳船 Babylonian 巴比伦的 180 f.
Barter 物物交换 196
Barzi 巴尔孜 149
Baṣra 巴士拉 9 f., 11
Baṣu, 巴簇 153, 155
Battlements 城垛 in architecture 在建筑学 67
Bau 巴乌 goddess 女神 297
Bau-akhi-iddina 巴乌阿克黑伊迪那 king of Eighth Dynasty 第八王朝国王 265; in List 在表 321
Bavian 巴维安 112
Be'er-sheba' 贝尔谢巴 307
Bees 蜜蜂 in Sukhi 在苏黑 266 f.
Behistun 贝希斯敦 286
Bêl 贝勒 taking hands of 之权柄 38, 296
Bêl-aplu-iddin, 贝勒阿坡鲁伊丁 Babylonian general 巴比伦将军 260
Bêl-ibni 贝勒伊卜尼 king of Babylon 巴比伦国王 270; in List, 321
Bêl-nadin-[akhi] 贝勒那丁阿克黑 king of Third Dynasty 第三王

朝国王　245；in List　在表　320

Bêl-shalti-Nannar 贝勒沙勒提南那尔　daughter of Nabonidus，那波尼杜斯的女儿 281

Bêl-shar-uṣur　贝勒沙尔乌簇尔，参见　Belshazzar　贝勒沙扎尔

Bêl-shemea　贝勒筛美阿　212

Bêl-shum-ishkun　贝勒舒姆伊什昆　father of Neriglissar　奈瑞格里萨尔　280

Bêl-simanni　贝勒席马尼　rebel leader　反叛首领　286

Belshazzar　贝勒沙扎尔　282 ff.

Benjamin　本杰明　of Tudela　图德拉的　14 f.

Bentresh　本特雷什　Hittite princess　赫梯公主　240

Berossus　伯若索斯　47，280，301；history of　的历史　106；dynasties of　的王朝　114 ff.

Beuyuk Kale　贝乌于克卡莱　230

Bevan, Prof. A. A.　贝文　305

Bevan, E. R.　贝文　7，280

Bewsher, Lieut. J. B.　比舍上尉　17

Bezold, Prof. C.　贝佐尔德　72，107，110，219

Bird　鸟　of Bau　巴乌女神的　297

Birds　鸟　as foundation-deposits　作为地基埋藏物　63

Birizzarru　比瑞扎如　West-Semitic month　西塞姆月名　131

Birs-Nimrûd　比尔斯－尼姆如德　15，22；亦可参阅 El-Birs　埃勒比

尔斯 Borsippa 波尔西帕
Bismâya 比斯马亚 20，138
Bît-Adini 比特阿迪尼 260
Bît-Bazi 比特巴孜 257
Bît-Iakin 比特亚金 269
Bît-Karkara 比特卡尔卡腊 152 f.，159
Bît-Karziabku 比特卡尔孜阿卜库 253
Bît-Khadippi 比特哈迪皮 260
Bît-Pir-Shadû-rabû 比特皮尔沙杜腊布 248
Bît-rêsh 比特雷什 287
Bît-Sikkamidu 比特席卡米杜 249
Bitti-Dagan 比提达干 of Khana 哈那的 132
Black Sea 黑海 5
Bliss, F. J. 布利斯 125
Bloomfield, Prof. M. 布罗姆菲尔德 227
Boat-builders 造船工人 180
Boatmen 船夫 180 f.
Boats 船 of Khonsu 孔苏的 238 ff.
Boghaz Keui 波伽兹考伊 219，230；letters from 来自……的信 219 f.，239 f.；亦可参阅 Khatti 哈梯
Boissier，A. 布瓦西耶 133，154 f.，286
Borsippa 波尔西帕 60，159，259，263 f.；temple-tower of 的塔庙

77 f.；plan of 的平面图 16
Bosanquet，R. H. M. 波叁科特 106
Botta, Emil 埃米尔·博塔，18
Boundary-stones 界石 241，244 ff.，252
Breach of promise 毁约 of marriage 婚姻的 186
Breasted, Prof. J. H. 布雷斯特德 111，133，219，222，235，240
Breccia 砾岩 for paving 以铺路 59
Bribery 受贿 punishment for 的惩罚 189
Bride-price 聘礼 186
Bridge 桥 over Euphrates 幼发拉底河上的 47，60，74 f.，81；over canal 运河上的 37
Bridge-building 桥梁建造 249
Bridges-of-boats 船墩桥 81，262，264
Bronze age 青铜时代 at Carchemish 卡尔凯美什的 128
Bronze-casting 青铜铸造 207
Bronze step 青铜台阶 from E-zida 在埃孜达 27，77
Budge, Dr. E. A. Wallis 沃利斯·巴奇博士 111，150，176，219，235，241
Builders 建筑工人 responsibilities of 的责任 184
Building 建筑 art of 的艺术 19 f.
Bull 公牛 in mythology 在神话中 55，294，303；in symbolism 在象征主义中 298

Bulls 公牛 enamelled 彩釉的 50 f.

Bunatakhtun-ila 布那塔赫吞伊拉 vassal-ruler of Sippar 西帕尔的藩属统治者 143

Bûr-Sin II 布尔辛 I king of Nîsin 尼辛国王 147；in List 在表 318

Burial 葬礼 Neo-Babylonian 新巴比伦的 66 f.

Burna-Burariash 布尔那布腊瑞阿什，参阅 Burna-Buriash 布尔那布瑞阿什

Burna-Buriash 布尔那布瑞阿什 king of Third Dynasty 第三王朝国王 242 f.；date of 的年代 110 f.；letters from 来自……的信 220 ff.；in List 在表 320

Burna-Buriash 布尔那布瑞阿什 Kassite chieftain 加喜特人首领 217

Burney, Prof. C. F. 伯尼 290，292，307

Burrows, Prof. R. M. 巴罗斯 293

Burusha 布如沙 jewel-worker 珠宝工匠 259

Bury, G. W. 布里 121

Byblos 拜布洛斯 290

Calendar 日历 regulation of 的规则 189 f.

Callisthenes 卡利斯提尼斯 116

Cambyses 冈比西斯 king of Persia 波斯国王 285；in List 在表 321

Camel 骆驼 introduction of 的引进 122

Canaan 迦南 1；inhabitants of 的居民 119 f.，124 ff.；civilization of 的文明 124 ff.；Egyptian conquest of 埃及征服 219
Canaanites 迦南人 and Babylon 和巴比伦 224 f.
Canals 运河 repair of 的修复 170 f.
Cancer 巨蟹座 constellation 星座 301
Cappadocia 卡帕多西亚 3 f.，227
Capricorn 摩羯座 constellation 星座 301
Caravans 商队 182 f.，225，237
Carchemish 卡尔凯美什 128 f.，182，227，260，262；Battle of 的战斗 277；excavations at 在……的考古发掘 127
Carchemisian 卡尔凯美人的 pottery-name 陶器名 128
Castor 北河二 star 星 310
Cedar 雪松 in construction 用于建筑 40，52，141，263
Central Citadel 中央城堡 of Babylon 巴比伦的 28
Cerealia 谷物节 307
Chaldea 迦勒底 262 ff.，270
Chaldeans 迦勒底人 257，263 f.；of Nagitu 那吉图的，270
Chedorlaomer 基大老玛 king of Elam 埃兰国王 159
Chief-baker 厨师长 305
Chief-butler 大管家 305
Chiera, E. 基耶拉 92 ff.，102，104，150 ff.，155 f.，204
China 中国 Great Wall of 的长城 21；city-sites in 的城邦 22

Chronicles 编年史 210

Chronology 年代学 87 ff.，117 f.

Cilicia 西里西亚 230，262

Cilician Gates 西里西亚山口 4 f.

Cimmerians 辛梅里安人 269，275，279

Citadel 城堡 character of Babylonian 巴比伦的特征 27

Class privileges 等级特权 164 f.

Clay, Prof. A. T. 克莱 91，99，150，156，245，254，282；discoveries of 的发现 89 f.，94 ff.，148，163，287

Code 法典 of Hammurabi 汉穆腊比的 160 f.，252；Prologue of 的前言 158 f.；Sumerian 苏美尔语 163，299

Collingwood, Lieut. W. 科林伍德上尉 17

Columns 圆柱 in decoration 装饰 44

Combe, E. 库姆 164

Commercial life 商业生活 181 f.，195，207，237，285 ff.

Condamin, Père A. 佩雷・孔达米奈，129

Contracts 契约 41，109，163，183

Copper 铜 ratio of 比率 to silver 对银 211

Corvée 徭役 193，249，253

Courts 庭院 of justice 司法的 40 f.；of palace 宫廷的 28，30，40 f.

Cowell，P. H. 科威尔 257

Craig, Prof. J. A.　克雷格　107

Creation legends　创世传说　195，306

Crœsus　克罗伊萨斯　king of Lydia　吕底亚国王　282

Ctesias　克特西亚斯　21，24，47

Ctesiphon　泰西封　5，9，11

Cult-images　宗教肖像　of kings　国王的　206

Cumont, Prof. Franz　弗朗兹・丘蒙　292，312

Cuq, Prof. Édouard　爱德华・丘克，247，250

Curses　咒语　on boundary-stones　在界石上　246 f.

Curtius Rufus　科尔提乌斯・茹福斯，47，49

Cuthah　古他　146 f.，149，159，263

Cyaxares　塞亚克萨雷斯　king of Media　米底国王　276，278 f.

Cylinder-seals　滚印　127 f.，261，271，298 f.

Cyprus　塞浦路斯　290

Cyrene　塞兰尼　278

Cyrus　居鲁士　king of Persia　波斯国王　282 ff.，286；in List　在表　321

Dagan　达干　131，136，159

Dagan-takala　达干塔卡拉　Canaanite prince　迦南王公　132

Dagon　达衮　god of Ashdod　阿什杜德的神　132；as Ba’al of Khana　哈那的巴勒　131；cult of　的崇拜，on Euphrates　幼发拉底河上　132

Damascus 大马士革 11，120，262

Damik-Adad 达米克阿达德 in Akkad 在阿卡德 249

Damik-ilishu 达米克伊里舒 king of Nîsin 尼辛国王 93 f.，97，101，153 ff.，209；in List 在表 319

Damki-ilishu 达姆基伊里舒 king of Second Dynasty 第二王朝国王 208 f.；in List 在表 320

Darius I. Hystaspis 大流士 I・希斯塔斯匹斯 king of Persia 波斯国王 7，285 f.；in List 在表 321

Darius II. 大流士 II king of Persia 波斯国王 321

Darius III.Codomanus 大流士 III・科多马努斯 king of Persia 波斯国王 287；in List 在表 321

Date-formulæ 年名 190

Date-palm 椰枣 cultivation of 的耕种 177

David 大卫 307

Davies, N. de G.，戴维斯夫妇 223

De Sarzec, E. 德・萨尔泽克 138

Deification of kings 国王神化 206

Dêlem 戴莱姆 141

Delitzsch, Prof. Friedrich 弗莱德里希・戴利奇 6，33，35，139，151，244

Deluge 洪水 114 f.

Deportation 驱离 Assyrian policy of 亚述的……政策 267 f.

Dêr 戴尔， or Dûr-ilu 或杜尔伊鲁 145，244，253，269
Dêr ez-Zôr 戴尔埃兹佐尔 129 f.
Dhorme, Père Paul 佩雷·保罗·多姆 281
Diarbekr 迪亚巴克尔 5
Dieulafoy, Marcel，马塞尔·迪厄拉富瓦 80 f.
Dilbat 迪勒巴特 141 f.，159；site of 的遗址 141
Dilmun 迪勒蒙 6
Diodorus 狄奥多罗斯 48 f.，81
Diorite 闪长岩 from Magan 来自马干 6
Dioscuri 狄俄斯库里 303
Disease 疾病 Babylonian conception of 巴比伦人的……概念 194
Divination 占卜 299；lamb for 用的羊 206
Divorce 离婚 laws of 的法律 185 f.
Dog 狗 of Gula 古拉的 297；votive figure of 的祈愿像 147
Double-dates 双重日期 at Nîsin 在尼辛 94 ff.
Draco 天龙座 constellation 星座 292
Dragon 龙 of Marduk 马尔杜克的 55，261；of Nabû 那布的 79；of the deep 深渊的 195
Dragon-combat 龙之战 306
Dragons 龙 of chaos 混乱的 195，306；enamelled 彩釉的 51 f.；bronze 青铜的 52
Drainage 排水 Babylonian system of 巴比伦的……系统 45

Driver，Prof. S. R. 德莱弗 126
Drowning 溺水 as penalty 作为刑罚 185
Dudkhalia 杜德哈里亚 Hittite king 赫梯国王 160，240
Dungi 顿吉（舒勒吉） king of Ur 乌尔国王 145
Dûr-Abi-eshu' 杜尔阿比埃舒 on Tigris，205
Dûr-Ammi-ditana 杜尔阿米迪塔那 on Zilakum Canal 在孜拉库姆运河上 207
Dûr-Ammi-zaduga 杜尔阿米嚓杜喀，on Euphratea 在幼发拉底河上 209
Dûr-Ashur 杜尔阿舒尔 in Zamua 在扎穆瓦 259
Dûr-Enlil 杜尔恩利勒 in Sea-Country 在海国 217
Dûr-Gula-dûru 杜尔古拉杜如 in Akkad 在阿卡德 148
Dûr-gurgurri 杜尔古尔古瑞 on Tigris 在底格里斯河上 151，189，191
Dûr-Iabugani 杜尔亚布旮尼 in Akkad 在阿卡德 148
Dûr-ilu 杜尔伊鲁，参阅 Dêr 戴尔
Dûr-Kurigalzu 杜尔库瑞旮勒朱 in Akkad 在阿卡德 248，256
Dûr-Lagaba 杜尔拉旮巴 in Akkad 在阿卡德 148
Dûr-muti 杜尔穆提 149
Dûr-Padda 杜尔帕达 in Akkad 在阿卡德 148
Dûr-Papsukal 杜尔帕普苏卡勒 264
Dûr-Sin-muballiṭ 杜尔辛穆巴里忒 153

Dûr-Sin-muballiṭ-abim-walidia 杜尔辛穆巴里忒阿比姆瓦里迪亚 158

Dûr-uṣi-ana-Ura 杜尔乌采阿那乌腊 in Akkad 在阿卡德 148

Dûr-Zakar 杜尔扎卡尔 fortress of Nippur 尼普尔的要塞 147 f.，204

Dushratta 杜什腊塔 king of Mitanni 米坦尼国王 221，234

Dwellings 住所 arrangement of 的安置 41 f.

E-ANNA 埃安那 temple of Anu and Ishtar at Erech 以力的安努和伊什塔尔庙 159，211，287

E-anna-shum-iddina 埃安那舒姆伊迪那 governor of Sea-Country 海国的统治者 255 f.

E-apsû 埃阿普苏 temple of Enki at Eridu 埃利都的恩基庙 158

E-babbar 埃巴巴尔 temple of Shamash at Sippar 西帕尔的沙马什庙 110，149，159，261

E-babbar 埃巴巴尔 temple of Shamash at Larsa 拉尔萨的沙马什庙 151，159

E-galmakh 埃旮勒马赫 temple at Nîsin 尼辛的庙 159

E-gishshirgal 埃吉什西尔旮勒 temple of Sin at Ur 乌尔的辛庙 159，206；temple of Sin at Babylon 巴比伦的辛庙 206

E-ibianu 埃伊比亚奴 temple 庙 149

E-kankal 埃刊卡勒 temple of Lugal-banda and Ninsun at Erech 以力的鲁旮勒班达和宁苏庙 211

E-khulkhul 埃胡勒胡勒 temple of Sin at Harran 哈蓝的辛庙 276

E-kiku 埃基库 temple 庙 of Ishtar at Babylon 巴比伦的伊什塔尔的 149

E-kua 埃库瓦 shrine of Marduk in E-sagila 埃萨吉拉的马尔杜克圣殿 72

E-kur 埃库尔 temple of Enlil at Nippur 尼普尔的恩利勒庙 158

E-kur-shum-ushabshi 埃库尔舒姆乌什阿卜西 priest 祭司 261

E-makh 埃马赫 temple of Ninmakh in Babylon 巴比伦的宁马赫庙 61 ff.，65；ground-plan of 的平面图 64；in plans 在平面图中 23，83

E-makh 埃马赫 temple at Adab 阿达卜的庙 159

E-malga-uruna 埃马勒旮 temple of Enlil at Dûr-Enlil 杜尔恩利勒的恩利勒庙 217 f.

E-meslam 埃美斯兰 temple of Nergal at Cuthah 古他的耐尔旮勒庙 149，159

E-mete-ursag 埃美台 temple of Zamama at Kish 基什的扎马马庙 159

E-mishmish 埃米什米什 temple of Ishtar at Nineveh 尼尼微的伊什塔尔庙 159

E-namkhe 埃那姆希 temple of Adad at Babylon 巴比伦的阿达德庙 155

E-namtila 埃那姆提拉 temple 庙 209

E-ninnû 埃尼奴 temple of Ningirsu at Lagash 拉旮什的宁吉尔苏庙

153，159，299

E-patutila　埃帕图提拉　temple of Ninib at Babylon　巴比伦的尼尼卜庙　23；ground-plan of　的平面图　71

E-sagil-shadûni　埃萨吉勒沙杜尼　reputed father of usurper　篡位者据称的父亲　256

E-sagila　埃萨吉拉　temple of Marduk at Babylon　巴比伦的马尔杜克庙　28 f.，37，80 f.，142，149，158，283 f.，286 f.；remains of　的遗址　71 ff.；excavation of　的考古发掘　20 f.；orientation of　的方位　69；plan of　的平面图　74；restoration of　的恢复图　75；in plan　在平面图中　23

E-temen-anki　埃台门安基　temple-tower of Esagila　埃萨吉拉的塔庙　38，60，73 ff.；plan of　的平面图　74；restoration of　的恢复图　75；in plan　在平面图中　23；亦可参阅 Tower of Babylon　巴比伦塔

E-ugalgal　埃乌旮勒旮勒　temple of Adad at Bît-Karkara　比特卡尔卡腊的阿达德庙　159

E-ulmash　埃乌勒马什　temple of Ishtar at Akkad（Agade）　阿达德（阿旮德）的伊什塔尔庙　159

E-ulmash-shakin-shum　埃乌勒马什沙金舒姆　king of Sixth Dynasty　第六王朝国王　257；in List　在表　321

E-zida　埃孜达　temple of Nabû at Borsippa　波尔西帕的那布庙　16，78 f.，159，279；plan of　的平面图　78；bronze step from　来自……

的青铜阶梯，27，77

Ea，73，297；亦可参阅 Enki　恩基

Ea-gamil　埃阿旮米勒　king of Second Dynasty　第二王朝国王　211 f.，217；in List　在表　202

Ea-mukîn-zêr　埃阿穆金载尔　king of Fifth Dynasty　第五王朝国王　257；in List　在表　321

Ea-nadin-［. . .］　埃阿那丁　possibly king of Fourth Dynasty　可能是第四王朝国王　255

Ecbatana　埃克巴坦那　8，286

Eclipses　食（蚀），solar　日食　257，279

Ecliptic constellations　黄道星座　310 f.

Edina　埃迪那　in S. Babylonia　在巴比伦尼亚南部　255

Egypt　埃及　1，4，38，41，219 ff.；and Canaan　和迦南　126 f.，219；and Syria　和叙利亚　276 f.；and Assyria　和亚述　269，272；and Lydia　和吕底亚　283；and Persia　和波斯　285；and the Hittites　和赫梯人　234 ff,；as Asiatic power　作为亚洲的力量　219 ff.；irrigation in　在……的灌溉　172；boundary-records of　的边境记录，247；in early Christian writings　在早期基督教书写中　305

Ekallâti　埃卡拉提　256

Ekron　以革伦　270

El-Birs　埃勒比尔斯　15；亦可参阅 Birs-Nimrûd　比尔斯尼姆如德

El-Ohêmir　埃勒奥西米尔，参阅 Ahimer　阿黑美尔

Elam　埃兰　7 f.，133，315；and the Western Semites　和西塞姆人，7，150 ff.；and the later Kassites　和后期加喜特人　244，252；in alliance with Babylon　与巴比伦结盟　264，269，272；trade of　的贸易　5，181；importations from　从……的进口　207；goddesses of　的女神们　296；systems of writing in　的书写系统　2；in astrology　的占星学　140

Eldred, John　约翰·埃尔德雷德　14 f.

Electra　伊莱克特拉　of Euripides　欧里庇得斯的　293

Elijah　以利亚　307

Eltekeh　埃勒台凯　270

Emblems　标志物　divine　神　55，79，297；on boundary-stones　在界石上　246 f.

Emisu　埃米苏　king of Larsa　拉尔萨国王　89 f.，134；in List　在表　318

Emutbal　埃穆特巴勒　150，154，157，198，200

Enamelled brickwork　彩釉砖建筑　43

Enamelling　上釉　process of　的过程　57

Enannatum　恩安那吞　chief priest in Ur　乌尔的大祭司　135

Enki　恩基　95，155，297；亦可参见 Ea　埃阿，E-apsû　埃阿普苏

Enlil　恩利勒　95，194；cult of　的崇拜　at Babylon　在巴比伦　155，206；亦可参阅 E-kur　埃库尔，E-malgauruna　埃马勒旮乌如那，

Nippur 尼普尔
Enlil-bani 恩利勒巴尼 king of Nîsin 尼辛国王 148，150；in List 在表 319
Enlil-kudur-uṣur 恩利勒库杜尔乌簇尔 king of Assyria 亚述国王 244；in List 在表 320
Enlil-nadin-apli 恩利勒那丁阿坡里 king of Fourth Dynasty 第四王朝国王 112，254 f.；in List 在表 320
Enlil-nadin-shum 恩利勒那丁舒姆 king of Third Dynasty 第三王朝国王 244；tablets of time of 的时期的泥板 84；in List 在表 320
Enlil-nirari 恩利勒尼腊瑞 king of Assyria 亚述国王 243；in List 在表 320
Entemena 恩铁美那 patesi of Lagash 拉旮什的恩西 246；cult of deified 神化……的崇拜 206
Ephesus 以弗所 5
Equinoxes 二分点 precession of 的岁差 312
Erba-Marduk 埃尔巴马尔杜克 king of Eighth Dynasty 第八王朝国王 264，269；in List 在表 321
Erech 以力（译者注：即乌鲁克） 11，113，135，147，155，159，198 f.，287；local dynasty of 的地方王朝 211；Neo-Babylonian letter from 新巴比伦时期来自……的信 281
Ereshkigal 埃雷什基旮勒 304

Eridu　埃利都　135，147，152 f.，155，158；oracle of　的神谕　153，158

Esarhaddon　埃萨尔哈东　139，269，271 f.；Babylonian policy of　的巴比伦政策　271，273；Black Stone of　的黑石　176；in List　在表　321

Etana　埃塔那　290 f.

Ethics　道德规范　Babylonian　巴比伦人的　2

Euphrates　幼发拉底河　4 f.，185；change in course of　在……过程中变化　30，37 f.，58；West Semitic settlements on　西塞姆定居点　157, 159; canalization of　的运河网　156; irrigation on　灌溉　173 f.

Euphrates route　幼发拉底河路线　4，8

Euripides　欧里庇得斯　293，311

Europe　欧洲　Babylonian influence on　巴比伦的影响　12，289

Euryalus　欧律阿勒斯　309

Eurymachus　欧律马科斯　309

Eusebius　尤西比乌斯　114 f.，116，276，280

Evil spirit　恶灵　possession by　被……占据　240

Exchange　交换　medium of　的媒介　196

Exorcist　驱魔人　Babylonian　巴比伦的　240

Expansion-joint　膨胀节　in building　在建筑　19

Ezekiel　以西结　62，304

Façade　外观　of Nebuchadnezzar’s ThroneRoom　尼布甲尼撒的正殿

43 f.
Falûja 法鲁加 14
Family-life 家庭生活 in Babylonia 在巴比伦尼亚 184 ff.
Fâra 法拉 85，300
Farming 农业 Babylonian 巴比伦的 168 f.
Farnell, Dr. L. R. 法内尔博士 314
Feast 宴会 of New Year 新年 190，254，259，296，802，308
Fetish 偶像 294
Fillets 嵌条 in temple-decoration 神庙装饰 63
Fishes 双鱼宫 constellation 星座 310 f.
Fishing-rights 渔权 171
Flocks 羊群 tribute of 贡献的 168
Fortification-walls 防御墙 28，32 f.；drainage of 的排水系统 46
Foundation-deposits 地基埋藏物 63
Foxes 狐狸 with firebrands 火把 307
Frank, C，弗兰克 176
Frankincense 乳香 62
Frazer, Sir J. G. 弗雷泽爵士 290，305，307
Fries, Dr. Carl 卡尔·弗里斯博士 308 f.
Gabbaru-ibni 旮巴如伊卜尼 in Sukhi 在苏黑 266
Gagûm 旮古姆 Cloister of Sippar 西帕尔的围墙 154，207
Gate-house 门房 of palace 宫殿的 40

Gate-sockets 门槽 63，246

Gates 门 of Babylon 巴比伦的 27

Gaddash 旮达什 参阅 Gandash' 干达什

Gandash 干达什 founder of Third Dynasty 第三王朝的建立者 216；in List 在表 320

Garrison-duty 卫戍职责 192

Garstang, Prof. John 约翰·加斯唐 230

Gaugamela 高加米拉 287

Gaumata 高墨达 the Magian 拜火教祭司 285 f.

Gaza 加沙 282

Genesis 创世记 159 f.，305

Geshtinna 吉什廷那 goddess of the plough 农耕女神 176

Gezer 基色历 126

Gift 礼物 / 赠与 deeds of 的契约 129 ff.

Gilead 基列 305

Gilgamesh 吉勒旮美什 212，308；legends of 的传说 290

Gimil-ilishu 吉米勒伊里舒 king of Nîsin 尼辛国王 134；in List 在表 318

Girsu 吉尔苏 152 f.，155，159

Glacial epoch 冰川期 124

Goat-fish 羊鱼 of Enki 恩基的 297

Gobryas 戈布里亚斯 governor of Gutium 古提人的统治者 283；

亦可参阅 Gubaru 古巴如

Golden Age 黄金时代 of Hesiod 赫西俄德 302

Golden Lamb 金绵羊 legend of 的传说 292 f.，311

Goliath 哥利亚 307

Grain-drill 谷物播种器 Babylonian 巴比伦的 176

Granary 粮仓 at Babylon 在巴比伦 158

Greece 希腊 and Babylon 和巴比伦 12，287，290，314；and Persia 和波斯 286 f.

Greek mythology 希腊神话 Babylonian influence on 巴比伦对……的影响 12，289，315

Greek names 希腊语名字 as privilege 作为特权 287

Greek theatre 希腊剧院 at Babylon 在巴比伦 287

Grooves 沟槽 stepped 设了台阶 in temple-decoration 神庙装饰 63

Gubaru 古巴如 Babylonian general 巴比伦将军 281；governor of Gutuim 古提统治者 281，283 f.

Gudea 古地亚 patesi of Lagash 拉旮什的恩西 6，298

Gufa 古发 prototype of 的原型图 179 f.

Gula 古拉 297

Gulkishar 古勒基沙尔 king of Second Dynasty 第二王朝国王 112 f.，202，212；in List 在表 320

Gungunum 衮古奴姆 king of Larsa 拉尔萨国王 89 f.，135 f.；in List 在表 318

Gunkell, Prof. H.　贡克尔　306

Gutium　古提姆　139，218，283

Gutschmid, A. von　冯·古驰米德　115

Gypsum-plaster　石膏灰泥　as decoration　作为装饰　43

Hades　冥府　308

Hagen, O. E.　哈根　283

Hakluyt, Richard　理查德·哈克卢特　15

Halius　哈里乌斯　309

Hall, H. R.　霍尔　111，126，160，219，235，277

Halys　哈里斯河　5，229，279

Hammâm　哈蛮　in Syria　在叙利亚　127

Hammurabi　汉穆腊比　king of First Dynasty　第一王朝国王　89 f.，99 ff.，103，128，130，153 ff.，156 f.，296；character of　的特征　160 f.；empire of　的帝国　158 f.；Babylon of　的巴比伦　29，84 ff.；palace of　的宫殿　86；Code of　的法典　154，158 f.，161 ff.，252；letters of　的信　181，188 ff.；date of　的日期　94，110 f.；period of　的时期　39，162 ff.，315；in Lists　在表　319 f.

Hammurabi-khegallum Canal　汉穆腊比黑旮鲁姆运河　155

Hammurabi-nukhush-nishi Canal　汉穆腊比奴克胡什尼西运河　158

Hammurabih　汉穆腊比赫　king of Khana　哈那国王　130

Hananiah 哈那尼亚赫　14

Handcock, P. S. P.　汉考克　126

Hanging Gardens 空中花园 of Babylon 巴比伦的 46 ff.，279

Harbour 港湾 of Babylon 巴比伦的 36

Harp 竖琴 Sumerian 苏美尔的 298

Harran 哈蓝 276，282

Harûn-ar-Rashîd 哈闰阿尔腊西德 11

Hastings, Dr. James. 詹姆斯·哈斯廷斯博士 162

Haverfield, Prof. F. J. 哈佛菲尔德 22

Hebrew religion 希伯来宗教 12；traditions 传统 159；law 法律 299

Hebrews 希伯来人 altars of 的圣坛 62；and Babylonian mythology 和巴比伦神话 289

Helios 赫利俄斯 307

Hera 赫拉 290

Heracles 赫拉克勒斯 290

Herds 牧群 tribute of 供奉的 168

Herdsmen 牧人 Babylonian 巴比伦的 168 f.

Herodotus 希罗多德 4 f.，15，21 f.，24. 26 f.，38. 61 f.，72，76 f.，81，85，167，177，179，276，279

Hesiod 赫西俄德 302

Heuzey, Léon，莱昂·厄泽 298 f.

Hezekiah 希西家 king of Judah 犹大国王 270

High places 高地 Canaanite 迦南人 126

Hilla　希拉　14，23

Hilprecht, Prof. H. V.　希尔普雷希特　91 f.，112，134，156，208，212，242

Himyarite period　希米亚里特时期　121

Hincke, Prof. W. J.　亨克　246，250

Hindîya Canal　欣迪亚运河　16

Hipparchus　希帕克斯　of Nicæa　尼西亚的　312

Hire of land　租赁土地　system of　的系统　167

Hît　西特　174

Hittite correspondence　赫梯通信　character of　的特点　239 f.；invasion　入侵　3，84，210；states　邦　230；migration　迁徙　128

Hittite Empire　赫梯帝国　rise of　的崛起　220；history of　的历史　229 ff.；fall of　的衰落　241；communications of　的通讯　5；as barrier　作为阻碍　314

Hittites　赫梯人　3，128，234 ff.，243；racial character of　的种群特征　226 f.；civilization of　的文明　227 f.；art of　的艺术　228，233；inscriptions and records of　的铭文与记录　226 ff.

Hogarth, D. G.　贺加斯　4 f.，120，128，276，278，282，314；Carchemish excavations of　的卡尔凯美什考古发掘　127

Homer　荷马　参阅 Odyssey　奥德赛

Homera　霍美腊　mound of　的丘　29，31，35；in plan　在平面图中　23

Horse 马 introduction of 的引进 122，198，215 f.
Horses 马匹 export of 的出口 224
House-property 房产 in Babylon 在巴比伦 84
Houses 房子 Babylonian 巴比伦的 184
How, Walter W. 华特·豪 5，7，21
Hrozný, F. 赫若兹奈 97 f.，150
Huber, E. 胡博 134
Humped cattle 印度牛 175，202
Huntington, Ellsworth 埃尔斯沃斯·亨廷顿 121
Hydra 长蛇座 constellation 星座 292
Hydraulic machine 水力机械 48
Hyksos 希克索斯 in Egypt 在埃及 132 f.
Iadi-khabum 亚迪哈布姆 antagonist of Samsuiluna 叁苏伊鲁那的敌手 204
Iakhzir-ilum 亚赫孜尔伊鲁姆 of Kazallu 卡扎鲁的 146
Iakin 亚金 king of Sea-Country 海国国王 263
Ialman, Mt. 亚勒曼山 259
Ia' mu-Dagan 亚穆达干 in Khana 哈那 132
Iashma（?）-Dagan 亚什马达干 132
Iawium 亚维乌姆 vassal-ruler of Kish 基什的藩属统治者 145
Iazi-Dagan 亚孜达干 of Khana 哈那的 131
Ibkushu 伊卜库舒 priest 祭司 94，101

Icarus 伊卡洛斯 290

Idamaraz 伊达马腊兹 198

Idin-Dagan 伊丁达干 king of Nîsin 尼辛国王 132，134；in List 在表 318

Igi-kharsagga 伊吉哈尔萨旮 155

Igitlim 伊吉特里姆 possibly a king of Khana 可能是一个哈那国王 130

Iluma-ila，伊鲁马伊拉 vassal-ruler of Sippar 西帕尔的封臣 143

Iluma-ilum 伊鲁马伊鲁姆 founder of SecondDynasty 第二王朝的建立者 104 f.，199 f.，205；in List 在表 320

Ilu-shûma 伊鲁舒马 king of Assyria 亚述国王 136

Image-worship 偶像崇拜 Babylonian 巴比伦的 294 ff.

Imgur-Bêl 伊姆古尔贝勒 wall of Babylon 巴比伦的墙 30 ff.，51

Immer 伊姆美尔 suggested reading of Adad’s name 阿达德名字的建议读法 150

Immerum 伊姆美如姆 vassal-ruler of Sippar 西帕尔的封臣 143

Incantations 咒语 194

Incense 香 314

India 印度 and the Persian Gulf 和波斯湾 7；village communities of 的村社 250

India Office 印度办公厅 Babylonian map issued by 发布的巴比伦地图，16

Indra 因陀罗 Aryan god 雅利安神 227

Infant-sacrifice 婴儿献祭 127

Inheritance 继承 laws of 的法律 185

Intercalary mouths 闰月 189 f.

Ionia 爱奥尼亚 cities of 的城市 279

'Irâḳ 伊拉克 9 f.，11

Iranian plateau 伊朗高原 5

Iranians 伊朗人 groups of 的族群 282

Irnina Canal 伊尔尼那运河 171

Irrigation 灌溉 method of 的方法 176 f.

Irrigation-machines 灌溉机器 172 ff.

Irṣit-Bâbili 伊尔采特巴比里 city-square of Babylon 巴比伦的城市广场 28

Isaiah 以赛亚 292

Isharlim 伊沙尔里姆 king of Khana 哈那国王 129 f.

Ishbi-Ura 伊沙比乌腊 founder of Dynasty of Nîsin 尼辛王朝的建立者 132 ff.；in List 在表 318

Ishin-aswad 伊审阿斯瓦德 mound 丘 84；in plan 在平面图中 23

Ishkhara 伊什哈腊 goddess 女神 297

Ishkibal 伊什基巴勒 king of Second Dynasty 第二王朝国王 202；in List 在表 320

Ishkun-Marduk 伊什昆马尔杜克 city 城市 207

Ishkur 伊什库尔 suggested reading of Adad's name 阿达德名字的建议读法 150

Ishme-Dagan 伊什美达干 king of Nîsin 尼辛国王 132，134 f.；in List 在表 318

Ishtar 伊什塔尔 of Akkad（Agade） 阿卡德（阿旮德）的 23，69 f.，83 f.，159；of Ashur 阿舒尔的 20，137；of Babylon 巴比伦的 80，149；of Bit-Karkara 比特卡尔卡腊 159；of Erech 以力的 159；of Khallabu 哈拉布的 159；of Kibalbarru 基巴勒巴如的 155；of Kish 基什的 143；of Nineveh 尼尼微的 169，221 f.；and Tammuz 和塔穆兹，290；Descent of 的下降 304；lion of 的狮子 55，58 f.；representation of 代表 266；亦可参阅 E-anna 埃安那

Ishtar Gate 伊什塔尔门 at Babylon 在巴比伦 33，51 ff.，57；beasts on 上面的野兽 50 f.，54 ff.；section of 的剖面图 53；restoration of 的复原图 28；groundplan of 的平面图 52；in plans 在平面图中 30，57

Isin 伊辛 Dynasty of 王朝 254 ff.；original form of name of 名字的原始形式 91，254；亦可参阅 Nîsin 尼辛

Islam 伊斯兰 10，120

Israel 以色列 12，290

Itêr-pîsha 伊台尔皮沙 king of Nîsin 尼辛国王 148；in List 在表

318
Itti-ili-nibi 伊提伊里尼比 king of Second Dynasty 第二王朝国王 208；in List 在表 320
Itti-Marduk-balâṭu 伊提马尔杜克巴拉突 Kassite chief minister 加喜特首席大臣 237
Itti-Marduk-balâṭu 伊提马尔杜克巴拉突 the Aramean 阿拉美亚人 256
Iturmer 伊图尔美尔 local god of Tirka 提尔卡的地方神 131
Jastrow, Prof. Morris 莫里斯·加斯特罗 191，312
Jensen, Prof. P. 詹森 112，308
Jerablus 哲拉布鲁斯 127
Jeremiah 耶利米 277，280
Jeremias, Dr. Alfred 阿尔弗雷德·耶利米亚斯 292，304 f.，307
Jericho 耶利哥 126
Jerusalem 耶路撒冷 277，280
Jewish traditions 犹太传统 313 f.
Jews 犹太人 captivity of 的囚禁 277；of Baghdad 巴格达的 14
Johns, Canon C. H. W. 卡农·约翰斯 131，145，162，190，304
Johns, Mrs. C. H. W. 约翰斯夫人 18
Johnson, C. W. 约翰逊 179
Jones, Capt. J. Felix 菲利克斯·琼斯 17

Jordan　约旦　306

Joseph　约瑟夫　305

Josephus　约瑟夫斯　278，280，307

Joshua　约书亚　305 f.

Josiah,　约西亚　king of Judah　犹大国王　276

Judah　犹大　270，276 f.

Judges　法官　Babylonian　巴比伦的　188

Jumjumma　詹姆詹马　23

Jupiter Ammon　朱庇特阿蒙　303

Justi, Prof. Ferdinand　费迪南·加斯迪　215

Justice　公正　administration of　的管理　188 f.

Kadashman-Enlil I.　卡达什曼恩利勒 I　king of Third Dynasty　第三王朝国王　220 f.，241 f.；in List　在表　320

Kadashman-Enlil II.　卡达什曼恩利勒 II　king of Third Dynasty　第三王朝国王　236 ff.，240，243；in List　在表　320

Kadashman-Kharbe I.　卡达什曼哈尔贝 I　king of Third Dynasty　第三王朝国王　241；in List　在表　320

Kadashman-Kharbe II.　卡达什曼哈尔贝 II　king of Third Dynasty　第三王朝国王　244；in List　在表　320

Kadashman-turgu　卡达什曼图尔古　king of Third Dynasty　第三王朝国王　236 f.；in List　在表　320

Kadesh　卡迭什　Battle of　之战　227，235

Kagmum 卡格穆姆 157

Kandalanu 刊达拉奴 king of Babylon 巴比伦国王 273；in List 在表 321；参阅 Ashur-bani-pal 阿舒尔巴尼帕

Kâr-bêl-mâtâti 卡尔贝勒马塔提 259

Kâr-Irnina 卡尔伊尔尼那 171

Kâr-Ishtar 卡尔伊什塔尔 243

Kâr-Shamash 卡尔沙马什 149；on Tigris 在底格里斯河上 158；

on Euphrates 在幼发拉底河上 207

Kâr-Sippar 卡尔西帕尔 204

Kara-indash I. 卡腊尹达什 I king of Third Dynasty 第三王朝国王 221，241 f.；in List 在表 320

Kara-indash II. 卡腊尹达什 II king of Third Dynasty 第三王朝国王 243；in List 在表 320

Kara-Kuzal 卡腊库扎勒 127

Karashtu 卡腊什图 Babylonian general 巴比伦将军 255

Karduniash 卡尔杜尼阿什 244

Kaniak 卡尼阿克 226，235

Kashbaran 卡什巴蓝 154

Kashdakh 卡什达赫 in Khana，130

Kashshû-nadiu-akhi 卡什舒那迪乌阿克黑 king of Fifth Dynasty 第五王朝国王 257；in List 在表 321

Kashtiliash I. 卡什提里阿什 I king of Third Dynasty 第三王朝国王

217；in List　在表　320

Kashtiliash II.　卡什提里阿什 II　king of Third Dynasty　第三王朝国王　243 f.；in List　在表　320

Kaṣr　卡施尔　mound　丘　14，16 f.，21 ff.，24，27 f.，30 ff.；buildings on　上的建筑　28 ff.

Kassites　加喜特人　3，130 f.，197 f.，214 ff；racial character of　的种族特征　214 f.；introduction of horse by　引进马　215 f.；Babylon of　的巴比伦　29

Kazallu　卡扎鲁　144 ff.，149

Keleks　凯莱克　early　早期　178 f.

Kesh　凯什　155，159

Khabilu　哈比鲁　river　河　156

Khabkha-tribe　哈卜哈部落　267

Khâbûr　哈布尔　129 ff.，260

Khabur-ibal-bugash Canal　哈布尔伊巴勒布旮什运河　130

Khalambû tribe　哈兰布部落　146

Khalium　哈里乌姆　vassal-ruler of Kish　基什的封臣　145

Khallabu　哈拉布　152，159

Khalule　哈鲁莱　271

Khana　哈那　kingdom of　王国，129 ff.，157，210 f.，218

Khanî　哈尼　210；亦可参阅 Khana　哈那

Khanirabbat　哈尼腊巴特　222

Khatti 哈梯 Hittite capital 赫梯首都 229 ff.; site of 的遗址 219; communications of 的通信 5; use of term 术语的使用 210; 亦可参阅 Hittites 赫梯

Khattusil I. 哈图西勒 I Hittite king 赫梯国王 230

Khattusil II. 哈图西勒 II Hittite king 赫梯国王 236 ff., 243

Khinnatuni 欣那图尼 in Canaan 在迦南 225

Khonsu 孔苏 Egyptian Moon-god 埃及月神 222, 238 ff.

Khorsabad 霍尔萨巴德 176

Khumbanigash 珲巴尼旮什 king of Elam 埃兰国王 269

Khurpatila 胡尔帕提拉 king of Elam 埃兰国王 243

Khurshitu 胡尔西图 212

Khuṣṣi, 胡采 254

Kibalbarru 基巴勒巴如 141, 144., 155

Kidin-Khutrutash 基丁胡特如塔什 king of Elam , 244

Kikia 基基亚 early ruler of Ashur 阿舒尔的早期统治者 139

Kinunu 基奴奴 West-Semitic month 西塞姆月 131

Kiriath-arba 基瑞阿斯阿尔巴 307

Kirmanshah 基尔曼沙赫 5

Kish 基什 143 f., 159, 203 f.

Kisurra 基苏腊 85, 155, 199. 212 f.

Knudtzon, Prof. J. A. 克诺逊 219, 221 f. 224 f., 230, 243

Kohler, Prof. J. 科勒 162

Koldewey, Dr. Robert　罗伯特·科尔德威　17 f.，23，25，30，32 f.，35，46 ff.，50，52 f.，67 f.，74，76 f.，80，83

Kudur-Enlil　库杜尔恩利勒　king of Third Dynasty　第三王朝国王　243；in List　在表　320

Kudur-Mabuk　库杜尔马布克　ruler of Western Elam　西埃兰统治者　89，113，150 ff.，154，156，159；Adda of Amurru　阿穆如的阿达　152

Kudur-Nankhundi　库杜尔南混迪　king of Elam　埃兰国王　113

Kudurrus　库杜如斯　or boundary-stones　或界石　241，244，245 ff.

Kûfa　库法　9 f.，11

Kugler, Dr. F. X.　库格勒　106 ff.，116，310 ff.

Kurigalzu I.　库瑞旮勒朱 I　king of Third Dynasty　第三王朝国王　241，243；in List　在表　320

Kurigalzu II.　库瑞旮勒朱 II　king of Third Dynasty　第三王朝国王　221，224，242；in List　在表　320

Kurigalzu III.　库瑞旮勒朱 III　king of Third Dynasty　第三王朝国王　243；in List　在表　320

Kussar　库萨尔　Hittite city　赫梯城市　230

Kutir-Nakhkhunte　库提尔那赫混台　Elamite prince　埃兰王公　244，252

Kweiresh　威瑞什　23

Labashi-Marduk　拉巴西马尔杜克　king of Babylon　巴比伦国王

281；in List　在表　321
Labynetus　拉比奈图斯　279；参阅 Nebuchadnezzar II.　尼布甲尼撒 II
Lachish　拉吉　270
Lagamal　拉旮马勒　goddess of Dilbat　迪勒巴特的女神　142
Lagash　拉旮什　147，152 f.，155，159，212 f.
Land　土地　sale of　的销售　195 f.
Land-tenure　土地占有制　system of　的系统　167，249 ff.
Landowners　土地所有者　Babylonian　巴比伦的　167 f.
Langdon, S. 兰登 37，40，52，72，92，111，145，276，280，282，290
Laodamas　拉奥达马斯　309
Lapis-lazuli　青金石　at time of First Dynasty　在第一王朝时期　207；Kassite export of　加喜特的出口　224
Larsa　拉尔萨　Dynasty and kings of　的王朝和国王　89 ff.，110，133 f.，147 f.，150 ff.，158 f.，198，200；Sun-temple at　的太阳庙　135；tablets from　来自……的泥板　156
Law　法律　Babylonian　巴比伦的　299；systematization of　的系统化　190；spread of　的传播　237 f.
Lawrence, T. E.　劳伦斯　127
Layard, Sir A. H.，17 f.　莱亚德爵士　106，295 f.
Le Strange, G.　勒斯特兰奇　10 f.
Lebanon　黎巴嫩　72，225；monolith from　来自……的石料　203 f.
Legends　传说　195

Legislation 法规 2；亦可参阅 Code 法典 Law 法律
Lehmann-Haupt, Prof. C. F. 莱曼赫普特 116
Leo 狮子座 constellation 星座 310
Libil-khegalla Canal 里比勒希旮拉运河 30，37
Libit-Ishtar 里比特伊什塔尔 king of Nîsin 尼辛国王 134 ff.；in List 在表 318
Libit-Ishtar 里比特伊什塔尔 governor of Sippar 西帕尔统治者 136
Light-wells 天井 28，44
Lightning-fork 闪电叉 of Adad 阿达德的 297
Lion 狮子 of Ishtar 伊什塔尔的 55
Lion Frieze 狮子浮雕带 at Babylon 在巴比伦 30，57 ff.
Lions 狮子太阳神的 of the Sun-god ，298 f.；enamelled 挂彩釉的 44
Lirish-gamlum 里瑞什甘鲁姆 daughter of Rîm-Sin 瑞姆辛的女儿 156
Literature 文学 Babylonian 巴比伦的 2，194 f.，299
Liver-markings 肝脏纹理 297；亦可参阅 Divination 占卜
Lot 洛特 305
Lugal-banda 鲁旮勒班达 211
Lugal-diri-tugab 鲁旮勒迪瑞图旮卜 148
Lukhaia 鲁哈亚 on Arakhtu Canal 在阿腊赫图运河上 205
Lulubu 鲁鲁布 255

Lunar observations 月亮观测 140
Luxor 卢克索 235
Lydia 吕底亚 278 f.，282 f.
Macalister, Prof. R. A. S. 麦卡利斯特 125
Madâin 马达尹 9 f.
Magan 马干 6
Magic 魔法 240，299
Magical formulæ 魔咒 194
Maitland, Gen. P. J. 麦特兰德 121
Makkedah 玛基大 305
Malgûm 马勒古姆 154，157，159
Manabaltel 马那巴勒台勒 king 王 212
Mananâ 马那那 vassal-king of Kish 基什的封臣 144 f.
Manishtusu 马尼什图苏 Obelisk of 的方尖碑 247，250
Manufactories 作坊 royal 皇家 41
Mar-irṣitim 马瑞尔采提姆 of Nippur 尼普尔的 102
Marad 马腊德 153
Marduk 马尔杜克 146，207；rise of 的崛起 194 f.；as creator 作为创造者 306；in coronation-ceremony 在加冕仪式中 296；cult-images of 的宗教像 218，244，271；emblem of 的象征 79；dragon of 的龙 55，261；representation of 的代表 261；亦可参阅 E-kua 埃库瓦 E-sagila 埃萨吉拉 E-temen-anki 埃台门安基

Marduk-akhi-erba　马尔杜克阿克黑埃尔巴　king of Fourth Dynasty　第四王朝国王　257；in List　在表　321

Marduk-aplu-iddina　马尔杜克阿普鲁伊迪那，参阅 Merodach-baladan 米罗达巴拉但

Marduk-balâṭsu-ikbi　马尔杜克巴拉忒苏伊克比　king of Eighth Dynasty 第八王朝国王　264；in List　在表　321

Marduk-bêl-usâte　马尔杜克贝勒乌萨台　brother of Marduk-nadin-shum 马尔杜克那丁舒姆的兄弟　263

Marduk-nadin-akhê　马尔杜克那丁阿克希　king of Fourth Dynasty　第四王朝国王　112，254，256；in List　在表　321

Marduk-shakin-shum　马尔杜克沙金舒姆　father of Erba-Marduk　埃尔巴　264

Marduk-shapik-zêr-mâti　马尔杜克沙皮克载尔马提　king of Fourth Dynasty　第四王朝国王　254，256；in List　在表　321

Marduk-shapik-zêrim　马尔杜克沙皮克载瑞姆　king　国王　possibly founder　可能的建立者　of Fourth Dynasty　第四王朝的　254；in List　在表　321

Marduk-zakir-shum　马尔杜克扎基尔舒姆　king of Eighth Dynasty　第八王朝国王　261，263；in List　在表　321

Marduk-zakir-shum　马尔杜克扎基尔舒姆　Babylonian rebel　巴比伦叛乱　270；in List　在表　321

Marduk-zêr-［. . .］　马尔杜克载尔……　king of Fourth Dynasty　第四

王朝国王 257；in List 在表 321
Mari 马瑞 132，157，265
Marriage 婚姻 laws of 的法律 185 f.; for slaves 关于奴隶 166 f.
Marriage-contract 结婚契约 130
Marriage-portions 嫁妆 185
Marsh-dwellers 沼泽居民 202
Marshes 沼泽 Babylonian 巴比伦的 200 f.
Mashkan-Ammi-ditana 马什刊阿米迪塔那 207
Mashkan-shabri 马什刊沙卜瑞 151，159
Mashtabba Canal 马什塔巴运河 156
Maspero, Sir Gaston 加斯顿·马斯佩罗爵士 111，277
Mattiuaza 马提乌阿扎 king of Mitanni 米坦尼国王 234
Mê-Enlil Canal 美恩利勒运河 207
Mecca pilgrimage 麦加朝圣 5
Medea 美狄亚 307
Medes 玛代人 275 f.，282
Media 米底 278 f.，282
Medicine 药物 a branch of magic 巫术的一个分支 240
Mediterranean 地中海 Eastern 东部 315；Euphrates route to 去……的幼发拉底河路线 4，8；Assyria and the 亚述和 256，273
Mediterranean race 地中海种族 125 f.
Megiddo 美吉多 126，276

Meissner, Prof. B.　梅斯奈纳　133，139，207
Melam-kurkura　美兰库尔库腊　king of Second Dynasty　第二王朝国王　202；in List　在表　320
Meli-Shipak I.　美里西帕克　king of Third Dynasty　第三王朝国王　241 f.；in List　在表　320
Meli-Shipak II.　美里西帕克　king of Third Dynasty　第三王朝国王　176，244；grant of land by　的土地赐封　248 f.；tablets of time of　的时期的泥板　84；in List　在表　320
Memphis　孟菲斯　272，285
Mera　美腊　159
Mercenaries　雇佣兵　Greek　希腊　277 f.
Merkes　美尔凯斯　Mound　丘　16，29，82 ff.；plan of　的平面图　83；in plan　在平面图中　23
Merodach-baladan I.　米罗达巴拉但 I　king of Third Dynasty　第三王朝国王　78 f.，244；boundarystone of　的界石　248 f.；tablets of time of　的时期的泥板　84；in List　在表　320
Merodach-baladan II.　米罗达巴拉丹 II　，king of Babylon　巴比伦国王　33，269 f.；in List　在表　321
Meslam　美斯兰　temple of Mashkan-shabri　马什刊沙卜瑞的庙　159
Meyer, Prof. E.　迈　耶　6，92，104，111，114，116，142，150，160，207，211，215，226 f.，228
Middle class　中产阶层　Babylonian　巴比伦的　164 f.

Migrations 迁徙 causes of 的起因 121 f.

Mishael 米沙利 14

Mitanni 米坦尼 rulers of 的统治者 1，214；kingdom of 的王国 220 f.；and Babylon 和巴比伦 224；and the Hittites 和赫梯 233 f.

Mitannian 米坦尼人 racial character of 的种族特征 227；and Sulwirtu 和苏勒维尔图 139 f.

Mithraic legends 密特拉教传说 313

Mitra 密特拉 Aryan god 雅利安的神 227

Moat 护城河 of Babylon 巴比伦的 25 f.

Moat-walls 护城河墙 30，57

Money-lenders 高利贷者 189，191 f.

Months 月 Babylonian and Jewish 巴比伦的和犹太的，313；West-Semitic 西塞姆的 130 f.

Moon 月亮 in astrology 在占星学中 140

Moses 摩西 306

Mosul 摩苏尔 14

Mother goddess 母神 of Hittites 赫梯的 228

Muballiṭat-Sherûa 穆巴里沓特筛如瓦 Assyrian princess 亚述人公主 243

Mukayyar 穆卡亚尔 135，150

Müller, Prof. Friedrich Max 弗里德里希·马克思·缪勒，310

Mural decoration of temples 神庙的墙壁装饰 69 f.

Murray, Prof. Gilbert　吉尔伯特·默里　293
Mursil　穆尔西里　Hittite king　赫梯国王　234 f.
Mushezib-Marduk　穆筛孜卜马尔杜克　king of Babylon　巴比伦国王　270 f.；in List　在表　321
Muski　穆斯基　241
Mutallu　穆塔鲁　Hittite king　赫梯国王　235
Muti-khurshana　穆提胡尔沙那　antagonist of Samsu-iluna　叁苏伊鲁那的敌手　204
Mutilation　肉刑　penal　刑罚　165 f.
Mutum-ilu，穆图姆伊鲁　of Nippur　尼普尔　102
Myres, Prof. J. L.　迈尔斯　7，121，188
Mysteries　神秘　religious　宗教　314
Mythology　神话　astral　星体的　291 f.，300 ff.
Nabonassar　那波那萨尔　king of Ninth Dynasty　第九王朝国王　115，267 f.；in List　在表　321
Nabonidus　那波尼杜斯　king of Babylon　巴比伦国王　281 ff.，297；character of　的特点　281 f.；river-wall of　的河堤　37，60，74；chronology of　的年代学　110 f.；in List　在表　321
Nabopolassar　那波坡拉萨尔　king of Babylon　巴比伦国王　29，35，261，274 ff.；palace of　的宫殿　28，30，38 f.；quay-walls of　的码头岸壁　32 ff.，36；bridge of　的桥　81；possible tomb of　的疑冢　66 f.；in List　在表　.321

Nabû 那布 77 f.；emblem of 的象征 79；亦可参阅 E-zida 埃孜达

Nabû-aplu-iddina 那布阿普鲁伊迪那 king of Eighth Dynasty 第八王朝国王 257，260 f.；in List 在表 321

Nabû-aplu-uṣur 那布阿普鲁乌簇尔 参阅 Nabopolassar 那波坡拉萨尔

Nabû-kudurri-uṣur 那布库杜瑞乌簇尔 参阅 Nebuchadnezzar 尼布甲尼撒

Nabû-mukîn-apli 那布穆金阿普里 founder of Eighth Dynasty 第八王朝国王 258 f.；in List 在表 321

Nabû-mukîn-zêr 那布穆金载尔 king of Babylon 巴比伦国王 268；in List 在表 321；亦可参阅 Ukîn-zêr 乌金载尔

Nabû-nadin-shum 那布那丁舒姆 priest 祭司 261

Nabû-nadin-zêr 那布那丁载尔 king of Ninth Dynasty 第九王朝国王 268 : in List 在表 321

Nabû-na' id 那布那伊德 参阅 Nabonidus 那波尼杜斯

Nabû-naṣir 那布那采尔 参阅 Nabonassar 那波那萨尔

Nabû-shum-ishkun I. 那布舒姆伊什昆 I king of Eighth Dynasty 第八王朝国王 259；in List 在表 321

Nabû-shum-islikun II. 那布舒姆伊什昆 II king of Ninth Dynasty 第九王朝国王 267；in List 在表 321

Nabû-shum-libur 那布舒姆里布尔 king of Fourth Dynasty 第四王朝

国王 in List 在表 321
Nabû-shum-ukîn 那布舒姆乌金 king of Ninth Dynasty 第九王朝国王 268；in List 在表 321
Nagitu 那吉图 270
Naharain 那哈腊尹 227
Nahr-el-Kelb 那赫尔埃勒凯勒卜 255
Namar 那马尔 253
Nanâ 那那 image of 的像 113，296
Nanga 南旮 153
Nanking 南京 22
Nannar 那那尔 141，145，154
Naplanum 那坡拉奴姆 founder of Larsa Dynasty 拉尔萨王朝的建立者 89 f.，133 f.；in List 在表 318
Nâr-sharri Canal 那尔沙瑞运河 154
Narâm-Sin 那腊姆辛 king of Akkad 阿卡德国王 6；stele of 的石碑 252
Narîm-Sin 那瑞姆辛 vassal-ruler of Sippar 西帕尔的封臣 143
Nâsatya-twins 双马童 Aryan deities 雅利安的神 227
Nausicaa 那乌斯卡 308
Nazi-bugash 那孜布旮什 Kassite usurper 加喜特篡位者 243；in List 在表 320
Nazi-maruttash 那孜马如塔什 king of Third Dynasty 第三王朝国王

175，243，248；in List 在表 320

Nebuchadnezzar I. 尼布甲尼撒 I king of Fourth Dynasty 第四王朝国王 112，245，252 ff.，296；in List 在表 321

Nebuchadnezzar II. 尼布甲尼撒 II king of Babylon 巴比伦国王 6 f.，276 ff.；palace of 的宫殿 14，28，30，38 ff.；throne-room of 的正殿 28，42 ff.；buildings of 的建筑 32 f.，52，73，279 f.；bronze-step of 青铜台阶 27，77；in List 在表 321

Necho 尼科 king of Egypt 埃及国王 277

Neolithic age 新石器时代 in Canaan 在迦南 124 f.

Nergal 耐尔旮勒 148 f.，211；亦可参阅 E-meslam 埃美斯兰

Nergal-shar-uṣur 耐尔旮勒沙尔乌簇尔 参阅 Neriglissar 耐瑞格里萨尔

Nergal-sharezer 耐尔旮勒沙雷载尔 the Rab-mag 尼甲・沙利薛－拉墨 280；see Neriglissar 耐瑞格里萨尔

Nergal-ushezib 耐尔旮勒乌筛孜卜 king of Babylon 巴比伦国王 270；in List 在表 321

Neriglissar 耐瑞格里萨尔 king of Babylon，72，280 f.；bridge of，37；in List，321

New Year 新年 参阅 Feast 宴会

Nidintu-Bêl 尼丁图贝勒 rebel leader 反叛首领 286

Nikarkos (Anu-uballiṭ) 尼卡尔库斯（安努乌巴里忒） 287

Nîl Canal 尼勒运河 22 f.

Nimitti-Bêl 尼米提贝勒 wall of Babylon 巴比伦的墙 30 f.，32 ff.，51
Nin-Nîsin 宁尼辛 148
Nin-Sinna 宁席那 141
Ninaz 尼那孜 154
Ninegal 尼耐旮勒 156
Nineveh 尼尼微 4 f.，21，157 ff.，221，321，walls of 的墙 276
Ningirsu 宁吉尔苏 298; emblem of 的象征 297; 亦可参阅 E-ninnû 埃尼奴
Ninib 尼尼卜 70 f.; 亦可参阅 E-patutila 埃帕图提拉
Ninib-kudur-uṣur 尼尼卜库杜尔乌簇尔 king of Sixth Dynasty 第六王朝国王 257; in List 在表 321
Ninlil 宁利勒，94，101
Ninmakh 宁马赫 of Babylon 巴比伦的 30，52，57，148; 亦可参阅 E-makh 埃马赫
Ninmakh 宁马赫 of Kesh 基什的 155
Ninni 宁尼 or Ishtar 或伊什塔尔 155；亦可参阅 Ishtar 伊什塔尔
Ninsun 宁荪 211
Nippur 尼普尔 104 f.，135，147，149 f.，155，158，199，202，204，244；and the suzerainty 和宗主权 147；deification at 神圣化 206；effect of Babylon's control of 巴比伦控制……的影响 194f.；tablets from 来自……的泥板 92 ff.，101 f.，104，114，156，245

Nîsin 尼辛 151，159，198，200，208 f.；Dynasty of 的王朝 91，103 f.，110，132 ff.；fall of 的衰落 154；era of 的时代 92 f.，97，103；reading of name of 名字的读法 91
Nobles 贵族 Babylonian 巴比伦的 163 f.
Nomads 游牧部落 of Arabia 阿拉伯的 121 ff.
Northern Citadel 北部城堡 of Kaṣr 卡施尔 57 f.
Nubia 努比亚 285；gold of 的黄金 224
Numbers 数字 sacred character of 的神圣性 307
Nûr-Adad 奴尔阿达德 king of Larsa 拉尔萨国王 89 f.，150；in List 在表 319
Oannes 奥安尼斯 309
Oath-formulæ 誓言格式 143
Odysseus 奥德修斯 308 f.
Odyssey 奥德赛 308
Officers 军官 semi-military 半军事 192
Officials 官员 181，192 f.
Omayyad Caliphate 倭马亚哈里发 10 f.
Omen-texts 预兆文献 140，210
Omens 征兆 297；taking of the 的采用 191；astronomical 天文的 106 f.
Opis 奥皮斯 256，283
Oppert, Jules 朱里斯・奥伯特，17，22，287

Oracle 神谕 of Eridu 埃瑞都的，153，158

Orientation 方位 of temples 神庙的 69

Orontes 奥伦特河 235，277

Ovid 奥维德 307

Oxen 牛 bronze 青铜 52

Padan 帕丹 218

Pagirum 帕吉如姆 of Khana 哈那的 129

Palaces 宫殿 Neo-Babylonian 新巴比伦的 27 f.，38 ff.，45；in plan 在平面图中 30

Palæolithic age 旧石器时代 in Canaan 在迦南 124

Palestine 巴勒斯坦 159，220,225 ff.，304，315；excavations in 的考古发掘 123，125 f.

Palestine Exploration Fund 巴勒斯坦探索基金会 125

Palm-trunks 棕榈树干 as pillars 作为柱子 44

Palmettes 棕榈叶装饰 in Neo-Babylonian decoration 新巴比伦时期的装饰 44

Pan 帕恩 293

Panelling 嵌板 in Neo-Babylonian decoration 新巴比伦时期的装饰 59

Pantheon 神系 revision of 的重建 194 f.

Paphos 帕福斯 290

Papsukal 帕普苏卡勒 63

Parthian Empire 帕提亚帝国 9；period 时期 82
Partnerships 合伙 for trade 为贸易 182 f.
Passport 通行证 Babylonian 巴比伦的 220，225
Pastoral life 田园生活 in Babylonia 在巴比伦尼亚 189
Pelusium 培鲁席乌 277，285
Penelope 佩内洛普 309
Peribolos 围墙 of E-tenien-anki 埃台尼恩安基的 73 ff.；plan of 的平面图 74；restoration of 的恢复图 75；in plan 在平面图中 83
Persephone 伯尔塞福涅 304 f.
Persepolis 波斯波利斯 8，299 f.
Persia 波斯 5 f.；Achsemenian kings of 阿黑门尼德国王们 2，282 ff.
Persian Gulf 波斯湾 traffic on 的交通 6 f.，280
Persian period 波斯时期 Babylon of 的巴比伦 82 f.
Peshgal-daramash 培什旮勒达腊马什 king of Second Dynasty 第二王朝国王 202；in List 在表 320
Petrie, Prof. W. M. Flinders 弗林德斯·佩特里 111
Phæacians 菲亚克斯人 308 f.
Pharaoh 法老 305 f.
Philistines 非利士人 307
Philo 斐洛 310
Phoenicia 腓尼基 62，225，235，277
Phrygians 弗里几亚人 241

Phulus 弗鲁斯 115
Physicians 医师 240
Pietro della Valle 佩德罗·德拉·魏莱 15
Pinches, Dr. T. G. 平奇斯 212
Pindiya 平迪亚 139
Place 地方 Victor 胜利者 176
Plough 犁 Babylonian form of 巴比伦风格的，175 f.
Poebel, A. 坡 比 勒 102，104，114，132，135，148，156，190，204，206，208
Poetry 诗歌 Babylonian 巴比伦的 2
Pognon, H. 伯尼翁 142
Pollux 北河三 star 星 310
Polybus 坡里布斯 309
Pompeii 庞贝 59
Poros 波罗斯 of Ptolemaic Canon 托勒密经典王表的，116
Porphyrius 坡非瑞乌斯 116
Porter, Sir Robert Ker 罗伯特·柯·波特 17
Prices 价格 in kind 按类别 195
Priesthood 神职 189 f.
Priests 祭司 Egyptian 埃及的 238 ff.
Priests’ apartments 祭司的住所 64
Principal Citadel 主城堡 of Kaṣr 卡施尔的 57 f.

Procession Street 游行大道 59 f；亦可参阅 Sacred Road 神圣大道

Proto-Mitannians 原始米坦尼语 128，140

Pteria 帕台瑞亚 283

Ptolemaic Canon 托勒密经典王表 265，268

Puchstein, Otto 奥托・帕池斯坦 220，229 ff.，232 f.，234 f.

Pukhia 普黑亚 king of Khurshitu 胡尔西图国王 212

Pulu 普鲁 king of Babylon 巴比伦国王 116，267 f.；in List 在表 321；亦可参阅 Tiglath-pileser IV. 提格拉特皮莱塞尔 IV

Pumpelly, Raphael 拉斐尔・庞培里 121

Puzur-Ashur 普朱尔阿舒尔 king of Assyria 亚述国王 242 f.；in List 在表 320

Quay-walls 码头岸壁 at Babylon 在巴比伦 32 ff.

Rab-mag 尼甲・沙利薛－拉墨 280

Rabikum 腊比库姆 154，158

Rabim 腊比姆 171

Radau, H. 拉道 245

Rahaba 腊哈巴 130

Rakhabu 腊哈布 191

Ram 腊姆 constellation 星座 310 f.

Rameses II. 拉姆西斯 II king of Egypt 埃及国王 222，226，235，239 f.

Rameses III. 拉姆西斯 III king of Egypt 埃及国王 228

Rammûnu 腊穆奴 "the thunderer," 雷神 150
Ramps 坡道 on Kaṣr 在卡施尔 30，39，57；or stairways 或楼梯，to roofs of temples 到神庙的屋顶 64
Ramsay, Sir W. M. 拉姆塞 4
Ranke, H. 兰克 136
Raphia 拉菲亚 269
Rassam, Hormuzd 霍尔木兹·拉萨姆 17，141
Rawlinson, George 乔治·罗林森 176
Rawlinson, Sir H. C 罗林森爵士 40，52，72，106，111，113，150 ff.，153，155，245，287
Rebecca 瑞贝卡 306
Red Sea 红海 306
Reliefs 浮雕 bronze 青铜 207
Rennet, Major 梅杰·伦内特 17
Rent 租金 in kind 按种类 167，195
Reports 报告 to king 对国王 168
Reuther, O. 卢瑟 30，70
Revenue 税收 168
Rîa 瑞亚 Elamite god 埃兰的神 253
Ribanish 瑞巴尼什 266
Riblah 利比拉 277
Rich, C. J. 理查 17

Rîm-Sin 瑞姆辛 king of Larsa 拉尔萨国王 88 ff.，97，99 ff.，101，103，151，153 ff.，198；wives and daughters of 的妻子们和女儿们 156；double-dates of 的双重日期 94 f.；in List 在表 319

Rîm-Sin-Shala-bashtashu 瑞姆辛沙拉巴什塔舒 wife of Rîm-Sin 瑞姆辛的妻子 156

Ritti-Marduk 瑞提马尔杜克 captain of chariots 战车队长 252 f.

Ritual 仪式 Babylonian 巴比伦的 2

River-fortification 河流防御工事 at Babylon 在巴比伦 30，32，37，82

River-wall 河堤，of Nabonidus 那波尼杜斯的 37，74

Road-making 修路 249

Rock-sculptures 岩雕 Hittite 赫梯 228

Rogers, Prof. R. W. 罗杰斯 History of 的历史 14 f.

Rome 罗马 15. 307

Roofs 房顶 of Babylonian dwellings 巴比伦人的住所 42

Rosellini, N.F.I.B. 罗塞林尼 238 f.

Rosettes 花结 in Neo-Babylonian decoration 在新巴比伦的装饰中 44

Royal Road 皇家大道 4 f.，230

Rubatum 如巴图姆 153

Sabean kingdom 塞伯伊王国 121

Ṣabdanu 嚓卜达奴 brother of Nabû-aplu-iddina 那布阿普鲁伊迪那 260

Sabum 萨布姆 199

Sacred Road or Way 神圣大道，in Babylon 在巴比伦 37，39，47，51，73，80，83；in plans 在平面图中 30，57，74，83；in restoration 在恢复图中 28

Sadyattes 萨迪亚特斯 king of Lydia 吕底亚国王 279

Saggaratum 萨旮腊图姆 204

Sailors 水手 180 f.

Sajûr 萨居尔 129

Sakhn 萨赫恩 73；in plan 在平面图中 23

Ṣâlihîya 嚓里黑亚 129

Ṣalmu 嚓勒穆 messenger of Burna-Buriash 布尔那布瑞阿什的信使 225

Samaria 撒玛利亚 269

Ṣâmarrâ 嚓马腊 11

Samson 萨姆森 307

Samsu-ditana 叁苏迪塔那 king of First Dynasty 王朝国王 209 ff.；in List 在表 320

Samsu-iluna 叁苏伊鲁那 king of First Dynasty 第一王朝国王 84，89 f.，97 f.，100 ff.，104 f.，148；reign of 的统治 197 ff.；estimate of 的评价 205；letter of 的信 171；image of deified 神化的像 209；in Lists 在表 319 f.

Samsu-iluna-khegallum Canal 叁苏伊鲁那希旮鲁姆运河 197

Samsu-iluna-nagab-nukhush-nishi Canal 叁苏伊鲁那那旮卜奴胡什尼西运河，197
Samuel 撒母耳 I. Book of 的书（上） 307
Samum 萨穆姆 king of Larsa 拉尔萨国王 89 f.，134；in List 在表 318
Sandbanks 沙洲 ancient 古代 in Euphrates 在幼发拉底河中 37
Sangar 叁旮尔 king of Carchemish 卡尔凯美什国王 260
Sarah 萨拉 305
Sarakos 萨腊克斯 276；亦可参阅 Sin-shar-ishkun 辛沙尔伊什昆
Sardis 萨迪斯 282 f.
Sargon 萨尔贡 king of Akkad 阿卡德国王 6，127，145
Sargon 萨尔贡 king of Assyria 亚述国王 6，32 ff.，36，269 ff.；in List 在表 321
Sargonids 萨尔贡王朝 Babylonian policy of 的巴比伦政策 4
Ṣarpanitum 嚓尔帕尼图姆 146，218
Sarre, Prof. Friedrich 弗里德里希·萨雷 130
Sassanian kings 萨珊国王们 9 f.
Saturn 土星 planet 行星 313
Saunders, Telawney 特劳尼·桑德斯 17
Sayce, Prof. A. H. 塞斯 106，126，150，160
Scheftelowitz, Isidor 伊西多·斯盖福特劳维茨，227

Scheil, Père V. 佩雷·沙伊尔 80，95，134，139，147，156，162，212，248，281

Scheria 斯克里亚 308

Schiarparelli, G. V. 斯基亚帕雷利 107，313

Schöne, Dr. Richard 理查德·施奥内 17

Schorr, M. 肖尔 129，］31，143，163，190，208

Schrader, Eberhard 埃伯哈德·施克拉德 72，219，241

Schumacher, Dr. G. 舒马赫 125

Schwartz, E. 施瓦茨 114

Scorpion 蝎子 of Ishkhara 伊什哈拉的 297

Scourging 鞭笞 as punishment 作为刑罚 165

Scribes 书吏 183

Scylax 西拉克斯 of Caryanda 卡瑞安达的 7

Scythia 斯基泰 286

Scythians 斯基泰人 274 f.

Sea-Country 海国 200 ff.；kings of 的国王们 103 ff.，199 ff.，209；Kassite conquest of 加喜特的征服 217 f.；Shalmaneser III. In 沙勒马那沙尔 III 在 263

Selby, Commander W. Beaumont 博蒙特·塞尔比指挥官 17

Seleucia 塞琉西亚 5，8，287

Seleucus 塞琉古 7，287

Sellin, Dr. E. 塞林 125 f.

Semite 塞姆人 as adapter 作为传承者 2 f.
Semites 塞姆族群 as nomads 作为游牧部落 121 ff.；亦可参阅 Western Semites 西塞姆人
Semitic migrations 塞姆人的迁徙 10
Seneca 塞内卡 301
Sennacherib 辛那赫瑞布 king of Assyria 亚述国王 6，36，60，82，174 f.，256，270 f.，276 ；Babylonian policy of 的巴比伦政策 273；in List 在表 321
Serapis 塞拉皮斯 73
Sergi, Giuseppe 朱塞佩·塞尔吉 126
Serpens 巨蛇座 constellation 星座 292
Serpents 巨蛇 bronze 青铜 72
Service-rooms 接待室 for temple-shrines 神庙圣坛的 64
Seti I. 塞提 I king of Egypt 埃及国王 235
Sha-mamîtu 沙马米图 258 f.
Shabaka 沙巴卡 king of Egypt 埃及国王 269
Shadduf 沙杜弗 in Mesopotamia 在美索不达米亚 172
Shadudu 沙杜杜 of Sukhi 苏希的 260
Shag-dugga 沙格杜旮 207
Shagarakti-Shuriash 沙旮腊克提舒瑞阿什 king of Third Dynasty 第三王朝国王 243；in List 在表 320
Shagga 沙旮 191

Shakanim 沙卡尼姆 171

Shakhnâ 沙赫那 203

Shala 沙拉 of Ekallâti 埃卡拉提的 256

Shalibi 沙里比 155

Shalmaneser I. 沙勒马耐塞尔 I king of Assyria 亚述国王 139，243

Shalmaneser III. 沙勒马耐塞尔 III king of Assyria 亚述国王 257，259 ff.；Gates of 的门 262 ff.

Shalmaneser V. 沙勒马耐塞尔 V king of Assyria 亚述国王 268 f.；亦可参阅 Ululai 乌鲁拉伊

Shamâia 沙马亚 Elamite priest 埃兰祭司 253 f.

Shamash 沙马什 参阅 Sun-god 太阳神 E-babbar 埃巴巴尔

Shamash-erba 沙马什埃尔巴 rebel leader 反叛首领 286

Shamash-khegallum Canal 沙马什希旮鲁姆运河 145

Shamash-mudammik 沙马什穆达米克 king of Eighth Dynasty 第八王朝国王 258；in List 在表 321

Shamash-rêsh-uṣur 沙马什雷什乌簇尔 governor of Sukhi and Mari 苏黑和马瑞的统治者 265 ff.

Shamash-shum-ukîn 沙马什舒姆乌金 king of Babylon 巴比伦国王 31，271 ff.；in List 在表 321

Shamshi-Adad III, 沙姆西阿达德 III king of Assyria 亚述国王 256

Shamshi-Adad IV, 沙姆西阿达德 IV king of Assyria 亚述国王 129，131，264

Shamûa 沙穆瓦 Elamite priest 埃兰祭司 253 f.

Shatt Atshar 莎特・阿特沙尔 17

Shatt el-'Arab 莎特・埃勒 – 阿腊卜 9 f.

Shatt el-Hai 莎特・埃勒 – 哈伊 9 f.

Sheep-shearing 剪羊毛 168

Shepherds 牧人 in Babylonia 巴比伦尼亚的 168

Shergât 谢尔盖特 19；excavations at 的考古发掘 137

Shewbread 陈设饼 62

Shilanum-Shukamuna 西拉奴姆舒卡穆那 king of Sixth Dynasty 第六王朝国王 258；in List 在表 320

Ships 船 Babylonian 巴比伦的 180 f,；of Sennacherib 辛那赫瑞布的 6，270

Shirley, Anthony 安东尼・雪莉 15

Shrines 圣坛 of temples 神庙的 64

Shu-numum-dar Canal 舒奴穆姆达尔运河 154

Shubareans 舒巴尔人 139

Shubartu 舒巴尔图 139；亦可参阅 Subartu 苏巴尔图

Shubbiluliuma 舒比鲁里乌马 founder of Hittite Empire 赫梯帝国的建立者 230，233 f.

Shunu'-rammu 舒奴腊穆，127

Shuruppak 舒如帕克 85，212 f,，300

Shushinak 舒西那克 296

Shushshi 舒什西 king of Second Dynasty 第二王朝国王 202；in List 在表 320

Shutruk-Nakhkhunte 舒特如克那赫混台 king of Elam 埃兰国王 244，252

Si［...］-Ninni 席……尼尼 wife of Rîm-Sin 瑞姆辛的妻子 156

Sibir 席比尔 king, probably of Eighth Dynasty 可能是第八王朝国王 259 f.；in List 在表 321

Sidon 西顿 277

Ṣili-Adad 采里阿达德 king of Larsa 拉尔萨国王 89 f,，150 f.；in List 在表 319

Silver 银子 as currency 作为流通货币 195 f.；purchasing power of 的购买力 211；its ratio to 它对……的比率

copper 铜 211

Simmash-Shipak 席马什西帕克 king of Fifth Dynasty 第五王朝国王 257，261；in List 在表 321

Simplicius 辛普里丘斯 116

Sin 辛 145，148，159，206；亦可参阅 E-gishshirgal 埃基什西尔旮勒 E-khulkhul 埃胡勒胡勒

Sin-gamil 辛旮米勒 king of Erech 以力国王 211

Sin-gashid 辛旮西德 king of Erech 以力国王 211

Sin-idinnam 辛伊丁那姆 king of Larsa 拉尔萨国王 89 f.，99，150；in List，319

Sin-idinnam 辛伊丁那姆 governor of Larsa 拉尔萨的统治者 157，296

Sin-ikîsham 辛伊基沙姆 king of Larsa 拉尔萨国王 89 f.，99，148，151；in List 在表 319

Sin-iribam 辛伊瑞巴姆 king of Larsa 拉尔萨国王 89 f.，151；in List 在表 319

Sin-magir 辛马吉尔 king of Nîsin 尼辛的国王 151；in List 在表 319

Sin-magir 辛马吉尔 father-in-law of Rîm-Sin 瑞姆辛的岳父 156

Sin-muballit 辛穆巴里特 king of First Dynasty 第二王朝国王 92，103，151 ff.；in List 在表 319 f.

Sin-muballit Canal 辛穆巴里特运河 153

Sin-shar-ishkun 辛沙尔伊什昆 king of Assyria 亚述国王 273，276；in List 在表 321

Sin-shum-lishir 辛舒姆里西尔 king of Assyria 亚述国王 273；in List，321

Sinjar 辛贾尔 village on site of Babylon 巴比伦遗址上的村庄 23 f.，35

Sippar 西帕尔 37，134，136，142 ff.，149，154 f.，158 f.，171，192，197，200，204，207，244，257，260，268，282 f.；of Shamash 沙马什的 256；of Anunitum 阿奴尼图姆 256

Sivas 锡瓦斯 5

Skinner, Prof. J.　斯金纳　160

Slaves　奴隶　48，139，165 ff.，192

Smerdis　斯梅尔迪斯　285；参阅 Bardiya　巴尔迪亚

Smith, George　乔治・史密斯　80，106

Sodom　所多玛　305

Solomon　所罗门　brazen altar of　的铜祭坛　62

Soothsayers　预言者　191

Soul　灵魂　Hymn of the　的赞美诗　305

Southern Citadel　南部城堡　of Babylon　巴比伦的　24，27 f.，38 ff.，57 f.；conjectural restoration of　想象恢复图　28；plan of　的平面图　30

Sparta　斯巴达　283

Spear-head　枪头　of Marduk　马尔杜克　79，297

Spirits　灵魂　evil　邪恶　194

Stairways　楼梯　of E-temen-anki　埃台门安基的　76 f.；or ramps　或坡道　57，64 f.

Stein, Sir M. Aurel　奥雷尔・斯坦爵士　121

Stilus　芦苇笔　of Nabû　那布的　79，297

Stone-engraving　石刻　Babylonian　巴比伦的　261

Store-chambers　内储藏室　in temples　神庙的　4

Strabo　斯特拉博　47 f.

Strassmaier, Father J. N.　斯特拉斯莫尔神父　278

Streck, Prof. M. 斯特雷克 256

Streets 街道 of Babylon 巴比伦的 29，82 ff.，184

Stucken, E. 斯图肯 292

Su tribes 苏部落 135

Su-abu 苏阿布 136；参阅 Sumu-abum 苏穆阿布姆

Subartu 苏巴尔图 157；as early geographical term 作为早期地理术语 139；in later tradition 在后期传统中 140；non-Iranian population of 的非伊朗人口 214

Sugagi 苏旮吉 243

Sukhi 苏黑 154，260，265

Sukhi Canal 苏黑运河 266

Sumer 苏美尔 3，10 f.，20，244

Sumerian towns 苏美尔城镇 character of 的特征 85

Sumerians 苏美尔人 1.34, 1.37 f., 201 f.; literature of 的文学 194 f.

Sumu-abum 苏穆阿布姆 founder of First Dynasty 第一王朝的建立者 117，136，141 ff.；in Lists 在表 318，320

Sumu-ditana 苏穆迪塔那 vassal-ruler of Kish 基什的封臣 145

Sumu-ilum 苏穆伊鲁姆 king of Larsa 拉尔萨国王 89 f.,147 f.，150；as king of Ur 作为乌尔的国王 147 f.；in List 在表 318

Sumu-la-ilum 苏穆拉伊鲁姆 king of First Dynasty 第一王朝国王 143，145 ff.；estimate of 的评价 148 f.；fortresses of 的堡垒 204；in Lists 在表 318，320

Sumu-la-ilum Canal　苏穆拉伊鲁姆运河，146

Sun-god　太阳神　cult of　的崇拜　at Babylon　在巴比伦　149；as Ba’al of Khana　作为哈那的巴勒　；亦可参阅 Ebabbar　埃巴巴尔

Sun-god Tablet　太阳神泥板　261

Surgeons　外科医生　Babylonian　巴比伦的　193 f.；fees of　的费用　165

Susa　苏萨　5，8，113，273，282，287

Susiania　苏西阿尼亚　2，286

Sutû　苏图　243，256 f.

Swamps　湿地　in S. Babylonia　在巴比伦尼亚南部　200 f.

Symbolism　象征主义　Babylonian　巴比伦的　298 f.

Syncellus　森塞勒斯　114

Synchronistic History　同步历史　241 ff.，265

Syria　叙利亚　11，127 f.，157，220，225 ff.，234 ff.，241，262，315；grain-drill of　的播种机　176；trade with　与……的贸易　4，182；importations from　从……进口　207

Tables　桌子　for offerings　摆供品的　62

Tammuz　塔穆兹　god，290，304 f.

Tâmtum-khegallum　覃图姆希旮鲁姆　149

Tariff　关税　commercial　商业的　211

Tarkundaraba　塔尔昆达腊巴　king of Arzawa　阿尔扎瓦国王　230

Tarring the head　热沥青浇头　as punishment　作为惩罚手段　131

Tashshi-gurumash 塔什西古如马什，king of Third Dynasty 第三王朝国王 218；in List 在表 320
Taurus 陶鲁斯 range 山脉 4，225，229 f.，262
Taurus 金牛宫 constellation 星座 293，311
Tax-collectors 收税官 191 f.
Taxes 税 248 f.；in kind 按类别 195
Tearing in pieces 裂身 as punishment 作为刑罚 170
Teiresias 泰瑞西亚斯 308
Tell ‘Amrân-ibn-’ Ali 阿姆蓝伊卜尼阿里丘 16，22 f.，72，85；excavation of 的考古发掘 73
Tell ‘Ashar 阿沙尔丘 129
Tell el-Amarna 埃勒阿马尔那丘 219；letters from 来自……的信 132，219 ff.，239 f.
Tell ‘Ishar 伊沙尔丘 参阅 Tell ‘Ashar 阿沙尔丘
Tell Ṣifr 采弗尔丘 92，98，102，198 f.
Tello 特略 20，138，140，147
Temple-decoration 神庙装饰 62 f.
Temple-revenues 神庙税收 191 f.
Temple towers 塔庙 form of 的形式 78 ff.
Temples 神庙 at Babylon 巴比伦的 61 ff.
Teredon 台雷顿 280
Teritum 台瑞图姆 West-Semitic month 西塞姆月 131

Teshshub-’ari 台什舒卜阿瑞 139

Teshub 台舒卜 139，228

Teumman 台乌曼 king of Elam 埃兰国王 272

Thales 泰利斯 of Miletus 米利都的 279

Thebes 底比斯 219，240，272

Theft 盗窃 penalties for 的刑罚 164，169 f.；compensation for 的赔偿 169 f.，172，182

Thompson, R. C 汤普森 140，285 f.

Thothmes IV. 图特摩斯 IV king of Egypt 埃及国王 221

Throne-room 正殿 of Nebuchadnezzar II. 尼布甲尼撒 II 42 ff.；in restoration 在恢复图中 28；plan of 平面图 42

Thureau-Dangin，F. 蒂罗丹金 89，98，105，129，143，145，147，150 ff.，155 f.，211f.，217，242f.，299

Thyestes 梯厄斯特斯 292 f.

Tiamat 提亚马特 306 f.

Tidal 提达勒 king of “nations,” “诸族”之王 159 f.

Tiglath-pileser I. 提格拉特皮莱塞尔 I king of Assyria 亚述国王 112，254，256

Tiglath-pileser IV. 提格拉特皮莱塞尔 IV king of Assyria 亚述国王 116，267 f.；policy of 的政策 267 f.；in List 在表 321

Tigris 底格里斯 4 f.；canalization of 的运河网 151，156；irrigation on 的灌溉 172 f.；navigation of 的航行 6 f.，287；

damming of 的筑坝 205
Time-division 时间分隔 system of 的系统 289
Time-reckoning 时间计算 systems of 的系统 97，190，215
Tirka 提尔卡 129 ff.
Tishit-Enlil Canal 提西特恩利勒运河 155
Tower of Babel 巴别塔 参阅 Babel 巴别
Tower of Babylon 巴比伦塔 参阅 E-temen-anki 埃台门安基
Towers 塔 on walls of Babylon 在巴比伦的墙上 26，31；in temple-decoration 在神庙的装饰中 63
Town-life 城镇生活 183 f.
Town-planning 城镇计划 85 f.
Trade 贸易 181 ff.；profits of 的利润 182 f.
Trade-routes 贸易路线 4 f.，127，315
Transport 交通 by water 水路 170
Trefoils 三叶草 in Babylonian decoration 巴比伦的装饰 44
Tribal proprietorship 部落所有权 of land 土地的 167，250 f.
Tribute 贡物 collection of 的收取 191 f.
Tu’amânu tribe 图阿马奴部落 266
Tukulti-Ashur 图库勒提阿舒尔 king of Assyria 亚述国王 244
Tukulti-Ninib I. 图库勒提尼尼卜 I king of Assyria 亚述国王 244；in List 在表 320
Tukulti-Ninib II. 图库勒提尼尼卜 II king of Assyria 亚述国王 259 f.

Tupliash　图普里阿什　157；亦可参阅　Ashnunnak　阿什依那克

Turi-Dagan　图瑞达干　of Khana　哈那的　132

Turkey　土耳其　214

Turukkum　图如库姆　157

Tutu-khegallum Canal　图图希旮鲁姆运河　153

Tutul　图图勒　159

Tuz-khurmati　图兹胡尔马提　212

Tylor, Prof. E. B.　泰勒　177，294

Tyre　推罗　270，277

Ugarit　乌旮瑞特　237

Ukîn-zêr　乌金载尔　116；亦可参阅 Nabû-mukînzêr　那布穆金载尔

Ula-Burariash　乌拉布腊瑞阿什　参阅 Ulam-Buriash　乌兰布瑞阿什

Ulam-Buriash　乌兰布瑞阿什　Kassite chieftain　加喜特酋长　217 f.

Ululai　乌鲁拉伊　king of Babylon　巴比伦国王　268；in List　在表 321；参阅 Shalmaneser V　沙勒马耐塞尔 V

Umma　温马　212 f.

Umman-manda　温曼曼达　276

Umman-menanu　温曼美那奴　king of Elam　埃兰国王　271

Ungnad, Prof. A.　乌格那德　92，98，129 f.，132，139，143，145，162，190，215 f.

Uperi　乌培瑞　of Dilmun　迪勒蒙的　6

Ur 乌尔 89，134 f.，147，150 f.，152，155，159，198 f.；latest dynasty of 的最后王朝 11，113，133；college of votaries at 的信仰学院 186，281

Ur-kingala 乌尔金旮拉 scribe 书吏 101 f.

Ur-Ninib 乌尔尼尼卜 king of Nîsin 尼辛国王 135 f.，147；in List 在表 318

Ura-imitti 乌腊伊米提 king of Nîsin 尼辛国王 148；in List 在表 318

Urartians 乌拉尔图人 1 f.，265

Urartu 乌拉尔图 265，269，275

Urash 乌腊什 of Dilbat 迪勒巴特 142，159

Urtaku 乌尔塔库 king of Elam 埃兰国王 272

Ushpia 乌什皮亚 founder of temple of Ashir 阿西尔神庙的建立者 139；亦可参阅 Aushpia 阿乌什皮亚

Ushshi 乌什西 king of Third Dynasty 第三王朝国王 217；in List 在表 320

Usipara 乌席帕腊 211

Van 凡 Lake 湖 1，265

Varuna 伐楼那 Aryan god 雅利安人的神，227

Vassal-cities 附属城市 Babylon' s treatment of 巴比伦对待，143 f.

Vaulted building 拱形建筑 at Babylon 巴比伦的 46 ff.；plan of 的平面图 46

Venus 金星 observations of 的观测 106 ff., 312
Vestibules 前厅 to temples 到神庙 64
Virgo 处女座 constellation 星座 310
Virolleaud, Ch. 维洛列伍德 107
Volutes 涡形花纹 in Neo-Babylonian decoration 新巴比伦装饰 44
Votaries 神职人员 privileges of 的特权 186 ff.; of Sun-god 太阳神的 128; at Ur 在乌尔 186, 281
Votive offerings 献祭物 207
Wall 墙 Captain of the 的队长 32
Walls 墙 of Babylon 巴比伦的 21 ff.
Warad-Ibari 瓦腊德伊巴瑞 Kassite 加喜特人 215
Warad-Sin 瓦腊德辛 king of Larsa 拉尔萨国王 89 f., 113, 150 ff., 159; in List 在表 319
Warka 瓦尔卡 211
Wasit 瓦西特 9 f.
Water-supply 水供应 of palace 宫殿的 44 f., 50
Water-wheels 水轮 173 f.
Watzinger, Dr. C 瓦辛格 126
Weather-god 天气神 Bull of 的公牛 55
Weber, Prof. Otto 韦伯 219
Wedge 楔子 of Nabû 那布的 79, 297
Weidner, E. F. 维德纳 292

Weights 砝码 195

Weissbach, Prof. F. H. 维斯巴赫 24，151，242，265，286

Wells, J. 威尔斯 5，7，21

Wells 井 in palace 在宫殿中 44 f.，48；in temple 在神庙中 66

Western Semites 西塞姆人 3，12，201,315；in Babylonia 在巴比伦尼亚 132 ff.，142，162 ff.；on the Khâbûr 哈布尔的 29 ff.；at Ashur 在阿舒尔 141；origin of 的起源 119 f.；names of 的名字 142；aristocracy of 的贵族 163 f.；culture of 的文化 132 f.

Wetzel, F. 维策尔 30，74

Widows 寡妇 rights of 的权力 185

Windows 窗户 absence of 缺少 41 f.，44

Wife 妻子 position of 的地位 185 f.

Winckler, Hugo 雨果·温克勒 97，216，219 f.，227，234，236，238，241，245，278，291 ff.，311

Women 女人 status of 的状态 185 ff.

Women's apartments 女人的住所 in palace 在宫殿中 45

Woolley, C. L. 吴雷 127

World-Ages 世界时代 302，311，313

Xerxes I. 薛西斯 I king of Persia 波斯国王 41，286，in List 在表 321

Xerxes II. 薛西斯 II king of Persia 波斯国王 321

Xisuthros　西苏特罗斯　308

Yahwe　雅赫维　62，307

Yale Babylonian Collection　耶鲁巴比伦收藏馆　94 f.，156，254

Yasili Kaya　亚席里卡亚，228

Year　年　naming of the　的命名　190

"Z."　"兹"　temple known as　名为……的神庙，68 f.，84；plan of　的平面图　68；restoration of　的恢复图　69；position in plan 在平面图中的位置　23

Zabâia　扎巴亚　king of Larsa　拉尔萨国王　89 f.，135；in List　在表　318

Zabilum　扎比鲁姆　155

Zabshali　扎卜沙里　136

Zabum　扎布姆　king of First Dynasty　第一王朝国王　149；in Lists 在表　319 f.

Zabzallat　扎卜扎拉特　243

Zagros　扎格罗斯　Gates of　山口　5

Zakar　扎卡尔　147

Zakar-dada　扎卡尔达达　153

Zakku-igitlim　扎库伊吉特里姆　130

Zakku-Isharlim　扎库伊沙尔里姆　130

Zamama　扎马马　143，145；Court（or Terrace）of　的庭院（或平台）80；参阅 E-mete-ursag　埃美台乌尔萨格

Zamama-shum-iddin　扎马马舒姆伊丁　king of Third Dynasty　第三王

朝国王 244 f.；in List 在表 320
Zambia 扎姆比亚 king of Nîsin 尼辛国王 150；in List 在表 319
Zamua 扎穆瓦 259
Zanki 赞基 255
Zarkhanum 扎尔哈奴姆 203
Zebu 载布 or humped oxen 或驼背牛 175，202 f.
Zedekiah 载戴基阿赫 king of Judah 犹大国王 277
Zerubbabel 所罗巴伯 313
Zeus 宙斯 72，305
Zeus Belus 宙斯贝鲁斯 38
Zîatum 孜亚图姆 scribe 书吏 93
Ziggurats 金字塔 74；参阅 Temple-towers
Zilakum 孜拉库姆 city 城市 207
Zilakum Canal 孜拉库姆运河 207
Zimmern, Prof. H. 齐默恩 290
Zodiac 黄道十二宫 signs of the 的标志 310 ff.
Zuliya 朱里亚 Mitannian name 米坦尼人名字 139
［. . . -akh］ê-iddina 【……阿赫】伊迪那 possibly king of Eighth Dynasty 可能的第八王朝国王 259
［. . . . ］-［Bu］riash 【……布】瑞阿什 king of Third Dynasty 第三王朝国王 242；in List 在表 320

楔形文字专有名词对译字表[1]

	Ø	A 阿	E 埃	I 伊	u 乌	O 奥	am 按	an 安	em / im 寅	en 恩	in 尹	um 温	un（on）文	ao
b	卜	巴	贝	比	布	波	板	班	奔	本	宾	布姆	贲	保
d	德	达	戴	迪	杜	都	旦	丹	邓	登	丁	杜姆	顿	悼
f	弗	发	费	弗	夫	缶	凡	梵	奋	芬	纷	份	冯	佛
g	格	旮	吉	吉	古	勾	甘	干	根	根	艮	鲧	衮	皋
h	赫	哈	希	黑	胡	霍 / 侯	韩	汉	恒	痕	欣	珲	混	昊
k	克	卡	凯	基	库	科	坎	刊	垦	肯	金	坤	昆	考
l	勒	拉	莱	里 / 利	鲁	楼	兰	阑	林	伦	临	隆	仑	劳
m	姆	马	美	米	穆	摩	蛮	曼	闽	门	敏	蒙	孟	卯
n		那	耐	尼	奴	诺	楠	南	恁	嫩	宁	农	侬	瑙
p	坡	帕	拍	皮	普	剖 / 坡	盘	潘	喷	盆	品	彭	篷	咆
q	喀 / 可	喀	齐	齐	苦	寇	堪	侃	钦	秦	肯	群	昆	栲
r	尔	腊	雷	瑞	如	若	冉	蓝	荏	任	壬	润	闰 / 荣	荛
s	斯	萨	塞	席	苏	嗖	散	叁	新	辛	森	孙	荪	梢
ṣ	施	嚓	采	采	簇		璨	参	琛	辰	岑	淳	春	超
š	什	沙 / 莎	筛	西	舒		闪	山	莘	鑫	申	顺	舜	绍

续表

t	特	塔	台	提	图	投	覃	坦	铁	藤	廷	吞	屯	陶
ṭ/th	忒	沓	忒	梯	突		檀	坛	登	鼎	定	盾	敦	套
y	伊	亚	耶	伊	于	有	延	严	彦	寅	尹	郧	芸	尧
w/v	乌	瓦	维	维	乌	沃	皖	万	宛	文	汶	温	翁	窝
z	兹	扎	载	孜	朱	卓	瓒	赞	真	箴	珍	樽	尊	皂

1 本表基于吴宇虹先生校定的《古典所中西文专有名词音对译字表》略作改动。参见：吴宇虹《古代两河流域楔形文字经典举要》，黑龙江人民出版社 2006 年版，第 374 页，附录。

图书在版编目（CIP）数据

古代巴比伦: 从王权建立到波斯征服 /(英)莱昂纳德·W. 金著; 史孝文译 . —北京 ：北京理工大学出版社，2020.4（2022.3 重印）

ISBN 978 - 7 - 5682 - 7358 -9

Ⅰ . ①古… Ⅱ . ①莱… ②史… Ⅲ . ①巴比伦 - 历史 Ⅳ . ① K124.3

中国版本图书馆 CIP 数据核字（2019）第 168511 号

出版发行 / 北京理工大学出版社有限责任公司
社　　址 / 北京市海淀区中关村南大街 5 号
邮　　编 / 100081
电　　话 /（010）68914775（总编室）
（010）82562903（教材售后服务热线）
（010）68944723（其他图书服务热线）
网　　址 / http://www.bitpress.com.cn
经　　销 / 全国各地新华书店
印　　刷 / 唐山富达印务有限公司
开　　本 / 850 毫米 ×1168 毫米　1/32
印　　张 / 16.25
字　　数 / 294 千字
版　　次 / 2020 年 4 月第 1 版　2022 年 3 月第 3 次印刷
审 图 号 / GS（2020）6640 号
定　　价 / 78.00 元

责任编辑 / 顾学云
文案编辑 / 朱　喜
责任校对 / 朱　喜
责任印制 / 边心超